Rainer Krack

KATHMANDU VALLEY

Vorwort

Nepal, Land der abertausend Berge, Götter und Legenden: Es gibt wohl nur wenige Länder auf der Welt, die eine solche magische Anziehungskraft ausüben wie dieser Hindu-Staat zwischen den Achttausendern des Himalaya und der heißen Tiefebene des Terai. Die höchsten Berge der Erde machen es zu einer Art naturgegebenem Weltwunder, und seine facettenreiche, größtenteils unverfälschte Kultur fesselt auch denjenigen, der sich Berge lieber aus bequemer Distanz anschaut. Nepal bietet für jeden etwas, ob Bergsteiger, Kultur-Freak oder schlichtweg Urlauber.

Glücklicherweise steht das Land heute jedermann offen, was nicht immer so war, denn in früheren Jahrhunderten war Europäern der Besuch des Landes von dessen Herrschern strikt untersagt, von wenigen Ausnahmen abgesehen.

Ende des 18. Jahrhunderts gelangte ein Abgesandter der East India Company, ein Colonel *Kirkpatrick,* nach Nepal, und Anfang des 19. Jahrhunderts durften die Briten einen „Residenten" oder Botschafter nach Kathmandu entsenden.

In der Folgezeit vermochten Europäer nur vereinzelt Sondergenehmigungen zur Einreise zu erringen. Waren die Genehmigungen schon schwer abzutrotzen, so stand den wenigen Auserwählten eine höchst strapaziöse Reise durch dichten, von wilden Tieren beherrschten Dschungel bevor. Zu einer solchen entbehrungsreichen Tour „muss man alles (Notwendige) selber mitführen, vom Mehl zum Brotbacken bis zur Ausrüstung fürs Campieren" – so der französi-

Rainer Krack

Kathmandu Valley

ktm219 rk

„Im Tal gibt es so viele Tempel wie Wohnhäuser
und so viele Götterbilder wie Menschen.“

Colonel William Kirkpatrick (1754–1812)

Impressum

Rainer Krack
Reise Know-How Kathmandu Valley

erschienen im
Reise Know-How Verlag Peter Rump GmbH
Osnabrücker Str. 79, 33649 Bielefeld

4., neu bearbeitete und komplett aktualisierte Auflage 2018

Gestaltung
Umschlag: G. Pawlak, P. Rump (Layout), André Pentzien (Realisierung)
Inhalt: G. Pawlak (Layout); A. Pentzien (Realisierung)
Karten: C. Raisin; der Verlag,
Fotonachweis: der Autor (rk), M. Schlachter (ms, S. 116, 236), www.fotolia.de (©obsessivetravel, S. 15, Shariff Che'Lah, S. 224, Andrey_Khrobostov, S. 232)
Titelfoto: der Autor (Motiv: Ein tibetischer Mönch beim Umrunden der Stupa von Bodhnath)

Lektorat: Michael Luck
Lektorat (Aktualisierung): André Pentzien

Druck und Bindung: Media-Print, Paderborn

ISBN 978-3-8317-3041-4
Printed in Germany

Dieses Buch ist erhältlich in jeder Buchhandlung Deutschlands, der Schweiz, Österreichs, Belgiens und der Niederlande.
Bitte informieren Sie Ihren Buchhändler über folgende Bezugsadressen:

Deutschland
Prolit GmbH, Postfach 9,
D–35461 Fernwald (Annerod)
sowie alle Barsortimente

Schweiz
AVA-buch 2000,
Postfach, CH–8910 Affoltern

Österreich
Mohr Morawa Buchvertrieb GmbH
Sulzengasse 2, A–1230 Wien

Niederlande, Belgien
Willems Adventure,
www.willemsadventure.nl

Wer im Buchhandel trotzdem kein Glück hat, bekommt unsere Bücher auch über unseren **Büchershop im Internet: www.reise-know-how.de**

ktm178 rk

Wir freuen uns über Kritik, Kommentare und Verbesserungsvorschläge, gern auch per E-Mail an info@reise-know-how.de.

Alle Informationen in diesem Buch sind vom Autor mit größter Sorgfalt gesammelt und vom Lektorat des Verlages gewissenhaft bearbeitet und überprüft worden.

Da inhaltliche und sachliche Fehler nicht ausgeschlossen werden können, erklärt der Verlag, dass alle Angaben im Sinne der Produkthaftung ohne Garantie erfolgen und dass Verlag wie Autor keinerlei Verantwortung und Haftung für inhaltliche und sachliche Fehler übernehmen.

Die Nennung von Firmen und ihren Produkten und ihre Reihenfolge sind als Beispiel ohne Wertung gegenüber anderen anzusehen. Qualitäts- und Quantitätsangaben sind rein subjektive Einschätzungen des Autors und dienen keinesfalls der Bewerbung von Firmen oder Produkten.

sche Nepal-Reisende *Gustave Le Bon,* der seine Erfahrungen 1883 unter dem Titel „Voyage au Nepal" niederschrieb.

1951 öffnete sich Nepal ausländischen Besuchern, und ein Jahrzehnt später begann zaghaft der Tourismus, dem durch die damaligen schlechten Verkehrswege noch enge Grenzen gesetzt waren. Mittlerweile hat sich die Infrastruktur enorm verbessert – für nepalesische Verhältnisse zumindest. Im Vergleich zu vielen anderen asiatischen Ländern, auch dem großen Nachbarn Indien, hinkt das Land noch weit hinterher. Die brisante politische Lage in den 1990er Jahren und zu Beginn des 21. Jahrhunderts hatte die wirtschaftliche Entwicklung weitgehend zum Stillstand gebracht. Leider sind in der Zwischenzeit auch die ehemals fast undurchdringlichen Wälder weniger geworden, sodass heute nicht mehr „wilde Bestien" drohen, sondern ökologische Probleme. „Entwicklung" hat ihren Preis, das stellt man heute auch in Nepal fest.

Das **Kathmandu Valley** ist in vielerlei Hinsicht das Herzstück des Landes. Hier sitzt die politische und (bescheidene) wirtschaftliche Macht des Landes, und immer mehr Zuwanderer aus den Bergregionen ziehen hinunter in die Hauptstadt, um dort ihr Auskommen zu finden. Auch für Touristen ist das Kathmandu-Tal von erheblicher Anziehungskraft: Außerhalb der geschäftigen, lauten Metropole finden sich zahlreiche kleine Orte, in denen die Zeit stehen geblieben scheint, und es locken sattgrüne Felder, Waldhaine und Berge. Es bedarf nur eines kurzen Ausflugs von Kathmandu, und man befindet sich scheinbar in Reichweite der Bergriesen des Himalaya. Das Kathmandu Valley bietet seinen Besuchern so viel, dass man leicht einen Monat dort verbringen und jeden Tag einen anderen Ort besuchen könnte.

Zur Naturschönheit des Tals kommt die oft umwerfende **Freundlichkeit der Nepalesen** – mancher Besucher mag sich fragen, wie ein so armes Volk so entspannt, herzlich und entgegenkommend sein kann. Von dem starken Überlebensdruck, den bedrückenden materiellen Verhältnissen, unter denen die meisten Einwohner leben müssen, spürt man nicht viel. Die Nepalesen sind ein äußerst liebenswertes Volk.

Das **Erdbeben von 2015** (siehe Kapitel „Geschichte", S. 329) hat zwar gut ein Dutzend wichtiger historischer Bauwerke komplett zerstört sowie zahlreiche andere mehr oder weniger stark beschädigt, das beeindruckende Gesamtbild dieses kulturellen und künstlerischen Zentrums ist jedoch erhalten geblieben.

Um die Nepalesen und das Herz ihres Landes, das Kathmandu Valley, kennen zu lernen, sei dieses Buch eine kleine Hilfe. Namasté und willkommen in Nepal!

Rainer Krack, 2017

ktm267 rk

Inhalt

5 Praktische Reisetipps A–Z 240

6 Land und Leute 298

7 Anhang 368

Hinweise zur Benutzung

Nicht verpassen!
Besonders sehenswerte Orte sind im Buch mit einer **gelben Hinterlegung** im Text gekennzeichnet.

Mein Tipp: Diese besondere Empfehlung spricht der Autor für Hotels und alle Arten von gastronomischen Betrieben aus, die in besonderem Maße in punkto Qualität, Preis-/Leistungsverhältnis, Service, Lage etc. herausragen.

1 Vorangestellte Nummern vor Einträgen verweisen auf deren Standort in der jeweiligen Karte.

V Das „V"-Zeichen kennzeichnet gastronomische Betriebe mit vegetarischem Angebot.

Updates nach Redaktionsschluss
Auf der Produktseite dieses Reiseführers in unserem Internetshop finden Sie zusätzliche Informationen und wichtige aktuelle Änderungen und Ergänzungen.

Zur Schreibweise von Nepali- und Sanskritbegriffen

Zwar gibt es in Fachkreisen ein festgelegtes Transkriptionssystem für Vokabeln aus dem Nepali, Sanskrit, Hindi und Marathi – alle diese Sprachen benutzen dasselbe Alphabet –, dieses ist für Laien jedoch kaum verständlich. Demnach müsste der Gott Krishna eigentlich „Kṛṣṇa“ geschrieben werden, die Göttin Lakshmi „Lakṣmī“, und das Hindu-Epos Ramayana wäre „Rāmāyana“. Auf diese linguistisch akkurate, den Nicht-Indologen aber verwirrende Schreibweise wurde im folgenden Text verzichtet.

Die im Buch gewählte Transkriptionsweise kommt der wissenschaftlichen dennoch so weit als möglich entgegen, wenn auch aus Gründen der Konvention des öfteren Abstriche gemacht wurden. So müsste sich die Stupa von Swayambhunath eigentlich mit V statt mit W schreiben. Im Nepali gibt es zwar diesen Laut, der wie W klingt, er müsste, genau genommen, aber als V transkribiert werden.

Für Verwirrung sorgt auch das nepalesische B, das häufig mit dem V vertauscht zu werden scheint. Tatsächlich sind die beiden Buchstaben oft austauschbar: Bhairav (ein anderer Name für Shiva) kann auch Bhairab geschrieben werden, Vinayak (ein anderer Name für Ganesh) auch Binayak. Jeweils beide Versionen sind gleichwertig.

Verzichtet wurde meist auch auf die für Laien unverständliche Transkribierung des behauchten C, das etwa wie tsch-h auszusprechen wäre. Behauchte Laute sind Konsonanten, denen ein H „nachgehaucht“ wird. Diese Laute führen oft zu merkwürdig aussehenden Gebilden wie beispielsweise Chhetrapati (ein Stadtteil Kathmandus), das etwa Tsch-h-etrapati ausgesprochen werden müsste. In vielen derartigen Fällen wurde die Schreibweise vereinfacht, in diesem Beispiel zu Chetrapati. In der nepalesischen Praxis sind beide Versionen anzutreffen.

Aus diesen Gründen tauchen zahlreiche nepalesische Begriffe je nach Quelle auch in den unterschiedlichsten Schreibvarianten auf. Dadurch sollte man sich aber nicht allzu sehr verwirren lassen.

Exkurse

Karten

Übersichtskarten

Thematische Karten

Ortspläne

Abkürzungen

Im Folgenden einige in Nepal geläufige Abkürzungen, von denen sich viele auch in diesem Buch wiederfinden:

A.C. air-conditioned (Klimaanlage)
c/o care of (bei, zu Händen)
D double room (Doppelzimmer)
Dept. department (Abteilung)
Dorm dormitory (Schlafsaal)
Exp. express (Expressbuss, -zug)
ft. foot/feet (Fuß; 1 Fuß = 30,48 cm)
Govt. government (Regierung)
G.P.O. General Post Office (Hauptpostamt)
IC Indian Currency (indische Währung, Indische Rupien)
KTM Kathmandu (Flughafencode der IATA)
Ib./lbs. libby/libbies (engl. Gewichtseinheit; 1 libby = 453,6 g)
NC Nepalese Currency (nepalesische Währung, Nepalesische Rupien)
NRs. Nepalesische Rupien
P.O.B. Post Office Box (Postfach)
R. Rupee (1 Rupie)
Rd. Road (Straße)
Rs. Rupees (Rupien)
Stn. Station (Zug-/Busstation)

Was man unbedingt wissen muss

Bettler – Man sollte nur solchen Personen etwas geben, bei denen offensichtlich Not herrscht, oder solchen, die keiner Arbeit nachgehen können, z.B. Alte und Behinderte. Auf keinen Fall sollte man das Betteln von Kindern unterstützen, auch wenn sie um Süßigkeiten, Kugelschreiber o.Ä. betteln. Wer Gutes tun will, kann sich an eine karitative Organisation wenden.

Drogen – Obwohl Hanf vielerorts wild wächst, ist der Konsum von Haschisch und Marihuana/Ganja – und auch der Konsum anderer Drogen – verboten. Haschischrauchen ist nur den Sadhus erlaubt, da es als ein Teil ihres religiösen Rituals gilt. Auf Drogenkonsum stehen hohe Strafen – und nepalesische Gefängnisse gehören zu den ungemütlichsten der Welt.

Essen – In Kathmandu und anderen wichtigen Touristenorten gibt es Essen zahlreicher Geschmacksrichtungen – Nepalesisch, Indisch, Tibetisch, Europäisch-Kontinental, Italienisch, Chinesisch, Mexikanisch, Thai usw.

Elektrizität – Alle Unterkünfte im Kathmandu Valley sind ans Stromnetz angeschlossen. Einige beziehen Strom z.T. durch Solarzellen, vor allem zur Beheizung des Badewassers, und alle besseren Unterkünfte haben Generatoren, mit denen Stromengpässe überwunden werden können. Die Spannung ist 230 V Wechselstrom.

Flugverbindungen – Derzeit gibt es keine direkte Flugverbindung aus den deutschsprachigen Ländern nach Kathmandu. Die günstigsten Flugverbindungen verlaufen über Abu Dhabi, Bahrain, Delhi, Kolkata (Kalkutta) oder Bangkok, wo jeweils umgestiegen werden muss. Verbindungen, bei denen mehr als einmal umgestiegen werden muss, sind meist die preiswertesten. Kathmandus Tribhuvan Airport ist der einzige internationale Flughafen Nepals.

Handeln – Auf Märkten, an Straßenständen und in vielen Geschäften kann (bzw. muss!) um den Preis gehandelt werden. Sogar in vielen Hotels kann man einen besseren Preis aushandeln, vor allem in der touristenarmen Nebensaison (etwa Mai bis September). Nicht gehandelt werden kann in Supermärkten.

Handy – Wer ein Handy hat, das nicht auf ein bestimmtes Netz festgelegt ist, kann sich in Kathmandu eine SIM-Karte zulegen und preiswert innerhalb Nepals und ins Ausland telefonieren.

Impfungen – Zur Einreise in Nepal sind keine Impfungen vorgeschrieben.

Internet – In Kathmandu finden sich zahlreiche, sehr preiswerte Internet-Läden, einige weitere in den kleineren Orten des Kathmandu Valley. Eine Reihe von Hotels in Kathmandu und auch einige Restaurants verfügen über WLAN.

Kalender – 2008 beschloss die maoistisch-kommunistische Regierung, Jahresangaben auf dem Nepal Sambat, einem alten nepalesischen Kalender, zu begründen. Demnach ist unser Jahr 2018 das nepalesische Jahr 1138. Zuvor war ein anderes System in Gebrauch, der Vikram Sambat, nach dem 2018 das Jahr 2075 ist.

Klima – Von etwa Mitte November bis Mitte Februar kann es empfindlich kalt sein (Nachttemperaturen wenig über dem Gefrierpunkt), vor allem in höher gelegenen Orten wie z.B. Nagarkot. Notfalls lassen sich warme Kleidungsstücke oder Ausrüstungsgegenstände preiswert in Kathmandu kaufen. In der Regenzeit von Ende Juni bis Ende September/Anfang Oktober kommt es zu starken Regenfällen, die einen ganzen Tag oder länger anhalten können. Es gibt aber auch sonnige, regenfreie Tage.

Medizinische Versorgung – In Kathmandu und der Zwillingsstadt Patan gibt es einige Krankenhäuser mit akzeptablem bis gutem Standard. Für den Notfall sollte man eine rudimentäre Reiseapotheke bei sich haben, vor allem, wenn man in kleineren Orten des Kathmandu

Valley zu wohnen gedenkt. Die Bestandteile der Reiseapotheke können problemlos in Kathmandu gekauft werden, auch Medikamente, die bei uns der Rezeptpflicht unterliegen.

Landverbindung – Kathmandu ist durch Straßen mit China (Tibet) und Indien verbunden. Es gibt Grenzübergänge, die von Touristen passiert werden können. Manche Grenzübergänge zwischen Indien und Nepal sind nur für Einwohner dieser beiden Länder passierbar. Die Situation kann sich ändern, und man informiere sich bei einer indischen Auslandsvertretung, welche Übergänge benutzt werden können.

Preisniveau – Nepal ist eines der ärmsten Länder der Welt und für Reisende sehr preiswert. Wer ganz sparsam leben mochte, kann mit 10 bis 20 Euro pro Tag auskommen.

Ruhetag – Nicht der Sonntag, sondern der Samstag ist der nepalesische Ruhetag. An diesem bleiben Behörden und auch viele Geschäfte geschlossen. Es ist mit Abstand der verkehrsärmste Tag und der beste für Fahrradtouren.

Tempelbesuche – Das Allerheiligste vieler hinduistischer Tempel darf nur von Hindus aufgesucht werden. In diesem Falle steht am Eingang ein Schild mit dem Hinweis „Admission for Hindus Only". In manchen Tempelbereichen, die auch von Nicht-Hindus betreten werden können, müssen die Schuhe ausgezogen werden. Siehe auch hierzu etwaige Hinweisschilder.

Visum – Das Visum für Nepal kann sowohl bei nepalesischen Auslandsvertretungen als auch an den Grenzübergängen und auf Kathmandus internationalem Flughafen eingeholt werden. Das Visum ist gebührenpflichtig; je nach Gültigkeitsdauer des Visums werden unterschiedliche Gebühren erhoben.

Währung und Wechselkurs – Für 1 Euro bekommt man ca. 120 Nepalesische Rupien (Sept. 2017). Die Nepalesische Rupie ist an die Indische Rupie gekoppelt; Kurs: 1 Ind. Rs. = 1,57 Nep. Rs. Man kann in Nepal zu obigem Kurs mit kleinen indischen Banknoten bezahlen. Manchmal bekommt man indisches Wechselgeld (nur Scheine) heraus.

Wasser – Leitungswasser sollte auf keinen Fall getrunken werden. In Flaschen abgefülltes Mineralwasser bzw. gereinigtes und gefiltertes Wasser ist überall für ein paar Cent erhältlich.

WiFi – Die meisten Unterkünfte gewähren ihren Gästen kostenloses WiFi, dergleichen zahlreiche Cafés und Restaurants. Nur wenige Hotels kassieren Gebühren für die WiFi-Nutzung.

Zeitverschiebung – Nepal liegt in einer eigentümlichen Zeitzone: Das Land ist Indien um 15 Min. voraus, Mitteleuropa um 3¾ Std. (Sommerzeit) bzw. 4¾ Std. (Winterzeit).

Schäden an Tempeln und historischen Gebäuden durch das Erdbeben von 2015

Das Erdbeben zerstörte zahlreiche historische Anlagen, die jedoch – so die Hoffnung – irgendwann einmal wieder restauriert sein werden. Bei einigen Anlagen waren 2017 **Wiederaufbauarbeiten** im Gange.

Da die in vorherigen Auflagen erschienenen Tempelbeschreibungen viele historische und kulturelle Informationen enthielten, und die Tempel bald hoffentlich wieder hergestellt sein werden, wurden die Beschreibungen für diese Auflage **nicht aus dem Buch gestrichen.** Stattdessen sind die Beschreibungen derzeit zerstörter Bauwerke durch eine andere Schriftfarbe markiert. So wird der Leser darüber informiert, was sich dort einst befand und – so die Götter und die nepalesische Regierung wollen – bald auch wieder quasi in Reinkarnation zu finden sein wird.

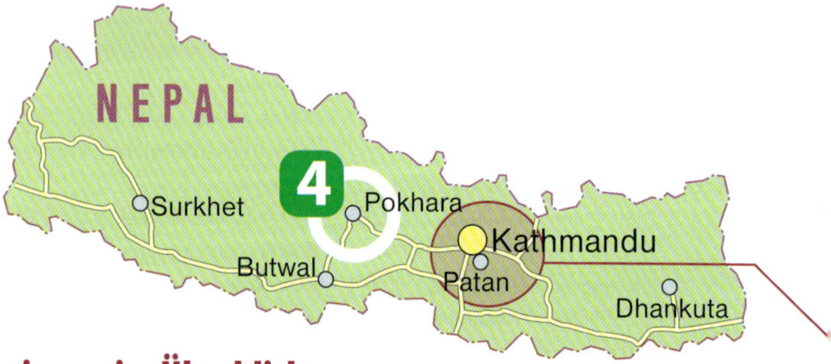

Die Regionen im Überblick

1 Kathmandu | 18

Zugegeben: Kathmandu unterscheidet sich in punkto Straßenverkehr kaum noch von vergleichbaren anderen Städten z.B. in Indien. Laut und quirlig geht es zu, die Stadt scheint durch ein immenses Bevölkerungswachstum in den letzten Jahren die Grenzen ihrer Aufnahmefähigkeit erreicht zu haben. Und doch findet der Besucher in diesem urbanen Chaos so viel Spektakuläres, Historisches, Liebenswertes im Verborgenen, was jeder aufmerksame Gast – mehr oder weniger – für sich erkunden kann, egal wie lange er zu bleiben beabsichtigt.

Der **Durbar Square (S. 32),** das traditionelle Herzstück der Altstadt, bietet ein Sammelsurium an Tempeln, Schreinen und Palastanlagen auf engstem Raum.

Bestandteil des UNESCO-Weltkulturerbes ist die **Stupa von Swayambhunath (S. 57),** die ca. 2 km außerhalb Kathmandus liegt. Sie gilt als einer der heiligsten Orte des Kathmandu-Tales und ist Ziel von wahren Touristenströmen aus aller Welt.

Die **Stupa von Bodhnath (S. 61),** 6 km nordöstlich des Zentrums von Kathmandu, ist mit einem Durchmesser von rd. 40 m eines der größten buddhistischen Bauwerke der Welt.

Der überaus faszinierende **Pashupatinath-Tempel (S. 63),** rd. 5 km östlich von Kathmandu, ist Nepals wichtigstes hinduistisches Heiligtum und darüber hinaus Treffpunkt der skurrilen Sadhus.

2 Patan | 114

Lediglich eine kurze Wegstrecke entfernt – und nur vom schmalen Bagmati-Fluss getrennt – liegt Kathmandus nicht minder sehenswertes Pendant Patan. Der Ort wirkt kleinstädtischer und ruhiger als sein größerer Nachbar; auch hier bildet der **Durbar Square (S. 120)** – der „Platz des Königshofes" –, der sich um die alten Palastanlagen erstreckt, das Zentrum des urbanen Lebens. Unweit des Durbar Square erwartet den Besucher Patans prächtigste buddhistische Klosteranlage, **Kwa Bahal (S. 126),** die auch „Golden Temple" genannt wird. Das Flair der Stadt spürt man wohl am ehesten, wenn man sich einfach treiben lässt und das Alltagsleben, die Marktatmosphäre am Hauptplatz sowie die zahlreichen um Kundschaft buhlenden Souvenirhändler auf sich wirken lässt. Wer eher Ruhe und Beschaulichkeit mag, kann auch in Erwägung ziehen, in Patan in einem der zahlreichen Guest Houses oder Hotels zu übernachten.

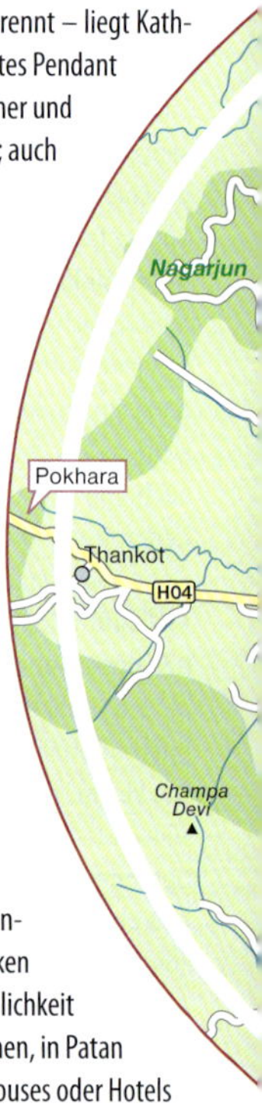

3 Kathmandu Valley

Eine fruchtbare Tallandschaft, uralte Dörfer mit historischen Tempelanlagen, umrahmt von einer faszinierenden Hochgebirgskulisse, erwartet den Besucher im Kathmandu Valley. Die Stadt **Bhaktapur (S. 153)** gilt als eine Art „Open-Air-Museum“. **Nagarkot (S. 176)** bietet großartige Ausblicke auf den Himalaya. Der wohl stimmungsvollste Ort im Tal ist **Panauti (S. 186),** idyllisch am Knotenpunkt zweier Flüsse gelegen. Viel altertümliche Atmosphäre garantiert die vor allem von Newar bewohnte Stadt **Kirtipur (S. 203).**

4 Pokhara

Die zweitwichtigste Touristenregion liegt 200 km westlich von Kathmandu. Touristisches Zentrum ist der **Fewa Lake (S. 227). Sarangkot (S. 228),** ein kleiner Ort in den Bergen nahe Pokhara, garantiert Ruhe und grandiose Ausblicke auf Nepals Bergwelt.

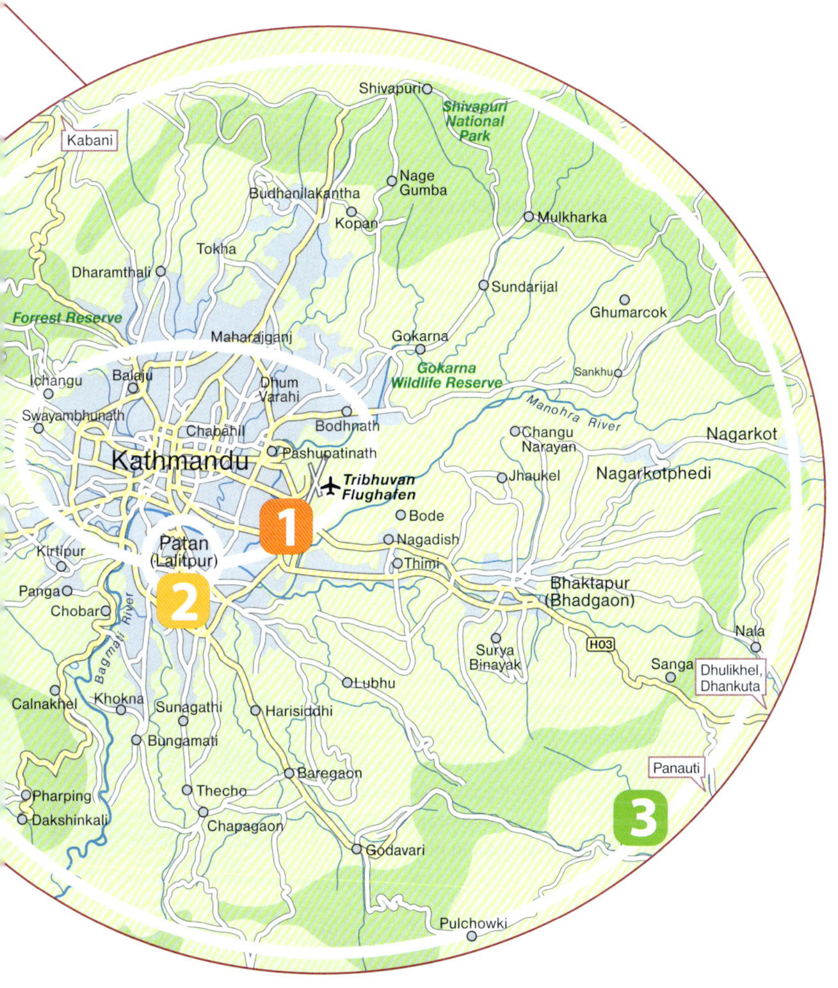

Unvergessliches

Feste ohne Ende

Kaum eine Woche vergeht ohne ein großes oder kleines Fest im Kathmandu Valley. Manchmal ziehen nur ein paar Musikanten mit Trommeln und Schellen durch ihren Stadtteil, um am Ende ihres Rundganges den örtlichen kleinen Tempel zu beehren; ein anderes Mal werden feierliche, überschwängliche Prozessionen mit tausenden von Teilnehmern zelebriert, und die halbe Stadt steht Kopf. Es ist eine mitreißende Mischung aus tiefer Religiosität und ausgelassener Karnevalsstimmung. Zu den Festen, die man sich möglichst nicht entgehen lassen sollte, gehören **Gal Jatra** (S. 348) und **Bisket Jatra** (S. 171, 343).

ktm224 rk

„Chillen" mit den Sadhus von Pashupatinath

Die Tempelanlage von Pashupatinath ist der bevorzugte Wohnort von **Sadhus,** hinduistischen „heiligen Männern", die gerne Kontakt mit westlichen Touristen knüpfen. Unter ihnen sind echte spirituell Suchende ebenso wie scheinheilige Schlitzohren, die es vor allem auf das Kleingeld von Touristen abgesehen haben, und habituelle Haschisch-Raucher. Eines haben sie gemein: ihr „exotisches" Aussehen. Nicht zuletzt kann man auf dem Tempelgelände **Totenverbrennungen** beobachten, ein Erlebnis, das den westlichen Besucher schonungslos mit dem unverblümten Umgang der Hindus mit dem Tod konfrontiert und zum Nachdenken anregt.

ktm276 rk

Architektur der Extraklasse

Unendlich viel Zeit haben die Baumeister und Handwerker aufgebracht, um die Tempel und Paläste des Kathmandu Valley mit den **filigransten Holzschnitzarbeiten,** den detailliertesten **Repoussé-Arbeiten** und zahllosen anderen, religiös höchst signifikanten Details auszustatten. Jedes Detail hat seine Symbolik. Es lohnt sich, genau hinzusehen und über den Einfallsreichtum und die Kunstfertigkeit der alten Baumeister zu staunen. Der goldglänzende **Kwa Bahal** oder *Golden Tempel* in Patan beispielsweise ist nur ein Prachtstück von vielen.

ktm268 rk

Umrunden der Stupa von Bodhnath

ktm278 rk

Die überwältigend große Stupa von Bodhnath ist Nepals **wichtigstes buddhistisches Heiligtum,** und man könnte ihr keinen besseren Tribut zollen, als sich den Massen an Pilgern anzuschließen und mit ihnen die Stupa im Uhrzeigersinn zu umwandeln und dabei die zahllosen Gebetsmühlen zu drehen. Das unablässig aus Lautsprechern klingende Mantra *„Om Mani Padme Hum"* befeuert die Schritte zusätzlich. Um die Stupa herum hat sich eine kleine tibetische Siedlung gebildet, und man kann viele Stunden damit verbringen, die einzigartige Atmosphäre des Ortes in sich aufzusaugen. Entspannen kann man in einem der zahlreichen Dachrestaurants mit Blick auf die Stupa.

Bergpanoramen, direkt vom Hotelzimmer aus

www.fotolia.de ©obsessivetravel

Die kühle Jahreszeit bringt nicht nur annähernd europäische Temperaturen, sondern auch eine **freie, faszinierende Aussicht auf die schneebedeckten Berggiganten** des Himalaya, umrahmt von beinahe unwirklich scheinendem strahlend blauem Himmel. Es verwundert nicht, dass der Himalaya allgemein als der **Sitz der Götter** angesehen wird. Speziell in den Orten **Dhulikhel** und **Nagarkot** kann man die unvergesslichen Ausblicke direkt vom Hotelzimmer, der Terrasse oder dem Balkon aus genießen – sei es als Gast in einem preiswerten kleinen Guest House oder einer Luxusanlage wie Dwarika's Resort (siehe Seite 202), dem vielleicht besten Hotel Nepals.

Schlemmen in Thamel

ktm277 rk

Kathmandus beliebtes Touristenviertel Thamel ist ohnegleichen auf dem indischen Subkontinent: Nirgendwo sonst gibt es so zahlreiche **fabelhafte Restaurants** der unterschiedlichsten Küchen auf so engem Raum beieinander. Ob nepalesisch, thailändisch, indisch, mediterran, westeuropäisch, vorderasiatisch, vegetarisch oder vegan – für alles ist gesorgt und meist von hoher Qualität. Ein weiteres Plus ist das stets freundliche, fröhliche und redlich um seine Kunden bemühte Personal.

Skurriles

Nägel gegen Zahnschmerzen

ktm272 rk

Warum Geld für einen Zahnarzt ausgeben, wenn man auch einfach einen Nagel einschlagen kann? Am **„Zahnschmerzschrein"** (s. S. 50) in der Altstadt von Kathmandu tun Zahnschmerzgeplagte genau das. Der Nagel wird durch die Mitte einer kleinen Münze in ein Stück Holz eingeschlagen, das als Manifestation des Gottes *Vaisha Dev* gilt. Dieser soll Zahnschmerzen heilen können. Der Glaube daran ist z.T. immer noch verbreitet, und mittlerweile ist das Holz flächendeckend mit einer Nagel-Münzen-Kombination übersät. Falls man keine freie Stelle findet, oder *Vaisha Dev* gerade Pause macht, kann man zur Not auch bei den in Nähe des Schreins angesiedelten Zahnärzten um Linderung ersuchen.

Die Kumari: Göttin wie sie leibt und lebt

ktm249 rk

„Kumari" bedeutet „Jungfrau" oder „unverheiratetes Mädchen", im Kathmandu Valley meint man damit aber vor allem die sogenannte „Lebende Göttin" – ein Mädchen, das von Priestern auserwählt und bis zum Eintritt ihrer Menstruation als **lebendige Inkarnation der Göttin Kali** betrachtet wird. Untergebracht ist sie während ihrer „Amtszeit" im **Kumari Bahal** in Kathmandu. Ein *Bahal* ist ein für das Kathmandu-Tal typisches Wohnhaus samt Innenhof. Dort zeigt die Kumari sich gelegentlich am Fenster und blickt genauso staunend auf die versammelten Touristen und Einheimischen wie diese auf sie (s. S. 44).

Opfergaben an Musikinstrumente

ktm273 rk

Viele Hindus erachten die Werkzeuge ihrer Zunft als „göttliche" Objekte, da sie ihnen die Ausübung ihres Berufes und damit das Geldverdienen ermöglichen. Genauso ist es bei Musikern. Der indische Sitar-Maestro *Ravi Shankar* äußerte sich einst entsetzt, als er mit ansehen musste, wie *Jimi Hendrix* bei einem Auftritt seine Gitarre in Brand setzte – für einen indischen Musiker kommt dies der **Gotteslästerung** gleich. Im Kathmandu Valley bringen Musiker zu einigen religiösen Festtagen ihren Instrumenten **Opfergaben** dar – da wird Reis vor ihnen abgelegt und symbolisch Wasser gereicht.

Kiffen erlaubt, Sex nicht

ktm274 rk

Offiziell sind in Nepal Cannabis-Gebrauch und -Besitz **verboten,** bei einer Bevölkerungsgruppe aber werden aus religiösen Gründen beide Augen zugedrückt: bei den **Sadhus** oder „heiligen Männern" (s. S. 63). Gemäß der hinduistischen Überlieferung war Gott Shiva Cannabis-Produkten äußerst zugetan, und da die Sadhus in der Regel Shiva-Anhänger sind, bietet sich das Ganja- oder Charas-Rauchen so natürlich an (*Ganja* und *Charas* siehe Glossar). Am Pashupatinath-Tempel kann man beobachten, wie Sadhus das Rauschmittel mit Hilfe eines sogenannten **Chillums,** eines länglichen Rauchinstruments, inhalieren und damit ihrem Gott Shiva nachahmen. Vor oder nach dem Inhalieren wird oft „Bom Shankar" geäußert, eine Art Dankesformel an Shiva – etwa so, wie man bei uns in weniger spirituellem Zusammenhang „Prost" sagt. Nicht erlaubt ist den Sadhus gemäß ihres Regelkatalogs allerdings **sexuelle Aktivität** – und damit sie auch nicht in Versuchung geraten, tragen manche Sadhus einen eng anliegenden **Eisenring** um ihren Penis. Dieser „Keuschheitsring" verhindert jedwede Erektion.

Homo non-erectus: der Lastenträger

ktm275 rk

Weltweit bekannt sind die Männer aus dem Volk der **Sherpa** (s. S. 316), untersetzt-kräftige Bergbewohner, die schon so manchen westlichen Bergsteiger quasi zu seinem glorreichen Gipfelsieg getragen haben – und dafür nichts von dessen Ruhm miternten konnten. Lastenträger, (Nepali: *bhariya*) die **ungeheure Gewichte** auf ihren Rücken tragen, gibt es auch im Kathmandu Valley, überall dort, wo Märkte oder Geschäfte sind. Sie ersetzen den Lieferwagen. Oft sieht man die Träger unter den Riesenpaketen, die sie tragen, kaum hervorlugen. So mancher schleppt locker einen wuchtigen Kühlschrank mehrere Kilometer bis zu seinem Empfänger; andere beliefern Unternehmen mit industriellen Gaszylindern, die auch mal eben über 80 kg schwer sein können. Mehr als sein eigenes Gewicht zu tragen – für einen Lastenträger ist das Alltag, viele Stunden am Tag. Wer einen Träger anheuern will, sollte sich diesen Satz merken: *Bhariya kahaa paincha?* = Wo kann ich einen Träger bekommen?

ktm117 rk

1 Kathmandu

Kathmandu – der Name beflügelt die Fantasie und weckt Assoziationen von geheimnisumwobenen alten Kulturen und verschlungenen, über viele Generationen weitervererbten Mythen. Heute ist die Hauptstadt Nepals aber nicht nur ein verschrobenes Relikt aus vergangenen Jahrhunderten, sondern auch eine der dynamischsten Städte auf dem indischen Subkontinent.

[<] Die meisten Sadhus am Pashupatinath-Tempel lassen sich nur allzu gerne fotografieren

KATHMANDU

ktm118 rk

Eine turbulente, laute, vor Menschen und Vehikeln überquellende Stadt, deren Mitte von einem **mittelalterlichen Stadtkern** gebildet wird: Das ist Kathmandu, die sagenumwobene Hauptstadt Nepals, einst das beinahe mystisch verklärte Endziel der Hippies auf dem langen Landweg durch Asien. Heute kann man besser mit dem Flugzeug einfliegen, und überbrückt dabei in wenigen Stunden nicht nur Tausende von Kilometern, sondern begibt sich auch auf eine unvergessliche **Reise in die Vergangenheit.**

NICHT VERPASSEN!

- Der königliche **Durbar Square,** der Bereich um den ehemaligen Königspalast, mit seinen alten Tempeln und Schreinen | **32**
- Die auf einem Hügel am Stadtrand gelegene **Stupa von Swayambhunath** wird nicht ohne Grund auch „Affentempel" genannt | **57**
- Die große **Stupa von Bodhnath,** das spirituelle Zentrum der in Nepal ansässigen Tibeter | **61**
- **Pashupatinath,** der wichtigste Hindu-Tempel Nepals und für viele Hindus an ihrem Lebensende der Ort ihrer Kremation | **63**

Diese Tipps erkennt man an der gelben Hinterlegung.

[>] Das Victory-Zeichen haben sie schon gelernt

Einleitung

Nepals Hauptstadt Kathmandu hat im letzten Jahrzehnt eine dramatische Entwicklung durchlebt. Der Charme der einst so romantisch anmutenden Stadt wird teilweise überlagert von Hektik, Verkehrslärm und dichten Abgaswolken. Das **immense Bevölkerungswachstum** – größtenteils durch Zuwanderung aus den ländlichen Gebieten – hat die Stadt bis an die Grenze ihrer Aufnahmefähigkeit angefüllt, und in dieser Beziehung unterscheidet sich Kathmandu heute kaum von großen Städten in Indien. Kathmandu ist nicht mehr die himmlische Oase der Ruhe und Einkehr, die die Hippies der 1960er und -70er Jahre vorfanden, nachdem sie die stressreichen Städte Nordindiens durchreist hatten.

Die weitgehend negative Entwicklung der letzten Jahre und Jahrzehnte ist bedauerlich, denn verborgen hinter dem urbanen Chaos hat Kathmandu so **viel zu bieten:** Die zahllosen engen Gassen der Altstadt sind voll von kleinen Tempeln und Schreinen, vor denen sich zu jeder Zeit Gläubige zum Gebet einfinden. Quirlige Straßenmärkte, randvoll gefüllt mit Obst, Gemüse und dem noch blutigen Fleisch frisch geschlachteter Tiere, setzen einen weiteren „exotischen" Tupfer. Viele Häuser im alten Stadtkern wirken noch wie aus fernen Jahrhunderten, mit winzigen Fenstern und Türen, die man nur tief gebückt durchschreiten

Kathmandu Zentrum

Übernachtung
16 Hotel Vajra
18 Hotel Shanker
19 Hotel Manaslu

Essen und Trinken
17 Everest Steak House
25 Rum Doodle Restaurant

Einkaufen/Sonstiges
20 Cathay Pacific
21 The Organic Farmers' Market 1905
22 Pakistan International Airlines
23 British Airways
24 China Southern Airlines

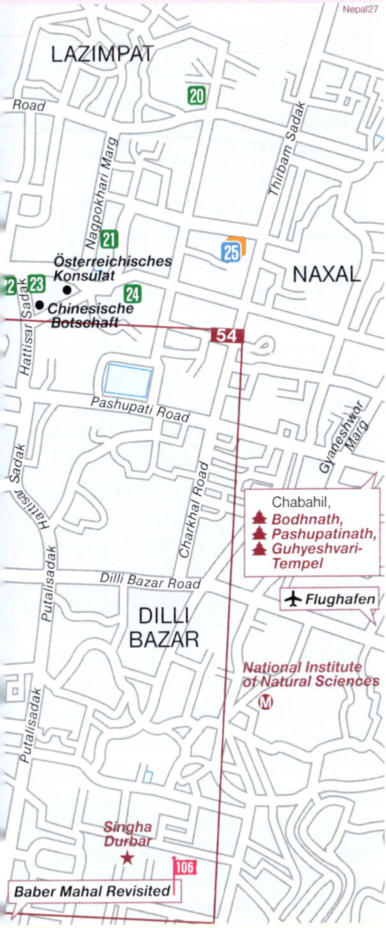

Nachtleben
25 Rum Doodle Bar

Vom Erdbeben 2015 betroffenes Gebäude

kann. Der Durbar Square, das traditionelle Herzstück der Stadt, mit seinen zahlreichen Tempeln und faszinierenden alten Gebäuden, kann einen stundenlang in seinen Bann ziehen, auch wenn das **Erdbeben von 2015** einige Lücken in die Reihe der Tempel hinterlassen hat.

Natürlich wird auch das Schlendern durch die so sehenswerte Altstadt zunehmend durch motorisierten Verkehr und Menschenmengen erschwert. Oft kommt es zu Verkehrsstaus in den Gassen, wobei sich Fahrräder, Rikschas, Motorräder, Lieferwagen und Privatautos zu einem scheinbar unlösbaren **Chaos aus Blech** verkeilen. Man braucht etwa vier Paar Augen – wie eine hinduistische Gottheit –, um sich sicher seinen Weg durch das Gewühl zu bahnen. Es dauert wahrscheinlich einige Tage, bis man das notwendige Maß an Wachsamkeit und die richtige Ausweichmotorik „erlernt" hat, die man benötigt, um im Gewimmel zurechtzukommen. Was das Laufen zudem erschwert, ist die Tatsache, dass Nepalesen – vor allem Männer – anderen Passanten kaum ausweichen und es so dauernd zu **„Zusammenstößen" von Fußgängern** kommt. Das andauernde Gerempel ist beinahe schon witzig – wenn man sich erst einmal daran gewöhnt hat und fröhlich mitmacht. Das Gute ist, dass kein Nepalese es böse nimmt, wenn man halb in ihn oder sie hineinläuft. Der ständige ungewollte Körperkontakt auf den überfüllten Straßen und Gassen ist Normalzustand. Glücklicherweise ist seit 2017 das permanente, unnötige **Hupen,** das überall in Südasien Usus ist, unter erheblicher Geldstrafe verboten, und zumindest ist der Verkehr nun akustisch ruhiger geworden.

Wem Kathmandu heute zu aufreibend ist, der kann mehr Zeit in den kleineren Orten des Kathmandu Valley verbringen (z.B. in Bhaktapur, Nagarkot, Banepa oder Dhulikhel). Aber natürlich wird man Kathmandu nicht gerecht, wenn man dort nicht mindestens eine Woche verbringt. Es gibt viel zu sehen und zu bestaunen, die Atmosphäre in der Stadt ist einzigartig, und in den zahlreichen hervorragenden Restaurants kann man sich bestens vom „Sightseeing-Stress" erholen.

Ankunft auf dem Tribhuvan Airport Kathmandu

Kathmandus Tribhuvan International Airport (Flughafen-Code KTM) ist ein vergleichsweise **kleiner Flughafen,** dafür aber auch sehr übersichtlich. Nach der Ankunft geht es als erstes zur **Passkontrolle,** wo der Einreisestempel in den Pass eingedrückt wird. Für diejenigen ohne Visum steht ein ausgeschilderter Schalter zur Verfügung, an dem die Visa ausgestellt werden. Zuvor muss an Schaltern links vor der Passkontrolle aber zunächst die **Visumsgebühr** bezahlt werden (das gilt natürlich nicht für Reisende, die schon ein Visum haben). Auf derselben Ebene wie die Passkontrolle befindet sich auch eine **Wechselstube,** an der Bargeld und Reiseschecks der wichtigsten Währungen getauscht werden können. Dies ist eine von zwei Wechselmöglichkeiten im Flughafen (s.u.). Die Kurse liegen etwas unter denen, die man bei Banken in der Stadt erhält.

Hinter der Passkontrolle führt eine Treppe hinunter zu den Gepäckbändern. In letzter Zeit ist der Service im Flughafen verbessert worden und das **Gepäck** kommt sehr schnell auf den Bändern an. Die Wartezeiten sind kurz.

Gleich daneben befinden sich die **Zollschalter,** an denen das Gepäck üblicherweise sehr gründlich untersucht, sprich geröntgt wird. Gelegentlich werden Passagiere zu einer Leibesvisitation in eine Kabine beordert. Passagiere aus Richtung Bangkok, Singapur, Hongkong etc. werden eher inspiziert als solche, die aus Europa einfliegen. Es geht fast ausschließlich um Gold, das in Nepal sehr hohe Preise erzielt und gelegentlich eingeschmuggelt wird.

Hinter den Zollschaltern öffnet sich die **Ankunftshalle.** Auf der linken Seite passiert man noch einmal einen Wechselschalter.

Mit dem Geld in der Tasche lässt sich nun außerhalb der Ankunftshalle ein **Taxi in die Innenstadt oder zu anderen Zielorten** buchen (Schalter von der Ankunftshalle aus kommend rechts außen am Gebäude). Von den Flughafenangestellten wird man auch gleich dorthin bugsiert. Die Fahrt in den Touristenstadtteil Thamel (6 km) kostet überteuerte 700 Rs. (bzw. 440 indische Rupien, falls man gerade aus Indien einfliegt und welche übrig hat), zur Freak Street oder dem Durbar Square 800 Rs., nach Bodhnath 700 Rs., nach Patan 800 Rs. und nach Bhaktapur 1200 Rs. Vor den Absperrungen vor dem Flughafen finden sich aber zahlreiche reguläre Stadt-Taxis, die für rund 500 Rs. in die Innenstadt fahren. Allerdings muss man oft lange handeln, um diesen Nachlass zu bekommen und es ist fraglich, ob sich der Aufwand lohnt. Auf das Einstellen des Taxameters lässt sich hier kein Fahrer ein. Die Flughafenangestellten versuchen zumeist, die Neuan-kömmlinge von diesen Taxis abzubringen, da sie den Airport-Taxis des Flughafens Arbeit zuschanzen wollen (oft bieten sie sogar Unterkünfte an, die ihnen eine Kommission zahlen). Die Airport-Taxis sind i.d.R. geräumige Kombi-Wagen, wenn auch oft in sehr abgetakeltem Zustand, so wie die meisten Taxis in Kathmandu. Die normalen Taxis werden durch Absperrungen vom unmittelbaren Bereich vor der Ankunftshalle ferngehalten, man muss so etwa 20–30 m weiter laufen. Wenn man das Flughafengebäude verlässt, sieht man sie gleich. Per Taxameter, das praktisch kein Taxifahrer einzuschalten bereit ist, würde der Preis ins Touristenviertel Thamel nur ca. 250 Rs. betragen.

Viele **Taxifahrer** betätigen sich **als Schlepper** und versuchen, den Ankömmlingen eine Unterkunft aufzuschwatzen, die ihnen selbstverständlich eine Kommission zahlt. Diese Kommission muss den Preis der Unterkunft für den Kunden nicht unbedingt erhöhen, es kann aber so sein. Zumindest erschwert es das Handeln um einen besseren Preis in den Unterkünften (z.B. in der unterbelegten Nebensaison), weil der Fahrer etwas Geld bekommt. Tipp: Man suche sich eine Unterkunft aus diesem Buch aus und lasse sich dann unbeirrt von allen Ablenkungsmanövern des Fahrers („Das Hotel ist doch schon lange zu!“) zu dem Hotel fahren.

Wer sich schon ein Zimmer in einem der besseren Hotels reserviert hat, kann vom hauseigenen Wagen **abgeholt werden.** Selbst viele Mittelklasse-Unterkünfte bieten diesen Service, die hochklassigen Hotels ohnehin. Zu diesem Zweck muss bei der Buchung logischerweise Flugnummer, Ankunftstag und Flugzeit angegeben werden. Dann steht ein Angestellter des Hotels mit einem Schild in der Ankunftshalle, auf dem groß und breit der Name des Gastes geschrieben steht. Dieser Service ist allerdings nicht immer kostenlos, evtl. kann er sogar weit teurer sein als ein normales Taxi. Bei der Buchung am besten gleich nach den Kosten einer Abholung fragen.

Falls man Geld sparen möchte, so stehen die komfortablen grünen Busse (Linie 1) der Gesellschaft *Sajha Yatayat,* kurz **Sajha-Busse** genannt, zur Verfügung. Die Busse halten auch am Flughafen und fahren von dort in die Innenstadt (ca. 20 Rs.). Sie enden am New Bus Park in Kathmandu, von dem man allerdings noch mit dem Taxi weiterfahren müsste (z.B. nach Thamel für ca. 150 Rs.). Zu beachten ist, dass die Busse vom Flughafen nicht exakt dieselbe Strecke fahren wie in umgekehrter Richtung (Routenplan von *Sajha Yatayat* siehe in diesem Kapitel „Verkehrsmittel/Busse“).

Geschichte

Kathmandu wurde in der zweiten Hälfte des 10. Jh. von **König Gunakamadeva I.** gegründet. Der Legende nach hatte sich der Monarch (949–1000 n.Chr.) einst einem strengen Fasten unterworfen und inbrünstig zur Göttin Mahalakshmi, der Göttin des Glücks und Wohlstands, gebetet. Bald erschien ihm die Göttin im Traum und gebot ihm, am Zusammenfluss von Bagmati und Vishnumati eine neue Stadt zu erbauen. Diese Stelle hatte schon seit grauer Vorzeit als heiliger Ort gegolten. Hier hatte der Weise *Ne Muni,* der Namensgeber Nepals, religiöse Übungen auf sich genommen, und hier versammelten sich angeblich tagtäglich auch Indra, der Regengott, und andere Gottheiten zum spirituellen Stelldichein.

Gemäß den Instruktionen von Mahalakshmi sollte die neue Stadt **Kantipur** („Stadt der Kanti") heißen und in Form eines Kharg, des heiligen Schwertes der Göttin, angelegt werden. Im Gegenzug versprach Mahalakshmi, so lange selber in der Stadt zu wohnen, bis dort täglich Geschäfte im Wert von 100.000 Rupien getätigt würden! Ein solches Angebot, zumal von der Göttin des Wohlstands persönlich dargeboten, schlägt man schlecht aus, und *Gunakamadeva I.* ließ von Priestern einen verheißungsvollen Zeitpunkt errechnen, an dem der Bau beginnen sollte. Bald darauf verlegte der König seinen Sitz von Patan nach Kantipur.

Nach der Errichtung des Kashtamandap (wörtl. „Hölzerne Pagode") wahrscheinlich im Jahr 1596 geriet der alte Name zunehmend in Vergessenheit und wurde durch „Kathmandu" ersetzt, eine Verfremdung von „Kashtamandap".

▷ Die rote Hanuman-Statue markiert den Eingang zum alten Königspalast und wird von vielen Gläubigen besucht. Einige legen ein paar Münzen oben vor der Statue ab, die dann manchmal von Lausbuben stibitzt werden

Bevölkerung

Kathmandu florierte – wer hätte es bei der wohlwollenden Protektion Mahalakshmis auch anders erwartet – und zog Bewohner aus dem weiteren Umfeld an. Anfang des 19. Jh. hatte die Stadt ca. 50.000 Einwohner, um 1875 waren es 108.000. Bei der letzten Volkszählung im Jahr 2011 wurden knapp **1,8 Mio. Einwohner** in der Stadt gezählt, womit sich die Bevölkerung in den letzten zwanzig Jahren fast verdreifacht hat. Ohnehin muss man heute mit über 2 Mio. Menschen rechnen. Es ist, als würde die Bevölkerung von Berlin von heute ca. 3,5 Mio. in zwanzig Jahren auf über 10 Mio. anwachsen – ein Alptraum für Städteplaner, Soziologen, den Arbeitsmarkt und auch die Polizei.

Kathmandu, das mit Abstand größte Handels- und Kommunikationszentrum des Landes, zieht zahlreiche verarmte **Bergbewohner** an sowie viele Tausende **Inder,** die von der Statistik weitgehend unerfasst bleiben. Die Bergbewohner verdingen sich als Arbeiter, Kulis, Rikschafahrer oder in der Tourismusindustrie. Die Inder stammen zum größten Teil aus der bitterarmen Unterschicht der Bundesstaaten Bihar und Uttar Pradesh und arbeiten als kleine Markthändler, oder sie kommen aus Rajasthan und sind Angehörige der Marwaris, einer betuchten Händlerkaste.

Angesichts dieses Zustroms fühlen sich die Ureinwohner des Kathmandu-Tales, die **Newar,** fast überrollt – die Folge sind Ressentiments gegenüber den Zuwanderern. Heute sind weniger als die Hälfte der Bewohner Kathmandus Newar.

Stadtplan S. 22, Umschlag vorn

Orientierung

ktm217 rk

Kathmandu liegt auf 85°19' östlicher Länge und 27°43' nördlicher Breite in einer Höhe von **ca. 1300 m ü.N.N.** An seiner Westseite wird es vom Vishnumati-Fluss flankiert, an seiner Südseite vom Bagmati, der auch die Grenze zur Nachbarstadt Patan bildet. Die Gesamtfläche beträgt 395 km².

Kathmandu liegt in einer Talsenke, dem sogenannten **Kathmandu Valley,** das ringsum von Bergen umgeben ist. Diese erreichen Höhen von mehr als 2700 m und bilden eine Art natürlichen Schutzwall – so erlebt man oft bei Ausflügen während der Regenzeit, dass es beispielsweise in Dhulikhel oder Godavari, am Rande des Tales, fürchterlich schüttet, wohingegen Kathmandu trocken bleibt.

Das kommerzielle Herz der Stadt bildet die relativ moderne **New Road** mit ihren zahlreichen Geschäften und Restaurants. Die New Road befindet sich nur eine oder zwei Minuten Fußweg östlich des ursprünglichen Stadtzentrums, des Durbar Square (die Bewohner Kathmandus nennen ihn Hanuman Dhoka) mit seinem alten Königspalast. Der **Durbar Square** ist Kathmandus herausragende Sehenswürdigkeit, eine faszinierende Ansammlung jahrhundertealter Tempel und Schreine, die aber irgendwie voll im Leben des 20. Jh. integriert scheinen – die Tempel dienen Fußmüden als Rastplatz, Markthändlern als Gemüselager und den zahlreichen Souvenirhändlern als Verkaufsstand (mehr zum Durbar Square siehe auch gleichnamiger Abschnitt).

Nördlich und südlich des Durbar Square erstreckt sich die **Altstadt,** die in ihrer heutigen Struktur seit dem 16. Jh. besteht. In nördlicher Richtung erreicht man – durch enge Gassen voller Menschen und Tiere – die Touristenstadtteile **Chhetrapati** und **Thamel** (Laufzeit ca. 15 bzw. 20 Min.).

Nur eine Gehminute entfernt, zwischen Durbar Square und New Road in südlicher Richtung abzweigend, befindet sich die legendenumwobene **Freak Street,** einst – nomen est omen – Hippie-Unterschlupf, heute ein halbwegs ruhiges Low-Budget-Hotelviertel. Der eigentliche Name der Straße ist Jhochhen Tole, doch der scheint heute fast vergessen.

Westlich des Durbar Square zweigt **Maru Tol** ab, eine schmale Straße, die zu Hippie-Zeiten Pie Alley bzw. Pig Alley hieß. Das beruhte auf den vielen Schweinen, die die Gegend durchstöberten bzw. auf den Kuchenläden *(pie shops),* die im Viertel aus dem Boden schossen. Heute gibt es dort weder Schweine noch Kuchen, nur noch ein paar kaum empfehlenswerte Billigabsteigen.

An ihrem Ostende mündet die New Road in die **Kantipath** („Weg der Kanti"), eine der wichtigsten Nord-Süd-Verkehrsadern. Hier gibt es einige Geschäfte, Hotels und Restaurants. Parallel dazu, aber etwas weiter östlich, befindet sich der **Durbar Marg** („Weg zum Königshof"), der so etwas wie Kathmandus bescheidener Versuch einer „Prachtstraße" darstellt. Hier sind noble Hotels und Restaurants sowie zahlreiche Büros von Reise- und Fluggesellschaften vertreten (Details s.u. „Wichtige Stadtteile").

Einen der wichtigsten Orientierungspunkte, etwa auf halbem Wege zwischen New Road und Durbar Marg gelegen, bildet der **Rani Pokhri** („Teich der Königin"), ein rechteckiger, künstlich angelegter Teich, in dessen Mitte sich ein Pavillon befindet. An der Ostseite des Teiches steht weithin sichtbar ein Glockenturm, der **Ghantaghar** (wörtl. „Uhrhaus").

Informationen

- Reichlich Informationen bieten die freundlichen Angestellten des **Tourist Service Center,** eine Straße südlich des City Bus Park, an der Ostseite des großen Rasenplatzes namens Tundikhel gelegen; die Straße heißt Bhrikuti Mandap Marg, auf englischen Karten oft „Exhibition Marg" genannt. Hier kann man sich beraten lassen und sich Broschüren aushändigen lassen. Tel. 01-4256909, 01-4256229, www.welcomenepal.com. Geöffnet Mo bis Do 9–17 Uhr, Fr 9–15 Uhr. In den Wintermonaten Dez. bis Jan. schließt das Büro Mo bis Do um 16 Uhr.
- Angeschlossen ist auch die **Tourist Police,** die sich speziell mit den Klagen von Touristen beschäftigt. Tel. 01-4247041. Geöffnet So bis Fr 8–18 Uhr, an Feiertagen 10–17 Uhr.
- **Landesweiter Notruf:** 1144
- Falls man speziellere touristische Informationen benötigt, könnte man noch beim **Ministry of Tourism, Culture and Civil Aviation** vorsprechen. Adresse: Singha Durbar, Kathmandu 44600, Tel. 01-421992, www.tourism.gov.np.
- Im **Tribhuvan Airport** befindet sich ein Informationsschalter, der nach Ankunft eines Fluges besetzt sein sollte; Tel. 01-4470537. In der Ankunftshalle wird einem hin und wieder gleich nach Ankunft eine Ausgabe des kostenlosen Magazins **„Nepal Traveller"** (Facebook: NepalTravellerDigital) ausgehändigt, das recht informativ ist, sowie ein Stadtplan von Kathmandu. Das Magazin liegt auch in den besseren Hotels aus.

> Radfahren kommt auch bei der lokalen Bevölkerung immer mehr in Mode

Verkehrsmittel

Fahrräder

Bis vor 10 oder 15 Jahren war das Fahrrad noch das angenehmste Verkehrsmittel in Kathmandu. Mit dem enorm angestiegenen Verkehr und der damit einhergehenden **Luftverschmutzung** ist es jedoch in der Innenstadt und auf den viel befahrenen Ausfallstraßen nur noch bedingt zu empfehlen. Auf den größeren Straßen (z.B. in Richtung Bhaktapur oder Patan) wird man oft mit giftigen Abgaswolken konfrontiert. Die schlimmsten Verursacher sind die zahlreichen mit Diesel betriebenen Fahrzeuge. Man kann sich vielleicht damit trösten, dass die Luftqualität in den letzten Jahren tatsächlich besser geworden ist. Das liegt an der Abschaffung der dieselbetriebenen dreirädrigen Motor-Rikschas und daran, dass die Tempos (Minibusse) mittlerweile von Diesel auf Elektrobetrieb umgestellt wurden. Trotzdem gibt es noch genügend Diesel-Lkw, die die Luft malträtieren.

Zum Schutz vor Emissionen kann man sich in einer Drogerie für ein paar Rupien eine **Atemschutzmaske** zulegen. Diese hilft auch gegen den Staub, der besonders in der heißen Jahreszeit (März bis Mai) aufgewirbelt wird.

Fahrräder lassen sich für 200–250 Rs./Tag ausleihen, Mountainbikes, je nach Machart, kosten 800–2000 Rs./Tag, inklusive Sturzhelm. Zahlreiche **Verleiher** finden sich in Thamel, in der Freak Street oder am Durbar Square. Anzuraten ist in jedem Fall eine vorhergehende Prüfung des Gefährts, um anschließend etwaige Ersatzforderungen des Vermie-

ktm280 rk

ters für Schäden, die man nicht zu verantworten hat, auszuschließen.

Mit dem Fahrrad lassen sich **alle Sehenswürdigkeiten** Kathmandus leicht besichtigen, ebenso die meisten Orte innerhalb des Kathmandu Valley. Soll die Fahrt in die hoch gelegenen Randgebiete des Tales führen (z.B. Nagarkot, Kakani usw.), ist unbedingt ein Mountainbike zu empfehlen.

Taxis

Wer es bequemer und zeitsparender mag, sollte auf Kathmandus preiswerte Taxis zurückgreifen.

Die Taxis erkennt man an dem gelben **„Taxi"-Schild** auf dem Dach. Die meisten Taxis sind ziemlich winzige japanische Wagen in mehr oder minder gutem Zustand. Wer längere Fahrten vorhat, sollte sich ein robust aussehendes Fahrzeug auswählen. Und auch bei den Taxis ist eine Sitzprobe zu empfehlen: Einige sind so flach gebaut, dass der Kopf permanent gegen die Wagendecke drückt, was bei Schlaglöchern schmerzhaft sein kann.

Die Taxis sind mit elektronischen **Taxametern** ausgestattet, nur dienen diese eher zur Zierde, denn so gut wie kein Taxifahrer lässt sich darauf ein, nach Taxameter zu fahren. Von den wenigen Fahrern, die es tatsächlich einschalten, haben die meisten das Taxameter getuned, sodass es einen **höheren Fahrpreis** anzeigt als erlaubt. Der offizielle Grundpreis liegt bei 14 Rs., und dieser gilt bis zu einer Fahrtstrecke von 500 m; jeder Kilometer danach kostet je nach zurückgelegter Entfernung ca. 30–50 Rs. – je länger die Strecke, desto geringer der Kilometerpreis. Da man ohnehin den Fahrpreis aushandeln muss, sollte man einen Preis von ca. 50 Rs./km einkalkulieren, damit liegt man sehr gut. Vor einer Fahrt sollte man sich also immer kundig machen, wie lang die Fahrstrecke ist. Bei den Ortsbeschreibungen im Buch beachte man daher die Entfernungsangaben ab Kathmandu. Benzinpreiserhöhungen haben unweigerlich höhere Kilometertarife zur Folge. Derzeit kostet ein Liter Benzin ca. 100 Rs.

Lässt man sich von Kathmandu in einem Ort des Kathmandu Valley absetzen, so ist in der Regel die **Hin-** als auch **Rückfahrt des Fahrers** zu bezahlen, da der Fahrer ansonsten mit hoher Wahrscheinlichkeit leer zurückfahren muss. Wartezeiten – z.B. wenn man von Kathmandu nach Bhaktapur fährt, dort Besichtigungen macht und wieder zurück zum Ausgangspunkt fährt – sollten mit ca. 200 Rs./Std. berechnet werden.

Eine Tabelle mit den jeweils **aktuellen Taxigebühren** findet sich unter www.taxiautofare.com/np/taxi-fare-card/Kathmandu-Taxi-fare.

Busse

Zwar verkehren in Kathmandu eine ganze Reihe verschiedener Busarten, diese sind aber alles andere als empfehlenswert. Oft sind sie so **überfüllt,** dass der beste Platz der auf dem Trittbrett ist – falls frei. Ein besonderes Unikum sind

Im Stehen hält es sich besser nach Kunden Ausschau

die dreirädrigen, winzigen **Minibusse,** die vielerorts kursieren – man steigt als Mensch ein und kommt als Sardine wieder heraus. Die besten und geräumigsten Busse sind die der *Sajha Yatayat,* die auf vier Routen durch die Stadt touren. Der Streckenplan findet sich unter www.sajhayatayat.com.np/route.php.

Fahrrad-Rikschas

Noch immer tun Hunderte von Fahrrad-Rikschas ihren Dienst in Kathmandu, die eine exotische Möglichkeit bieten, die Stadt zu besichtigen – zumindest für den, der oben sitzt. Das Fahren einer Rikscha ist eine mühselige Arbeit, vor allem in den mit Schlaglöchern übersäten Gassen der Altstadt. Infolgedessen sind die Rikschas **relativ teuer:** So kostet z.B. die Strecke New Road – Thamel für Touristen ca. 100–150 Rs., mit dem Taxi (wenn man richtig handelt und „Einheimischenpreise“ bekommt) ist es etwa genau so viel. Viele Rikschafahrer zielen auf Touristen als Fahrgäste ab, da sie bei ihnen mindestens **doppelt so viel** kassieren wie bei Einheimischen. Handeln! Ein Rikshafahrer verdient, wenn er nur mit Einheimischen fährt, ca. 300 Rs. am Tag – daraus kann man etwa ermessen, wie preiswert eine einzelne Fahrt sein müsste.

Übrigens: Wer früh aufsteht, kann erleben, zu welchen anderen Transportzwecken die Rikschas eingesetzt werden: Gegen 7 oder 8 Uhr lassen einige Metz-

ktm232 rk

ger Büffelinnereien und andere Köstlichkeiten auf den Rikschasitzen transportieren.

Mietwagen/Selbst fahren

Einige Tophotels bieten einen Mietwagen-Service **mit Fahrer,** der mit mindestens 100 US$/Tag zu Buche schlägt. Vom **Selbstfahren** ist **eher abzuraten,** dies gilt vor allem für jene Leute, denen asiatische Verkehrsverhältnisse noch weitgehend fremd sind. Unfälle mit Sach-, aber vor allem Personenschäden können unangenehme Folgen nach sich ziehen. Bei **Sachschäden** rottet sich schnell ein ganzes Dorf zusammen, um Schadensersatz zu fordern; **tödliche Verkehrsunfälle** haben meist tumultartige, hochbrisante Szenen zur Folge. Wie in den meisten Drittweltländern ist der Fahrer besser beraten, **so schnell wie möglich weiterzufahren** und sich auf der nächsten Polizeiwache zu stellen als sich der Selbstjustiz der Einwohner auszusetzen.

So weit der **Extremfall,** der hoffentlich nie eintritt. Wer selber fahren will, findet Mietwagen bei 9 Sixt am Durbar Marg (gegenüber Annapurna Hotel, s. Karte S. 77), geöffnet Mo–Fr, So und an Feiertagen 9–18 Uhr (Sa geschlossen). Der preiswerteste Wagen ist ein Ford Figo zu 161 US$/Tag, mit Streckenlimit von 100 km; darüber hinaus wird es teurer. Tel. 01-2199998, www.sixt.com.

> Eine zentrale Gasse im Durbar Square von Kathmandu wird von Souvenirhändlern in Beschlag genommen

Sehenswertes in der Stadt

Durbar Square

Erdbebenschäden!

Durch das Erdbeben von 2015 wurden einige Tempel des Durbar Squares **komplett zerstört,** und viele Gebäude sind stark lädiert. Der Königspalast wurde 2017 renoviert, und es ist vor Ort zu klären, ob er bereits wieder besucht werden kann. Es gibt Pläne, die zerstörten Tempel wieder aufzubauen.

Der Durbar Square ist zweifellos Kathmandus wichtigste Sehenswürdigkeit, ein wundervolles Sammelsurium von **Tempel- und Palastanlagen** auf engstem Raum. Diese wurden von 1972 bis 1975 aus Anlass der Thronbesteigung König *Birendras* von der UNESCO restauriert. „Durbar" (sprich: Darbar) heißt so viel wie „Königshof", und das Zentrum des Durbar Square ist der alte Königspalast, der **Royal Palace.** Die Einheimischen nennen den Platz auf Newari Hanuman Dhoka oder „Hanuman-Tor", nach der Hanuman-Statue, die den Zugang zum Palast bewacht.

Ein Rundgang durch den Durbar Square könnte gut an der genannten **Hanuman-Statue** vor dem alten Palast beginnen. Die Statue stammt aus dem Jahr 1862 und sollte den Palast vor Unheil und Feinden schützen. Hanuman, der listige und kampfstarke Affengott und

Held des Hindu-Epos Ramayana, war der Lieblingsgott hinduistischer Krieger, die sich von ihm Unbesiegbarkeit erhofften. Die Statue ist bis zur Unkenntlichkeit mit Sindur, einer roten Paste, beklebt, die Gläubige zur Huldigung anbrachten. Der Statue ist eine Art rotes Gewand umgehängt, das regelmäßig gewechselt wird. Der Schirm *(Chatra)* oben, der ihr Schatten spendet, wird einmal im Jahr ausgetauscht. Den ganzen Tag kommen Hindus zur Statue, um sie einige Male im Uhrzeigersinn zu umlaufen – eine Praxis, die *Parikrama* genannt wird – und davor zu beten. Mancher berührt den Sockel mit der Stirn.

Etwas weiter nördlich des Hanuman ist an der Palastwand eine **Steintafel** aus dem 17. Jh. mit mysteriösen Inschriften in 15 Sprachen angebracht. Der Legende nach wird aus dem Wasserhahn, der bei der Tafel angebracht ist, Milch fließen, sobald jemand die Inschriften entziffert. Gemäß einer anderen Überlieferung enthalten die Inschriften codierte Hinweise zu einem Schatz, den König *Pratap Malla* im Mohan Chowk (s.u.) vergraben haben soll.

Gleich hinter der Hanuman-Statue befindet sich das **Goldene Tor** zum alten Königspalast, flankiert von zwei steinernen weißen Löwen. Auf dem rechten reitet Shiva, das Schwert bedrohlich in der Hand, auf dem linken seine Gemahlin Parvati. Das Goldene Tor wurde 1810 aus Hunderten alter eingeschmolzener Messing-Inschriften gefertigt. In der Mitte über dem Tor befindet sich ein

ktm168 rk

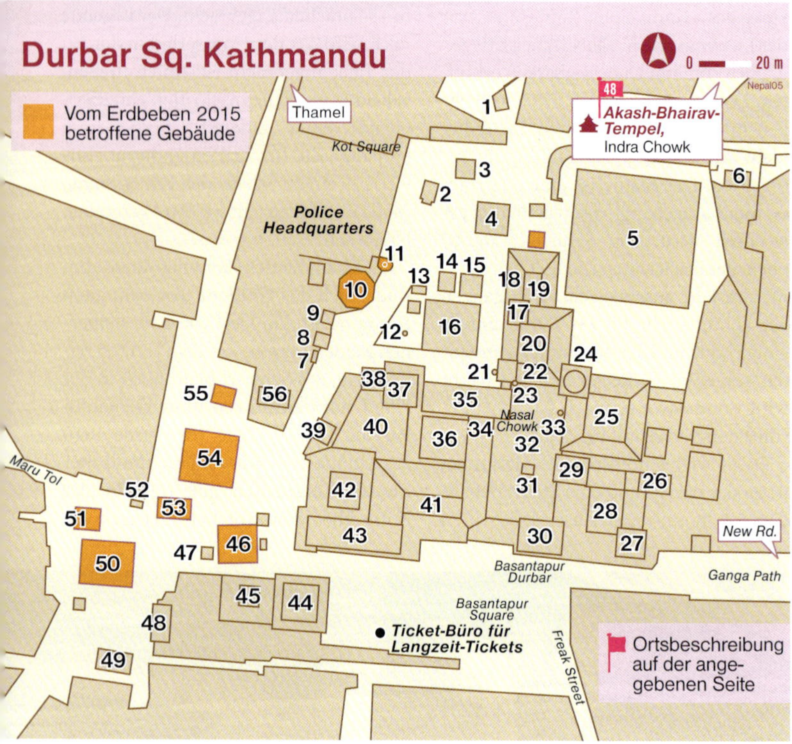

Bildnis Krishnas mit Arjuna und Vishvarupa, eine Szene aus dem Hindu-Epos Mahabharata. Links daneben ist Krishna mit zwei seiner Lieblings-Gopinis (Kuhhirtinnen) zu sehen, *Rukmini* und *Satyabhama*. Rechts sieht man einen König mit seiner Frau. Die Gesichtszüge des Königs sollen *Pratap Malla* nachempfunden sein.

Gleich links hinter dem Tor, das heute von Touristen nicht mehr passiert werden darf, steht eine schwarze **Marmorstatue von Narasinha,** die gerade einen Dämon zerfleischt, eine Halb-Mensch-halb-Löwe-Inkarnation Vishnus. Die Statue stammt ursprünglich wahrscheinlich aus Indien und wurde 1673 von *Pratap Malla* an ihrem jetzigen Platz aufgestellt. Dadurch wollte er den Gott beschwichtigen, den er glaubte beleidigt zu haben, indem er einst als Narasinha verkleidet durch den Königshof getanzt war.

Rechts neben der Statue schließt sich der **Gaddi Baithak** an, wörtlich der „Sitzungssaal des Zepters", eine Audienzhalle der Malla-Könige. Sie war in ihrer heutigen Form 1908 von Premierminister *Chandra Shamsher Rana* in Auftrag gegeben worden, der höchst beeindruckt

1 Mahendreshvar-Tempel
2 Kotilingeshvar-Mahadev-Tempel
3 Mahavishnu-Tempel
4 Kankeshvar-Shiva-Tempel
5 Taleju-Tempel
6 Tana Deval
7 Great Bell
8 Vishnu-Tempel
9 Saraswati-Tempel
10 Krishna-Tempel
11 Great Drums
12 Säule des Königs Pratap Malla
13 Kala Bhairav
14 Indrapur-Tempel
15 Vishnu-Tempel
16 Jagannath-Tempel
17 Mohan Tower
18 Mehrsprachige Steininschrift
19 Sundari Chowk
20 Mohan Chowk
21 Hanuman-Statue und Hanuman Dhoka (Tor)
22 Gaddi Baithak
23 Narasinha-Statue
24 Pancha Mukhi Hanuman
25 Mul Chowk
26 Bhaktapur Tower (Lakshmi Bilas)
27 Patan Tower (Lalitpur Tower)
28 Lohan Chowk
29 Kirtipur Tower
30 Basantapur Tower
31 Krönungsplattform
32 Nasal Chowk
33 Nataraja-Tempel
34 Tribhuvan Museum
35 Hanuman Dhoka Durbar Museum
36 Dak Chowk
37 Degu-Taleju-Tempel
38 Sveta Bhairav
39 Bhagwati-Tempel
40 Masan Chowk
41 Lam Chowk
42 Huluche Chowk
43 Gaddi Baithak
44 Kumari Chowk
45 Kumari Bahal
46 Trailokya-Mohan-Narayan-Tempel
47 Garuda-Statue
48 Kabindrapur-Gebäude
49 Sinha (Singh) Sattal
50 Kashtamandap (Maru Sattal)
51 Bimaleswor-Shiva-Tempel
52 Ashok-Binayak-Tempel (Maru-Ganesh-Schrein)
53 Lakshmi-Narayan-Tempel
54 Maju Deval
55 Narayan-Tempel
56 Shiva-Parvati-Tempel

von einem Besuch in London zurückgekehrt war – daher die viktorianisch beeinflusste Bauweise.

Der große Innenhof, an dessen Nordseite der Gaddi Baithak liegt, nennt sich **Nasal Chowk,** „Tanz-Hof". Der Name stammt von einer der Bezeichnungen für Shiva, Nacheshvara, „Gott des Tanzes". In diesem Hof fanden in früheren Jahrhunderten königliche Theater- und Tanzdarbietungen statt, und auch die Proben dafür wurden hier abgehalten. Beginnend mit der Shah-Dynastie wurden hier auch die Könige gekrönt, eine Zeremonie, die zuvor im benachbarten Mul Chowk vonstatten ging. Mitten im Nasal Chowk befindet sich eine Plattform, die in ihrer heutigen Form seit 1826 besteht. Darauf wurde 1975 König *Birendra* gekrönt, und aus Anlass der Indra Jatra (siehe Kapitel „Feste und Feiertage") wird die Figur des Gottes Indra aus dem benachbarten Degu-Taleju-Tempel hierher gebracht.

Blickt man nun von der Plattform in Richtung Gaddi Baithak, sieht man **zwei Türme** darüber hinausragen. Der westliche davon ist der Agam Chen, der den Privatschrein der Malla-Könige beherbergt, der östliche ist der des Pancha-

ktm126 rk

Mukhi-Hanuman-Tempels, des „Tempels des fünfgesichtigen Hanuman“, errichtet im Jahr 1655.

An der Nordseite des Nasal Chowk liegt der **Mohan Chowk,** der Hof mit den Wohngebäuden der Malla-Könige, erbaut 1649 unter *Pratap Malla* und im Jahr 1822 unter *Birendra Bikram Shah* erneuert. Nördlich dieses Hofes befindet sich ein weiterer, der kleine **Sundari Chowk,** der „Hof der Schönheit“.

Nordöstlich des Nasal Chowk folgt der **Mul Chowk** oder „Haupt-Hof“. Dieser ist der Hausgöttin der Malla-Könige geweiht, der blutrünstigen Taleju Bhavani, der dort auch Tieropfer dargebracht wurden. Darüber hinaus diente der Hof zahlreichen religiösen Feierlichkeiten und auch der Ernennung von Ministern oder Hochzeitsfeiern als Austragungsort.

An der Südseite des Nasal Chowk führt eine Passage in einen weiteren Hof, den **Lohan Chowk,** der von einem Gebäude namens Vilas Mandir (etwa „Tempel des göttlichen Dramas“) umgeben ist. Über dessen vier Ecken erhebt sich jeweils ein Turm: der **Kirtipur Tower,** der **Bhaktapur Tower, Patan** oder **Lalitpur Tower** und – als wichtigster – der **Basantapur Tower.** Das Entstehungsdatum des gesamten Komplexes ist etwas unklar, so trägt beispielsweise die untere Hälfte des 30,5 m hohen Basantapur-Turmes Inschriften aus der Zeit vor 1630, der obere Teil wurde aber erst im Frühjahr 1770 fertiggestellt – daher auch der Name: „Basanta“ ist Nepali/Sanskrit für „Frühling“. Die anderen Türme wurden nach den Städten benannt, die ihren Bau finanzierten. Das sollte die Einigkeit des zu jener Zeit gerade geeinten Nepals unter Beweis stellen. Durch das Erdbeben fielen Teile der Türme ein, und 2017 gaben sie teilweise ein etwas desolates Bild ab.

Nach dem Besuch der Palastanlage bietet sich ein Blick ins angeschlossenen Museum an. Rechts vom Eingang zum Palast führt eine kleine Treppe zum **Hanuman Dhoka Durbar Museum.** Das Museum war ursprünglich angelegt, um das Leben König *Tribhuvans* zu dokumentieren und hieß folglich *Tribhuvan Museum;* mit der Abschaffung der Monarchie wurde der königliche Namen jedoch fallen gelassen. Das Museum zeigt Ausstellungsstücke zur **Shah-Dynastie,** die 2006 gestürzt wurde, und Exponate, die Nepals Wandel von absoluter Monarchie zur Demokratie dokumentieren. Aufgrund der Renovierungsarbeiten sollte man sich vor Ort erkunden, ob das Museum geöffnet ist. Der Eintrittspreis ist üblicherweise im Ticket zum Durbar Square mit enthalten.

Verlässt man den Palastkomplex wieder durch das Goldene Tor (oder vom Museum aus), so liegt wenige Meter vor dem Ausgang der rostrote **Jagannath-Tempel,** dessen Ursprung auf das Jahr 1563 zurückgeht. In seinem Allerheiligsten beherbergt der Tempel einen Schrein des Chaturmurti Vishnu, des „Viergestaltigen Vishnu“. Der Name „Jagannath“ („Herr der Welt“) ist eine weitere Bezeichnung für Vishnu. (Von dem Wort leitet sich auch die englische Vokabel

< Sadhus sind eigensinnige, oft auch exzentrische Figuren am Rande der hinduistischen Gesellschaft – im Idealfall fromme und genügsame Wanderasketen oder Einsiedler, nicht selten aber auch geldhungrige „Show-Sadhus“, die ein großes Publikum und gute Verdienstmöglichkeiten suchen

„Juggernaut" für „Götze" oder „Moloch" ab). Das interessanteste Merkmal des Tempels sind die an den Stützstreben des Dachs angebrachten erotischen Holzschnitzereien, die ihren Ursprung im Tantra-Kult haben.

Westlich des Jagannath-Tempels ragt eine Säule in den Himmel, auf deren oberem Ende bis zum Erdbeben eine **Statue Pratap Mallas** thronte. Das Erdbeben stieß den König vom Sockel, und derzeit ist die Säule „unbesetzt".

Wenige Meter südwestlich davon, versteckt hinter einem Gitter, befindet sich der gut 4 m hohe **goldene Kopf des Sveta Bhairav,** des „Weißen Bhairav". Dieser wird nur zum Indra-Jatra-Fest den Blicken der Öffentlichkeit preisgegeben, und dann fließt aus seinem Mund fassweise Reisbier, von dem die Festteilnehmer so viel wie möglich zu erheischen suchen.

Das Gegenstück des Weißen Bhairav, der Schwarze Bhairav oder **Kala Bhairav,** ist ein ca. 3 m hohes buntes Wandfresko, das den Gott in seiner Schwert schwingenden, furchterregenden Form darstellt. Viele Gläubige halten für ein kurzes Gebet davor inne, um dann weiter ihren Geschäften nachzugehen. Der Legende nach wurde der Kala Bhairav auf dem Berg Nagarjun gefunden und im 17. Jh. von *Pratap Malla* an seinen jetzigen Standort gebracht. In der Folgezeit mussten Hofangestellte ihren Loyalitätseid darauf schwören, und Zeugen legten ihre Aussagen davor ab. Wer im Angesicht des Schwarzen Bhairav log, wurde von ihm mit dem Tode bestraft!

Am äußeren Nordostende des Durbar Square steht das imposanteste Bauwerk des Komplexes, der 1564 unter *Mahendra Malla* erbaute **Taleju-Tempel.** Dieser überragt mit seinen 35 m alle anderen Bauwerke und besticht durch seine Bauweise: Auf einen fünfstufigen Sockel wurde ein filigran verziertes dreistöckiges Dach gesetzt. Der Tempel, der höchste des Kathmandu-Tals, sollte die Macht der Göttin Taleju Bhavani darstellen, der die Malla-Könige bevorzugt huldigten. Taleju Bhavani ist eine eigentlich südindische Manifestation der Göttin Durga oder Kali, deren Einfluss im 14. Jh. nach Nepal gelangte. Der Göttin, die nie ein gutes Blutmahl verschmähte, wurden auch Menschenopfer dargebracht; in Indien trieben bis ins 19. Jh. die Thags ihr Unwesen, die im Namen von Bhavani mordeten und plünderten und einen Teil ihrer Raubbeute der Göttin stifteten. Der Eintritt in den Tempel ist nur Nepalesen zur Zeit der Durga Puja gestattet.

Weiter westlich am Durbar Square finden sich die kläglichen Überreste eines **Krishna-Tempels** (auch *Chyasilin Dega* genannt), der unter *Pratap Malla* im Jahr 1637 errichtet wurde. Durch den Bau versuchte *Pratap* – er war damals noch Prinz –, seine Ehre wiederzuerlangen, die er nach einer fehlgeschlagenen Attacke auf *Patan* in den Augen vieler verloren hatte. Er widmete den Tempel seinen zwei Frauen und ließ im Inneren einen Schrein errichten, dessen Figuren sowohl sein Antlitz als auch die Gesichtszüge seiner Gemahlinnen aufweisen. Gegen das Erdbeben hatte der filigrane kleine Tempel keine Chance; er fiel komplett in sich zusammen. Der Tempel lebt in Fotos weiter, unter anderem einem bekannten Bild, auf dem der langjährige König von Thailand, Bhumipol, in dem Tempel steht und von dort aus den Königspalast fotografiert.

ktm225 rk

Etwas nördlich des Tempels sieht man zwei mit Büffel- und Ziegenfell bespannte **Trommeln,** denen zum Fest Durga Puja Blut geopfert werden muss. Dazu werden Ziegen und Büffel mit einem einzigen Schlag enthauptet. Südlich des Krishna-Tempels befindet sich eine Art Riesentrommel, deren Klang die bösen Geister fernhalten soll und die speziell zur Durga Puja geschlagen wird. Während des Erdbebens wurden die Trommeln teilweise zerstört.

Geht man von hier weiter in südliche Richtung, verlässt man den eigentlichen Durbar Square. Links steht ein Gebäudekomplex namens **Masan Chowk** oder „Kremationshof". Diese Bezeichnung deutet darauf hin, dass sich hier einst die Stadtgrenze Kathmandus befunden haben muss, da Kremationen traditionellerweise am Rand der Stadt stattfanden. Das an dieser Stelle stehende Gebäude weist unten einige Souvenirläden auf, oben herrliche holzgeschnitzte Fenster. Aus diesen sahen früher die Könige hinaus und beobachteten das Treiben ihrer Untertanen.

Die Fenster zeigen aber auch auf den **Shiva-Parvati-Tempel** gegenüber, der Ende des 18. Jh. auf einer schon vorhandenen Plattform – wahrscheinlich einer Tanzbühne – errichtet wurde. Aus einem Fenster an der Südseite des Tempels blicken die Hausherren des Bauwerks ins Freie: die weißen, etwas grob geschnitzten Figuren von Shiva und Parvati, die – aus der Entfernung betrachtet – verblüffend lebensecht erscheinen.

Südwestlich sieht man die Ruine eines weiteren Shiva-Tempels, des **Maju Deval,** errichtet 1690. Bis zu seiner Zerstörung durch das Erdbeben war der Tempel ein beliebter Rastplatz, zahlreiche Besucher erklommen die hohe Treppe und ruhten sich im Schatten seines Daches aus. So war es auch am Tag des Erd-

Der Eingang zum alten Königspalast wird von Steinfiguren als auch von Soldaten bewacht

bebens, und so kamen hier besonders viele Menschen um, begraben unter Tonnen von Baumaterial. Heute ist nur der Sockel des einst so gewaltigen Gebäudes übrig.

Noch einige Meter weiter südlich stehen die Überreste des **Trailoka-Mohan-Narayan-Tempels,** der im Jahr 1680 unter *Prithvibendra Malla* erbaut wurde. Im Volksmund wurde er auch *Das-Avatar-Dekhaune Mandir* genannt, der „Tempel, der die zehn Inkarnationen zeigt“: Hier wurden zum Indra-Jatra-Fest Tänze aufgeführt, die die zehn Inkarnationen Vishnus darstellen. Auch hier verursachte das Erdbeben praktisch einen Totalschaden, und der Tempel wartet noch auf den geplanten Wiederaufbau.

Vor der Ruine steht eine **Garuda-Statue,** die *Prithvibendras* Witwe im Jahr 1689 nach dessen Tod dort aufstellen ließ.

Der Platz westlich des Trailoka-Mohan-Tempels wird Maru Tol genannt, nach dem Maru-Ganesh-Schrein oder **Ashok-Binayak-Tempel,** der dort recht unauffällig an einer Straßenecke zu finden ist. Der Schrein gilt – aller Unscheinbarkeit zum Trotz – als einer der vier wichtigsten Ganesh-Schreine des Kathmandu-Tales. Er wird besonders vor wichtigen persönlichen Unternehmungen aufgesucht, denn Ganesh ist der Beseitiger von Hindernissen – dementsprechend groß ist die Zahl der Besucher. „Ashok Binayak“ bedeutet „Vinayak/Ganesh der Sorglosigkeit“. Der gesamte Schrein ist mit goldfarbenem Messing beschlagen, sein genaues Alter ist mangels Inschriften jedoch unbekannt. Das Dach in seiner heutigen Form stammt aus dem Jahr 1847 und wurde von König *Surendra* in Auftrag gegeben. Besonders augenfällig ist die goldene Bronzefigur einer **Ratte,** die in Richtung Tempel blickt, und der von den Gläubigen viel Aufmerksamkeit und Ehrung zuteil wird. Die Ratte (in der hinduistischen Terminologie *Mushika*

ktm124 rk

oder *Rauncha*) gilt als „Reittier" des Gottes **Ganesh,** und aus diesem Grund fällt ein Teil des Ruhmes Ganeshs auch auf die Ratte ab.

Wenige Meter weiter südlich befinden sich die Überreste des Gebäudes, dem Kathmandu seinen Namen verdankt: der **Kashtamandap** oder **Maru Sattal.** Das Erdbeben von 2015 zerstörte ihn komplett. Die Anfangsgeschichte des Baus reichte bis ins 14. Jh. zurück, und darum ranken sich allerlei Geschichten. Der Legende nach wurden das gesamte Gebäude sowie der benachbarte Sinha (Singh) Sattal aus dem Holz eines einzigen Sal-Baumes gefertigt. Der Kashtamandap war eine Art überdachte Plattform, die bis zu seiner Zerstörung für alle erdenklichen Zwecke benutzt wurde – so spielten Kinder darin, Gemüsehändler stellten ihre Waren dort ab, und Straßenköter hielten dort ihren Mittagsschlaf. Als das Gebäude vor Jahren restauriert werden sollte, hatten die Restaurateure Mühe, die dort lebenden Familien zu vertreiben. Im Innern des kulturhistorisch wichtigen Baus befand sich ein Schrein, der Nepals Schutzheiligen Gorakhnath geweiht war. Beim Erdbeben wurde die Figur Gorakhnaths von fallenden Trümmern in zwei Teile zerschlagen.

Es gibt aber auch heitere Anekdoten über das Gebäude zu berichten: 1971 wurden Szenen des Hindi-Films „Hare Rama Hare Krishna" auf dem Kashtamandap gedreht, was viele Einwohner Kathmandus erzürnte. Der Film nahm seinerzeit die westlichen Hippies aufs Korn, die nach Indien und Nepal gekommen waren, um Haschisch zu rauchen und hinduistische Spiritualität – oder ihre ganz eigene Version derselben – zu suchen. So mancher Mitbürger empfand die Dreharbeiten als Entweihung des heiligen Ortes. Als die Bevölkerung den Film später jedoch sah, war all der Zorn vergessen, und man war stolz, einen Beitrag dazu geleistet zu haben (siehe das Lied „Dum Maro Dum", übersetzt etwa „Zieh' dir einen rein", www.youtube.com/watch?v=3muMjMT6hSA). In zahlreichen Szenen des Films ist auch Bhaktapur zu sehen. Das wichtigste Gebäude am Südende des Gebietes ist der **Kabrindapur**, ein vierstöckiger Bau aus dem Jahr 1673, der zumeist von Marktständen umlagert ist.

Der **Sinha (Singh) Sattal** ist nach den löwenähnlichen Figuren benannt, die an seinen Ecken aufgestellt sind. Dieses Gebäude wird zum Teil zum Singen religiöser Lieder, der Bhajans, genutzt.

Begibt man sich von hier in Richtung Basantapur Square, passiert man kurz davor ein weiteres sehr wichtiges Gebäude, das **Kumari Bahal,** „Kloster der Jungfrau". Dieser 1757 unter *Jaya Prakash Malla* errichtete Bau dient als Wohnsitz der weithin verehrten **Kumari Devi** oder „Jungfräulichen Göttin", eines jungen Mädchens, das als Inkarnation der Göttin Taleju betrachtet wird (s.u.).

Der Palast verfügt über einen zugänglichen Innenhof, den **Kumari Chowk,** der einen eindrucksvollen Blick auf die filigranen, holzgeschnitzten Fenster der umliegenden Gebäude erlaubt. Beim Betreten des Hofes wird man wahrscheinlich sofort von einigen „Tourist Guides" angesprochen, die gegen ein Entgelt die

Die Tempel am Durbar Square werden auch für das eine oder andere romantische Stelldichein genutzt

Macht, was euch gefällt: Seltsame Sitten im Kashtamandap

Im Kashtamandap, von dem zurzeit leider nur kümmerliche Reste übrig sind, wurde in früheren Jahrhunderten ein Tantra-Ritus namens **Chakra-puja** („Anbetung im Kreis") vollzogen. Der Tantra-Kult war in Nepal vom 9. bis 14. Jh. durch indische Lehrmeister aus Bengalen und Mithila (Videha) verbreitet worden, die meisten auf der Flucht vor den in Indien eindringenden Moslems (etwa ab 999). Eine rudimentäre Form von Tantra war aber wohl auch im 7./8. Jh. in Nepal vorhanden.

Zur Chakra-puja versammelten sich kleine Gruppen von Teilnehmern im Kashtamandap, Männer sowie Frauen. Man setzte sich im Kreisrund nieder, die Frauen links neben ihren männlichen Partnern. Nach einer zeremoniellen Mahlzeit ging man zum **Geschlechtsakt (maithuna)** über, wobei die Polarität der Geschlechter als eine Art Verschmelzung des Ich mit dem Göttlichen angesehen wurde. Die Männer betrachteten sich dabei als *vira* („Helden"), die Frauen wurden als Manifestationen der Göttin Shakti verstanden. Der Geschlechtspartner wurde entweder ausgewählt oder durch Losziehen bestimmt. Männer hatten dabei auch mit ihren Schwestern oder Müttern zu kopulieren, denn der **Bruch gesellschaftlicher Tabus** war ein wesentlicher Bestandteil der Tantra-Riten. Die Teilnehmer glaubten, dass die Göttin Shakti, der im Ritus gehuldigt wurde, durch jedwede Art von *nirdharma* („Unrechtheit") erfreut werden könne. Die **Kulanarva Tantra,** eine der wichtigsten tantrischen Schriften, formulierte: „… durch die Handlungen, die den Menschen in ewiger Hölle schmoren lassen, findet der Yogi die Erlösung." Eine andere Schrift vertrat die Ansicht, dass „so, wie Gift durch Gift neutralisiert werden kann, so, wie ein Dorn durch einen anderen Dorn entfernt werden kann, so kann auch Sünde durch Sünde beseitigt werden." Eine weitere Tantra-Schrift wiederum verkündete: „Der weise Mann beseitigt den Schmutz in seinem Geist durch Schmutz."

Beim Geschlechtsakt hatten die Männer die **Ejakulation** zu **vermeiden.** Dazu halfen bestimmte Atemtechniken sowie spezielle Drogen. Der Samen sollte, anstatt vergeudet, zu spiritueller Energie umgewandelt werden. Das Wort *chakra* im Namen der Puja bedeutet auch „Nervenzentren". Von diesen Zentren gibt es gemäß der Yoga-Theorie acht im Körper und eines davon befindet sich nahe den Geschlechtsorganen. Zur Selbstbeherrschung soll die Nervenenergie von den niedrigeren Nervenzentren nach oben, zum höchsten Zentrum im Kopf, geleitet werden. Sexuelle Energie soll so in geistige Energie umgewandelt werden.

Zur Chakra-puja setzten sich die Teilnehmer in einem Kreis rund um eine Jungfrau *(kumari),* um auf sie als Sinnbild der Göttin Shakti zu meditieren. Häufig wurde das Mädchen auch durch eine Yoni, ein mystisches Diagramm mit neun Yonis, oder ein anderes magisches Symbol ersetzt. Nach einiger Zeit begann die Kopulation. Ob es aber immer zum Gechlechtsakt kam, ist ungewiss, wahrscheinlich nicht. Die Tantra-Schriften besagten, dass die Chakra-puja „in Abgeschiedenheit" vollzogen werden sollte, und wie abgeschieden der Kasthamandap früher war, sei dahingestellt. Trotzdem hatten die Teilnehmer wohl reichlich Spaß an der Freud'.

Der Kern der „Unrechtschaffenheits"- oder Antinomianismus-Doktrin war **svachhachara** oder „Selbst-Wille-Gehen", mit anderen Worten:

„Tut, was euch gefällt". Unter Leitung eines undisziplinierten oder skrupellosen Meisters bestand natürlich die Gefahr, dass die Chakra-puja zu einer puren Orgie entartete. Derartigen zwielichtigen Gurus ist zum Teil zuzuschreiben, dass der reine Tantra-Kult nicht lange überdauerte.

Gorakhnath (frühes 12. Jh.), dessen Statue noch heute im Kashtamandap verehrt wird, war selbst ein Vertreter merkwürdiger Praktiken. In seiner Jugend war *Gorakhnath* Schüler des Mystikers *Matsyendranath,* der die okkulte **Natha-Sekte** ins Leben gerufen hatte. Die Nathas zielten darauf ab, den Körper unsterblich zu machen und eigneten sich angeblich übernatürliche Fähigkeiten an. *Gorakhnath* erreichte eine große Meisterschaft in den Natha-Techniken und gründete die **Sekte der Kanphata-Yogis** („Spalt-Ohr-Yogis"). Der Name spielt darauf an, dass sich die Yogis einen großen Ring *(kundala)* durch die Ohrmuscheln zogen, der diese „spaltete". Der Ohrring wurde zum Erkennungszeichen der Kanphata-Yogis (*kan* = „Ohr", *phata* = „zerrissen", „gespalten"). Zur Einweihung in den illustren Kreis wurden die Neulinge zunächst symbolisch getötet, dann wurden ihre Gedärme „ausgespült" und die Aspiranten von einem Baum gehängt. Zu den Riten der fortgeschrittenen Kanphatas gehörten die Nekrophilie oder *shava-vada* („Leichenmethode"), alle sonstigen Arten sexueller Perversion und möglicherweise auch der Verzehr von Rindfleisch, ein striktes Tabu in der orthodoxen Hindu-Gesellschaft. *

Passend zu all den Abstrusitäten wurde die Legende verbreitet, dass *Gorakhnath* aus der Vereinigung Shivas mit einer Kuh hervorgegangen war; bei der Kopulation verwandelte sich der Same Shivas in das Kind *Gorakhnath. Gorakhnath,* dessen Name „der Kuh-beschützende Gott" *(go-rakha-natha)* bedeutet, stammte wahrscheinlich aus der Gegend des heutigen Gorakhpur in Uttar Pradesh.

Gorakhnath und seine Kanphatas ähnelten stark den **Aghoris** („die Gefürchteten") oder anderen Vertretern des okkulten **„links-händigen Pfades"** *(vama-marga)* des Hinduismus. Am Pashupathinath-Tempel findet sich noch heute gelegentlich der eine oder andere Aghori ein, zu erkennen an seiner schwarzen Kleidung und seinem zumeist furchterregenden Blick. Die Aghoris, denen unter anderem nachgesagt wird, sich am Fleisch unvollständig verbrannter Leichen schadlos zu halten, lassen sich gerne in der Umgebung von Verbrennungsstätten nieder.

* In der Frühphase des Hinduismus war das Töten von Kühen noch nicht tabuisiert. Büffel oder Kühe wurden in Opferriten geschlachtet oder auch ganz einfach zum Verzehr. Eine der Sanskrit-Vokabeln für „Gast" ist *go-ghana,* wörtlich „der, für den eine Kuh geschlachtet wird".

ktm006 rk

Die Kumari Devi – Göttin bis zum ersten Blutstropfen

Glaubt man den alten Legenden, die seit Generationen im Kathmandu Valley erzählt werden, so entstand der **Kult der Kumari** aus purer Fleischeslust: Angeblich spielte einst *Jaya Prakash Malla,* König von 1732 bis 1768, mit der **Göttin Taleju** ein Würfelspiel. Alles ging gut, bis der König plötzlich von unlauteren Gefühlen der Lust gegenüber seiner Spielpartnerin ergriffen wurde. Nicht ganz Herr seiner Sinne, machte er der Göttin amouröse Angebote. Erbost löste sich Taleju in Nichts auf und gelobte, nur in der Form einer Jungfrau zur Erde zurückzukehren. Von diesem Zeitpunkt an wurden **jungfräuliche Mädchen aus der Shakya-Kaste** ausgewählt, die als Inkarnationen Talejus angesehen wurden.

Die Kumari Devi wird im Alter von zwei bis vier Jahren auserkoren und darf noch nie einen Tropfen Blut verloren haben. Um die Eigenschaft der Furchtlosigkeit zu testen, werden vor den Augen der Kandidatinnen in der **Kalratri,** der „schwarzen Nacht" zum Dasain-Fest, angeblich 108 Büffel und 108 Ziegen geschlachtet (108 ist eine heilige Zahl der Hindus). Nur wer keine Regung zeigt, kann Kumari werden. Kein Außenstehender hat jedoch die Riten gesehen, und es ist nicht verbrieft, ob sie heute noch in dieser Art vollzogen werden. Die derzeitige Kumari heißt **Trishna Shakya** und wurde im September 2017, im Alter von drei Jahren, auserkoren.

Ist die Kumari auserwählt, wird sie mit dem geheiligten Schwert der Taleju ausgestattet und zu ihrem neuen Wohnsitz, dem **Kumari Bahal,** geleitet. Da von nun an ihre Füße nicht mehr den Boden berühren dürfen, werden vor ihr weiße Tücher ausgebreitet. Auch ihr Aussehen ist reglementiert, sie bekommt eine rote Robe umgelegt, ihre Haare werden in einem Knoten oben auf dem Kopf zusammengebunden, sie bekommt rote Farbe, den Tika, auf die Stirn, die Fußnägel werden rot bemalt, und von den Augen wird ein schwarzer Strich bis zu den Schläfen gezogen. Die unbeschwerte Kindheit, die sie bis dahin gehabt haben mag, ist für das Mädchen nun vorbei, sie wird ab sofort mit allerhöchstem Respekt behandelt, und sie hat sich würdevoll wie eine Göttin zu benehmen. Kein Wunder, dass alte ehemalige Kumaris immer wieder davon berichten, dass sie in ihrer Zeit als Göttinnen voll Neid von ihrem Fenster auf die spielenden Kinder schauten! Heutzutage bekommen die Kumaris privaten Schulunterricht, was früher nicht der Fall war. Dummerweise kann der Lehrer sie nicht maßregeln, da sie eine Göttin ist und man ihr nicht widersprechen darf.

Zu den **Aufgaben der Kumari** gehört das Empfangen von Gläubigen, die um eine Audienz gebeten haben. Jede Geste der Göttin wird dabei genau beobachtet, denn sie wird als Verheißung betrachtet: Lächelt sie, während sie das rote Tika auf die Stirn eines Gläubigen streicht, wird er gesund und erfolgreich sein; verzieht sich ihr Gesicht in Runzeln, wird ihm ein Unglück zustoßen; falls sie zittert, wird er im Gefängnis landen; weint sie oder reibt sie sich die Augen, muss er alsbald sterben.

Zum **Fest Indra-Jatra** versammelt sich eine riesige Menschenmenge am Kumari Bahal, ein Ehrensalut wird gefeuert und es wird eine Ziege geopfert. Danach wird die Göttin in eine Sänfte gehoben und in einer Prozession durch die

> Im Innenhof des Kumari Bahal warten stets Touristen auf ein Erscheinen der Kumari

Stadt getragen. Dabei wird sie von wild maskierten Männern umtanzt, die sich im Rhythmus lauter Trommeln bewegen. Die Gläubigen am Wegesrand überschütten die Göttin mit Reis, Blumen und kleinen Münzen. Diese Prozession wird drei Tage hintereinander wiederholt, womit alles Unglück aus der Stadt vertrieben werden soll.

Hat die Kumari Devi ihren **ersten Tropfen Blut** verloren – meist durch die erste Menstruation – ist ihre Zeit als Göttin vorüber, eine neue muss auserwählt werden. Der plötzliche Wechsel von einem Leben in höchst privilegierter Stellung in ein vollkommen normales, unbeachtetes Dasein verursacht bei vielen der Mädchen einen Schock. Ihre finanzielle Lage ist meist prekär, eine normale Arbeit können sie kaum annehmen. Einen Ehemann zu finden ist schwer, da sie immer noch mit dem Nimbus der Göttin behaftet sind. Seit kurzem erhalten ehemalige Kumaris eine Art „Rente" von 5000 Rs. im Monat.

Nur einmal im Jahr treten die ehemaligen Kumaris ins Licht der Öffentlichkeit, zur Indra-Jatra, wenn sie an einem Festmahl teilzunehmen haben. Für so manche ist es vielleicht das beste Mahl, das sie im Jahr bekommen. Danach hängt über vielen wieder der graue Schleier der Trauer, des Vergessenseins.

Neben der Kumari von Kathmandu gibt es noch weitere, aber unbedeutendere Kumaris im Kathmandu Valley, so in Patan, Bhaktapur und Thimi.

In Bhaktapur leben gleich drei Kumaris, was sich auf eine Legende stützt: Dieser zufolge hatte sich Taleju einst in Bhaktapur in einem Baum versteckt, und als sie daraus hervorgekommen war, begab sie sich in drei verschiedene Stadtteile Bhaktapurs, nach Baha Chhen, Tibuk Chhen und Wala Lakhu. Deshalb wird in diesen Stadtteilen heute je ein Mädchen zur Kumari erwählt. **In Patan** sind zwei Kumaris ansässig, wovon eine – wie es die Regel vorschreibt – nach dem ersten Blutstropfen abgelöst wird. Die zweite bildet aber in jeder Beziehung eine Ausnahme: Diese stammt nicht, wie sonst üblich, aus der Shakya-, sondern aus der Bajracharya-Kaste und ist Kumari seit 1953, seit ihrem zweiten Lebensjahr. Von vielen Gläubigen wird sie unvermindert als Göttin verehrt, und sie gilt, wenn sie „gut bei Laune" ist, als zuverlässige Weissagerin.

Außer der Kumari von Kathmandu können alle Kumaris in ihren Häusern fotografiert werden, manche machen sogar ein Geschäft daraus. Am leichtesten aufzustöbern ist die junge Kumari von Patan, die schräg gegenüber dem Tempel Ratnakar Mahabahal wohnt (ca. 500 m westlich).

ktm127 rk

Kumari am Fenster erscheinen lassen wollen. Der Kult der Kumari hat also durchaus seine kommerziellen Aspekte. Außerdem ist das Fotografieren der Göttin offiziell streng verboten, trotzdem erscheinen ihre Fotos auf wundersame Weise immer wieder in Bildbänden, und vor der Schwelle des Kumari Bahal werden Postkarten mit ihrem Bild feilgeboten. Gegen 17 oder 18 Uhr lässt sich die Kumari gelegentlich am Fenster blicken, eine Garantie dafür gibt es jedoch nicht.

An der Ostseite des Kumari Bahal erstreckt sich der weitläufige, rechteckige **Basantapur Square** und stellt so etwas wie ein Verbindungsstück zum modernen Kathmandu dar. Wenige Schritte weiter östlich liegt die geschäftige **New Road.** Der Basantapur Square ist voll in der Hand von Souvenirhändlern, hier gibt es Khukris, die bekannten Gurkha-Messer, tibetische Gebetsmühlen, Schmuck u.v.m. zu kaufen. In früheren Zeiten fand hier ein Gemüsemarkt statt, und vor einigen Jahrhunderten wurden hier die königlichen Elefanten gehalten.

■ **Eintritt:** An den drei Hauptzugängen zum Durbar Square stehen Kassenhäuschen, an denen Touristen **1500 Rs.** Eintritt zahlen müssen. Das ärgert viele, da der Durbar Square keine in sich abgeschlossene Sehenswürdigkeit ist, sondern ein zentral gelegener, lebendiger Stadtteil, durch den man oft auch hindurch muss, um von einem Stadtteil zu einem anderen zu gelangen. Die Kassierer haben schon viele Diskussionen mit Ausländern darüber geführt, und im Grunde finden sie das Reglement ebenso absurd und ungerecht, können aber nichts daran ändern. Wenn man tatsächlich den Platz nur durchqueren will, um von A nach B zu kommen, kann man die Kassierer gelegentlich überzeugen und kommt ungeschoren davon. Um das beste aus der Situation zu machen, sollte man sich im Büro der Verwaltung des Durbar Square am Basantapur Square einen Passierschein für seinen gesamten Aufenthalt in Kathmandu (oder für die Dauer des Visums) ausstellen lassen. Dazu ist einfach das 1500-Rupien-Ticket vorzulegen, der Reisepass (damit der Beamte die Visumsdauer überprüfen kann), und ein Passbild abzugeben. Es fallen keine Extrakosten an.

Die Altstadt nördlich des Durbar Square

„Altstadt" ist ein durchaus debattierbarer Begriff, in dieser Stadt, in der der Großteil der Stadtfläche mit Gebäuden aus vergangenen Jahrhunderten bebaut scheint. Das wichtigste Altstadtgebiet sind die engen, verwinkelten Viertel, die sich nördlich und südlich des Durbar Square erstrecken. Diese setzen sich aus einer Vielzahl von Tol zusammen, das sind um einen Innenhof angelegte Wohnblocks, die früher jeweils von einem Familien-Clan oder einer Kaste bewohnt wurden. Ursprünglich bestanden die Viertel aus verstreut liegenden Tol, bis diese immer enger aneinander wuchsen und bald eine geschlossene Siedlung ergaben – das, was wir heute als „Altstadt" bezeichnen können.

An der Nordostseite des Durbar Square, überragt vom Taleju-Tempel, liegt der **Makhan Tol,** an dem sich zahllose kunsthandwerkliche Läden angesiedelt haben, die vor allem Thangkas verkaufen. „Makhan" bedeutet in der nepalesischen Sprache „Butter", und der Name des Viertels gibt so Aufschluss darüber, womit hier in früheren Zeiten Handel getrieben wurde. Ein Teil der umliegenden Häuser wurde im 19. Jh. umgebaut

Kathmandu, Altstadt

ktm123 rk

und zeigt somit nicht mehr seine ursprüngliche Form, einige Gebäude wurden sogar gänzlich abgerissen. Vorhanden ist noch eine Garuda-Statue, die einst vor einem inzwischen längst verschwundenen Vishnu-Tempel gestanden haben muss.

Geht man vom Makhan Tol weiter nordostwärts, gelangt man zum **Indra Chowk,** dem „Hof des Indra“. Dieser war ursprünglich so etwas wie der Vorhof des an der Westseite gelegenen **Akash-Bhairav-Tempels,** des „Tempels des Himmels-Bhairav“. Dieser Tempel ist auffallend reichhaltig mit Metallarbeiten bedeckt und wird von zwei Messing-Löwen bewacht. Er beherbergt eine silberne Figur des Akash Bhairav, die zu besonderen Festtagen, z.B. der Indra-Jatra, auf dem Vorplatz der Öffentlichkeit präsentiert wird. Die eigentlichen Tempelgemächer befinden sich im Obergeschoss des Gebäudes und dürfen von Nicht-Hindus nicht betreten werden.

Umgeben ist der Indra Chowk von **Blumenhändlern,** bei denen sich die Gläubigen Blumengirlanden für den Tempelbesuch kaufen. Indische **Obsthändler** sorgen für das leibliche Wohl und verkaufen vom Fahrrad aus Mangos, Lichis und Bananen.

Wenige Meter weiter nordöstlich liegt der **Khel Tol,** wörtlich übersetzt der „Spiel-Platz“. Ganz so spielerisch geht es hier nicht mehr zu, das Gebiet befindet sich fest in den Händen der merkantilen Zunft. Angeboten werden Stoffe, Saris, metallene Gefäße und Topis, die bunten, traditionellen Nepal-Kappen.

⌃ Sakrales, so wie dieser Schrein am Indra Chowk, verbindet sich nahtlos mit Alltäglichem

An der linken Seite führt ein enges Tor zum wichtigen **Seto-Machhendranath-Tempel,** der auch **Sveta-Machhendranath-Tempel** genannt wird. Er stammt aus der Zeit um das 16./17. Jh. und wurde Mitte des 17. und Mitte des 19. Jh. restauriert und umgebaut. Geweiht ist er dem „Weißen *(seto/sveta)* Machhendranath“, der von Hindus als Inkarnation Shivas, von Buddhisten als Verkörperung des Avalokiteshvara betrachtet wird. Folglich finden sich hier die Anhänger beider Religionen gleichermaßen ein.

Der den Tempel umgebende Hof birgt ein wunderbares Sammelsurium von Schreinen, Chaityas und Statuen. Besonders interessant ist die eindeutig im „Jugendstil“ modellierte, goldmetallene Frauenfigur, die als eine Art Lampenhalter dient. Sie stammt möglicherweise aus einem alten Rana-Palast. Die Götterfigur, die im Allerheiligsten aufbewahrt wird, wird zum Seto-Machhendranath-Fest (März oder April) auf einem riesigen Gefährt durch die Straßen gezogen.

Verlässt man den Tempelhof durch das Tor an der Westseite, landet man unversehens auf einem **3 Töpfermarkt** mit Hunderten von Tongefäßen in allen Größen und Formen (Karte S. 47). Kaufen kann man die Waren, darunter auch Tierfiguren aus Ton, z.B. im Geschäft *Gauri Shankar Clay & Craft*, dessen Warensortiment bis auf den Bürgersteig überquillt. Geöffnet 8–20 Uhr.

Nahe dem Osttor, am Khel Tol also, befindet sich der kleine **Lunchun-Lunbun-Ajima-Tempel,** der durch eine relativ neue weiße Kachelverkleidung allerdings ein wenig von seiner Attraktivität eingebüßt hat. An der Rückseite sind einige Stützbalken mit erotischen Schnitzereien zu sehen.

Geht man ein paar Schritte weiter in Richtung Nordosten, passiert man einen achteckigen **Krishna-Tempel** mit elegant geformten Fenstern. Links daneben befindet sich das **Tilang Ghar** („Glashaus“), ein Privathaus aus dem 19. Jh., das als erstes Gebäude außer dem Königspalast Glasfenster bekommen durfte. An der Vorderseite des Hauses ist ein Stuckrelief angebracht, das marschierende Soldaten zeigt. Dies ist eine Kopie des Reliefs, das sich am Prithvi Narayan Shahs Fort in Nawakot befunden hatte. Am Haus finden sich heute Händler ein, die Metallwaren verkaufen, und im Gewühl der Gasse könnte man das Haus beinahe übersehen.

Etwas weiter nordöstlich in der Straße liegt der **Asan Tol,** das ursprüngliche Herz des alten Kathmandu. Hier pulsiert tagein tagaus ein lebendiger **1** Gemüse-markt (Karte S. 47), es wird gefeilscht und gehandelt. Das Marktgeschehen wird von mehreren Tempeln überwacht, darunter dem dreistöckigen **Annapurna-Tempel.** Kein Wunder, dass die Geschäfte so gut gehen, denn Annapurna ist die Göttin des Überflusses. Ihr Name bedeutet übersetzt „Die Essens-Volle“. Vom Tempeldach hängen einige Gefäße, *kalasha,* die die „Fülle“ der Göttin, gemäß tantrischer Tradition aber auch ihr Geschlechtsteil symbolisieren sollen. Vor dem Tempel hocken einige Verkäuferinnen und bieten Blumengirlanden feil, die die Gläubigen der Göttin opfern.

In der Gasse südlich des Annapurna-Tempels haben einige **2** Geschäfte superpreiswerte Elektro-Haushaltswaren aus China im Sortiment (Karte S. 47).

Geht man vom Asan Tol die Straße weiter in nordöstlicher Richtung, verlässt man das alte Kathmandu und ge-

ktm245 rk

langt zum relativ modernen Kantipath. Um in der Altstadt zu bleiben, nehmen wir die Straße, die vom Asan Tol nach Westen abzweigt. Dort passiert man den **Tempel der Göttin Ugratara** („Stern des Zornes"), an dem Gebete für gesunde und gute Augen besonders erfolgversprechend sein sollen.

Weiter westlich endet die Straße an einem halbwegs großen Platz, der u.a. als Rikscha-Haltestelle dient. An dem Platz steht ein **Ikha-Narayan-Tempel** mit einer fast 1000 Jahre alten Vishnu-Statue, darüber hinaus einer Figur der Göttin der Weisheit und der Künste, Saraswati, und einer Buddha-Figur.

Das merkwürdigste Objekt des Platzes ist vielleicht der **„Zahnschmerz-Schrein"**, ein unförmiges Stück Holz, in das unzählige Nägel eingehämmert sind. Der Überlieferung nach wird derjenige, der hier einen Nagel einschlägt, von seinen Zahnschmerzen befreit – jeder Nagel hat somit eine schmerzvolle Geschichte zu erzählen. Dass es mit dieser Therapie jedoch nicht immer klappt, beweisen die wenige Meter nordwärts gelegenen, etwas primitiv anmutenden Zahn-„Kliniken". Vielleicht sollte man es doch erst einmal mit dem Nägeleinhämmern versuchen … Die Gegend um den Schrein heißt im Volksmund Bangemudha, Newari für „Verdrehtes Holz".

Vorbei an den besagten Zahnarztpraxen führt die nordwärts verlaufende Straße nach ca. 200 m zur **Kathesimbhu-Stupa.** Sie ist durch eine kurze Passage von der Gasse aus zu erreichen. Die Stupa wurde um 1650 erbaut und stellt eine verkleinerte Version der Swayambhunath-Stupa dar. Errichtet wurde

⌃ Unzählige Läden und Verkaufsstände drängen sich um die Tempel und Schreine der Altstadt, und manche sind sogar ein Augenschmaus

sie speziell für Gläubige, die das Original aus irgendeinem Grunde nicht besuchen konnten. Der die Stupa umgebende Hof beherbergt eine Reihe von Chaityas, wie auch einen Schrein der Göttin Hariti (die Göttin der Pocken) direkt hinter der Hauptstupa.

Einen Blick wert ist auch der buddhistische Tempel **Shree Gha Gumba,** an der Nordseite der Stupa (rechts, wenn man durch die Gasse zur Stupa gelangt). Morgens kann man hier junge Mönche bei der religiösen Instruktion oder Gebetszeremonien miterleben.

Wenige Meter weiter nördlich schließt sich der **Thahiti Tol** an, in dessen Mitte eine Stupa aus dem 15. Jh. mit gelben Gebetsmühlen zu sehen ist. Dahinter befindet sich ein **Nateshvar-Tempel,** der Shiva in seiner Eigenschaft als „Gott des Tanzes" gewidmet ist. Passenderweise zeigen die am Tempel angebrachten Metallarbeiten Musiker mit diversen Instrumenten, die den Tänzer musikalisch begleiten.

Die Altstadt südlich des Durbar Square

Die Altstadtviertel südlich des Durbar Square sind bei Weitem nicht so interessant wie die nördlich davon gelegenen, wer also nicht viel Zeit hat, könnte sich auf die nördliche Altstadt beschränken.

Blickt man vom Kashtamandap in südliche Richtung und nimmt die linke der zwei südwärts verlaufenden Straßen, passiert man eine Reihe von Tempeln. Zunächst erscheint links an einer Straßenkreuzung der **Atko-Narayan-Tempel,** einer der vier wichtigsten Vishnu-Tempel Kathmandus. Wenige Meter weiter südlich folgt ein weiterer Vishnu-Tempel, rechts gefolgt von einem **Hari-Shankar-Tempel.** Dieser ist sowohl Vishnu (Hari) als auch Shiva (Shankar) gewidmet.

An dieser Stelle zweigt rechts eine Straße ab und führt an ihrem Ende zum **Bhimsen-Tempel,** geweiht dem Gott der Händler („Bhimsen" sprich mit langem im und langem e).

Geht man zurück zur ursprünglich eingeschlagenen nord-südlich verlaufenden Straße und dann weiter südwärts, erscheint bald ein Shiva-Tempel aus dem 17. Jh., der **Jaisi Deval,** der einige erotische Holzschnitzereien aufweist.

Wenige Schritte davon entfernt ragt ein monumentaler **Shiva-Lingam** in die Höhe, das Fruchtbarkeitssymbol Shivas. Dieser steht in einer Yoni, dem Symbol des weiblichen Prinzips der göttlichen Allmacht. Bei den Ausmaßen des Lingam ist es nicht verwunderlich, wenn Gebete um Fruchtbarkeit hier besonders erfolgversprechend sein sollen! Während des Indra-Jatra-Festes, wenn die Kumari in Prozessionen durch die Stadt geführt wird, legt sie an dieser Stelle einen Halt ein, und auf der unmittelbar benachbarten Plattform werden Tänze aufgeführt.

Rund um Rani Pokhri

Der Rani Pokhri („Teich der Königin"), zwischen Kantipath und Durbar Marg gelegen, ist eine der markantesten Stellen Kathmandus, ein quadratischer, **künstlich angelegter Teich** mit einem weiß getünchten Shiva-Tempel in der Mitte.

... und ein Fisch fiel vom Himmel – die Legende von den zwei Astrologen

Wenige Meter vom Annapurna-Tempel, im Marktgewimmel nur allzu leicht zu übersehen, wurde ein **Denkmal der ganz besonderen Art** errichtet: eine rechteckige Mulde in der Straße, in der die länglich-ovale steinerne **Form eines Fisches** zu schwimmen scheint. Wie in Nepal nicht anders zu erwarten, so rankt sich auch um diese Merkwürdigkeit eine Legende.

Ein bekannter Astrologe saß in seinem Arbeitszimmer und erwartete ungeduldig einen Glockenschlag, der ihm die Geburt seines Kindes ankündigen sollte. Nach langem Warten war es endlich soweit, ein paar Straßen weiter hatte seine Frau einen Sohn zur Welt gebracht, und die Glocke erschallte laut und hell. Sogleich machte sich der Astrologe daran, das Horoskop des Kindes zu erstellen. Als es jedoch fertiggestellt war, fühlte er sich wie vom Blitz getroffen: Gemäß den Gestirnen konnte er nicht der Vater des Kindes sein! Ein Irrtum war ausgeschlossen, hatte er sich doch noch nie in seinen Kalkulationen geirrt, und so tat er das Erstbeste, das ihm in den Sinn kam – er flüchtete aus der Stadt, um ihr für immer den Rücken zu kehren.

Nach vielen Jahren aber hatte er die Schmach vergessen und kehrte zurück. Eines Tages traf er einen jungen, schon hoch angesehenen Astrologen, bei dem er erneut in die Lehre ging. Irgendwann schickte sich der junge Sternendeuter an, die Kenntnisse des älteren Astrologen zu prüfen, indem er ihn um die exakte Berechnung eines zukünftigen Ereignisses bat. Gemäß einer alten Weissagung nämlich sollte in Kürze ein Fisch vom Himmel fallen.

Der ältere Astrologe stellte seine Berechnungen an, dann der jüngere, und dann verglichen beide ihre Ergebnisse. Der jüngere bemerkte sogleich, dass sein Schüler einen kapitalen Fehler begangen hatte. Er hatte den Effekt des Windes nicht berücksichtigt! Und da ging dem älteren Astrologen ein Licht auf: Auch damals, als der Glockenschlag ihm die Geburt seines Sohnes verkündete, hatte er es versäumt, die Zeit zu berücksichtigen, die der Glockenklang zur Überbrückung der Distanz benötigte. Da er nicht den richtigen Geburtsmoment zur Grundlage genommen hatte, konnte auch das Horoskop nicht stimmen. Sogleich machte er sich daran, das Horoskop neu zu erstellen, und siehe da – der junge, meisterhafte Astrologe war niemand anderes als sein Sohn.

Zum Gedenken an ihr Treffen beschlossen Vater und Sohn, ein Denkmal zu errichten – den Fisch von Asan Tol.

Der Teich, 1670 von *Pratap Malla* in Auftrag gegeben, sollte seine Frau über den Tod ihres Sohnes hinwegtrösten. Ob das gelang, ist nicht verbürgt – sicher ist, dass den Teich eine Aura von Tod umgab, von der sich mancher Selbstmörder fatal angezogen fühlte. Nachdem sich dort mehrere Menschen ertränkt hatten, wurde der Teich umzäunt, und der **Shiva-Tempel** ist heute nur noch aus der Ferne durch Gitterstäbe zu betrachten. Der heutige Tempel ist der Nachbau eines Tempels, der durch das Erdbeben von 1934 zerstört wurde und der seinerseits nur eine Kopie des ursprünglichen Tempels gewesen war.

Geht man vom Rani Pokhri den Kantipath in nördliche Richtung bis zum Hotel Paradise Plaza (rechts am Kantipath befindet sich das Delicatessen Centre) und biegt dort links ein, erreicht man nach ca. 100 m den eindrucksvollen **Chhusya Bahal,** eine der ältesten noch erhaltenen Klosteranlagen dieser Art im Kathmandu Valley. Das Gebäude wurde 1649 fertiggestellt, am letzten Arbeitstag wurde die Statue des Harihara Lokeshvara aufgestellt, eingeweiht wurde es von *Pratap Malla* jedoch erst 1667. Man beachte die kunstvollen Holzschnitzereien! Über dem Eingang zeigt eine Torana Buddha bei seinen spirituellen Übungen.

Direkt neben dem Gebäude befindet sich der weniger gut erhaltene **Musya Bahal** aus dem Jahr 1663. Einige hundert Meter weiter nordöstlich, an der Ostseite des neuen Königspalastes, führen Stufen zu einem **Narayan-Tempel** von 1793. Dieser befindet sich in einem mit zahlreichen Stupas versehenen Innenhof und bezieht seinen Namen von dem dortigen Wassertank, dem **Narayan Hiti.** Dieser wird aus zwei Zuflüssen gespeist, die die Form von verzerrten Krokodilsgesichtern aufweisen. Der Legende nach waren die Krokodile Augenzeugen des Mordes an einem gewissen König *Dharmadeva* durch dessen Sohn. Der König hatte seinen Sohn selber zu der Tat angespornt, da er glaubte, durch seinen Opfertod eine unerklärliche Wasserknappheit beenden zu können.

An der Ostseite des Rani-Pokhri-Teiches steht der **Ghantaghar** oder **„Uhrturm"** des Trichandra College.

Nebenan erhebt sich Kathmandus größte Moschee, die **Jama Masjid.** 2004 wurde sie von einem Mob von 4000 Menschen attackiert und zum Teil in Brand gesetzt; gleichzeitig wurden die Büros einiger Arbeitsvermittlungsagenturen zerstört. Der Grund: Zwölf nepalesische Arbeiter waren im Irak entführt und getötet worden. Die Folge waren die schlimmsten **Ausschreitungen zwischen den verschiedenen Konfessionen,** die Nepal je erlebt hat. Moslems machen von Nepals Gesamtbevölkerung zwar 4,4 % aus, davon leben aber 97 % im Terai und nur 3 % in Kathmandu.

Rund um den Tundikhel

Südlich des Rani Pokhri erstreckt sich der **Ratna Park,** der meist von kleinen Händlern in Beschlag genommen ist, viele davon aus Indien. Es wird allerlei billige Kleidung und Kleinkram verkauft.

Unmittelbar südlich schließt sich der weitläufige **Tundikhel** an, ein militärischer Exerzierplatz, der aber inoffiziell öfter als Cricket- oder Fußballfeld benutzt wird. Die Reiterfiguren am Rand und an den Ecken des Platzes stellen nepalesische Kriegshelden dar. Gemäß Legende ist der Tundikhel der Lieblingsplatz des Riesen Guru Mapa, dem hier zum Ghore-Jatra-Fest ein Büffel sowie 3,5 kg Reis geopfert werden.

An der Westseite des Tundikhel, dort, wo die New Road in den Kantipath einmündet, steht der **Mahankal-Tempel,** der Shiva in seiner furchterregenden Form als der „Große Tod" (= *Mahankal*) geweiht ist. „Kalo" bedeutet auf Nepali „schwarz", und Schwarz ist die Farbe der Mahankal-Figur im Tempelinneren.

Weiter südlich, nahe dem General Post Office (G.P.O.), steht der ca. 60 m

Tundikhel und Rani Pokhri

0 — 100 m ©Reise Know-How 2017

hohe **Bhimsen Tower,** auch *Bhimsen Stambha* oder *Dharahara* genannt. Diesen hatte Premierminister *Bhimsen Thapa* 1825 als Wachtturm errichten lassen. **Bhimsen Thapa** (1775–1839) ist einer der Volkshelden Nepals. Zuerst war er ein herausragender Soldat, dann diente er 31 Jahre lang als Premierminister unter sechs verschiedenen Königen. Ursprünglich waren an dieser Stelle zwei Türme gebaut worden, einer fiel jedoch 1832 in sich zusammen. Einer Legende nach sprang einst Premierminister *Jung Bahadur Rana*, ein Enkel *Bhimsen Tha-*

pas, auf Geheiß des Königs samt Pferd vom Turm, wobei nur das Pferd den Tod fand – der Premierminister hatte sich zuvor angeblich einen großen Schirm besorgt, mit dem er heruntersegelte!

Bei dem **Erdbeben von 2015** stürzte der Turm in Richtung Westen ein und begrub dort kleine Restaurants unter sich, mit fatalen Folgen für einige dort befindliche Personen. Da es ein arbeitsfreier Samstag war, befanden sich auch viele Besucher in und auf dem Turm, der ein begehrter Aussichtspunkt war. Zahlreiche Menschen kamen ums Leben.

Es ist geplant, den Turm wieder aufzubauen, samt einem Lift, einem unterirdischen Museum und einem Park. Die Anlage soll allerdings auf dem Gelände des Hauptpostamtes entstehen, das verlegt werden soll. Bisher verhindert der Mangel an Geldmitteln die Umsetzung; von den veranschlagten 3 Mrd. Rs., die das Projekt kosten würde, ist erst ein Bruchteil vorhanden.

An der Südseite des Tundikhel überspannt das **Martyrs' Memorial Gate** oder **Shahid Gate** die Straße (*shahid* = „Märtyrer"). Der Torbogen erinnert an die im Kampf gegen die Rana-Herrschaft Gefallenen. An ihm befinden sich vier Büsten von Kämpfern, die 1940 umgekommen sind, und in der Mitte steht eine Statue von König *Tribhuvan*, der als Vater des modernen Nepal gilt.

Etwas östlich des Tores befindet sich auf einer Art Verkehrsinsel der **Bhadra-Kali-Tempel** und zieht tagtäglich unzählige Gläubige in seinen Bann. Der Überlieferung nach verwandelte die dem Tempel innewohnende Gottheit Kali einst das Brot eines Geschäftsmannes in Gold. Darauf spielt auch die Newari-Bezeichnung der Göttin, Lumari Devi, an: *Lu* bedeutet in Newari „Gold", *Mari* bedeutet „Brot", *Devi* „Göttin".

Einige hundert Meter südöstlich des Tundikhel findet man den kolossalen **Singha Durbar,** einen ehemaligen Rana-Palast, der 1901 in nur elf Monaten Bauzeit fertiggestellt worden war. Dieser umfasste 17 Innenhöfe, hatte über 1700 Räume und galt als die größte Privatresidenz Nepals. 1973 wurde ein Großteil des Komplexes durch ein ungeklärtes Feuer zerstört, nur die Vorderseite blieb unbeschadet. Danach wurde das Gebäude wieder restauriert, und heute sind hier das Amt des Premierministers, einige andere Ministerien, die Börse und auch Radio Nepal untergebracht.

Am Bagmati-Fluss

Einige interessante, nur wenig besuchte Tempel finden sich am Ufer des Bagmati westlich der **Bagmati Bridge.** Von der Brücke führt eine Art Uferpromenade (die Bezeichnung sollte keine überhöhten Erwartungen entstehen lassen) in Richtung Westen. Leider hat sich hier in den letzten Jahren ein Slum gebildet, dessen Bewohner – Inder aus Rajasthan und Bihar – aus Mangel an Toiletten unangenehme Spuren auf dem Gelände hinterlassen. Einige der Slumbewohner stellen handwerkliche Gegenstände her, die sie an Geschäfte veräußern.

In der Nähe des Slums steht der eigenwillig gebaute **Kalmochan-Tempel,** dessen Bau wahrscheinlich 1852 begonnen, aber erst 1873 unter *Jung Bahadur Rana* vollendet wurde. Der Tempel fällt durch seine typische Moghul-Architektur aus dem Rahmen, wie sie sonst nur bei islamischen Bauwerken zu finden ist. Der

Bau weist eine zwiebelförmige Kuppel auf, die auf einem quadratischen Sockel sitzt. Die vier Ecken des Gebäudes werden von metallenen Fabelwesen bewacht, die ursprünglich an einem Vishnu-Tempel am Tundikhel gestanden hatten. Etwas mysteriös ist allerdings die Vorgeschichte des Tempels. Offiziell ist er Jagannath geweiht und dient dem Gedenken an die Kriege gegen Britisch-Indien und Tibet. Der Name Kalmochan aber (*kal* = „Tod") impliziert Totenrituale um eine oder mehrere verstorbene Personen. Gerüchten zufolge befindet sich unter dem Tempel ein Massengrab, in dem die Opfer des von *Jung Bahadur Rana* angerichteten Kot-Massakers (siehe im Kapitel „Geschichte"), allesamt Adlige, ihre letzte Ruhe gefunden haben. Durch das Massaker hatte der *Rana* die Macht an sich reißen können. Heute sitzt seine Figur hoch auf einer Steinsäule und blickt in Richtung Tempel.

Folgt man der Uferpromenade weiter in Richtung Westen, so führt eine rechts davon abzweigende Gasse zum **Tripureshvar Mahadev** (auch Tripura-Sundari-Tempel). Dieser Tempel wurde 1818 auf Wunsch von Königin *Tripura Sundari,* der Frau von *Jung Bahadur Rana,* gebaut. Er wurde ihrem Gatten zu Ehren errichtet, sollte aber auch gleichzeitig das religiöse Verdienst der Königin mehren helfen. Sicherheitshalber ließ sie eine Statue ihrer selbst für die Nachwelt installieren, die dort heute noch, von einem Schirm beschattet, zu finden ist.

Ca. 1 km weiter westlich führt der Uferweg zum **Tin-Deval-Tempel** und zum **Panchali Bhairav,** einem Shiva-Schrein.

ktm204 rk

Sehenswertes am Stadtrand

Swayambhunath

Die **Stupa von Swayambhunath,** etwa 2 km westlich von Kathmandu auf einem Hügel gelegen, ist Bestandteil des UNESCO-Weltkulturerbes und beinahe so etwas wie ein **Wahrzeichen der Stadt.** Die markante Stupa ist auf Abertausenden von Fotos zu sehen.

Swayambhunath ist einer der heiligsten Orte des Kathmandu-Tales, einer, der allerdings auch von einer unheiligen Herde **Affen** bevölkert wird. Diese haben ihm auch den Namen „Monkey Temple" eingetragen. Vorsicht: Wer etwas in der Hand hält, das im Entferntesten nach Essen aussieht, wird möglicherweise Opfer eines Überfalls: Die Affen reißen einem das vermeintliche Futter allzu gerne aus den Händen, um dann irgendwo auf dem hügeligen Gelände unterzutauchen und die Beute zu inspizieren.

Um den Swayambhunath-Hügel ranken sich – wie um so vieles in Nepal – zahlreiche **Mythen und Legenden.** In grauer Vorzeit, genauer gesagt im Satya Yuga, dem „Zeitalter der Wahrheit", hatte sich der Vipassawi Buddha auf dem Berg von Nagarjun niedergelassen. Am Vollmondtag im Monat Chaitra (März/April) warf er einen Lotussamen in das vor ihm liegende Tal, das zu jener Zeit noch ein See war, und aus dem nur einige Berggipfel herausragten. Der Same trieb bald Wurzeln aus, die sich bei Guhyeshvari in die Erde bohrten. Die daraus entstandene Lotusblüte aber trieb auf dem See, und von ihr ging ein blaues, überirdisches Licht aus, das weithin sichtbar war. Nachdem der Sikhi Buddha von dem mysteriösen Licht gehört hatte, begab er sich auf einen Berggipfel in der Nähe und meditierte so lange auf das Licht, bis er mit ihm eins geworden war.

Ein Zeitalter später, im Treta Yuga, reiste der Boddhisattva Manujshri aus China an und beobachtete von einem Hügel bei Bhaktapur drei Nächte lang das Licht von Swayambhunath. Dabei kam ihm in den Sinn, das Wasser, auf dem der Lotus schwamm, abfließen zu lassen. Er machte sich zum Südufer des Sees auf, durchschnitt mit seinem Schwert die Berge, und das Wasser strömte heraus. So entstand die Schlucht von Chobar, durch die heute der Bagmati fließt. Der Lotus aber ließ sich auf einem Hügel nieder, dem heutigen Swayambhunath-Hügel. Der Lotus wurde von nun an als Sinnbild des „Selbstgeborenen Buddha" verehrt (*swayam* = „selbst", *bhu* = „geschaffen", *nath* = „Gott"). Um ihn zu schützen, wurde eine Stupa darüber errichtet – die Stupa von Swayambhunath war entstanden.

Wahrscheinlich hatten sich schon im 5. Jh. Tempelbauten an dieser Stelle befunden, die von König *Manadeva* in

< Großreinemachen bei Swayambhunath: Vor großen Festtagen wird die Stupa geschrubbt und geweißt, und alle paar Jahre werden die gelben, blütenförmigen Muster neu aufgetragen bzw. aus Farbeimern aufgeschüttet

ktm197 rk

Auftrag gegeben worden waren. Die ältesten noch vorhandenen Inschriften stammen aus dem Jahr 1129, dennoch gilt als sicher, dass sich hier schon lange zuvor ein Heiligtum befunden hat. Mitte des 14. Jh. wurde die Anlage von einfallenden Moslems zerstört. Die heutigen Bauten stammen größtenteils aus der Zeit danach.

Der beste Weg, Swayambhunath zu besteigen, ist die **große Treppe an seiner Ostseite** – auch wenn es einen bequemeren Zugang an der Südseite gibt, der per Fahrzeug erreicht werden kann. Der Beginn der Treppe ist selber eine kleine Sehenswürdigkeit. Links vor der Treppe, an der Straße, die links herum direkt zur Stupa führt, befindet sich eine Gompa mit einer mehr als mannshohen Gebetsmühle. Vor den Stufen selber stehen drei rotgelbe Figuren von sitzenden Buddhas, die den Weg weisen. Dazwischen führen die insgesamt 365 Stufen steil nach oben. Vorsicht, bei nasser Witterung besteht Rutschgefahr.

Das Ende der Treppe wird von einem ca. 1,5 m hohen Vajra oder „Donnerkeil" markiert, Symbol der spirituellen Kraft. Der **Vajra** (auf Tibetanisch *dorje*) ruht auf einem Mandala, an dessen Seiten die Symbole des tibetischen Kalenders angebracht sind.

Unmittelbar dahinter befindet sich die heilige Stupa, aus der oben durch eine Öffnung immer noch das mystische Licht erstrahlen soll. Die Basis des Gebildes ist der **Meghi** oder Sockel. Dieser wird auch als **Garbha** („Mutterleib") oder **Andha** („Ei") bezeichnet und besteht innen aus aufgeschütteter Erde und Geröll, bedeckt mit einer Schicht aus Ziegelsteinen, die mit Gips verputzt ist. Zu bestimmten Festtagen wird die Kuppel so geschickt mit Ockerfarbe bespritzt, dass dabei Muster entstehen, die einer Lotusblume ähneln. Die Kosten dafür werden von Gläubigen übernommen, die sich dadurch eine günstiges Schicksal in der Nachwelt versprechen.

Aus der Mitte der Kuppel ragt oben ein kastenförmiger quadratischer Aufbau heraus, der **Harmika,** an dessen vier Seiten die allsehenden Augen des Buddha aufgemalt sind. Diese Augen sind ein beliebtes Fotomotiv. Auf der Stirn zwischen den Augen befindet sich das mystische „Dritte Auge", das Sinnbild spiritueller Erkenntnis. Die „Nase" wird durch die einem Fragezeichen ähnliche nepalesische Ziffer „1" dargestellt, ein Symbol für die Einheit des Buddha mit dem Universum.

⌂ Ein Affe am Swayambhunath-Tempel versucht sich an der Trinkwasser-Extrahierung

Über dem Harmika läuft ein goldener **Turm** in 13 nach oben kleiner werdenden Stufen zu einer Spitze zusammen, Symbole des spirituellen Fortschritts. Als „Krone" ist ihnen ein opulenter Schirm aufgesetzt, ein Sinnbild des höchsten religiösen Zieles, des Nirvana.

Um die Stupa herum sind Nischen mit den fünf **Dhyani-Buddhas** („Meditierende Buddhas") und ihren jeweiligen Reittieren angebracht: der Amogasiddhi auf dem Garuda (Nordseite), der Akshobhya auf seinem Elefanten (Ostseite), der Ratnasambhava auf einem Pferd (Südseite), der Amitabha auf einem Pfau (Westseite) sowie der Vairocana auf seinem Löwen (nahe dem Akshobhya). Die Dhyani-Buddhas repräsentieren die unterschiedlichen Eigenschaften oder Aspekte, die einem Erleuchteten zugeschrieben werden.

Zwischen den Buddhas befinden sich außerdem Nischen mit vier ihnen zugeordneten weiblichen Aspekten, den **Buddhashaktis.** Rings um die Stupa, zwischen den einzelnen Buddha-Nischen, sind Reihen von **Gebetsmühlen** errichtet, die von den Gläubigen beim Umrunden der Stupa (immer im Uhrzeigersinn!) gedreht werden. Die Mühlen sind mit der tibetischen Inschrift „Om Mani Padme Hum" versehen, „Ehre sei Dir, Du Juwel in der Lotusblüte" – das ist die heiligste buddhistische Gebetsformel. Das Drehen der Gebetsmühlen ist eine Art Ersatz für das langwierige, sich immer wiederholende Aufsagen der Gebetsformel.

Die Stupa umgibt eine Vielzahl von Gebäuden, Schreinen und Chaityas. Vier der **Schreine** sind den vier Elementen geweiht, Erde, Wasser, Feuer und Luft. Ein anderer, an der Nordostseite der Stupa, ist Hariti oder Ajima gewidmet, der Göttin der Pocken. Mütter bringen oftmals ihre Kinder hierher, um sie von der Göttin gegen Pocken und andere ansteckende Krankheiten immunisieren zu lassen.

An der äußersten Nordseite steht ein recht unauffälliges Gebäude, das **Shantipur Building,** das aller Schlichtheit zum Trotz eine interessante Geschichte zu erzählen hat: Nachdem König *Gunakamadeva* die Götter einst durch Inzest erzürnt hatte, war eine verheerende Dürre mit nachfolgender Hungersnot über das Land hereingebrochen. Mit Hilfe des Weisen *Shantikar,* der in besagtem Gebäude lebte, versuchte der König, die Elemente zu besänftigen. *Shantikar* gelang es, die Herrschaft über neun Nags oder Schlangengötter zu gewinnen. Er brachte sie dazu, dem König zu huldigen, und aus ihrem eigenen Blut bildeten sie ihre Ebenbilder, die der König von nun an bei Dürre anrufen sollte. Noch bis in die jüngere Vergangenheit sollen sich die nepalesischen Könige bei drohender Dürre zum Tempel begeben haben, um die neun Schlangengötter anzurufen. Ob das aus festem Glauben an den Wert des Zeremoniells oder als reines Zugeständnis an die Tradition geschah, sei dahingestellt. Das Innere des Gebäudes kann nur von Priestern und Tempelangestellten betreten werden.

Während des Erdbebens kamen zahlreiche Gebäude des Swayambhunath-Komplexes zu Schaden, vor allem das Shantipur Building. Die Restaurierungsarbeiten daran werden sich noch einige Zeit hinziehen. Als kompliziert erweist sich vor allem die Wiederherstellung zerstörter Wandgemälde im Inneren des Gebäudes.

Der Eintritt zur Stupa kostet 200 Rs. Vielen Besuchern sagt die Swayambhunath-Stupa mehr zu als die größere Stupa von Bodhnath, da sie kompakter ist und das Umfeld etwas ländlicher. Von einer Stelle neben der Stupa bieten sich sehr gute Ausblicke auf Kathmandu.

National Museum & Natural History Museum

Nahe der Stupa befindet sich der aus drei Gebäuden bestehende Komplex des National Museum & Natural History Museum **(Chhauni Museum)** mit interessanten Ausstellungsstücken zur nepalesischen Geschichte, zu Flora und Fauna des Landes und vielen Kunstobjekten. Der Gebäudekomplex stammt aus dem 18. Jh. und war die Residenz des Premierministers *Bhimsen Thapa.*

Unter den Austellungsstücken sind vier wertvolle Buddha-Figuren aus dem 9. bis 14. Jh., die gestohlen worden waren und von einem anonymen Sammler in den USA zurückgegeben wurden. Heute sind sie in der **buddhistischen Kunstgalerie,** die Teil des National Museum ist, zu sehen. Dazu sind alte Gemälde und andere eindrucksvolle Kunstgegenstände zu bewundern, und sogar altes Kriegsgerät, Gewehre, Kanonen u.v.m.

Im Natural History Museum sind **14.000 Tiere** ausgestellt, von Schmetterlingen bis zu Fischen, Vögeln und sogar einem ausgestopften Nashorn-Baby. Der Besuch in dem Komplex lohnt – wenn man nur ein einziges Museum in Nepal besucht, so ist dies der richtige Ort.

Die Museumsanlage befindet sich an der Chhauni Museum Road im Bereich von Manjushri Bazar, Tel. 01-4271478, www.nationalmuseum.gov.np. Aus Kathmandu-Mitte kommend, passiert man den Komplex in der Regel schon bevor man zur Stupa gelangt.

Öffnungszeiten: National Museum Mo 10.30–14.30 Uhr, Mi–So 10.30–16.30 Uhr, im Winter nur 10.30–15.30 Uhr, dienstags und an Feiertagen geschlossen, Eintritt 150 Rs., Kamera 40 Rs.; Natural History Museum So–Fr 10–17 Uhr, im Winter 10–16 Uhr, Eintritt 150 Rs., Kamera-/Videokamerabenutzung zusätzlich 100/200 Rs.

Chabahil

Etwa 4,5 km östlich der Innenstadt von Kathmandu, auf dem Weg zur Bodhnath-Stupa (s.u.), steht die **relativ kleine Stupa** von Chabahil (14 m Durchmesser). Chabahil war einst ein eigenes Dorf, inzwischen ist es schon lange vom stetig wachsenden Kathmandu geschluckt. Wie bei Bodhnath, so gibt es auch hier keine gesicherten Erkenntnisse über die Ursprünge der Stupa. Einer Legende nach wurde sie im 3. Jh. v. Chr. vom indischen König *Ashoka* und seiner Tochter *Charumati* in Auftrag gegeben. Mit Sicherheit ist sie älter als die Stupa von Bodhnath, die Chaityas um sie herum stammen aus der Licchavi-Periode (5. bis 8. Jh.). In einem Gebäude an der Nordseite der Stupa befindet sich die

[>] Der Anblick der Stupa von Bodhnath flößt nicht nur tibetischen Pilgern tiefe Ehrfurcht ein

Figur eines sitzenden Buddhas mit einer Öffnung darunter. Der Überlieferung nach kann nur derjenige durch die Öffnung kriechen, der nie lügt.

Für einen separaten Besuch ist Chabahil sicher nicht interessant genug, auf dem Weg nach Bodhnath (s.u.) kann man aber einen kurzen Blick darauf werfen.

Bodhnath

Die **Stupa von Bodhnath,** 6 km nordöstlich des Zentrums von Kathmandu, ist **neben Swayambhunath das wichtigste buddhistische Heiligtum Nepals.** Mit einem Durchmesser von 40 Metern ist sie zudem eines der größten buddhistischen Bauwerke der Welt. Die Hintergründe und Daten ihrer Entstehung sind umstritten. Möglicherweise stammt sie aus dem 7. Jh., aber wie so oft in Nepal vermischen sich hier Fakten und Legenden zu einem undurchdringlichen Mysterium.

Gemäß einer dieser Legenden wurde die Stupa von einem Mädchen namens **Kangma** gebaut, die einst als überirdisches Wesen existiert hatte, als Strafe für den Diebstahl von Blumen in Indras Himmel jedoch als Tochter eines Schweinehirten wiedergeboren worden war. Als sie herangewachsen war, heiratete sie, bekam vier Kinder und wurde alsbald Witwe. Auf sich allein gestellt, verdiente sie ihren Lebensunterhalt als Gänsehirtin und hatte nach geraumer Zeit ein solides kleines Vermögen angehäuft. Im Laufe der Zeit wurde sie immer mehr von dem frommen Wunsch erfüllt, dem Amitabha-Buddha ein Heiligtum zu errichten. Zur Unterstützung ihres Vorhabens bat sie den König, ihr

ktm202 rk

nur so viel Land zur Verfügung zu stellen, wie ein einziges Büffelfell umspannen konnte. Der König sagte zu. Die Frau nahm ein Büffelfell, schnitt es in hauchdünne schmale Streifen und nähte sie aneinander. Damit umspannte sie ein riesiges Areal, das ihr der König trotz der Anfeindungen neidischer Mitbürger gewährte. Die Gänsehirtin begann mit dem Bau der Stupa, der nach ihrem Tod von ihren Söhnen fortgesetzt wurde. Diese ließen auch Teile der sterblichen Überreste des Kashyapa-Buddha in die Stupa einmauern.

So weit die Legende. Verbürgt ist, dass an dem Gelände der Stupa schon vor Jahrhunderten ein **Handelsweg** nach Tibet vorbeiführte. Wahrscheinlich nutzten die Reisenden die Stupa zu einem letzten Gebet, das sie gegen Gefahren auf der langen Reise absichern sollte. Die Stupa in ihrer heutigen Form ist denn auch nicht der ursprüngliche Bau, sondern sie stammt wahrscheinlich aus dem 14. Jh. Der Originalbau war durch marodierende Moslems zerstört worden.

Der Besucher von heute ist durch das immense Ausmaß der Stupa überwältigt, und wer sie wie ein tibetischer Pilger im Uhrzeigersinn umkreist, wird einige Minuten dazu benötigen. Der **Grundriss** der Stupa ist einem tibetischen Mandala nachempfunden, mit einem vierstufigen Sockel, in dessen Mitte sich die glockenförmige Kuppel erhebt. Auf dieser baut sich ein quadratischer **Turm** auf, der sich in 13 Stufen nach oben hin verjüngt und an seiner Spitze mit einem „krönenden" Schirm abgeschlossen wird. Wie bei der Stupa von Swayambhunath symbolisieren die 13 Stufen die 13 Stadien spiritueller Erkenntnis, und der Schirm gilt als Sinnbild der Erleuchtung. Von den Seiten des Turmes überblicken die Augen des Buddha das Geschehen, wieder mit einem zusätzlichen „Dritten Auge" versehen und der nepalesischen Ziffer „1" als „Nase" (vgl. Swayambhunath).

Um die Basis der Stupa befinden sich **108 kleine Statuen des Amitabha-Buddha,** entlang des Wandelganges um die Stupa sind **Hunderte von Gebetsmühlen** angebracht (108 ist eine heilige Zahl in Hinduismus und Buddhismus; sie setzt sich zusammen aus den sieben Planeten, plus 2 für die zwei Mondphasen sowie multipliziert mit 12 für die zwölf Tierkreiszeichen). An der Nordseite der Stupa steht ein Schrein, der Hariti oder Ajima geweiht ist, der Göttin der Pocken.

In unmittelbarer Umgebung befinden sich einige **Gompas** oder Klostergebäude, die von Mönchen bewohnt und zu Gebetssitzungen genutzt werden. Die Gompas sind zum Teil mit eindrucksvollen Wandgemälden und Thangkas geschmückt. In der Cinya Lama Gompa nördlich der Stupa hat der **Cinya Lama,** das dritthöchste spirituelle Oberhaupt der Tibeter nach dem Dalai Lama und dem Panchen Lama, seinen Wohnsitz.

Da Bodhnath vor allem von tibetischen Buddhisten verehrt wird, hat sich um das Heiligtum eine **tibetische Siedlung** gebildet, die das Gelände um die Stupa kreisförmig umschließt. Neben Wohnhäusern gibt es hier zahlreiche Geschäfte, die tibetische Souvenirs anbieten, sowie einige einfache tibetische Restaurants. Hier wird unter anderem Chang (Reisbier) und Tongba (Hirsebier) angeboten. Letzteres wird in einem Bambusrohr mit Strohhalm serviert.

Aus vielen Geschäften dringt der Klang des **buddhistischen Mantras „Om Mane Pade Hum"**, das von einer CD abgespielt wird. Die CD läuft praktisch ununterbrochen und ist in jedem Winkel des Tempelkomplexes zu hören. Der hypnotische Klang des Mantras verstärkt die spirituelle Atmosphäre an der Stupa noch, und so mancher Besucher ist in seinen Bann geschlagen und legt sich die CD mit dem Mantra zu. Die CD heißt „Incantations – The Meditative Sound of Buddhist Chants" und ist an der Stupa oder in CD-Läden in der Innenstadt für ca. 150 Rs. erhältlich.

Das Erdbeben verursachte zahlreiche Schäden an der Stupa und an umliegenden Gebäuden. Mithilfe privater Spenden wurden diese jedoch schnell behoben, und Ende 2016 feierte man in einer großen Zeremonie die Wiedereröffnung.

- Der **Eintritt** zur Stupa kostet 250 Rs., aber oft kann man einfach am Kassenhaus vorbeigehen, und niemanden schert es.
- **Anfahrt Bodhnath** (Bauddha): Ab Thamel werden von Taxifahrern mindestens 300 Rs. für die einfache Fahrt verlangt. Minibusse ab dem Kathmandu Mall am Kantipath (siehe Karte Tundikhel, S. 54) fahren für ca. 30 Rs.

Pashupatinath

Der faszinierende Pashupatinath-Tempelkomplex liegt ca. 5 km östlich der Innenstadt Kathmandus **am Bagmati-Fluss** und in unmittelbarer Nähe des Tribhuvan Airport.

Pashupatinath ist Nepals **wichtigstes hinduistisches Heiligtum** und der Zielort vieler Pilger und Sadhus. Letztere sind oft furchterregend dreinschauende Asketen, die sich wie ihr Vorbild Shiva die langen Haare zu einem Berg auf dem Kopf auftürmen und zur Vertiefung ihrer Meditation Ganja und Haschisch rauchen, so wie Shiva einen ganzen Berg Ganja geraucht haben soll. Ein Großteil der Sadhus, aber auch der Laienpilger stammt aus Indien, einige sogar aus dem tiefen Süden.

Zu den „Stammgästen" am Tempel gehört etwa ein halbes Dutzend **Sadhus,** die den ganzen Tag damit verbringen, fotogen herumzusitzen, um Touristen zum Fotografieren zu animieren. Das Fotografieren will natürlich bezahlt sein (50 Rs. reichen). So mancher Sadhu hat Münzen aus Allerherrenländer in seinem Geldbeutel und will diese bei Touristen dann gegen nepalesische Währung eintauschen. Die Wechselkurse der geläufigen Währungen kennen die Sadhus meist sehr gut!

Wie bei allen Hindu-Tempeln in Nepal ist auch hier Nicht-Hindus der Zutritt zum Allerheiligsten verwehrt. Das umliegende Gelände bietet aber so **viel Sehenswertes** und so viel atmosphärische Dichte, dass ein Besuch in jedem Fall lohnt. Wäre man Kathmandu-Besucher im Schnelldurchgang und könnte nur eine einzige Sehenswürdigkeit besuchen, so sollte es dieser Ort sein.

Der Pashupatinath-Tempel ist Shiva in seiner Form als **„Herr der Tiere"** geweiht (*pashu* = „Vieh, *pati* = „Herr", *nath* = „Gott"). Gemäß hinduistischer Überlieferung soll Shiva/Pashupatinath die Tiere geschaffen haben, indem er ihre typische Pose einnahm.

Das Hauptheiligtum des Tempels ist ein riesiger **Shiva-Lingam,** das Fruchtbarkeitssymbol Shivas, der aus einer Yoni ragt, dem Symbol für das weibliche

Spaziergang am Rande von Pashupatinath

Die knapp 1 km lange Strecke vom Haupteingang des Pashupatinath-Tempels zum Guhyeshvari-Tempel (s. Karte rechts) bzw. umgekehrt, gehört zu einer der wenigen geruhsamen, beinahe ländlichen Gehstrecken in Kathmandu. Die Straße führt entlang des Bagmati-Flusses und am Westrand des Pashupatinath-Geländes vorbei zu einigen kleinen, am Bagmati gelegenen Tempelanlagen. Deren Mittelpunkt wird von einer knallroten **Hanuman-Statue** gebildet – ein malerisches Plätzchen. An dieser Stelle sprudelt der ansonsten recht träge Bagmati ausnahmsweise recht kraftvoll. Von einer Brücke, die man sich eventuell mit einigen herumtollenden Affen teilen muss, erhält man einen guten Ausblick auf die Tempelanlagen und die Hanuman-Figur. Geht man die Straße weiter in Richtung Guhyeshvari, sieht man oft Hausfrauen, die die Familienwäsche im Bagmati waschen, oder Jungen, die Büffel oder Ziegen hüten. Direkt vor dem Guhyeshvari-Tempel führt eine schmale Fußgängerbrücke in nördlicher Richtung über den Fluss, und gleich auf der anderen Seite hat das Idyll sein Ende. Hier befindet sich eine relativ „moderne", aber unaufgeräumt wirkende Siedlung, durch die man in ungefähr 30 bis 35 Minuten Fußweg Bodhnath (s. Karte rechts) erreichen kann. Folgt man der Straße vor dem Guhyeshvari-Tempel in **östlicher** Richtung, so gelangt man an die Peripherie des **Tribhuvan Airport.** Die hohen Zäune am Rande der Landebahn weisen darauf hin, dass es sich hier um ein Sperrgebiet handelt. Davor findet man aber so manches Plätzchen zum Ausruhen.

Prinzip. Der Lingam weist an seinen vier Seiten jeweils einen Shiva-Kopf auf, und dieser Pashupatinath-Lingam ist es auch, den man in verkleinerter Form bei den Souvenir-Händlern findet.

Da Nicht-Hindus den Original-Lingam nicht sehen können, empfiehlt sich ein Besuch im **Pancha Deval,** einem großen quadratischen Gebäude an der Südostseite des Tempelkomplexes. Es dient als ein (aus Spenden finanziertes) Behindertenheim und weist in seinem Innenhof (Ostseite) eine exakte, wenn auch stark verkleinerte Kopie des Pashupatinath-Lingam auf. Der Sinn dieser Kopie liegt darin, dass das Original nicht berührt werden darf. Hierher kommen Gläubige, um den Lingam mit Blumen und buntem Pulver zu bestreuen und ihn kurz zu berühren.

Das Tempelgebäude um den Original-Lingam stammt aus dem Jahr 1696 und wurde unter *Birpalendra Malla* errichtet, auch wenn sich hier schon lange vorher ein Heiligtum befunden haben muss. Der **Tempel** ist durch vier Tore zugänglich (nur für Hindus), die sich jeweils an einer Seite befinden. An den Toren blickt je ein Nandi-Bulle, das Reittier Shivas, in Richtung des Lingam. Am Westtor, dem Hauptzugang, steht ein riesiger goldener Bulle, von dem der von außen schauende Nicht-Hindu jedoch nur das imposante Hinterteil und Teile der Genitalien zu Gesicht bekommt. Wie an den anderen Zugängen, so steht auch hier ein Polizist Wache, das Gewehr bei Fuß.

Die im Tempel wirkenden **Priester** stammten bis vor Kurzem traditionsgemäß aus der heiligen Stadt Sringeri im südindischen Bundesstaat Karnataka. König *Pratap Malla* hatte diese Tradition im 17. Jh. eingeführt. In den letzten Jah-

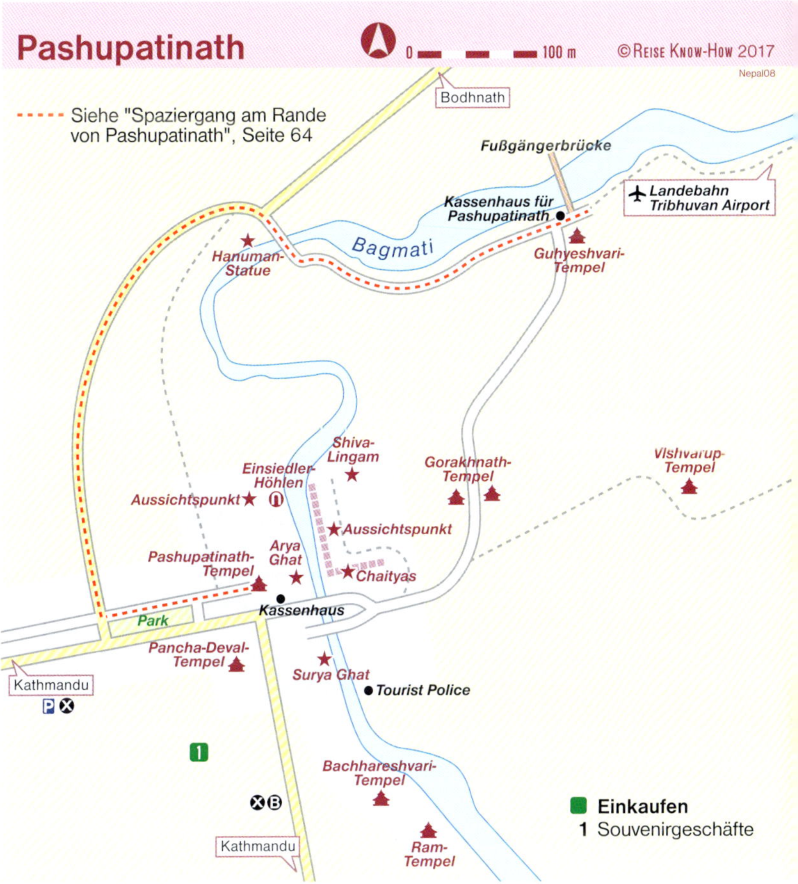

ren wurden die Priester allerdings bezichtigt, Spendengelder in die eigene Tasche gewirtschaftet und damit Hotels in ihrer Heimatstadt eröffnet zu haben. Im Dezember 2008 setzte sich die maoistische Regierung über die Tradition hinweg, entließ die Inder und stellte nepalesische Priester ein. Die Entscheidung verärgerte viele orthodoxe Hindus – in Nepal ebenso wie in Indien – und es kam zu erbitterten Protesten, die nur durch ein massives Polizeiaufgebot im Zaum gehalten werden konnten. Im Januar 2009 wurden die indischen Priester wieder eingestellt.

Vor den Türen zum Tempel werden von einigen Gläubigen **Lakhbatti** verbrannt (wörtl. „Hunderttausend Lichter"). Diese sind so etwas wie Zwirnsrollen, die jeweils 1000 Windungen aufwei-

Die Rudraksha-Mala – Gebetshilfe und Allheilmittel

Indische Pilger, die den Pashupatinath-Tempel besuchen, müssen ihren Daheimgebliebenen oft ein besonders begehrtes Andenken von dort mitbringen: eine Rudraksha-Mala, d.h. eine **Kette aus Rudraksha, dem Samenkern des Elaecarpus-Baumes.** Rudrakshas gelten als eine Manifestation Shivas, deren Berührung alleine alle Sünden hinwegwaschen kann. Rudraksha bedeutet übersetzt etwa „Auge des Rudra", wobei Rudra ein anderer Name für Shiva ist.

Rudrakshas sind in der Regel kugelrund, mittel- bis dunkelbraun, haben einen Durchmesser von 1 bis 2 cm und sind von einer Anzahl von Furchen durchzogen. Meistens werden sie in Ketten zu 108 Rudrakshas aneinandergereiht, da diese Zahl den Hindus als glückverheißend gilt. Die Ketten werden zum Teil als **Japamala** benutzt, als „Kette zum Aufsagen von Mantras". Dabei wird bei jedem neuerlichen Rezitieren des Mantras mit den Fingern eine Rudraksha weitergezählt, bis nach 108 Rezitationen das Ende der Kette erreicht und ein Gebetszyklus beendet ist.

Rudraksha-Ketten werden vor allem von **Sadhus** getragen, die in den allermeisten Fällen Anhänger von Shiva sind. Gelegentlich tragen Gläubige ein oder zwei Rudrakshas an einem Zwirnsfaden um den Hals, die ihnen von weisen Männern gegeben wurden und irgendeinen metaphysischen Zweck erfüllen sollen.

Gemäß der **Ayurveda,** der traditionellen indischen Heilkunde, haben die Rudrakshas aber auch einen **therapeutischen Wert.** Dieser hängt weitgehend davon ab, wie viele Furchen der Samenkern aufweist. Diese Furchen werden als *Mukh* oder „Gesichter" bezeichnet. Rudrakshas, die zehn Furchen aufweisen, sollen – mit Milch zu einer Paste verarbeitet – chronischen Husten kurieren. Rudrakshas mit vier Furchen werden in Milch gekocht und heilen dann angeblich „alle Gehirnerkrankungen". Schon das Tragen einer Rudraksha-Kette soll hohen Blutdruck verhindern.

Andere Teile der insgesamt 300 Varianten des Elaecarpus-Baumes werden bei Fieber, Malaria, Epilepsie, Rheuma, Lepra, Geschwüren, Lungenentzündung, Hämorrhoiden, Durchfall, Ruhr etc.

sen, und 100 dieser Rollen ergeben ein Lakhbatti, also ein Licht aus 100.000 Windungen. Die Lakhbatti werden dann mit geklärter Butter *(ghi)* übergossen und vor den Zugängen abgebrannt. Die Anzahl von Lakhbatti, die man verbrennen lässt, hängt einerseits davon ab, wie viel religiösen Verdienst man sich erhofft, andererseits auch vom Geldbeutel – ein Lakhbatti kostet immerhin einige Tausend Rupien. Die in Pashupati benutzten Lakhbatti werden teilweise von den Behinderten im Pancha Deval hergestellt.

Außer dem Haupttheiligtum sind die meisten **anderen Teile des Tempelkomplexes** für Nicht-Hindus zugänglich. Das freut vor allem die 1 Souvenirhändler (s. Karte S. 65), die sich in einigen Gassen zwischen dem Hauptzugang und

verwendet. Das Ansehen des Baumes hat also nicht nur spirituelle Gründe.

Rudrakshas können aber auch Seltenheitswert besitzen, etwa so wie ein vierblättriges Kleeblatt. Der **Wert von Rudrakshas** hängt ausschließlich von der Anzahl ihrer „Gesichter" ab, also ihrer Furchen. Je weniger Furchen, desto wertvoller sind sie. Die Rudrakshas mit den meisten Furchen, die bisher gefunden wurden, hatten 32. Rudrakshas mit fünf Furchen sind noch relativ häufig, darunter beginnt die Edelklasse. Hat eine Rudraksha nur zwei „Gesichter", wird sie als **Gauri Shankar** bezeichnet, wobei die beiden Hälften Parvati *(Gauri)* und Shiva *(Shankar)* repräsentieren. Am seltensten und somit wertvollsten sind die Exemplare mit nur einem „Gesicht" *(ekamukha)*. Diese kosten auf dem internationalen Markt bis zu 500 US$, denn sie gelten als Befreier von allen Sünden und als Garant für Glück und Wohlstand. *Lakshmi*, die Göttin des Reichtums, lächelt demjenigen zu, der eine einfurchige Rudraksha besitzt. Der ehemalige König *Birendra* soll eine ganze Sammlung davon besessen haben – dennoch blieb ihm nicht das Schicksal erspart, von seinem eigenen Sohn ermordet zu werden (siehe Kapitel „Land und Leute, Geschichte und Politik").

den Taxi- und Bushaltestellen angesiedelt haben.

Wenige Meter vom Haupteingang des Tempels entfernt, dort, wo man die Figur eines Nandi-Bullen in Richtung Allerheiligstes blicken sieht, führt eine Treppe hinauf auf einen **Hügel,** der oben zu einer Plattform abgeflacht ist. Von hier ergibt sich ein guter Ausblick auf den Tempelkomplex.

An der Südostseite des Tempel-Hauptgebäudes überspannen **zwei kleine Brücken** den schmalen Bagmati-Fluss. (Wer in der Zeit vor dem Monsun kommt, in den Monaten April oder Mai, wird vielleicht nur ein schmales, etwa 2 oder 3 m breites Rinnsal zu sehen bekommen.) Von der Anhöhe am anderen Ufer, dem Ostufer, hat man freien Blick auf das Hauptgebäude mit dem Pashupati-Lingam. Die Ufertreppen unterhalb des Gebäudes heißen **Arya Ghat** („Ufer der Adligen"); hier werden die verstorbenen Verwandten der Königsfamilie kremiert. Dazu pflanzt sich am anderen Ufer ein Ehrenbataillon der Armee auf. Das Arya Ghat ist für Nicht-Hindus unzugänglich, von den Brücken oder dem Ostufer des Flusses hat man freie Sicht darauf.

Wenige Meter südlich der Brücken befindet sich das **Surya Ghat** („Ufer der Sonne"), wo auf speziellen Plattformen die gewöhnlichen Sterblichen nach ihrem Tode verbrannt werden. Das ganze Ritual geht meist sehr formlos vor sich, der Tote wird im Eiltempo zum Ufer gebracht, das Brennholz wird aufgeschichtet, der Tote daraufgelegt, und nach kurzem Ritus geht der Scheiterhaufen in Flammen auf. Trotz der scheinbaren Gleichgültigkeit der Anwesenden dem Tod gegenüber sollte man beim Beobachten einer Zeremonie sehr zurückhaltend sein (und noch mehr beim Fotografieren!). Um nicht zu stören, beobachtet man am besten vom anderen Ufer aus oder vom Dach des Gebäudes neben dem Surya Ghat.

In früheren Zeiten fanden an dieser Stelle auch die **Sati** statt, die Selbstverbrennungen der Witwen, die sich zusammen mit ihren toten Ehemännern den Flammen übergaben. Gemäß der

ktm011 rk

hinduistischen Tradition wurden diese Frauen posthum als Inkarnation einer Göttin verehrt. Eine Witwe, die im Begriff war, Sati zu begehen, konnte sich nach alten Glaubensvorstellungen durch eine Art inneres Feuer spontan selbst entzünden. Heute ist der Sati gesetzlich verboten.

Weiter südlich des Suryva Ghat befinden sich weitere Tempelanlagen – ein **Bachhareshvari-Tempel** und ein **Ram-Tempel** – sowie eine sehr gut erhaltene **stehende Buddhafigur** aus dem 7. Jh., die halb in der Erde verborgen ist.

Auf der anderen Flussseite, gegenüber dem Arya Ghat, stehen **elf weiße Chaityas,** in denen sich jeweils ein Schrein Shivas befindet. Etwas weiter oben auf der Nordseite der angrenzenden Anhöhe sieht man einen dem Pashupati-Lingam nachempfundenen **Lingam.**

Der dahinter befindliche Hügel ist dicht mit Eichen und Champa-Bäumen bewachsen und Tummelplatz einer vielköpfigen Affenherde. Vorsicht, die **Affen** sind manchmal aggressiv, und wer den Hügel durchstreift, sollte sich besser mit einem Stock bewaffnen. Der Biss eines Affen kann sehr schmerzhaft sein und zudem Tollwut übertragen. Zu bestimmten Tageszeiten marschieren Dutzende von Affen in geschlossener Formation zum Trinken zum Fluss – ein Bild von fast menschlicher Disziplin.

Die Stufen am Ostufer führen den Hügel hinauf zum **Gorakhnath-Tempel,** der zahlreichen Sadhus als Aufenthaltsort dient. Wie die vielen Chaityas andeuten, vor denen Figuren des Nandi-Bullen sitzen, ist der Tempel Shiva geweiht.

In einer der Sadhu-Unterkünfte lebt **Shiva Avatari Lama** (geb. 1955), einer der bekannteren Sadhus des Landes und einer der umgänglichsten und freundlichsten dazu. Im Gegensatz zu den meisten seiner „Kollegen" lehnt er den Gebrauch von Haschisch ab und lebt auch ansonsten ausgesprochen asketisch – seine Hauptnahrung sind Kartoffeln, dazu ein wenig Obst und grundsätzlich kein Salz. *Shiva Avatari Lama* spricht kaum englisch, nur Nepali und Hindi, dennoch sind ihm westliche Gäste jederzeit willkommen. Der Besuch lohnt, es bieten sich gute Einblicke in das Leben eines echten Sadhu. Seine kleine Unterkunft ist vollgestopft mit Götterbildern.

Südwestlich des Tempelgeländes zweigt ein Weg ab, der zum nahe gelegenen **Vishvarup-Tempel** führt. Diesen Abstecher kann man sich jedoch sparen, da der Tempel für Nicht-Hindus nicht zu betreten und von außen auch nicht viel zu sehen ist.

Der Weg durch das Gelände des Gorakhnath-Tempels verläuft weiter über den bewaldeten Hügel und endet dann an der Nordseite des Hügels am Guhyeshvari-Tempel (s.u.).

< Der Pashupatinath-Tempel, gesehen vom gegenüber liegenden Hügel. An den Ufertreppen des Arya Ghat auf der gegenüber liegenden Seite des Flusses wird gerade ein Totenritual vollzogen. Das Hauptheiligtum der Anlage, der Pashupatinath-Lingam, befindet sich in dem Gebäude unter dem doppelgeschossigen goldenen Dach, kann von Nicht-Hindus aber nicht besichtigt werden

Festtage in Pashupatinath

■ **Ekadashi** – Der Name bedeutet so viel wie „Fest des elften Tages"; das Fest wird an jedem elften Tag nach Voll- und Neumond begangen. Außergewöhnliches passiert dabei nicht, es finden sich lediglich mehr Gläubige ein als an den anderen Tagen, mit noch reichlicheren Opfergaben für Pashupatinath.

■ **Shivaratri** – Das Fest der „Nacht des Shiva" findet am ersten Tag des Hindu-Monats *Falgun* (Februar/März) statt, also am Neumondtag. Dazu strömen Abertausende von Pilgern herbei, um Shiva in seiner Form als Pashupatinath zu ehren. Die meisten der Pilger kommen aus Indien, ein Teil davon sogar zu Fuß, um Shiva so ihre Hingabe zu bezeugen. Unter ihnen ist eine große Zahl von *Sadhus,* die außer mit einem Lendenschurz nur mit heiliger Asche bedeckt sind. Der mit sich geführte *Trishul* oder Dreizack weist sie als Anhänger Shivas aus. Zum Shivaratri werden rituelle Bäder im Bagmati-Fluss genommen, es wird gebetet, und so mancher Festteilnehmer unterwirft sich rituellem Fasten. Der Pashupati-Lingam im Allerheiligsten wird mit Blumen und anderen Opfergaben überhäuft. Shivaratri wird zum gleichen Tag an allen Shiva-Tempeln des indischen Subkontinents begangen, in Indien wird das Fest aber meist *Mahashivaratri* genannt, die „Große Nacht des Shiva".

■ **Tij** – Ein reines Frauenfest, das jeweils am dritten Tag nach Neumond im Hindu-Monat *Bhadra* (August/September) gefeiert wird. Die Frauen legen festliche, ausschließlich rote Saris und den besten Familienschmuck an und bitten in einem ausgelassenen Reigen aus Tänzen und Gesängen um ein langes Leben ihrer Gatten. Dazu finden rituelle Waschungen im Bagmati-Fluss statt, und einige Teilnehmerinnen unterwerfen sich dem Fasten.

■ **Magh Sankranti** – Am ersten Tag des Hindu-Monats *Magh* (13./14. Januar) wird das Wintersonnenwendfest begangen, dabei werden Baderituale abgehalten und Shiva, Vishnu, Bhagvati und andere Götter geehrt, aber auch die Sonne. Die *Newar* essen dazu Süßigkeiten aus *Ghi* (geklärte Butter) und Rohrzucker. Bei Pashupatinath finden an diesem Tag allerdings nur kleinere Feierlichkeiten statt; am sehenswertesten ist das Fest in Devghat, am Zusammenfluss von Kali Gandaki und Narayani (auch: *Seti Khola*) nahe Narayanghat.

■ Der **Eintritt** zum Tempelgelände kostet für Ausländer 1000 Rs., für Nepalesen ist er kostenlos. An zwei größeren Zugängen befinden sich Kassenhäuschen. Der Betrag ist nicht unerheblich, vor allem, da es hier kein Langzeit-Ticket gibt wie beim Durbar Square und man bei jedem Besuch wieder neu bezahlen muss. Dazu darf man das Hauptheiligtum als Nicht-Hindu nicht einmal besuchen. Wer aber den Fluss entlanggeht, z.B. nach Zugang durch die Gasse nahe des Ram-Tempels, findet sich oft unversehens und ohne Ticketkontrolle auf dem weitläufigen Gelände des Pashupatinath-Komplexes wieder – einfach so. Offiziell geöffnet ist der Pashupatinath-Komplex von 4–21 Uhr, aber auch diese Zeitspanne ist aufgrund der „Porösität" des Geländes umgehbar.

■ **Anfahrt Pashupatinath-Tempel:** Fahrten per Taxi sind relativ teuer, ab Thamel muss man mit ca. 400–500 Rs. rechnen, je nach Verhandlungsgeschick und Fahrer. Preiswert hingegen sind die recht komfortablen Minibusse oder „Vans" privater Unternehmer, die von Jamal Sadak nördlich des Rani Pokhri abfahren (s. Karte Tundikhel, S. 54). Kostenpunkt ca. 50 Rs.

Guhyeshvari-Tempel

Die Stelle, an der der Guhyeshvari-Tempel steht, gilt als **einer der heiligsten Orte im Kathmandu Valley,** und auch um diesen Platz ranken sich einige Legenden. Der Überlieferung nach soll hier die **Wurzel des Lotus** stecken, dessen Blüte und mystisches Licht sich in Swayambhunath befinden (s.o.). Nachdem der Heilige Manujshri dies erkannt hatte, ließ er Bäume bei Guhyeshvari pflanzen und ein Dorf bauen. Darin sollten diejenigen seiner Anhänger leben, die sich noch nicht vom Weltlichen losgesagt hatten, sondern als normale Familienväter ein gottgefälliges Leben führten.

Einer anderen Überlieferung nach hatte sich die **Göttin Parvati** in ein Feuer gestürzt, nachdem ihr der Vater verboten hatte, Shiva zu ehelichen. Als Shiva mit der toten Parvati auf den Schul-

Hanuman-Statue in der Nähe des Pashupatinath-Tempels

ktm013 rk

Sati – Witwenverbrennung in Indien und Nepal

Kaum ein hinduistischer Brauch hat so viel Bestürzung unter Nicht-Hindus hervorgerufen wie Sati, die Verbrennung von Witwen auf dem Scheiterhaufen ihrer Ehemänner. Der Name Sati leitet sich ab von der **Göttin Sati,** die sich selbst verbrannt hatte, nachdem ihr Vater es versäumt hatte, ihren Gatten Shiva zu einem Festmahl einzuladen. Der Ursprung der Witwenverbrennungen ist jedoch unbekannt. Die **ersten Erwähnungen** von Witwenverbrennungen finden sich in den alten indischen Epen, und die erste historische Aufzeichnung darüber stammt aus dem Jahr 316 v.Chr. Diese berichtete, dass sich die Frau eines indischen Generals, der in der Schlacht gefallen war, mit dem Leichnam ihres Mannes auf dessen Scheiterhaufen verbrennen ließ. Überlieferungen von Witwenverbrennungen gibt es auch bei den Zigeunern Europas, die ja – was sprachwissenschaftlich nachweisbar ist – aus Indien stammen.

Im 1. und 2. Jh. n.Chr. war Sati fest im hinduistischen Leben verankert und wurde von den religiösen Gesetzgebern gefördert. Im 6. und 7. Jh. war der **Status** der Witwen dermaßen **niedrig,** dass vielen Witwen der Tod eine annehmbarere Lösung war als das Leben in Schmach. Allgemein wurde angenommen, dass die Frau zu ihrem Manne sowohl in diesem Leben als auch in allen folgenden Existenzen gehöre; eine **Wiederheirat** war somit **ausgeschlossen** und wäre als „Ehebruch" angesehen worden. Bald wurden Witwen als dermaßen unheilvoll angesehen, dass allein ihre Stimme und ihr Blick als ein Fluch galten, und ihre bloße Präsenz in der Familie lud Unglück auf alle Anverwandten.

Besonders tragisch waren die Fälle, in denen **Mädchen im Kindesalter** vermählt worden waren, ihr „Ehemann" aber verstorben war, bevor sie überhaupt mit ihm zusammengelebt hatten. Falls die Braut *akshata* war, d.h. „unverletzt", und die Ehe noch nicht vollzogen war, konnte sie theoretisch erneut heiraten. In der Praxis aber wollte niemand etwas mit ihr zu tun haben. Kinderheiraten sind heute noch im indischen Rajasthan verbreitet, obwohl sie offiziell verboten sind.

Im Laufe der Jahrhunderte wurden viele tausend Fälle von Sati verzeichnet. Oft wurden die Frauen von ihren Verwandten in das Feuer gezwungen – falls sie daraus zu fliehen versuchten, wurden sie mit Stangen dorthin zurückgestoßen. Viele Frauen gingen jedoch völlig freiwillig in den Feuertod.

Eine Variante von Sati war **Jauhar,** die Massenselbstverbrennung von Frauen und Kindern, wenn ihrer Stadt die Invasion durch Feinde drohte. So entgingen die Frauen zumindest der Vergewaltigung. Als im Jahr 1535 die moslemische Armee von *Bahadur Shah* kurz davor stand, die Stadt Chittorgarh in Rajasthan einzunehmen, brachten sich 13.000 Frauen und Kinder in einem Jauhar-Feuer um.

Nach dem Tod eines Königs ließen sich oft Dutzende seiner **Ehefrauen, Konkubinen und Sklavinnen** mit seinem Leichnam zusammen verbrennen. Nach dem Tod von König *Yoganarendra* von Patan beispielsweise, der im Jahr 1705 vergiftet worden war, begingen 31 seiner Ehefrauen Sati – die höchste Anzahl, die jemals in Nepal verzeichnet wurde. An der Stelle, an der sich eine Frau verbrannt hatte, wurde häufig ein

Schrein errichtet; an diesem war eine offene, nach vorne zeigende Hand abgebildet. Manchmal wurden derlei Handabdrücke von den Frauen vor ihrem Feuertod an Tempelwänden angebracht. Viele solcher Abdrücke sind noch heute in Rajasthan zu sehen.

Die ersten **Maßnahmen gegen Sati** wurden von den moslemischen Herrschern Nordindiens erhoben. Die Mogul-Herrscher versuchten, eine Art Genehmigungsverfahren einzuführen, in dem die Witwe vorab zu erklären hatte, dass sie aus freier Entscheidung in den Feuertod gehen wolle. Das System konnte allerdings nicht verhindern, dass die Verwandten der Frau sie zwangen, eine derartige Aussage abzulegen. 1510 ergriffen die Portugiesen in ihren indischen Besitztümern strikte Maßnahmen gegen das Feuerritual. Unter anderem wurden Verwandte, die die Frauen unter Druck setzten, streng bestraft. Bald galt der Sati innerhalb des portugiesischen Gebietes als gänzlich beseitigt.

Die britische Kolonialmacht ignorierte das Problem zunächst. Die Mühlen der britischen Bürokratie begannen erst zu mahlen, nachdem sich Missionare und einige Administratoren über den grausamen Brauch erzürnt hatten. 1829 wurde Sati durch die sogenannte **Lord Bentinck Regulation** verboten und mit einer Geld- und/oder Haftstrafe belegt. Als das Gesetz verabschiedet wurde, fürchtete die britische Regierung, es könnte orthodoxe Hindus erzürnen, die ihrem Ärger dann in Gewaltaktionen Luft machen würden. Gewaltsame Proteste blieben jedoch aus. Trotz des Gesetzes kam es immer noch regelmäßig zu Witwenverbrennungen, und nur wenige der Anstifter wurden bestraft.

Gelegentliche Fälle von Sati werden auch heute noch in Indien registriert, nicht jedoch in Nepal. Es gibt jedoch Anzeichen, dass in früheren Zeiten Witwenverbrennungen **in Nepal häufiger** vorkamen **als in Indien.** Mitte des 19. Jh. versuchte *Jang Bahadur Shah*, der stark von der Denkweise Europas geprägt worden war, mit mehreren barbarischen Ritualen aufzuräumen, darunter auch dem Sati. Seine Bemühungen waren aber größtenteils zum Scheitern verurteilt. Nach seinem eigenen Tod im Jahr 1877 bestanden drei seiner Hauptfrauen darauf, mit ihm zusammen verbrannt zu werden. Ende des 19. Jh. ordnete Premierminister *Bir Shamsher Rana* an, dass Sati nur mit der Genehmigung des Premierministers oder seines Stellvertreters vollzogen werden könne. Im Jahr 1920 verbot Premierminister *Chandra Shamsher Rana* den Sati gänzlich und beschwor damit den Zorn zahlreicher Hindus herauf, unter ihnen erstaunlicherweise auch zahlreiche Frauen.

Aber da wäre noch die Frage, warum? Warum wollte sich die hinduistische Gesellschaft auf solch grausame Weise eines ihrer schwächsten Mitglieder entledigen? Gelegentlich wurde die Ansicht vertreten, dass der Sati die **Perversion eines alten Hindu-Brauches** war, nach dem sich die Witwe neben den Scheiterhaufen ihres Mannes legte, um so ihren symbolischen Tod anzuzeigen. Nach einiger Zeit wurde die Witwe von den Verwandten ihres Mannes emporgezogen und somit wieder in die Welt der Lebenden zurückgeholt.

Der deutsch-britische Indologe **Friedrich Max Müller*** (1823–1900) hatte jedoch eine ganz andere Erklärung parat – und diese ist sehr verblüffend. Gemäß *F. M. Müller* beruhte der Sati auf einer Fälschung eines Sanskrit-Manuals, das den Ablauf von Kremationen verstorbener Ehemänner regelte. In der ursprünglichen Anleitung war propagiert worden, dass bei Leichenprozessionen die Witwe des Verstorbenen „an der Spitze" des Leichenzuges zu gehen hatte; an der Spitze oder vorne heißt auf Sanskrit *agre*. Durch einen einzigen kleinen Federstrich änderten die Hindu-Priester *agre* (अग्रे) jedoch in *agneh* (अग्ने:) – und das heißt „ins Feuer". Die Witwen hatten sich also von nun an mit ihrem verstorbenen Ehemann verbrennen zu lassen. Die Witwen wurden so Opfer eines mörderischen Betrugs. Das Fälschen von Schriften war keineswegs eine ungewöhnliche Praxis.

Warum aber wollten sich die Brahmanen der Witwen entledigen? Die Antwort liegt in dem tief verwurzelten **Misstrauen,** das die Hindu-Männer **gegen** ihre **Frauen** hegten. Die Hindu-Priester betrachteten Frauen als den Quell alles Bösen, denen keinerlei Vertrauen zu schenken war. Sogar die ehrwürdige *Mahabharata* geißelte die Frauen und verkündete: „Ein Mann mit einhundert Zungen, der einhundert Jahr alt werden würde, wäre nicht dazu imstande, all die Laster und Fehler der Frau aufzuzählen." Ähnliche Äußerungen finden sich noch in anderen hinduistischen Schriften und in Fabelsammlungen.

Der Hauptgrund des Misstrauens gegenüber der Frau war **sexueller Natur.** Frauen wurden als unersättliche Monstren angesehen, die – außerhalb der Kontrolle eines Mannes – ohne große Umstände Liaisonen eingingen und damit den guten Namen ihrer Sippe befleckten. Tugendhafte Frauen waren solche, die keine Gelegenheit hatten, „sich den niedrigsten der Männer hinzugeben", oder solche, die Angst vor Entdeckung hatten. Die Witwen wurden zu einem Störfaktor, von dem nur Unheil, sprich schamlose Promiskuität, ausgehen konnte. Interessanterweise ist eine der Hindi-Vokabeln für **„Prostituierte"** *(randi)* mit einem der Hindi-Begriffe für **„Witwe"** *(randa)* verwandt. Von der Witwe zur Prostituierten war es nach Ansicht der ortho-

ktm265 rk

doxen Hindu-Gesellschaft nur ein kleiner Schritt. Da die Familienehre unter allen Umständen gewahrt werden musste, war es besser, die Witwe zu töten, als sie zur „Hure" werden zu lassen. **

Ansonsten aber scheinen die alten Brahmanen von Liebesdienerinnen recht angetan gewesen zu sein: In alten Sanskrit-Schriften finden sich über dreihundert verschiedene Ausdrücke für Prostituierte, die diese ordentlich in verschiedene Klassen oder Rangstufen unterteilten. Auch hatten die **Brahmanen** nichts dagegen, wenn in ihren Tempeln oft Hunderte von *devadasi* tanzten, Liebesdienerinnen der Götter, an denen sich die männlichen Tempelbesucher bedienen konnten – natürlich auch die Priester selber. Alte Aufzeichnungen belegen, dass sich mancher Tempelbesucher, der tatsächlich nur zum Beten gekommen war, der Avancen der *devadasi* nicht erwehren konnte und unverrichteter Dinge wieder abziehen musste.

**Friedrich Max Müller,* in Deutschland geboren, lebte später in London und nahm die britische Staatsbürgerschaft an.
**„Witwe", verwandt mit Sanskrit *vidhva,* ist eine von zahllosen deutschen Vokabeln, die sich mit dieser indo-germanische Sprache verknüpfen lassen. Allerdings ist der Zusammenhang selten so offensichtlich wie in diesem Fall.

◁ Eine Leichenverbrennung in Pashupatinath: Den ganzen Tag über hängt der Rauch der lodernden Kremationsplätze in der Luft. Das Verbrennen der Toten obliegt Mitgliedern der *Dom,* einer Untergruppe der sogenannten „Unberührbaren" oder Kastenlosen, denen in der Hindu-Gesellschaft traditionell „unreine" Arbeiten zufallen

tern umherwanderte, fielen Teile ihrer Leiche zu Boden. Guhyeshvari ist der Ort, an dem ihre Guhya, wörtlich das „Verborgene", herniederkam, ihr Geschlechtsteil. Fresken am Eingang des Tempels zeigen kurioserweise eine furiose Frauengestalt, die eindeutig männliche Genitalien aufweist.

Die heutigen Tempelgebäude wurden erst im 17. Jh. unter *Pratap Malla* errichtet, irgendeine Art von Heiligtum hatte es hier sicherlich aber schon zuvor gegeben. Zwar ist auch dieser Tempel für Nicht-Hindus unzugänglich, ein Abstecher lohnt sich aber dennoch: Am direkt vor dem Tempel vorbeifließenden **Bagmati** lässt es sich wunderbar ausruhen und das örtliche Treiben beobachten – Kinder baden und planschen ohne Unterlass, Frauen waschen ihre umfangreiche Familienwäsche, und an den Ufern hüten Hirtenjungen ihre Büffel.

Die Straße, die entlang des Flusses zum Tempel führt, endet direkt davor, verläuft aber an dessen Ostseite weiter als schmaler Pfad. Folgt man diesem ostwärts, gelangt man zur Landepiste des Tribhuvan Airport (Sperrgebiet!). In entgegengesetzter Richtung führt die Straße zu einem **Dorf** mit Wasch- und Tempelanlagen am Fluss. Darunter befindet sich eine knallrote Hanuman-Statue, die in Richtung Pashupatinath schaut – ein malerisches Plätzchen.

Direkt vor dem Guhyeshvari-Tempel befindet sich eine Fußgängerbrücke über den Bagmati. Überquert man diese, kann man weiter in nördliche Richtung **nach Bodhnath** (s.o.) laufen (30–35 Min.). Der Weg führt durch einige unaufgeräumt wirkende Vorstadtsiedlungen. Die Stupa von Bodhnath ist schon vom Bagmati aus in der Ferne zu sehen.

Wichtige Stadtteile

Durbar Marg

Der Durbar Marg, wörtlich der „Weg zum Königshof“, ist so etwas wie **Kathmandus „Nobelallee“**, was aber nicht zu überhöhten Erwartungen führen sollte. Eine Prachtstraße internationalen Standards ist dies nicht, auf der positiven Seite aber kann man hier auf einem der seltenen Bürgersteige in Kathmandu spazieren gehen, die nicht vollkommen zerlöchert sind. Der Durbar Marg ist vielleicht der am geordnetsten und modernsten wirkende Bereich von Kathmandu. Hier befinden sich auch Nepals erste Filialen von 15 KFC und 14 Pizza Hut (mittlerweile gibt es mehrere), dazu weitere Fastfood-Restaurants. Am Nordende der gerade 200 m langen Straße steht der äußerlich nicht sehr attraktive **ehemalige Königspalast (Narayanhiti Palace)**, der 2009 zu einem Museum umfunktioniert wurde. Eingeweiht wurde es passenderweise vom Kommunistenführer Prachanda, einem der Erzfeinde der Monarchie. Der Durbar Marg war als eine Art Zufahrt zum Palast angelegt, gesäumt von Schatten spendenden Bäumen. In einigen großzügig angelegten Villen in unmittelbarer Nachbarschaft hatten nepalesische Edelmänner ihre Konkubinen untergebracht.

Am Durbar Marg sind die Büros von Fluggesellschaften und Reiseunternehmen angesiedelt sowie einige **hochklassige Hotels und Restaurants.** Wer gut essen bzw. gut und teuer wohnen möchte, ist hier bestens aufgehoben. Die zentrale Lage ist von Vorteil, dazu hält sich der Verkehrslärm ab dem Abend in Grenzen.

Narayanhiti Palace Museum

Der weit auslaufende ehemalige Königspalast beherbergt heute ein Museum, das sich der **nepalesischen Monarchie** annimmt. An dieser Stelle war zuerst im 18. Jh. ein Palast errichtet worden. Dieser wurde jedoch beim Erdbeben von 1934 zerstört. Das heutige Gebäude, errichtet aus klobigem Granit, stammt aus den späten 1960er Jahren und ist von außen auffallend schmucklos – um nicht zu sagen unansehnlich. Am **Eingangstor** sieht man meist lange Schlangen von Nepalesen, die fasziniert von der Vorstellung sind, endlich einmal einen Blick in den ehemaligen Palast hineinwerfen zu können, der ihnen zur Zeit der Monarchie verwehrt war. Viele dürften sicherlich von der schauerlichen Idee angelockt sein, den Ort zu sehen, an dem 2001 das **Massaker** stattfand, in dem auch König Gyanendra umkam (siehe auch „Geschichte und Politik“). Das Nebengebäude, in dem die Bluttaten geschahen, wurde jedoch abgerissen. Die Umrisse des Gebäudes sind allerdings noch zu erkennen, ebenso wie einige Einschusslöcher.

Von den insgesamt 52 Zimmern sind 19 den Besuchern zugänglich. Zu sehen sind ansonsten **Souvenirs** oder **Geschenke von Staats- oder königlichen Besuchen** und zahlreiche **Fotos** von Politikern und Mitgliedern von Königshäusern; dazu verschiedene gold- und silberbeschlagene **Throne** Gyanendras

Durbar Marg

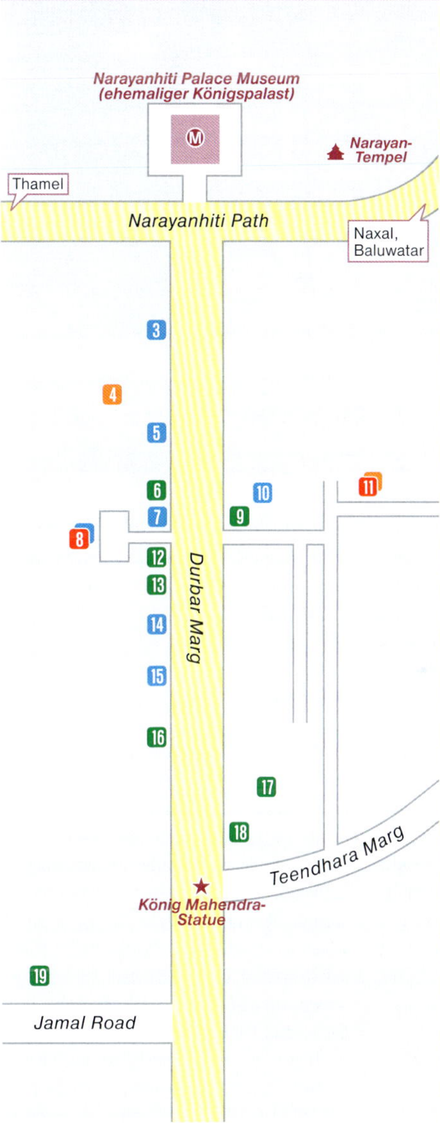

©Reise Know-How 2017

Nepal09

Übernachtung

8 Hotel Annapurna
11 Hotel Yak & Yeti

Essen und Trinken

3 Mezze by Roadhouse
5 Moti Mahal Delux Rest.
7 The Coffee Shop
8 Ghar-e-Kabab
10 The Old House Restaurant
14 Pizza Hut
15 KFC

Nachtleben

4 IClub (Disco)
11 Casino Royale

Einkaufen/Sonstiges

6 Deva's Arts (Kunstgewerbe)
9 Sixt-Autovermietung
12 The Annapurna Shopping Arcade (24 Std.)
13 Green Line Center (Spirituosen-Supermarkt)
16 Thai Airways
17 Sherpa Mall (Shopping Center)
18 NCell (Sim-Karten & USB-Internet-Sticks)
19 Mayalu Centre (Shopping Center)

ktm254 rk

und ein fabelhafter **Thronsaal,** der von vier Säulen gestützt wird, die mit kunterbunten Hindu-Göttern verziert sind. Opulenz und Dekadenz gehen hier Hand in Hand, einige Räume sehen ein wenig renovierungsbedürftig aus. Ein riesiger dreistufiger Kronleuchter im Thronraum strahlt – im wahrsten Sinne des Wortes – Prunk und Pomp aus. Die Schlafzimmer des ehemaligen Königs und die Gästezimmer sehen vergleichsweise bescheiden aus. Am Palast befindet sich ein Garten, der allerdings sehr ungepflegt wirkt und mehr gärtnerische Zuwendung verdient hätte.

Öffnungszeiten: Do–Mo 11–17 Uhr (in den kühlen Monaten nur bis 16 Uhr), Eintritt für Ausländer 500 Rs. Kameras sind nicht erlaubt und an einem Schalter am Eingang abzugeben, ebenso wie Handtaschen o.Ä.

Am Durbar Marg warten einige hochkarätige Kunstgeschäfte auf Kundschaft

Unterkunft

11 Eine der traditionsreichsten Adressen Kathmandus ist das **Hotel Yak & Yeti**④-⑤, ein alter Rana-Palast, der einst auch dem legendären *Boris Lissanewitsch* als Residenz diente. *Boris,* wie er schlicht genannt wurde, war russischer Abstammung, ein Gastronom der ersten Güteklasse und gilt heute als Vater des Tourismus in Nepal. *Boris* ist vor vielen Jahren verstorben, seine Lebensgeschichte wurde jedoch in einem Buch für die Nachwelt niedergeschrieben (*Peissel, Michel:* „Tiger for Breakfast", Hodder, London). Das Hotel besteht heute aus einem alten Flügel, dem ehemaligen Palast, sowie einem neueren Zubau mit einem großen Garten davor. Der alte Teil ist architektonisch interessant gestaltet,

man fühlt sich in der Tat in eine Zeit versetzt, als noch der Adel ein- und ausging. Vorhanden sind Swimmingpool, Tennisplatz, Sauna, Spielcasino, Massagemöglichkeiten und Shopping-Arkaden. Die Zimmer sind zwar mit allem notwendigen Komfort ausgestattet (A.C., Heizung, Telefon, Mini-Bar etc.), sind aber nicht alle gleich gut oder ihr teures Geld wert. Manche Zimmer machen einen etwas abgewohnten Eindruck. Es wird empfohlen, vorher einen Blick hineinzuwerfen. Das WiFi ist leider auch kostenpflichtig, ein Anachronismus heutzutage. Preise je nach Zimmerart und Jahreszeit ca. 100–750 US$, dazu jeweils 13 % Steuer und 10 % Service Charge. Auch die Restaurants im Hotel sind sehr teuer. P.O. Box 1016, Durbar Marg, Kathmandu, Tel. 01-4240520, 01-4248999, www.yakandyeti.com.

8 Weniger geschichtsträchtig, dennoch eines der besten Hotels der Umgebung ist das gründlich renovierte **Hotel Annapurna**④-⑤. Die Zimmer (A.C., Heizung, Telefon, WLAN-Internet, WiFi, Mini-Bar) sind komfortabel, aber nicht unbedingt ihren hohen Preis wert. Hier zu übernachten sei nur Leuten empfohlen, die aus irgendeinem Grund in dieser Gegend wohnen wollen und denen der Preis egal ist. Im Annapurna gibt es Swimmingpool, Tennisplatz, Health Club, Sauna und Beauty Parlour sowie Gelegenheit zum Billard- und Croquet-Spielen. Ausgezeichnet ist das Restaurant Ghar-e-Kabab, s.u. Zimmer in der Nebensaison günstigstenfalls ab 130 US$, ansonsten ab ca. 160 US$, dazu 13 % Steuer und 10 % Service Charge. In der Nebensaison kann man die Preise manchmal auf die Hälfte herunterhandeln, und das ist dann kein schlechter Deal. Auch auf der Homepage des Hotels ergeben sich kurzfristig oft günstige Angebote. P.O. Box 140, Durbar Marg, Tel. 01-4221711, www.annapurna-hotel.com.

Restaurants

Ähnlich wie bei den Hotels, so gehören auch die hier vertretenen Restaurants in erster Linie der höheren Klasse an. Allerdings ist auch die Qualität überdurchschnittlich.

MEIN TIPP: Eines der besten indischen Restaurants in Kathmandu ist das 8 V **Ghar-e-Kabab**③-④ („Kebab-Haus"). Es gehört zum Hotel Annapurna und befindet sich im Erdgeschoss, links neben der Lobby. Ausgesprochen gut sind die Suppen (beispielsweise Tomato Soup oder Cream of Vegetable Soup), Hühnergerichte oder Gemüsespeisen (z.B. Palak Paneer, würziger Spinat mit Käsebrocken). Die Preise liegen für nepalesische Verhältnisse relativ hoch, die vegetarischen Gerichte fangen bei ca. 700 Rs. an, Steuer und Service Charge nicht mitgerechnet. Gerichte mit Fleisch sind noch etwas teurer. Mit ca. 4000–5000 Rs. für ein komplettes Essen für zwei Personen ist zu rechnen, teurer Wein o.Ä. sind dabei noch nicht berücksichtigt. Abends gibt es eine sehr angenehme Musikbegleitung, ein kleines Orchester spielt und singt stimmungsvolle Ghazals. Einer der Musiker ist ein seit vielen Jahren dort beschäftigter Blinder, der Stammkunden sogleich an der Stimme wiedererkennt. Geöffnet 12–15 und 19–23 Uhr.

7 Sehr beliebt ist auch der **Coffee Shop**②-③ des Hotel Annapurna, der sich in einem Nebengebäude direkt an der Straße befindet. Geboten werden westliches Frühstück und Backwaren, aber auch sehr gute südindische Masala Dosas, mit die besten in Nepal. Die Preise sind nicht ganz niedrig: Ein Frühstück für zwei Personen kostet ab ca. 2000 Rs. Im Coffee Shop gibt es WiFi, bzw. man empfängt das sehr starke, bis nach Thamel dringende Signal des Hotels. Geöffnet 7–22.30 Uhr. Gleich rechts daneben befindet sich der dazugehörige **Cake Shop,** mit Verkauf von leckeren Backwaren. Geöffnet 9–22 Uhr.

MEIN TIPP: Durch einen leicht zu übersehenden Treppenaufgang gelangt man zu einem der allerbesten indischen Restaurants der Stadt, dem 5 **Moti Mahal Delux Restaurant**②. Hierbei handelt es sich um die Filiale einer bekannten Restaurant-Kette mit Hauptsitz in Delhi und eine großartige Adresse für speziell nordindische Speisen (www.motimahal.com.np). Die Qualität ist fast so gut wie im obigen Ghar-e-Kebab – wenn nicht sogar ebenbürtig, die Preise sind allerdings etwas niedriger. Ein komplettes Essen für zwei Personen kostet ca. 2000–3000 Rs. Besonders gut sind die Gerichte mit *paneer,* indischem Käse. Man bestelle nicht zu viel, denn die Portionen sind riesig. Geöffnet 12–22 Uhr.

3 **Mezze by Roadhouse**②-③, gelegen im Mercantile Plaza am Durbar Marg, ist ein Ableger des *Roadhouse Café* (s. S. 89), was schon Gutes verspricht. Das smarte, gemütliche Interieur wäre auch in einem Fünf-Sterne-Hotel nicht fehl am Platze, allerdings ebenso die Preise. Dafür wird aber auch Leckeres geboten. Der Fokus des Restaurants liegt auf italienischer und mediterraner Küche von Pizza bis Humus, dazu Cocktails sowie eine gehobene Weinkarte. Das Publikum besteht weitgehend aus Expats und wohlhabenden jungen Nepalesen. Von dem im 3. Stock des Gebäudes befindlichen Restaurant hat man einen guten Ausblick auf den Durbar Marg und den ehemaligen Königspalast. Allerdings gibt es keinen Lift, und man muss die drei Stockwerke zu Fuß hinaufgehen. Geöffnet 11–23 Uhr.

10 **The Old House Restaurant**②-③ (www.theoldhouse.com.np) liegt ein wenig vom Durbar Marg zurückversetzt, man beachte den Torbogen samt Namensschild am Durbar Marg. Der Weg lohnt sich, das Ambiente von The Old House befindet sich irgendwo zwischen rustikal und schick, das umgebende Grün sorgt für Gartenatmosphäre. Das hier gebotene europäische Essen ist von höchster Qualität, die Küche hat oft einen asiatischen Touch, was die Gerichte umso interessanter macht. Asiatische oder lokale Gerichte, wie z.B. die aus Nepal nicht mehr wegzudenkenden *Momos,* gibt es auch. Dazu Weine, Cocktails etc. Ab ca. 2500 Rs./2 Pers. Geöffnet 10–22 Uhr.

Nachtleben

Siehe gleichnamiges Kapitel, Seite 107.

Sonstiges

Südlich des Zugangs zum Hotel Annapurna, im Shopping-Center 12 *The Annapurna Arcade* befindet sich in einem Kellergeschoss Kathmandus bestbestücktes Geschäft für Alkoholika: 13 **Green Line Centre.** In dem hochmodern gestalteten Verkaufsraum werden Weine, Whiskys, Wodkas, Biersorten und viele andere Spirituosen geboten. Die Auswahl ist groß, die Preise sind mäßig – es sei denn, man will in der Oberklasse mitspielen. So gibt es schon mal einen seltenen Whisky, der 150.000 Rs, kostet. Nebenbei gibt es auch kubanische und schweizerische Zigarren. Dies ist wahrscheinlich Kathmandus beste Adresse in Sachen Alkoholika und exklusiver Tabakwaren, dazu sehr zentral gelegen. Geöffnet 10–22 Uhr, www.greenlinecentre.com.np.

Entlang Durbar Marg finden sich einige Geschäfte mit kunsthandwerklichen Waren, etwas teurer als in anderen Stadtteilen, aber auch am oberen Ende der Qualitätsskala angesiedelt. Siehe z.B. 6 **Deva's Arts** (Tel. 01-4224871, 01-4252503, www.devasarts.com). Zur Auswahl steht eine fabelhafte Kollektion von Bronzefiguren, bronzenen Kult- oder Ritualobjekten, Gemälden, holzgeschnitzten Schränken und anderem Mobiliar. Geöffnet 10–19 Uhr.

Thamel/Chetrapati

Hierher zieht es die **meisten Traveller** nach Ankunft in Kathmandu: **Thamel,** ein **quirliges, chaotisches Viertel** mit engen und zum Teil schlecht gepflasterten Straßen, die sich in der Regenzeit in einen Morast-Parcour verwandeln. Aus welchen unerfindlichen Gründen der internationale Tourismus sich hier auch angesiedelt haben mag – heute stehen hier Guest Houses, Hotels, Restaurants, Internet-Cafés und Trekking-Agenturen Schulter an Schulter. Die Auswahl an

Unterkünften fast aller Preisklassen und Speisemöglichkeiten ist riesig, und die große Konkurrenz hält die Preise in Grenzen.

Ein Nachteil des Viertels ist der teilweise **unübersichtliche und laute Verkehr,** der sich durch die Gassen zwängt – Motorräder, Fahrrad-Rikschas, Autos, Fußgänger und Straßenhändler, alles drängt sich ohne erkennbares System durch die schmalen Straßen. Besonders nachmittags und am frühen Abend kann ein Rundgang sehr aufreibend sein. Morgens ist der Verkehr noch überschaubar. Bei der Auswahl der Unterkunft (s.u.) ist heute nicht nur auf Ausstattung und Preis-Leistungsverhältnis zu achten, sondern auch darauf, wie ruhig oder laut gelegen das Haus ist.

Mittlerweile ist der Tourismus auch auf die umliegenden Stadtviertel übergeschwappt, und wer **ein wenig ruhiger** wohnen möchte, sollte sich entweder in **Chetrapati** umsehen, das sich direkt südlich an Thamel anschließt, oder in **Paknajol** im Nordwestbereich des Viertels, aber am besten wohl im Bereich **Jyatha** am Ostrand von Thamel.

Wer nicht im Zentrum von Thamel wohnt, wird auch weniger von den zahllosen Straßenhändlern belästigt, die permanent ihre Waren feilbieten bzw. aufdrängen. Es kann durchaus nerven, zigmal am Tag Tiger Balm oder Bambusflöten angeboten zu bekommen, vor allem, wenn man auch nach einem „Nein, danke" nicht in Ruhe gelassen wird.

Thamel und sein Umfeld sind heute Nepals größtes Touristenzentrum, entsprechend perfekt ist die **touristische Infrastruktur.** Es gibt großartige Restaurants, viele kleine Supermärkte, Buch- und Souvenirläden, jede Menge Foto- und Internetläden, Trekking-Ausrüster und an jeder Ecke eine Wechselstube sowie Pubs und Bars.

Von Thamel oder Chetrapati führt ein interessanter **Fußmarsch** (ca. 20 Min.) zum **Durbar Square,** Kathmandus wichtigster historischer Sehenswürdigkeit.

Mein Tipp: Wem Thamel zu hektisch ist, kann sich im **Garden of Dreams (Swapna Bagaicha)** perfekte Ruhe gönnen. Die wunderschöne Gartenanlage am Tridevi Marg/Ecke Kantipath (rechts von Keshar Bahal auf dem Plan) umfasst neo-klassische Pavillons, Wasserfontänen, Figuren und gepflegten Rasen, auf dem man sich auf geliehenen Kissen ausruhen kann. Einen besseren Gegenpol zum Trubel in Thamel könnte es kaum geben. Angeschlossen ist das gemütliche **29 Kaiser Cafe** (s. Karte S. 82).

Eintritt für Ausländer 200 Rs., Tel. 01-4425340, www.gardenofdreams.org.np, geöffnet 9–22 Uhr. Das o.g. Café kann nicht separat vom Garten besucht werden, man muss zuvor das Eintrittsgeld zahlen.

Unterkunft (Karte S. 82)

Der zentrale Bereich von **Thamel** ist so eng mit Guest Houses, Restaurants, Geschäften und Bars bebaut, dass es hier sehr **laut und unruhig** sein kann. Generell sollte man Zimmer meiden, die nach vorn zur Straße hinaus liegen. Bei den meisten Unterkünften kann man **handeln,** selbst in der Hauptsaison sind Rabatte von 10 bis 20 % möglich – natürlich nur, wenn das betreffende Hotel nicht voll belegt ist. Auch bei größeren Reisegruppen werden Rabatte gewährt (i.d.R. ab 10 Pers.). Fast alle Guest Houses oder Hotels haben einen Dachgarten bzw. ein Dachrestaurant oder ein sonstiges Res-

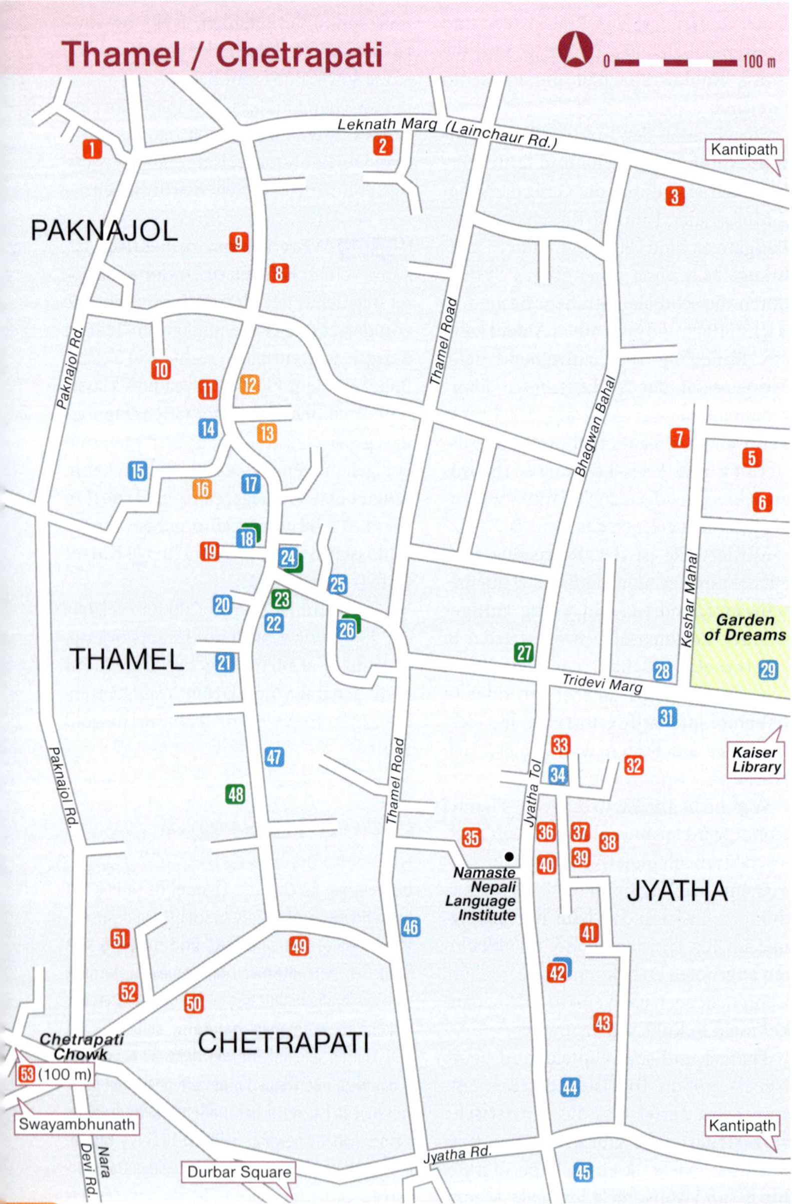
Thamel / Chetrapati
0 100 m
Leknath Marg (Lainchaur Rd.)
Kantipath
PAKNAJOL
Paknajol Rd.
Thamel Road
Bhagwan Bahal
Keshar Mahal
Garden of Dreams
Tridevi Marg
THAMEL
Kaiser Library
Jyatha Tol
Namaste Nepali Language Institute
JYATHA
Chetrapati Chowk
53 (100 m)
CHETRAPATI
Swayambhunath
Nara Devi Rd.
Durbar Square
Jyatha Rd.
1
2
3
5
6
7
8
9
10
11
12
13
14
15
16
17
18
19
20
21
22
23
24
25
26
27
28
29
31
32
33
34
35
36
37
38
39
40
41
42
43
44
45
46
47
48
49
50
51
52

Übernachtung

1 Tibet Peace G.H.
2 Hotel Kathmandu View
3 Hotel Malla
5 Hotel Magnificent View
6 Fairfield by Marriott Kathmandu
7 Hotel Blue Horizon
8 Hotel Buddha
9 Hotel Marshyangdi
10 Hotel Mandap
11 Hotel Courtyard
19 Kathmandu G.H.
32 Shangri-la Boutique Hotel
33 M Hotel
35 Hotel Family Home
36 Hotel Holy Himalaya (neuer Flügel)
37 Hotel Holy Himalaya
38 Hotel Mulbery
39 Fuji G.H.
40 Sacred Valley Inn
41 Hotel Osho Home
42 Utse Hotel
43 Kantipur Temple House
49 Potala G.H.
50 Penguin Hotel & Spa 2
51 Royal Penguin Hotel & Spa
52 Tibet G.H.
53 Hotel Kathmandu Prince

Essen und Trinken

14 Zibro Resto & Bar
15 Places Restaurant & Bar
17 Northfield Cafe, Jesse James Bar
18 Hot Breads
20 Green Organic Cafe and Farmers Bar
21 Third Eye Restaurant
22 Roadhouse Cafe
24 La Dolce Vita Restaurant
25 OR2K Restaurant
26 Pumpernickel Cafe
28 Himalayan Java Coffee
29 Kaiser Cafe
31 Fire & Ice Pizzeria
34 Gaia Restaurant
42 Utse Restaurant
44 Mitra Cafe & Lounge Bar
45 Rosemary Kitchen & Coffee Shop
46 Aniyor Vegetarian Restaurant
47 Helena's Restaurant

Nachtleben

12 Shisha Terrace Cafe & Bar
13 Sam's Bar
16 The Electric Pagoda Bar & Cafe

Einkaufen

18 Hot Breads Bakery
23 Supermarkt
24 Supermarkt
26 Pumpernickel Bakery
27 Supermarkt
48 Pilgrim's Book House

taurant. Strom kommt teilweise aus Solarzellen, während der stromlosen Stunden des „load-shedding" werden in den besseren Unterkünften lärmende Dieselgeneratoren eingesetzt.

3 An der äußersten Nordostseite von Thamel, genauer gesagt in einem kleinen Viertel namens Paknajol, befindet sich das hervorragende, für die Gegend untypisch teure **Hotel Malla**④-⑤. Das Malla ist eines der älteren Luxushotels der Stadt, präsentiert sich aber frisch renoviert und hat sehr komfortable Zimmer (A.C., Heizung, TV, Telefon) und einen wunderschönen Garten samt grellweißer buddhistischer Stupa. Die Zimmer kosten Einzel 130/150 US$, Doppel 156/268 US$, Suiten 204 und 268 US$; + 13 % Steuer. Im Hotel befinden sich mehrere Restaurants und Bars, dazu Sauna, Jacuzzi und Fitness-Center. Falls man gehoben wohnen möchte und über Internet-Agenturen einen günstigen Preis bekommt, ist dies eine sehr empfehlenswerte Unterkunft. Das Malla ist auch Unterbringungsort vieler Tourunternehmer, und auch bei einer Package-Tour kommt man preislich weitaus besser davon. Kostenloses WiFi. P.O. Box 787, Lekhnath Marg, Kathmandu, Tel. 01-4410320, Facebook: Hotel Malla Kathmandu.

2 Zwei Minuten Fußweg weiter westlich liegt das moderne und saubere **Hotel Kathmandu View** ③-④. Zimmer mit Bad, A.C. und TV zu 46 US$ (Einzel), 54 US$ (Doppel), jeweils ohne Frühstück. Mit Frühstück je 6 US$ mehr bzw. 69/103 US$ bei Vollpension, aber das ist bei den vielen guten Restaurants vielleicht nicht die beste Idee, zumindest für Leute, die kulinarisch gerne experimentieren. Lekhnath Marg, Thamel, Kathmandu, Tel. 01-426 6668, www.hotel-kathmandu-view.de.

⊡ Abends treffen sich auch nepalesische Jugendliche zum Feiern in Thamel

1 Empfehlenswert ist das **Tibet Peace Guest House**②, das über einen hübschen Garten verfügt, dazu eine gutes Restaurant mit nepalesischer, indischer und westlicher Küche hat. Kostenloses WiFi. Zimmer von 10–20 US$, die billigsten ohne eigenes Bad, in der höheren Preislage bekommt man einen guten Gegenwert mit TV und Balkon. Tel. 01-438 1026, www.tibetpeace.com.

8 Am Nordwestrand von Thamel liegt das saubere **Hotel Buddha**③-④. Alle Zimmer mit Bad, TV und WLAN ausgestattet, Einzel 45 US$, Doppel 55 US$, Deluxe-Räume 55–85 US$; + 13 % Steuer und 10 % Service Charge. P.O. Box 5439, Thamel, Kathmandu, Tel. 01-4700366, 01-4700508, www.hotelbuddhakathmandu.com.

Mein Tipp: Architektonisch sehr gelungen ist das **11** **Hotel Courtyard**③-④, im traditionellen Stil erbaut und in einer kleinen, ruhigen Gasse am Nordwestrand von Thamel gelegen. Es ist sehr vielversprechend, einige Zimmer bekommen jedoch den in Thamel beinah allgegenwärtigen abendlichen Kneipenlärm ab. Gemütliche Zimmer mit TV und DVD-Player und kostenlosem WiFi. Einzel- zu 50 US$, Doppel- 60 US$, Deluxe-Zimmer 70/80 US$ und Suiten zu 120 US$, + 13 % Steuer und 10 % Service Charge. 67/27 Z-Street, Thamel, P.O. Box 463, Tel. 01-4700476, 01-4700648, www.hotel-courtyard.com.

9 Sehr komfortabel und ruhig liegt das **Hotel Marshyangdi**③-④ mit eigenem Coffee Shop (Lumbini Café) und einer Dachgarten-Bar (Khukuri Bar). Zimmer mit Bad, TV, A.C. und WLAN-Internet zu 50–80 US$, dazu Suiten ab 100 US$, plus Steuern von insgesamt 23 %. Kostenloses WiFi. P.O. Box 5206, Paknajol, Thamel, Kathmandu, Tel. 01-4700 105, 01-470022, www.hotelmarshyangdi.com.

10 Das **Hotel Mandap**③-④ hat ordentliche Zimmer (A.C., TV, Telefon) zu 40, 50 und 90 US$; + 13 % Steuer und 10 % Service Charge. In der Nebensaison werden die Preise automatisch um ca. 15 % gesenkt. Angeschlossen ist das gemütliche **Kashtamandap Restaurant,** in dessen Mitte zur kalten Jahreszeit ein Kaminfeuer lodert und den

Raum erwärmt. Zum Essen (indisch/nepalesisch, westlich) spielt abends eine Band klassische nepalesische Musik. Ferner gibt es eine Bar und eine Bäckerei. P.O. Box 3756, Thamel, Kathmandu, Tel. 01-4700 321, 01-4700435, Facebook: HotelMandap.

19 Zu den besten Unterkünften von Thamel zählt das **Kathmandu Guest House**③, das zwar völlig zentral, aber auch günstig von der Straße zurückgesetzt liegt, sodass die Zimmer ziemlich ruhig sind. Allerdings ist die Bezeichnung „Guest House" irreführend, es handelt sich eher um ein solides Mittelklassehotel mit gehobenem Ambiente und einigen Souvenirshops auf dem Zufahrtsweg. Das Haus besteht aus einem älteren und einem neuen (besseren) Flügel, die Auswahl an Zimmern ist groß, von kleineren ohne Klimaanlage (Standard Room) bis zu Deluxe-Zimmern und Suiten sowie Zimmern mit Ausblick auf den Garten. Die preiswertesten kosten 32 US$, Zimmer mit Gartenblick 46 US$ und Deluxe-Zimmer 56 US$, dazu jeweils die üblichen Steuern. Die Auswahl ist riesig, für jeden Geldbeutel ist etwas dabei, sehr empfehlenswert. Kostenloses WiFi. P.O. Box 2769, Thamel, Kathmandu, Tel. 01-4700632, www.ktmgh.com.

MEIN TIPP: 35 **Hotel Family Home**②-③ befindet sich in einer schmalen Gasse, in der tagsüber einiger (Motorrad-) Verkehr durchbraust, abends dürfte es jedoch sehr ruhig sein (Askok Galli, Thamel, Tel. 01-4252050, mobil: 98-51036590, www.hotelfamilyhome.com. Saubere Zimmer zu 40/45/53 US$, inkl. Frühstück; mit TV, außer in der niedrigsten Preisklasse auch mit A.C. Kostenloses WiFi. Ein guter Deal in sehr zentraler Lage.

49 Das **Potala Guest House**②-③ ist eine der gehobeneren Unterkünfte und befindet sich schon in Chetrapati (wo auch immer die exakte Grenzlinie verlaufen mag). Die ordentlichen Zimmer (Bad) kosten Einzel 30 US$, Doppel 40 US$, Deluxe-Zimmer generell 55 US$; für Frühstück wird pro Person 5 US$ zusätzlich berechnet + 13 % Steuer und 10 % Service Charge. Kostenloses WiFi. P.O. Box 5390, Chetrapati, Thamel, Tel. 01-4226566, 01-4220467, www.potalaguesthouse.com.

52 Tadellos ist das **Tibet Guest House**②-④ mit freundlichem tibetischem Personal. Die sauberen Zimmer kosten Einzel/Doppel 16/20/30/35/40/50/60/65 US$, Suiten 80/90 US$. Alle Zimmer mit Bad und TV, ab der zweithöchsten Preislage auch mit

ktm196 rk

A.C. und TV, dazu kostenloses WiFi. Sehr empfehlenswert. P.O. Box 1132, Chetrapati, Thamel, Tel. 01-4260383, 01-4251763, www.tibetguesthouse.com.

51 Das merkwürdig benannte **Royal Penguin Hotel & Spa**③-⑤ ist ein „Boutique-Hotel" in Chetrapati/Thamel (J.P. Road, Tel. 01-4125013, www.royalpenguinhotel.com). Die modern, mit allem Komfort eingerichteten Zimmer wirken aber teilweise etwas kühl, nepalesisches Flair fehlt. Trotzdem eine komfortable Wohnmöglichkeit – vielleicht besonders für Geschäftsleute? – und das dem Haus angeschlossene Restaurant erntet viel Lob. Mit kostenlosem WiFi, dazu Fitness-Raum und Sauna. Zimmer und Suiten zu 60–180 US$, mit saisonalen Schwankungen. Schräg gegenüber an der Straße befindet sich ein neuerer Flügel des Hauses, das 50 **Penguin Hotel & Spa 2**③-⑤.

53 Das **Hotel Kathmandu Prince**②-③ liegt etwas westlich des Kreisverkehrs von Chetrapati, am Westrand der touristischen Zone in einer Art kleinen Innenhof. Die Zimmer sind modern und sauber, und auch die Lage hat vieles für sich. Einzel je nach Ausstattung 30/40 US$, Doppel 40/50 US$, Dreierzimmer 50/60 US$, inklusive Steuer und Service Charge. Alle Zimmer mit TV, in der höheren Preislage auch mit A.C. Kostenloses WiFi. Adresse: Yapikhya Marg, Chetrapati, Kathmandu 44600, Tel. 01-4255 282, Tel. 01-4255961, www.kathmanduprince hotel.com.

ktm130 rk

Die folgenden Unterkünfte liegen besonders ruhig aber dennoch sehr zentral:

5 In einer Gasse nördlich des Tridevi Marg, an der Nordostseite von Thamel, liegt das **Hotel Magnificent View**①-③. Dies ist eine der ruhigsten Ecken in der Gegend, das Hotel liegt in einer Sackgasse, und es gibt kaum Verkehr. Die Zimmer sind nicht spektakulär, aber ordentlich genug, haben Bad, A.C. und TV. Einzel 15–25 US$, Doppel 20–35 US$, dazu teurere und größere Zimmer zu 40/50 US$. Die preiswerteren Zimmer bieten den besten Gegenwert. Kostenloses WiFi. P.O. Box 11026, Thamel, Keshar Mahal, Tel. 01-4437455, 01-440602, www.hotel magnificent.com.

7 Schräg gegenüber in derselben Gasse liegt das **Hotel Blue Horizon**②-③, ebenfalls perfekt ruhig. Saubere Zimmer und Suiten mit TV, ab 21/24 US$; die Preise gehen dann in komplizierter Kategorienstaffelung weiter bis auf 60 US$, dazu 13 % Steuer und 10 % Service Charge. Die preiswertesten Zimmer bieten wahrscheinlich das beste Preis-/Leis-

< Buddhas gibt es im Touristenviertel Thamel zum Mitnehmen

tungsverhältnis. Angeschlossen ist ein kleiner Garten und ein kleines Internet-Café, das kostenlos benutzt werden kann. Kostenloses WiFi. Tel. 01-4421971, 01-4413028, www.hotelbluehorizon.com.

6 Das **Fairfield by Marriott Kathmandu**④ ist ein neuer Luxuszugang in diesem Bereich. Das Hotel bietet 115 modern eingerichtete Zimmer mit allem Komfort (kostenloses WiFi), die Zimmer in der untersten Preisklasse sind allerdings etwas klein geraten. Dafür ist das Essen im Haus schon den Besuch wert. Eine gute Wahl für Leute, die Komfort, Sauberkeit, Effizienz und Ruhe wünschen. Zimmer zu 90–140 US$. Tridevi Marg, Tel. 01-4217999, www.marriott.com/hotels/travel/ktmfi-fairfield-by-marriott-kathmandu.

Mit die beste Wohngegend ist sicher **Jyatha** am Ostrand von Thamel. Die dortigen Gassen sind kaum befahren, es ist ruhig – kein Wunder, dass sich in der letzten Zeit hier einige zusätzliche Unterkünfte angesiedelt haben.

33 Sehr gut ist das 2017 eröffnete **M Hotel**②-③ hinter dem Gaia Restaurant. Die Lage in der Sackgasse garantiert Ruhe, die Zimmer sind modern eingerichtet, und das Personal ist redlich um seine Gäste bemüht. Zimmer mit TV und kostenlosem WiFi ab ca. 30 US$, plus Steuern. Die Preise waren 2017 noch etwas fluide, und man konnte feilschen. 19/29, Kumari Marg, Kathmandu 44600, Tel. 01-4250454, www.mhotelthamel.com.

32 Die Namensgebung des **Shangri-la Boutique Hotel**①-③, Tel. 01-4250188, www.shangrila-boutiquehotel.com, ist vielleicht etwas übertrieben, es handelt sich eher um ein Backpacker-Hotel mit moderaten Preisen. So findet man hier – recht selten in Kathmandu – einen preiswerten kleinen Schlafsaal (gemischt, nur 4 Betten) zu 11 US$/Pers., dazu reguläre, recht kleine Zimmer mit TV, Safe und Ventilator zu 30–45 US$. Am besten kommt man hier vielleicht mit dem Schlafsaal weg.

■ Weiter südlich im anderen Zweig der Gasse liegt das sehr empfehlenswerte, professionell geführte **Hotel Holy Himalaya**②-③. Das Haus besteht aus zwei Flügeln, einem 36 **neuen** und dem 37 **alten.** Die Zimmer im älteren scheinen etwas wohnlicher, gemütlicher, dafür funktioniert das kostenlose WiFi nicht immer problemlos. Der neue Flügel ist moderner, die Zimmer sind aber auch lauter und hellhöriger. Dieser zweite Flügel war vom Holy Himalaya eigentlich gar nicht geplant, sondern das Hotel übernahm den Neubau eines Konkurrenten, der das Geschäft aufgeben musste. Insgesamt aber sehr empfehlenswert. Zimmer (mit A.C., teilweise TV) ab ca. 30/40 US$ in der Nebensaison, ansonsten ca. 10 US$ mehr, dazu die üblichen Steuern. Alle Preise inkl. Frühstück. Im 2. Stock des alten Flügels befindet sich ein kostenlos benutzbares Business Centre mit Computern und Internet-Verbindung. 117 Bramha Kumari Marg, Jyatha, P.O. Box 19538, Tel. 01-4250793, 01-4258648, 01-4258546, www.holyhimalaya.com.

39 Rechts daneben liegt das ebenfalls sehr ruhige und moderne **Fuji Guest House**②-③ mit sehr komfortablen sauberen Zimmern, teilweise mit Balkon. Ab 33/44 US$. Kostenloses WiFi. P.O. Box 6209, Jyatha, Tel. 01-4250435/6, www.fujiguesthouse.com.

38 Das hinter dem Fuji und Holy Himalaya gelegene **Hotel Mulberry**④ ist das erste Luxushotel in diesem Bereich, eröffnet 2017. Als einziges hat es auch einen Swimmingpool, und den auf einer Art Dachterrasse. Beim Schwimmen kann man also auch etwas Aussicht genießen („Infinity Pool"). Die Zimmer könnten auch einem Fünf-Sterne-Hotel genügen, es gibt TV, A.C., Mini-Bar, Möglichkeit zum Tee- oder Kaffeeaufbrühen, kostenloses WiFi etc. 2017 begannen die Preise bei ca. 100 US$, aber in dieser Beziehung sollte man sich vor Ort kundig machen. Jyatha, Thamel, Kathmandu 44600, Tel. 01-4218899, www.mulberrynepal.com.

40 Direkt gegenüber dem Fuji liegt das **Sacred Valley Inn**①-③, das von einem freundlichen Nepalesen und seiner kanadischen Frau geleitet wird. Die Zimmer sind sehr sauber und modern, haben TV und Ventilator, dazu kostenloses WiFi. Kostenpunkt

25 US$, inklusive Steuer und Service Charge. Dazu gibt es ein Zimmer ohne Bad zu 15 US$; das Bad befindet sich außerhalb des Zimmers, wird aber von niemandem sonst benutzt. Im Obergeschoss wird eine Suite zu 55 US$ geboten, dieser ist eine kleine Küche samt Geschirr und Kühlschrank angeschlossen. Das Problem im Obergeschoss ist allerdings, dass das Herumschieben der Stühle durch die Gäste im Dachrestaurant sehr störend sein kann. Kostenloses WiFi. Insgesamt ein gutes Preis-Leistungsverhältnis und sehr empfehlenswert. Tel. 01-4251063, 01-4215472, www.sacredvalleyinnnepal.com. In Pokhara betreiben die Besitzer eine Zweigstelle mit gleichen Namen.

41 **Hotel Osho Home**②-③ bietet sehr gemütliche und gepflegte Zimmer und einen freundlichen Service. Preis ab ca. 30 US$ inkl. Frühstück, mit leichten Variationen je nach Jahreszeit. 2018 müsste auch die Baustelle verschwunden sein, die bis dahin etwas Lärm vor dem Hotel verursachte. Jyatha, Chhusya Galli, Tel. 01-4152083, 98-51056875, www.hoteloshohome.com.

Mein Tipp: In einer ruhigen Gasse am Südende von Jyatha liegt das wunderschöne 43 **Kantipur Temple House**③-⑤, das einem urgemütlichen traditionellen Newar-Haus nachempfunden ist, aber stellenweise auch schon an einen kleinen Palast erinnert. Die 32 Zimmer des Hauses (mit TV und kostenlosem WiFi) sind mit viel Liebe für Details ausgestattet. In der Nebensaison kosten die Zimmer 55–100 US$, in der Hauptsaison können die Preise auf das Doppelte ansteigen; dazu gibt es Suiten mit Preis je nach Saison von 200/400 US$; plus die üblichen Steuern. Chhusya Galli, Jyatha, Tel. 1-4250131, mobil: 98-41569258, www.kantipurtemplehouse.com.

Restaurants

Lukullisch betrachtet ist Thamel ein Phänomen – man kann sich mit Kost aus aller Welt dick und trekkinguntauglich essen. Die **Auswahl** ist **riesig.** Da gibt es Dutzende von Restaurants mit westlicher Küche, vom Müsli über den Vollkorntoast bis zur Spinat-Lasagne und mit Käse überbackenen Zuchinis wird alles geboten, mit Knoblauch belegte Pizzas fehlen ebenso wenig wie Apfelstrudel mit Schlagsahne – alles in guter Qualität, auch wenn gelegentlich etwas eigenwillige Kreationen entstehen.

Die westliche Küche hielt Einzug in Nepal, als der berühmte *Boris* 1951 das allererste Restaurant des Landes eröffnete und darin u.a. Speisen aus der russischen Heimat kredenzte. Als anderthalb Jahrzehnte später die ersten Traveller auf dem strapaziösen Landweg in Nepal eintrafen, erkannten örtliche Geschäftsleute sofort, wonach es den Neuankömmlingen gelüstete: Wochen oder Monate mit Dal und Reis, Reis und Dal, gefolgt von Chapati und Dal und nochmals Reis hatten in ihnen ernsthafte Sehnsüchte nach guter alter Hausmannskost geweckt. Als Folge entstanden die **„Pie Shops“** oder „Kuchenläden“, die ein breites Sortiment an Naschwerk boten – von A wie Apfelkuchen bis Z wie Zimttorte. Ein Teil der Backprodukte wurde zudem mit „bewusstseinserweiternden“ Substanzen angereichert. Heute sind die Westkost-Restaurants aus Kathmandu nicht mehr wegzudenken und bieten eine gute Alternative zu den indisch-nepalesischen Restaurants. Allerdings haben die Preise in den letzten Jahren stark angezogen, und es ist nicht schwer, in einem der Top-Restaurants 10–20 Euro pro Person auszugeben.

[>] Im Roadhouse Café, einem der Top-Restaurants in Thamel. Das Roadhouse Café unterteilt sich in einen Eingangsbereich (im Bild), einen Mittelbereich mit recht vielen Tischen, und einen behaglichen Innenhof

17 Eines der besten Restaurants in Thamel ist das **Northfield Café**②. Das Café war ursprünglich ein Ableger von Mike's Breakfast in Baluwatar, mittlerweile aber hat man sich getrennt. Neben westlichen und mexikanischen Gerichten gibt es auch einige indische, und die fallen ausgesprochen lecker aus. Zudem sind sie nicht sehr scharf gewürzt, gut also für Neueinsteiger. Abends ist es etwas dunkel im Restaurant und man kann die Speisekarte kaum lesen, ansonsten ist hier alles bestens. Geöffnet 8–23 Uhr, Tel. 01-4700884, www.northfieldcafe.net.

17 Im benachbarten Gebäude befindet sich die kleine **Jesse James Bar,** die sich ebenfalls mexikanisch gibt – Spezialität Margueritas.

20 V **Green Organic Café and Farmers Bar**①-②, gelegen in einem Innenhof im Zentrum von Thamel, bietet organische, meist vegetarische Gerichte zu mäßigen Preisen in gemütlichem Ambiente; dazu Salate, Fruchtsäfte, Kräutertees u.v.m., weiterhin sehr preiswerte Alkoholika. Viele Reisende werden hier Stammkunden. Geöffnet 11–22 Uhr, Facebook: Green Organic Cafe Thamel Kathmandu.

Mein Tipp: 45 V **Rosemary Kitchen & Coffee Shop**①-② (www.rosemary-kitchen.net) serviert ausgezeichnete westliche Küche, dazu einige nepalesische und indische Gerichte, darunter auch Vegetarisches, unter anderem aus Tofu. Sitzgelegenheit auch in einem kleinen Garten, sehr aufmerksamer Service. Von 16 bis 19 Uhr ist Happy Hour, eine Flasche nepalesisches Bier kostet dann nur wenig mehr als im Supermarkt. Der Hauswein ist zu allen Tageszeiten sehr preiswert. Sitzgelegenheit auch in einem kleinen Garten. Abends gibt es gelegentlich Livemusik. Geöffnet 7–22 Uhr.

Mein Tipp: Das 22 **Roadhouse Café**② ist ein schniekes, modernes Restaurant, das auch in Europa nicht fehl am Platze wäre, verziert mit Backsteinwänden und Topfpflanzen. Serviert wird sehr gutes westliches Essen, darunter Pastagerichte, Pizzas, Hummus, Suppen und Salate. Die Pizzas (ab ca. 400 Rs. plus die üblichen Zuschläge von 23 %) sind im Holzkohleofen gebacken. Viele Gäste werden hier schnell zu Dauerbesuchern. Kostenloses WiFi. Geöffnet 11–22 Uhr, Facebook: Roadhouse Cafe Thamel. Eine Zweigstelle des Roadhouse gibt es auch an der Stupa von Bodhnath.

Mein Tipp: Ebenfalls ausgezeichnete Pizzas serviert die von Italienern geleitete 31 **Fire & Ice Pizzeria**

ktm237 rk

②, etwas zurückversetzt am Tridevi Marg gelegen. Die Pizzas kosten ab ca. 420 Rs. (plus Zuschläge von 23 %) und sind unglaublich gut, ebenso die Pastagerichte, kein Wunder also, dass das Restaurant abends meist gerammelt voll ist – mit Einheimischen ebenso wie mit Touristen. Zudem gibt es sehr gute Eiscreme. Vorhanden ist auch kostenloses WiFi; wer länger online arbeiten will, sollte morgens oder mittags kommen, wenn es nicht so voll ist. Abends muss man oft warten, bevor man einen Tisch bekommt. Die Konkurrenten Roadhouse Cafe und Fire & Ice schauen sich übrigens gegenseitig auf die Speisekarte: Wenn das eine Lokal seine Preise anzieht, zieht das andere nach. Geöffnet 8–22.30 Uhr, www.fireandicepizzeria.com.

28 Das gegenüber am Tridevi Marg gelegene **Himalayan Java Coffee**①, ist vielleicht Nepals bestbesuchte Filiale der Kette *Himalayan Java,* Nepals Antwort auf *Starbucks.* Dies ist ein guter Ort, um eine internationale Coffee-Shop-Atmosphäre zu genießen, neben Kaffee und Backwaren bietet sich auch ein guter Ausblick auf das Treiben in diesem Teil von Thamel. Kein Wunder, dass der Balkon des im 1. Stock gelegenen Cafés meist belegt ist. Himalayan Java betreibt weitere Filialen in der Mandala St. in Thamel, dazu am Südende des Durbar Marg, an der Ecke Basantapur/Freak St. und im Bhadgaon Guest House in Bhaktapur u.a. Kostenloses WiFi. Geöffnet 6–21 Uhr.

24 Vorzügliche italienische Küche bietet **La Dolce Vita**②-③, das demselben Besitzer gehört wie das Roadhouse Café. Die Pastagerichte, Salate und selbst der Kaffee sind ausgezeichnet. Die Ravioli in Ziegenkäsesoße zerschmelzen förmlich auf der Zunge. Dies ist eines der besten italienischen Restaurants der Stadt, und von den im Obergeschoss des Gebäudes befindlichen Räumlichkeiten ergibt sich ein guter Ausblick auf das Zentrum von Thamel. Kostenloses WiFi. Geöffnet 11–22 Uhr, Facebook: La Dolce Vita Nepal.

26 26 Einen Besuch wert ist auch die **Pumpernickel Bakery & Café**①, hier gibt es Kuchen, Brötchen, Vollkornbrot und alles, was der teutonische Magen so an Getreideprodukten braucht. Aus dem Speiseraum ist mittlerweile ein smartes Café geworden, angeschlossen ist auch ein kleiner Garten mit Sitzgelegenheit. Trotz des deutschen Namens ist der Besitzer Nepalese, der etwas vom Brotbacken versteht. Geöffnet 7–19 Uhr, Facebook: Pumpernickel Bakery Thamel.

25 V **OR2K**①-②, etwa gegenüber dem *Pumpernickel* (Mandala St.), serviert gute mediterrane, israelische und westliche Küche, vegetarisch, aber mit Eiern. Der Hummus mit Pita Bread oder die Falafel sind wunderbar, dazu auch die vegetarischen Burger. Kostenloses WiFi. Einer der „coolen" Orte in Thamel, oft voll. Störend wirkt vielleicht das etwas psychedelische Ambiente des Restaurants, dazu – für Nichtraucher – der Zigarettenqualm, der von der Rauchersektion auch zu den Nichtrauchern dringt. Draußen kann man an einem Steh-Imbiss auch etwas verzehren und obige Misslichkeiten umgehen. Geöffnet 8–23 Uhr, www.or2k.net.

18 18 Äußerst beliebt ist das **Hot Breads**①, eine Art Bäckerei und Stehimbiss, an der belebtesten Kreuzung in Thamel gelegen. Verkauft werden alle erdenklichen Arten von Backwaren, darunter ausgezeichnete Quiches mit Spinat oder Auberginen, Kuchen, diverse Brotsorten etc. Bei den Broten sollte man sich aber – wie in anderen ähnlichen Läden auch – darüber klar sein, dass sie manchmal besser aussehen als sie schmecken. Wer Heimatqualität erwartet, wird gelegentlich enttäuscht sein, europäische Brote sind halt ein „exotisches", nicht immer leicht zu reproduzierendes Lebensmittel in Nepal. Die Waren sind „to go" oder können auf der Dachterrasse des Geschäfts verzehrt werden. Dort gibt's auch Getränke. Meist ist die Terrasse voll belegt.

34 Ein sehr guter Ort für Frühstück oder westliche Küche ist das ruhig gelegene, Halb-Open-Air **Gaia Restaurant**①. Man speist unter Sonnenschirmen oder einer Art Balustrade bzw. im Innenraum, und zum Zeitvertrieb liegen Bücher und Magazine aus. Sehr preiswert ist's zudem. Der Service kann allerdings etwas schleppend sein. Geöffnet 7–21.30 Uhr, www.gaia-restaurant.com.

42 Das tibetische **Utse Restaurant**①-②, einst am Tridevi Marg gelegen und eines der ältesten Restaurants von Thamel, befindet sich nun im 42 **Utse Hotel.** Hotel und Restaurant werden von derselben Familie betrieben. Die Zimmer sind zwar sehr sauber, aber etwas ungemütlich eingerichtet; das Restaurant aber gilt als eines der besten tibetischen Lokale der Stadt. Der richtige Ort, um sich an Momos, den beliebten Fleisch- oder Gemüseklößen, zu laben! Geöffnet 6–22 Uhr, www.hotelutse.com.

21 **Third Eye Restaurant**② (www.thirdeyerestaurant.com) gegenüber dem Roadhouse Café. Großartige indische und westliche Küche bietet dieses unter schweizerisch-nepalesischer Leitung stehende Lokal, das seit vielen Jahren eine der gastronomischen Hauptattraktionen in Thamel ist. Das „Paneer Butter Masala" (zarter indischer Käse in einer herzhaften, cremigen Tomatensoße) ist eines der besten, das man bekommen kann, und auch die indischen Fleischgerichte, wie beispielsweise „Chicken Tandoori" (im Steinofen gebackenes Huhn), fallen sehr gut aus. Hinzu kommen europäische Gerichte wie Spaghetti, Pasta etc. Das Lokal ist sehr warm und gemütlich eingerichtet, die meisten Gäste ziehen jedoch die Dachterrasse vor, die somit abends meist belegt ist. Kostenloses WiFi. Geöffnet 11–23 Uhr.

47 **Helena's Restaurant** ②(www.helenasrestaurant.com) ist ein altgedienter Favorit in Thamel mit sehr guter westlicher, italienischer und anderer mediterraner Küche, dazu eine Prise indischer Gerichte. Ganz ausgezeichnet sind das *Moussaka* sowie der Schokoladenkuchen. Ein besonderer Clou ist auch das Dachrestaurant – eines der höchsten in Thamel –, von dem man einen guten Ausblick vor allem in Richtung Westen erhält: Abends kann man in der Ferne die Stupa von Swayambhunath sehen. Kostenloses WiFi. Geöffnet 7–22.30 Uhr.

44 **Mitra Cafe & Lounge Bar**①-②, etwas versteckt in einem Innenhof am Thamel Marg gelegen, ist ein zweistöckiges, etwas klappriges und geducktes Holzhaus mit bunt bemalten Wänden. Die Decke hängt tief und man muss nicht allzu groß sein, um sich den Kopf zu stoßen. Serviert wird ausgezeichnete westliche Küche, dazu asiatische Gerichten, z.B. Hummus, und sehr guten Kuchen und Kaffee. Über eine etwas dubiose, knarrende Treppe erreicht man die Lounge im Obergeschoss, die eine gute Auswahl an Weinen, Cocktails und anderen Alkoholika bietet. Gehobene Preislage. Geöffnet 12–23 Uhr. Das Lokal ist auch ein Schwulentreff. Angeschlossen ist ein Guest House mit 4 Zimmern. Einzel 80 US$, Doppel 90 US$ (Steuern inbegriffen), inkl. Frühstück. Kostenloses WLAN-Internet. Tel. 01-4256336, Facebook: Cafe Mitra.

46 V Gute, rein vegetarische indische Küche ist in Thamel relativ wenig vertreten. Das beste Lokal dafür ist wahrscheinlich **Aniyor Vegeterian Restaurant**①-② neben dem Om Tara Guest House (mobil: 98-18887658 oder 98-43780040, Facebook: Aniyor Vegeterian Restaurant). Geboten wird nordindische sowie die auch etwas leichtere südindische Küche, dazu nepalesische Gerichte, z.B. sehr leckere Momos. Das Restaurant liegt in einer Art Hofgarten, der sich allerdings im ersten Stock des Gebäudes befindet. Moderate Preislage und sehr netter Service. Geöffnet 10–21 Uhr.

MEIN TIPP: Im vegetarischen 15 V **Places Restaurant**①-② im Bereich Saath Ghumti („Siebenerkreuzung") kommen nicht nur Vegetarier ins Schwelgen, auch eingefleischte Karnivore sind hier begeistert. Das dänische Besitzerpaar und die Angestellten begrüßen die Gäste wie alte Freunde, und die umfangreiche Speisekarte umfasst großartige Salate, Suppen, Pasta, Soja- oder Tofu-Gerichte, Veganes und vieles mehr. Man probiere die köstlichen Kürbis- und Pesto-Momos oder die Spinat-Pasteten mit Pilzen. Sitzgelegenheit am Boden auf Kissen oder an Tischen. Auf dem Dach werden gelegentlich alternative Events abgehalten. Saath Ghumti Marg, Thamel, Tel. 01-4700413, www.facebook.com/PlacesKathmandu, geöffnet von 9 bis 23 Uhr.

14 Das nahe gelegene **Zibro Resto & Bar**② dient zwar eher den herkömmlicheren Gaumenfreuden, das Dachlokal bietet aber ausgesprochen gute ne-

palesische, chinesische, mexikanische und italienische Speisen. Man versuche z.B. das ausgezeichnete „Petti Di Pollo Al Limone", gegrilltes Huhn mit spezieller Barbecue-Soße. Abends wird Livemusik geboten, und dann geht auf dem Dach oft die Party los. Geöffnet 8–23.45 Uhr.

Nachtleben

Siehe gleichnamiges Kapitel, Seite 106.

Sonstiges

Das legendäre Buchgeschäft **Pilgrim's Book House** (www.pilgrimsbooks.com) im Zentrum von Thamel wurde 2013 Opfer eines Brandes, der Hunderttausende von Büchern vernichtete, darunter viele antiquarische und seltene Werke – ein großer Verlust für Thamel und Buchfreunde aus aller Welt. Derzeit existiert nur eine kleine Zweigstelle des Unternehmens: 48 **Pilgrim's Book House** (s. Karte S. 82) an der **J.P. Road,** gegenüber *Helena's Restaurant.* Das überwältigende Buchangebot, das die Hauptstelle ihr Eigen nannte, kann das kleine Geschäft nicht bieten; der vom Feuer verschonte Buchbestand – als auch andere Bücher – werden auch online angeboten (www.pilgrimsonlineshop.com). Geöffnet 9.30–20.30 Uhr.

Auf Facebook gibt es sogar eine Fanseite dieses unvergesslichen Mekkas für Buchliebhaber: www.facebook.com/friendsofpilgrims.

■ **Vorsicht beim Schmuckkauf!** Einige der Schmuck- und Edelsteinhändler in Thamel haben zwar ein sehr vertrauenerweckendes Gebaren, doch halten ihre Waren oft bei Weitem nicht, was sie versprechen. Von Verheißungen, wie viel die Stücke im Westen doch wert seien, nicht blenden lassen!

■ Die **Rikscha-Fahrer,** die in Thamel ihrem Job nachgehen, zielen fast ausnahmslos auf Touristen als Fahrgäste ab. Handeln, handeln, handeln! Bis zum Durbar Square werden 100 Rs. oder mehr verlangt.

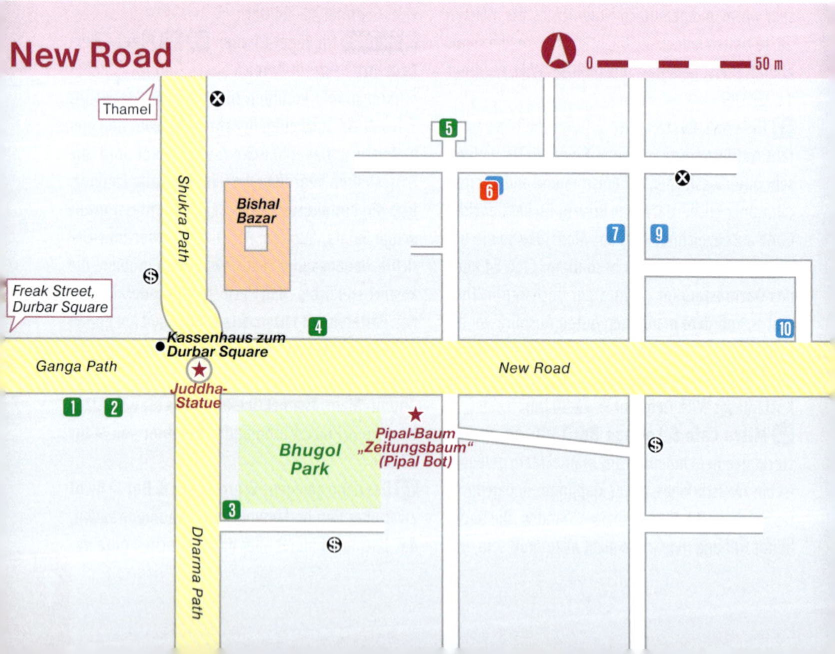

New Road (Juddha Sarak)

Die New Road wurde nach dem verheerenden Erdbeben von 1934 angelegt, um eine breite Zufahrtsstraße zum damaligen Königspalast zu schaffen. Der Initiator des Projekts war Premierminister *Juddha Shamsher Rana*, worauf die Straße den Namen Juddha Sadak oder „Juddhas Straße" bekam (der Vorname *Juddha* bedeutet so viel wie „Krieger"). Diesen Namen trägt sie heute noch, er wird aber nie benutzt, denn jeder kennt die Straße als „New Road". An ihrem Westende steht die **Statue des Juddha,** mitten auf einer Verkehrsinsel, aber unbeachtet. Am anderen Ende der New Road, auf Höhe des Büros der Nepal Airlines, überspannt ein weißes Tor, das **New Road Gate,** verziert mit einigen Götterfiguren, die Straße. Unter den Göttern befindet sich auch der dickbäuchige, Wohlstand versprechende Ganesh, einer der Lieblingsgötter der Händler.

Die nur etwa 200 m lange New Road und ihre Nebenstraßen sind **Kathmandus kommerzielles Zentrum,** beiderseits der Straße reihen sich die unterschiedlichsten Geschäfte aneinander. Viele Läden befinden sich im **Bishal Bazar** („Großer Markt"), Nepals ältestem Einkaufscenter. Als es in den 1980er Jahren eröffnet wurde, fanden sich unzählige Schaulustige ein, die die Rolltreppe des Centers bestaunten, die erste Rolltreppe im Land. Das Center war der Inbegriff der Modernität und damals eine Sensation. Heute steht es im Schatten neuerer, größerer Shopping-Center, z.B. des United World Trade Center im Stadtteil Tripureswor, nahe dem National Stadium.

Der Großteil der in der New Road angebotenen **Waren** stammt **aus Bangkok,**

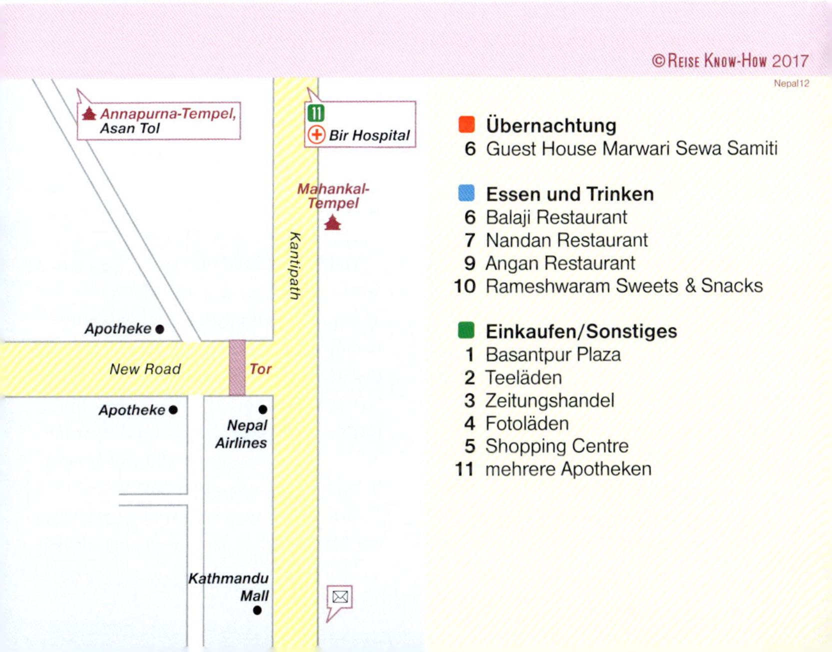

ktm262 rk

Singapur und Hongkong und wird von nepalesischen „fliegenden Händlern" säckeweise aus den genannten Orten herangeschafft. Viele dieser Zwischenhändler pendeln wöchentlich zwischen Kathmandu und Bangkok/Singapur/Hongkong. Wenn die Flüge der Nepal Airlines in diese Zielorte oft auf Wochen ausgebucht sind, liegt das oft an diesen Händlern, die ihre Tickets gleich im Paket buchen. Wer nach seinem Aufenthalt in Kathmandu in einen der genannten Orte weiterfliegt, sollte mit Käufen in der New Road vorsichtig sein. Mancher Geschäftsinhaber dort kann von thailändischen Reisegruppen erzählen, die voller Begeisterung „nepalesische" Souvenirs einkauften, die nur ein paar Tage zuvor aus Bangkok importiert worden waren.

Viele Geschäftsleute in der New Road **sind Inder** aus der Händlerkaste der Marwaris aus Rajasthan, einige wenige – vor allem die Edelsteinhändler – sind indische Moslems, ebenfalls aus Rajasthan. Die „Übernahme" der New Road durch indische Kaufleute wird von der einheimischen Bevölkerung nicht mit sonderlichem Wohlwollen betrachtet.

Eine markante, augenfällige Stelle an der New Road ist der ehrwürdige alte **Pi-**

⌃ Inmitten des belebten Kreisverkehrs an der New Road steht die Statue von Juddha Shamsher Rana und schaut gen Osten – dabei wäre der Blick in entgegengesetzte Richtung, zum Basantapur Square hin, viel interessanter

pal-Baum, in dessen Schatten sich Zeitungshändler und ein paar Schuhputzer niedergelassen haben. Der Pipal-Baum – auf Newari *Pipal Bot* genannt – ist über die Grenzen der Stadt hinaus bekannt und wird häufig als „Zeitungsbaum" bezeichnet. Darunter finden sich Leser ein, um eingehend die letzte Ausgabe der „Gorkhapatra" oder „Rising Nepal" zu studieren. Der Baum dient seit Generationen als Treffpunkt zu Verabredungen.

An der Südseite der New Road liegt der **Bhugol Park,** der „Globus-Park", dessen Mittelpunkt tatsächlich eine Erdkugel ist. Neben ein paar Kinderspielzeugen und einigen Sitzgelegenheiten hat der Park allerdings nicht viel zu bieten.

Nachmittags und am frühen Abend sind die Bürgersteige in der New Road voller Menschen, darunter viele junge Leute, die hier besonders gerne flanieren gehen, und es wird ziemlich eng und hektisch. Wer einkaufen will, tut es am besten morgens oder mittags.

Unterkunft/Restaurants

6 V Sehr gut, wenn auch etwas düster und trist, ist das große **Balaji Restaurant**①. Der Zugang erfolgt durch den Innenhof der Marwari Sewa Samiti, einer Vereinigung der indischen Landsmannschaft der *Marwaris* (aus Rajasthan). Geboten werden leckere nord- und südindische Gerichte (vegetarisch) zu angenehm moderaten Preisen. Sehr beliebt ist die Thali (180 Rs.), die indische Version des nepalesischen Dal-Bhat-Tarkari, bei der unbegrenzt nachgefüllt wird. Für umgerechnet etwa 1,50 € kann man sich somit für den halben Tag den Magen vollschlagen. Das Restaurant ist Teil eines größeren Gebäudekomplexes, in dem sich auch ein 6 **Guest House** der **Marwari Sewa Samiti** befindet. Auch Ausländer können hier theoretisch übernachten, preiswert dazu, durch die lauten urlaubenden indischen Familien kann allerdings erheblicher Lärm entstehen.

7 V Das kleine, rein vegetarische **Nandan Restaurant**① (Facebook: Nandan Restaurant Kathmandu) ist das beste indische Restaurant der Gegend und eines der besten der Stadt überhaupt. Man bekommt beinahe 5-Sterne-Qualität zum 2- oder 3-Sterne-Preis. Angeboten werden äußerst leckere nordindische Speisen, dazu ein paar aus Südindien, wie beispielsweise die weithin beliebte Masala Dosa (220 Rs.). Sehr beliebt sind auch die Thalis (350 Rs.), Rundumgerichte mit mehreren Gemüse-Currys, Chapatis, Reis und anderen Zutaten. Andere Hauptgerichte kosten 160 bis 200 Rs. Sehr freundlicher Service. Das Restaurant ist nicht umsonst das Stammlokal vieler indischer Geschäftsleute aus der New Road. Auch der weite Weg von Thamel zum Essen hierher lohnt sich. Geöffnet 10–22 Uhr.

9 V Das ebenfalls vegetarische **Angan Restaurant**① verlor durch das Erdbeben seinen alten Platz am Ganga Path und hat sich nun gegenüber dem Nandan Restaurant angesiedelt. *Angan* ist eine Art indischer Fast-Food-Laden und bietet preiswerte und leckere nord- und südindische Snacks, dazu Tee, Kaffee etc. Das Lokal präsentiert sich blitzesauber und hochmodern, gibt sich allerdings auch den typischen Habitus eines Fast-Food-Ladens – das Essen hat man an der Theke selber abzuholen, eine Bedienung am Tisch gibt es nicht. Neben guten indischen Speisen gibt es auch leckere indische Süßigkeiten. Geöffnet 11–20 Uhr. In Kathmandu gibt es weitere Filialen von *Angan,* siehe www.angannepal.com.

10 **Rameshwaram Sweets & Snacks**① an der New Road bietet vor allem leckere indische Süßigkeiten, dazu Imbisse wie *Masala Dosa*, *Idli* und *Samosas* (kleine Teigtaschen mit Gemüsefüllung). Das Restaurant war zuvor Teil der bekannten indischen Kette *Haldiram's,* hat sich mittlerweile aber selbstständig gemacht. Geöffnet täglich von 8 bis 21.30 Uhr.

ktm266 rk

Sonstiges

4 Günstig kann der Kauf von **Kameras, Objektiven und Handys** in der New Road sein; im zentralen Bereich der Straße befinden sich mehrere kleine, aber sehr gut bestückte Kameraläden. Wer sich mit Kameras und Preisen auskennt – also auch eine brandneue Kamera von einer nur wenig gebrauchten unterscheiden kann –, macht wahrscheinlich einen sehr guten Handel. Die Kameras werden im Großhandel in Singapur oder Hongkong eingekauft und zu Preisen unter Singapur-Level abgegeben – vom Deutschland-Level ganz zu schweigen. Die besten Preise lassen sich erzielen, wenn man in Euro oder US-Dollar bar bezahlt. Nach eigener Erfahrung (Kauf mehrerer Kameras und Objektive) sind die Waren einwandfrei.

An einem Haltepunkt schräg gegenüber dem Nandan Restaurant stehen **Taxis und Kleinbusse** (Vans), die sich günstig für Tages- oder auch längere Touren anmieten lassen. Handeln! Ein weiterer Taxi-Haltepunkt findet sich am Shukra Path ein paar Meter südlich des Indra Chowk.

3 Am Dharma Path, an der Südostecke des Bhugol Park, bieten Straßenhändler ein großes Sortiment an **Zeitungen und Magazinen** feil. Darunter sind nepalesische und indische Blätter (englisch), aber auch Magazine aus dem Westen wie z.B. „Time". Un-

ter den nepalesischen Büchern, die veräußert werden, findet sich nicht selten die nepalesische Ausgabe von **Hitlers „Mein Kampf"**, auf Nepalesisch „Mero Sangharsh", was die wörtliche Übersetzung des deutschen Titels ist. Das Machwerk ist auf dem indischen Subkontinent ein Dauerbrenner. Zum Ausgleich findet sich auch Lektüre über kommunistische Befreier der Arbeiterklasse und nepalesische Volkshelden. Die nepalesischen Tageszeitungen und einige Magazine werden von Händlern auch unter dem Pipal-Baum verkauft. Deshalb nennt man ihn auch oft **„Zeitungsbaum"**.

2 Am Ganga Path, etwas weiter westlich in Richtung Freak Street (s.u.), finden sich einige sehr gut sortierte **Teeläden** mit großer Auswahl, die vor allem einheimischen Tee verkaufen. Die Preise sind niedrig. Einige der Geschäfte wurden beim Erdbeben von 2015 beschädigt, sind aber teilweise schon wieder geöffnet.

1 Nahe den Teeläden am Ganga Path liegt auch **Basantpur Plaza,** ein in einem renovierten alten Newar-Haus untergebrachtes kleines Shoppingcenter. Geboten wird unter anderem gehobene Kleidung, Boutiquenware und Ähnliches. Zumindest ist dies der gelungene Versuch, traditionelle nepalesische Architektur mit modernem Shopping-Ambiente zu kombinieren.

< Eine „Thali" (wörtl. „Platte") im Nandan Restaurant, ein kulinarischer Rundumschlag für nur ca. 3 €. Im Bild zu sehen: In der Mitte zwei Chapatis, Fladenbrote aus Weizenmehl (man bekommt noch ein paar mehr dazu), rechts daneben ein Missi Roti, ein Fladenbrot aus Kichererbsenmehl und Gewürzen, in der Schale ganz links *Dal,* eine Art Linsenbrei, darüber drei Schalen mit Gemüse bzw. Gemüse-Curries, weiter rechts Joghurt, ganz links eine ausgiebige Portion Reis. Ganz oben links kostenlose Beigaben, wie sie in indischen Restaurants üblich sind, Zwiebeln, denen man Limonensaft aufträufelt, Chilis und Pickles

Freak Street (Jhochhen Tole)

In den 1960er und -70er Jahren waren in der Jhochhen Tole zahlreiche Guest Houses und „Pie Shops" aus dem Boden geschossen, in denen sich die Flower-Power-Generation zum gemeinsamen Erkunden psychedelischer Sphären einfand. Die unmittelbare **Nähe zum Durbar Square** machte die Straße so anziehend. Heute geht es hier sehr ruhig zu, der große Tourismus ist nach Thamel abgewandert. Dennoch halten sich standhaft einige Guest Houses und Traveller-Restaurants. Wer nahe am Durbar Square und in weniger touristischem Trubel als in Thamel wohnen möchte, ist hier sehr gut aufgehoben. Es sind einige der preiswertesten Unterkünfte Kathmandus anzutreffen, gut geeignet für **Budget-Traveller.** Leute, die größeren Komfort gewohnt sind, finden hier jedoch kaum eine passende Bleibe. Wenn man von der New Road oder Thamel aus kommend die Freak Street besuchen will, muss man den Bereich um den Durbar Square passieren und damit auch die Ticketschalter, an denen die Eintrittskarten zum Durbar Square verkauft werden. Dieses ist lästig, wenn man den Durbar Square gar nicht besuchen will, sondern nur die Freak Street. Eventuell kann man den Schalterbeamten dies klar machen und ohne zu zahlen hineingelangen (am bestem am Schalter am Ostende des Ganga Path, nahe dem Kreisverkehr mit der Juddha-Statue). Wer in der Freak Street wohnt, wird nicht umhin kommen, sich ein Dauerticket für den Durbar Square ausstellen zu lassen. Über Schleichwege südlich der

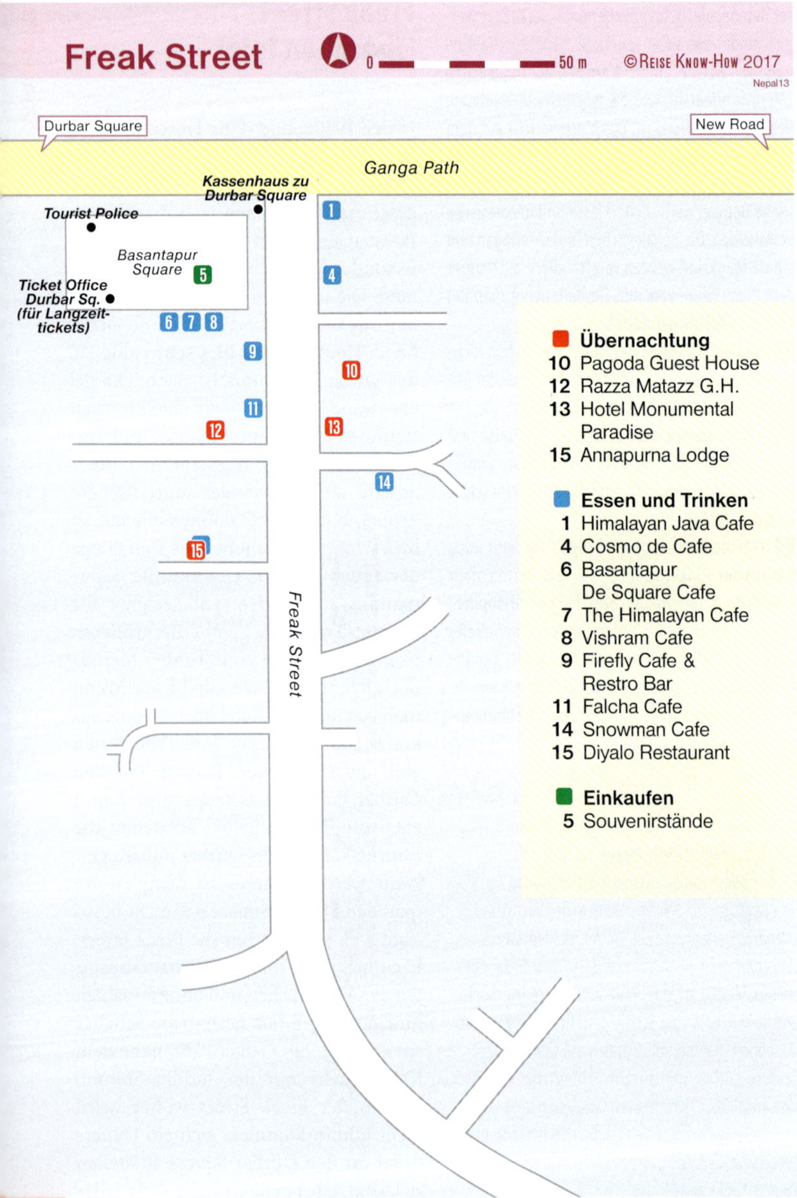
Freak Street
0
50 m
©Reise Know-How 2017
Nepal13
Durbar Square
New Road
Ganga Path
Kassenhaus zu Durbar Square
Tourist Police
Basantapur Square
Ticket Office Durbar Sq. (für Langzeit-tickets)
Freak Street
Übernachtung
10 Pagoda Guest House
12 Razza Matazz G.H.
13 Hotel Monumental Paradise
15 Annapurna Lodge
Essen und Trinken
1 Himalayan Java Cafe
4 Cosmo de Cafe
6 Basantapur De Square Cafe
7 The Himalayan Cafe
8 Vishram Cafe
9 Firefly Cafe & Restro Bar
11 Falcha Cafe
14 Snowman Cafe
15 Diyalo Restaurant
Einkaufen
5 Souvenirstände

Freak Street, oft eng zwischen Häuserblocks hindurch, kommt man aber auch zur Freak Street.

Unterkunft

15 Eine der besseren Unterkünfte in der Straße, und vor allem sehr ruhig gelegen, ist die **Annapurna Lodge**①. Die Zimmer sind einfach und sauber und kosten mit Bad ab ca. 8 US$, ohne Bad 6 US$ (jeweils ein bis zwei Pers.). Einige Zimmer haben einen kleinen Balkon. Das angeschlossene 15 **Diyalo Restaurant**① serviert sehr gute chinesische und westliche Gerichte. Kostenloses WiFi. 5/665 Jhochhen Tole, Kathmandu-5, Tel. 01-4247684, 01-4245096.

10 Das **Pagoda Guest House**①-② hat saubere, komfortabel eingerichtete Zimmer ohne bzw. mit Bad und TV. In einigen Fällen hat man ein eigenes Bad, das sich dann allerdings außerhalb des Zimmers befindet. Zimmer ohne eigenes Bad Einzel/Doppel 10/12 US$, mit Bad je nach Ausstattung 20/25 bis 30/35 US$. Kostenloses WiFi. Tel. 01-6613248, www.pagodaguesthouse.com.

Dieser Laden in der Freak Street hängt seine Waren dekorativ an die Außenwand

ktm132 rk

12 Das **Razza Matazz Guest House**① hat für den Preis recht gute Zimmer, die alle ein wenig unterschiedlich ausfallen – mit eigenem Bad oder aber mit Bad, das außerhalb des Zimmers gelegen ist. Einige Zimmer haben Balkon. Dazu gibt es eine Dachterrasse, und Selbstversorger können die Küche benutzen. Kostenloses WiFi. Zimmer zu 500–1000 Rs., da gibt es nichts zu meckern. Mobil: 98-41925727, Facebook: razzamatazzguesthouse.

13 Das **Hotel Monumental Paradise**①-② ist noch gar nicht so alt, es machen sich aber schon einige Verfallserscheinungen bemerkbar. Die Zimmer und Badezimmer sind groß, könnten aber durchaus etwas sauberer sein. Es gibt eine nette Gartenterrasse, die höchste in der Umgebung. Über der Dachterrasse befindet sich ein weiteres Zimmer, das beste im Haus, eine Art Penthouse, das allen anderen vorzuziehen ist; mit tollem Ausblick. Die Zimmer an der rückwärtigen Hausseite haben Balkon. Überall im Haus kostenloses WiFi. Einzel 7 US$., Doppel 12–18 US$, das Penthouse 30 US$. Tel. 01-4240876, mparadise52@hotmail.com, www.photos-india.com/monumentalparadise.

Restaurants

Die Auswahl ist bei Weitem nicht so groß wie in Thamel, ein paar gute Restaurants gibt es dennoch.

4 Das **Cosmo de Cafe**① bietet eine perfekt Aussicht auf den Basantapur Square, wenn man einen der Tische am Fenster ergattert. Das Restaurant befindet sich im 1. Stock des Gebäudes, der Aufstieg dorthin ist im wahrsten Sinne des Wortes etwas finster. Serviert werden Curries, Momos, Snacks u.a. von akzeptabler Qualität. Der Hauptaspekt hier aber ist wohl eher der Ausblick. Geöffnet 8–21 Uhr.

9 Das dreistöckige **Firefly Cafe & Restro Bar** ①-② liegt oberhalb eines Souvenir- und Kleidungsgeschäftes, ist aber schon allein aufgrund des orangefarbenen Außenanstrichs nicht zu übersehen. Geboten werden originelle Kreationen westlicher Küche, dazu nepalesische und chinesische Gerichte, allerdings zu variabler Qualität. In der Restro Bar kommen Shisha-Raucher auf ihre Kosten, abends wird oft Live-Musik geboten, und ganz allgemein trifft sich hier eine interessante Szene. Kostenloses WiFi. Geöffnet 9–22 Uhr.

11 **Falcha Cafe**①-② offeriert neben dem üblichen Cafe-Programm auch leckere nepalesische Gerichte, unter anderem sehr gute Momos. Das alles in gemütlichem Ambiente und zur Unterhaltung gibt es Bücher zu schmökern und kostenloses WiFi. Geöffnet 10–21 Uhr.

14 Das **Snowman Cafe**① ist ein sehr guter Platz zum „Abhängen", es gibt allerlei Arten von Kuchen, die hier legendär sind, wie auch Snacks, Milchshakes, Kaffee und Tee. Geöffnet 8.30–21 Uhr.

1 Die an der Ecke von Freak St. und Basantapur gelegene Filiale der Café-Kette **Himalayan Java Cafe**① – eine Art nepalesische Version von Starbucks – wartet mit modernen Ambiente, zahlreichen leckeren Kaffees sowie Kuchen und Sandwiches auf (www.himalayanjava.com). Ein guter Ort für eine Stunde Kaffeehausentspannung. WiFi ist kostenlos, und von den Fenstern lässt sich gut das geschäftige Treiben der Gegend beobachten. Geöffnet 7–21 Uhr.

■ Die direkt nebeneinander an der Südseite des Basantapur Square gelegenen 8 **Vishram Cafe** ①-② (9.30–22 Uhr), 7 **The Himalayan Cafe** ①-② (10–21 Uhr) und 6 **Basantapur De Square Cafe**①-② (8–22 Uhr) erlauben von ihren Dachterrassen einen guten Ausblick auf das Treiben auf dem Basantapur Square und die vom Erdbeben lädierte Südflanke des Palastes.

☒ Das Happiness Guest House, direkt an der Nordostseite der Stupa von Bodhnath, eignet sich gut für Vegetarier und Veganer: Das angeschlossene Restaurant kredenzt leckere und preiswerte chinesische und nepalesische Gerichte, größtenteils vegan, und die großartige Aussicht vom Restaurant auf die Stupa gibt's kostenlos dazu

Weitere Hotels

Am Durbar Square

Mein Tipp: 4 **Dwarika's Chhen**③-④ (Karte S. 47) nimmt eine stolze Position als einziges Hotel am (Rande des) Durbar Square ein. Es liegt an der Nordwestecke des Platzes, an einer belebten Gasse, die in Richtung Norden und Chetrapati und Thamel führt. Das Gebäude ist ein gemütliches, restauriertes altes Newar-Haus und eine der besten Wohnmöglichkeiten im zentralen Stadtbereich. Die riesigen Zimmer sind im Apartment Standard eingerichtet, mit einer kleinen Küche, Kühlschrank, TV, gemütlichem Mobiliar und kostenlosem WiFi. Einzel zu 55 US$, Doppel 75 US$, Dreier 95 US$, dazu 10 % Service Charge und 13 % Steuer. Dies ist eine großartige Langzeitwohnmöglichkeit, und passenderweise werden günstigere Monatstarife geboten: Einzel 1000 US$, Doppel 1500 US$. In der Nebensaison kann man die offiziellen Preise wahrscheinlich herunterhandeln. Die zur Gasse hinaus gelegenen Zimmer könnten vielleicht etwas laut sein, Lärmempfindliche mögen auf die rückwärts gelegenen Zimmer zurückgreifen. House #30 Maru Phyapal, Tel. 01-4261862, www.dwarikaschhen.com.

Nahe Bodhnath

Hier zu wohnen, lohnt sich im Prinzip nur, wenn man spezielles Interesse am tibetischen Buddhismus oder der Stupa von Bodhnath hat. Ansonsten ist man recht weit von den anderen Sehenswürdigkeiten der Stadt entfernt. Ein weiterer Grund könnte allerdings das Wohnen im Hyatt Regency sein:

Karte Umschlag vorn

Mein Tipp: Das wohl beste Hotel Kathmandus befindet sich etwas westlich der Stupa an der Hauptstraße. Das 7 **Hyatt Regency Kathmandu**⑤ ist vielleicht das einzige 5-Sterne-Hotel der Stadt, das seinen hohen Preis wert ist. Die Zimmer sind stilvoll mit viel traditionellem Ambiente ausgestattet und

ktm258 rk

bieten allen modernen Komfort inklusive Internet (LAN und WiFi). Die ganze Anlage ist sehr großzügig und in Anlehnung an die traditionelle nepalesische Architektur gestaltet. Es gibt einen Garten samt Swimmingpool, von dem man die Stupa sehen kann, dazu drei Tennisplätze, ein Spielcasino, ein Spa, Ayurveda, ein Fitness-Center, ein Casino, es werden Yoga-Kurse angeboten, und essen kann man in vier Restaurants. Die Lage ist außer zu Besuchen der Stupa etwas ungünstig, das Hotel bietet aber einen kostenlosen Pendelservice in die Innenstadt. Zimmer zu 185/215/400/600 US$, dazu die Präsidenten-Suite zu knapp 1000 US$, + jeweils 13 % Steuer und 10 % Service Charge. Bei Internet-Buchungen ab ca. 145 US$. Wer es sich leisten kann, sollte nicht lange zögern. Man bedenke, dass nur die Zimmer auf der Ostseite des Hauses Blick auf Bodhnath haben. P.O. Box 6909, Taragaon, Boudha, Tel. 01-4491234, kathmandu.regency.hyatt.com.

11 **Happiness Guest House**②, direkt an der Nordseite ist ein vierstöckiges, gelb getünchtes Gebäude, dessen Zimmer allesamt Ausblick auf die Stupa bieten – am allerbesten natürlich aus dem 4. Stock. Einfache, aber komfortable und saubere Zimmer mit Bad, teilweise mit Klimaanlage, ab 32 US$. Kostenloses WiFi nur in den öffentlichen Bereichen. Abends, gegen 19 oder 20 Uhr, wenn die meisten Besucher Bodhnath verlassen haben, wird es um das Hotel herum erholsam ruhig; allerdings wird man wahrscheinlich schon gegen 5 oder 6 Uhr durch Glockengeläut geweckt – frühe Bettruhe sei somit empfohlen. Boni sind der angeschlossene kleine Garten und das 11 V **Happiness Vegetarian Restaurant,** das leckere und preiswerte chinesische und nepalesische Gerichte kredenzt (die meisten sogar vegan). Das Restaurant ist natürlich auch für Nichtbewohner des Hauses zugänglich; geöffnet So–Fr 7–21 Uhr. Tel. 01-4915241, mobil: 98-08413012, www.happinessguesthouse.com.

14 Das **Maya Guest House**②-③ ist ein sehr gemütliches Guest House ein paar hundert Meter östlich von Bodhnath samt nettem kleinem Garten. Wohnliche Zimmer (Bad, Safe, Balkon) je nach Jahreszeit zu 20–30 US$ (Einzel) bzw. 25–40 US$ (Doppel) und 35–50 US$ (Familienzimmer). Kostenloses WiFi, Frühstück und Flughafen-Transfer im Preis inbegriffen. Ein Teil des Personals spricht deutsch. Es werden Trekking- oder andere Touren angeboten. Sehr empfehlenswert. P.O. Box 1178, Bodhnath, Kathmandu, Tel. 01-4915266, www.mayaguesthouse.com.

9 Das **Shechen Guest House**①-② befindet sich nördlich der Stupa, Zufahrt von der Mahankal Road westlich des Hyatt. Nette Zimmer mit WLAN-Internet, die sich um ein hübsches Gartenrestaurant schmiegen. Guter Gegenwert bei Einzel zu 1000/1200 Rs. (je nach Jahreszeit) und Doppel zu 1450/1650 Rs., Dreierzimmer 2000/2200, alle + 13 % Steuer und 10 % Service Charge. P.O. Box 25783, Tel. 01-4479009, www.shechenguesthouse.com.np.

13 **Hotel Mandala**③ liegt in einer Gasse wenige Meter östlich der Stupa. Es ist ein modernes Hotel mit adäquaten Zimmern (Bad, TV, kostenloses WiFi) und gutem Service. Die Preise von 40/50/60 US$ für EZ/DZ/Deluxe-Räume (plus Steuer) sind ein wenig hoch, dafür ist die Lage auf dem Stupa-Gelände schon einiges wert. Tel. 01-4916597, www.hotelmandala.net.

8 **Dragon Guest House**①, ca. ½ km nordwestlich der Stupa gelegen, beliebt bei Leuten, die buddhistische Meditation betreiben, saubere Zimmer mit guter Aussicht auf die Stupa ab 500 Rs. Mit kleinem Garten, vegetarischem Restaurant (nicht vegan, da Eier serviert werden) und Bücherei. WiFi nur im öffentlichen Bereich. Tel. 01-4479562, www.dragonguesthouse.info.

12 Das **Lotus Guest House**① liegt östlich der Stupa hinter dem Dobsang Monastery, Tel. 01-4915320, 01-4915132. Zimmer ohne eigenes Bad ab 500 Rs., mit Bad ab 600 Rs. Mit kleinem Garten und guter Aussicht aus den Zimmern im 2. Stock.

10 Das im tibetischen Stil erbaute, moderne **Hotel Norbu Sangpo**②-③ liegt genau nördlich der Stupa, einige Minuten Fußweg entfernt bzw. Anfahrt von der Mahankal Road aus. Saubere, gemütliche Zimmer mit Bad von 20 bis 35 US$ (Einzel) 30 bis 44

US$ (Doppel), dazu ein Apartment zu 35/44 US$; in der Nebensaison fallen die Preise auf etwa die Hälfte. Zimmer mit Bad und Balkon und kostenlosem WiFi, TV wird auf Wunsch gegen Aufpreis gestellt. Ein gutes Hotel, bei Langzeitaufenthalten gibt es Rabatte. Boudha, Phulbari-6, Tel. 01-4916301, 01-4914920, www.hotelnorbusangpo.com.

Nahe Flughafen/ Pashupatinath

Dies ist keine übliche touristische Wohngegend, aber der Aufenthalt in diesem Hotel dürfte sich lohnen:

Karte Umschlag vorn

15 **Dwarika's Hotel**⑤ (Karte Umschlag vorn). Gewinner des „PATA Heritage Award", ein grandioses traditionelles Newar-Haus in Backsteinbauweise, mit den dazugehörigen wunderschönen Holzschnitzereien, altertümlich wirkend, aber dennoch hochkomfortabel. Manche der Fenster stammen aus dem 16. Jh. Mit Garten, Swimmingpool und Massageraum. Einige der Zimmer haben einen eigenen kleinen Innenhof. Das Wohnen hier ist sicher ein Erlebnis. Ob die hohen Preise gerechtfertigt sind ist eine andere Sache. Zimmer und Suiten von 220 bis 1900 US$ + 13 % Steuer und 10 % Service Charge. P.O. Box 459, Battisputali, Kathmandu, Tel. 01-4479488, 01-4470 770, www.dwarikas.com.

An der Straße nach Bhaktapur

Karte Umschlag vorn

18 **The Everest Hotel**, Top-Hotel am Stadtrand von Kathmandu, mit einigen sehr guten Restaurants, Swimmingpool u.a. Derzeit allerdings zwecks Renovierung geschlossen. Baneswor, P.O. Box 659, Kathmandu, Tel. 01-4780100, 01-488099, www.theeveresthotel.com.

19 Nahe dem Konferenzzentrum BICC, aber südlich der Hauptstraße und in guter Lage, findet sich das **Hotel Sunset View**③-④. Das Haus hat einen hübschen japanischen Garten und ordentliche Zimmer mit Bad, A.C. und TV. 65/90 US$ für Zimmer mit Aussicht auf den Garten, 100/120 US$ für Zimmer mit Ausblick auf das Kathmandu Valley; + 13 % Steuer, Ermäßigungen möglich. New Baneswor, Tel. 01-482172, 01-4782219, www.hotelsunsetview.com.

Am Westrand Kathmandus

Der einzige Grund, in dieser Gegend abzusteigen, ist das folgende Luxushotel. Nachteil: die relativ große Entfernung zu den meisten Sehenswürdigkeiten.

Karte Umschlag vorn

1 **Crowne Plaza Kathmandu-Soaltee**⑤, gute Adresse für Reisende ohne Budget-Limit, jeder erdenkliche Luxus, ein Spielcasino und hervorragende Restaurants, aber weit von den Sehenswürdigkeiten entfernt (außer Swayambhunath). Das Hotel ist ruhig am westlichen Stadtrand gelegen und umfasst ein parkähnliches Gelände. Dennoch nicht so gut wie das Hyatt (s.o.). Einzel ab 180 US$, Doppel ab 190 US$, dazu Suiten von 400 bis 1100 US$; + 13 % Steuer und 10 % Service Charge. Man versuche, über Internet-Agenturen oder die Homepage des Hauses einen besseren Preis zu bekommen. P.O. Box 97, Tahachal, Kathmandu, Tel. 01-4273999, www.ihg.com/crowneplaza/hotels/us/en/kathmandu/ktmnp/hoteldetail.

Nahe Swayambhunath

Karte Seite 22

Das folgende Hotel ist einer der wenigen Gründe, in dieser etwas abgelegenen Gegend abzusteigen:

16 Das **Hotel Vajra**①-④ ist ein wunderschönes traditionelles Newar-Haus in ruhiger Lage; für die Qualität keineswegs teuer, ein eigenes Transportmittel könnte aufgrund der abgeschiedenen Lage allerdings nötig sein. Deutsch-nepalesisches Management. Ayurvedische Massage, WiFi (kostenpflichtig). Zimmer im alten Flügel ohne Bad (aber mit Waschbecken) zu 14 US$ (Einzel) und 16 US$ (Doppel), Zimmer mit Bad 33/38 US$, ebenfalls im alten Flügel. Luxuriösere Zimmer zu 41/44 US$ und 53/61 US$ im neuen Flügel, dazu Suiten zu 85/90 US$; + 13 % Steuer und 10 % Service Charge. Insgesamt empfehlenswert. Bijeshvari, Swayambhu, Kathmandu, Tel. 01-4271545, www.hotelvajra.com.

In Lazimpat/Maharajganj

Diese Stadtteile gehören zu den ruhigsten und angenehmsten in Kathmandu. Hier lässt es sich hervorragend wohnen, kein Wunder also, dass hier viele Botschaften und deren Personal angesiedelt sind. Der Nachteil ist – wie in allen Randgebieten –, dass man vom touristischen Hauptgeschehen und von den meisten Sehenswürdigkeiten (außer Budhanilakantha und Shivapuri) ziemlich weit entfernt ist.

Karte Seite 22

19 **Hotel Manaslu**④ ruhig gelegenes, älteres Hotel mit kleinem Garten-Restaurant und sehr gemütlichen Zimmern. Einzel 81 US$, Doppel 86 US$ (jeweils mit A.C., TV, Bad, Gratis-WiFi). Lazimpat, Kathmandu, Tel. 01-4410071, www.hotelmanaslu.com.

18 **Hotel Shanker**④-⑤, in einem alten Rana-Palast untergebrachtes Luxushotel mit sehr gutem, opulent wirkendem Restaurant (Kailash Restaurant). Kostenloses WiFi. Einzel 105 US$, Doppel 125 US$, Suite 200 US$; + 13 % Steuer und 10 % Service Charge. Oft erhebliche Preisreduzierungen bei Buchung über die Website des Hotels. P.O. Box 350, Kathmandu, Tel. 01-4410151-2, www.shankerhotel.com.np.

Karte Umschlag vorn

3 **Shangri-La**⑤, Luxushotel mit Swimmingpool, Shopping-Arkaden und Casino. Einzel ab 180 US$, Doppel ab 200 US$, Suiten ab 300/375 US$; + 13 % Steuer und 10 % Service Charge. Lazimpat, P.O. Box 655, Kathmandu, Tel. 01-4412999, 01-4419743, www.hotelshangrila.com.

2 **Radisson Hotel Kathmandu**⑤, großes, modernes Hotel mit unspektakulären Zimmern, ab 175 US$, Suiten ab 300 US$; bei Buchung über die Homepage des Hauses ab ca. 140 US$ + 13 % Steuer und 10 % Service Charge. Mit Pool, Spielcasino usw. Lazimpat, Tel. 01-4411818, www.radisson.com/kathmandu-hotel-np/nepkathm.

Karte Seite 54

3 **Marcopolo Business Hotel**③, moderne Zimmer mit A.C., Bad und Internet, für den Preis gut; Einzel 50 US$, Doppel 60 US$; + 13 % Steuer und 10 % Service Charge. P.O. Box 2769, Kamalpokhri, Tel. 01-4416432, www.marcopolobusinesshotel.com.np.

Weitere Restaurants

Karte Seite 22

17 Das viele Jahre in Thamel ansässige **Everest Steak House**② ist in den Stadtteil Naya Bazar, nahe dem New (Gongbu) Bus Park umgezogen (Pankhaswa Marga, Kusibu, mobil: 98-511 37759, Facebook: Everest Steak House). Das Restaurant gilt als Kathmandus Tempel für Steakliebhaber, und auch die Burger fallen ausgezeichnet aus. Mit einem Bier lässt sich die Mahlzeit bestens abrunden. Geöffnet 10–22 Uhr.

Karte Umschlag vorn

5 Das für seine hervorragende westliche/amerikanische/mexikanische Küche bekannte **Mike's**

Breakfast①-②, www.mikesbreakfast.yolasite.com, befand sich in seiner Anfangszeit in günstiger Lage am Durbar Marg, ist aber nun im relativ abgelegen Stadtteil Baluwatar angesiedelt, gegenüber der Shangrila Development Bank (sollten Taxifahrer kennen). Der Weg lohnt aber auf jeden Fall. Mike's Breakfast ist ein hübsches Gartenlokal, im Hintergrund spielt dezent klassische westliche Musik. Das Essen ist rundum ausgezeichnet, und man bekommt Riesenportionen für sein Geld. Ein komplettes Mittagessen für zwei Personen kostet 1000–1500 Rs. Beim Frühstück wird der amerikanische Einschlag deutlich, es gibt jede Menge Omelettes, Steak mit Spiegelei und Salat, aber auch Granola-Müsli oder Sandwiches. Wer Kaffee trinkt, dem wird zweimal nachgeschenkt. Nebenbei finden sich auf der Speisekarte auch sehr leckere mexikanische Gerichte – Burritos, Enchiladas und Entostadas. Geöffnet täglich 7–21 Uhr. Di und Fr abends stehen vor allem Pizzen auf dem Programm. Zu allem sehr freundlicher Service – dies ist nicht umsonst einer der beliebtesten Treffpunkte von „Expats" in der Stadt. Tel. 01-4424303.

Organisches vom „Bauernmarkt"

Ein neuer gesunder Trend in Kathmandu und Patan sind die **Farmers' Markets,** auf denen organische Lebensmittel und andere Waren direkt vom Erzeuger an die Kunden verkauft werden. Da gibt es dann organisches Obst und Gemüse, Brot und Kuchen, Käse, Fisch, Honig, hausgemachte Marmelade, Tees, Kräuter und mehr.

Karte Umschlag vorn

6 **The Farmer's Market at Le Sherpa,** am Le Sherpa Restaurant, neben dem President House (Rashtrapati Bhawan), Maharajganj, geöffnet Sa 8–12 Uhr.

Karte Seite 22

21 **The Organic Farmers' Market 1905,** an 1905 Suites & Restaurant, Nag Pokhari Marg, geöffnet Sa 8–12 Uhr.

Karte Seite 118

2 **The Yellow House Market,** am Yellow House (Guest House), Milap Marg, Sanepa, Patan, geöffnet So 9–12 Uhr.

10 **Farmers' Mart** (ein Bio-Laden, kein Freiluftmarkt), bei der British School, Jhamsikhel Marg, Patan, geöffnet So–Di 10–16 Uhr.

Karte Seite 54

5 Nach Aufgabe seines alt gedienten Stammplatzes am Durbar Marg ist **Nanglo Cafe & Pub**② in den Stadtteil Kamaladi östlich des Rani Pokhri umgezogen. Tel. 01-425 6380, Facebook: Nanglo Cafe and Pub. Das beinahe legendäre Lokal bietet auch in seiner neuen Örtlichkeit köstliche Momos, nepalesische Thalis, chinesische und westliche Gerichte, darunter Pizzen, sowie leckeren Kuchen und guten Kaffee; dazu natürlich auch Bier und andere Alkoholika. Geöffnet 11–21.30 Uhr.

4 V Italienisches Essen einmal rein vegetarisch – damit wartet die indische Restaurant-Kette **Little Italy**② auf, die in Kamaladi ihre einzige nepalesische Filiale unterhält. Das modern eingerichtete Lokal kredenzt eine Vielzahl unterschiedlicher Pizzen, dazu Pastagerichte, Suppen und Salate und auch einige mexikanische Gerichte, alles sehr lecker und ansprechend zubereitet. Mittags gibt es ein preiswertes Buffet. Wein und andere alkoholische Getränke sind erhältlich, was bei vegetarischen Restaurants nicht immer der Fall ist. Tel. 01-4233577/8, www.littleitaly.in. Geöffnet 12–23 Uhr.

7 V **Gulab Sweets and Restaurant**①, Kantipath, Sundhara, Tel. 01 4263314, geöffnet: 9–21 Uhr; nordindische Hauptgerichte nur bis 17 Uhr. Gulab („Rose") ist Teil einer hauptsächlich in Nordindien präsenten Kette, mit ganz hervorragenden

vegetarischen indischen Gerichten und Süßigkeiten. Vorne am Eingang sieht man zunächst die lange Theke mit den Süßigkeiten, die wie die meisten indischen Süßspeisen auf der Grundlage von eingedickter Milch hergestellt werden. Hier möchte man sich durch die ganze Theke durchessen. Geboten wird auch die wahrscheinlich beste *Masala Dosa* in Kathmandu, dazu sehr leckere nordindische Hauptgerichte wie z.B. *Rajma* (ein Curry aus Kidney-Bohnen). Dazu einige chinesische und nepalesische Gerichte, wobei natürlich die Momos nicht fehlen dürfen. Sehr gut sind die Momos mit Paneer-Füllung (indischer Käse).

Der spezielle Tipp: Baber Mahal Revisited

Karte Umschlag vorn

16 Baber Mahal ist ein ehemaliger Rana-Palast aus dem Jahre 1919, der zu einem schicken Restaurant- und Boutiquen-Center umgebaut wurde und sich nun ganz modisch Baber Mahal Revisited oder **BMR** nennt. Das schmucke weiße Gebäude, das von sieben Innenhöfen und Wandelgängen durchzogen wird, beherbergt einige sehr gute Restaurants (z.B. das japanische *Shogun*), Cafés als auch Geschäfte für Schmuck, gediegene Kleidung und Handwerks- oder Kunstgegenstände. BMR zieht vor allem betuchte Expats an, die hier eine wohlgeordnete und äußerst charmante Version von Kathmandu vorfinden.

Der Expat-Magnet BMR liegt an der **Bijulibazar Rd.** südöstlich der Innenstadt. Siehe auch www.babermahal-revisited.com. Die Geschäfte und Restaurant haben unterschiedliche Öffnungszeiten, ca. 11/12 bis 22/23 Uhr. Eine Taxifahrt ab Thamel dürfte ca. 300 Rs. kosten. Bei der Rückfahrt zu später Stunde wird es möglicherweise teurer.

Unterhaltung/ Nachtleben

Das Spektrum an Unterhaltungsmöglichkeiten ist relativ begrenzt, außer in Thamel, wo zahlreiche Pubs und Bars auf Kundschaft warten. Ein sehr auffälliger Zuwachs in den letzten Jahren sind die **„Dance Bars“**. Diese annoncieren gelegentlich Exotisches wie beispielsweise eine „Naked Shower Show“. Wer schon einmal in ähnlichen Bars in Thailand war, ahnt, worum es geht – auf einer Bühne tanzen nackte oder beinahe nackte Mädchen, die sich oft auch für andere Dienste anheuern lassen. Im Kathmandu Valley soll es inzwischen 2000 solcher – zumeist kleinen – Bars geben. Dazu kommen die sogenannten **„Cabin Restaurants“**, d.h. Restaurants, in denen die Tische durch eine Art Sichtblende nicht einsehbar sind und die männlichen Gäste mit den Kellnerinnen anbandeln können. Diese Etablissements sind zum großen Teil ein Resultat des lang anhaltenden Maoisten-Konflikts und der Verarmung weiter Bevölkerungsteile. Schon 2008 erklärte die maoistisch-kommunistische Regierung, mit den unsittlichen Aktivitäten Schluss machen zu wollen, aber erst in den letzten Jahren wurden sie tatsächlich etwas ausgedünnt. Ein paar „Dance Bars“ findet man heute noch in den Bereichen Thamel und Durbar Marg. Die Drinks sind nicht allzu teuer, und die Musik, zu

> Nachts gibt es in Thamel auch Unterhaltung nicht jugendfreier Art

der die Damen tanzen, kann ganz hörenswert sein – oft ist es moderne Hindifilm-Musik, eine Mischung aus traditioneller indischer Schlagermusik sowie Bhangra, Rap und Rock. In vielen, wenn nicht gar den meisten Bars geht es allerdings um reine **Abzocke:** Die Rechnungen sind oft überhöht, oder man findet Getränke auf der Rechnung, die man gar nicht bestellt hat, dazu werden männliche Gäste vom weiblichen Personal genötigt, ihnen Drinks zu spendieren. Die sind meist bloß Zuckerwasser, bezahlt werden muss aber der Preis für ein teures alkoholisches Getränk. Wer schon einmal in den Bars von Bangkok war, kennt das Spiel. Es ist erstaunlich, wie ähnlich die Szene geworden ist. Neben diesen Bars gibt es eine große Zahl von Massage-Salons in Thamel, und nicht immer geht es nur um Massage …

Karte Seite 77

4 **IClub**②-③, Durbar Marg, Tel. 98-13692991, Facebook IClub Durbarmarg, geöffnet 19–1 Uhr. Wahrscheinlich Kathmandus angesagteste Disco, mit kühlem, industriellem Ambiente und großer Tanzfläche. Techno und Rave.

Karte Seite 82

MEIN TIPP: 13 **Sam's Bar**①, Chaksibari Marg, Thamel, mobil: 98-41520347, geöffnet von 16 bis 23 Uhr. Dieses von einer Österreicherin und ihrem nepalesischen Mann geleitete Lokal ist eine der beliebtesten Bars in Thamel, was nicht nur an den niedrigen Getränkepreisen liegt (es wird keine Service Charge oder Steuer aufgeschlagen). Die Auswahl an Getränken ist groß, darunter sind ausge-

ktm017 rk

zeichnete Cocktails zu finden. Im Hintergrund spielt Rockmusik, aber nicht so laut, dass es die Konversation stören würde. Samstagabends ist Reggae angesagt.

16 **The Electric Pagoda Bar & Cafe**②, Saat Ghumti Marg, Thamel, Tel. 01-4700123, geöffnet 7–24 Uhr. Eine smarte Kombination aus Gartenlokal, Restaurant und Bar, das nepalesische, mexikanische und westliche Küche kredenzt. Abends legt ein DJ Trance, Techno, Funk, Latin, Jazz oder Blues auf, dann wird die Pagode in der Tat elektrisiert. Dreimal wöchentlich spielen Livebands.

12 **Shisha Terrace Cafe & Bar**②, Chaksibari Marg, Thamel, Tel. 01-4701104, Facebook: Shisha-Terrace, geöffnet: 8–24 Uhr. Dieses Lokal serviert die in Kathmandu übliche kulinarische Stilmischung, der Haupt-Clou aber sind die Shishas oder Hookahs (sprich *Hukas*), wie sie auf Arabisch bzw. Hindi genannt werden – große Wasserpfeifen, aus denen aromatisierter Tabak geraucht wird. Abends spielen Rock-Bands, auch dann geht es heiß her. Kostenloses WiFi.

Karte Seite 22

25 25 **The Rum Doodle Bar & Restaurant**②, Bhupi Rd., 01-4248692 geöffnet So–Do 10–22 Uhr, Fr/Sa 10–24 Uhr. Rum Doodle befand sich ursprünglich im Norden von Thamel und war in seinen Anfangszeiten ein beliebter Treffpunkt von Bergsteigern – darunter *Edmund Hillary*, der Erstbesteiger des Mt. Everest, und *Reinhold Messner*, die allesamt ihre Autogramme an der Wand hinterließen und so manche Geschichte zu erzählen hatten. Mittlerweile ist das Lokal schon zweimal umgezogen. Das neue Rum Doodle ist eine smarte Kombination aus Bar und Restaurant, mit sehr gutem Essen, aber auch hohen Preisen. An das Bergsteigergarn, das einst gesponnen wurde, wird aber noch angeknüpft: Bergsteigergruppen können ihre Namen auf der Attrappe eine „Yeti-Fußes" hinterlassen, der an der Wand angebracht wird. Und wer es bis auf den Gipfel des Mount Everest schafft, kann hier lebenslang kostenlos essen.

Eine interessante, wenn auch nicht immer gewinnbringende Nacht könnte man in einem der **Spielcasinos** der Stadt verbringen. Mittlerweile gibt es fünf Hotel-Casinos, alle sind rund um die Uhr geöffnet. Wie in allen Casinos der Welt gibt es keine Uhren, die die Gäste zur Heimkehr mahnen könnten. Zu den Casinos haben **nur Nicht-Nepalesen** Zutritt, und die Polizei macht gelegentlich Razzien, um Nepalesen einzukassieren (und deren Spielgeld!), die sich dort unrechtmäßig aufhalten. Manche Nepalesen geben sich aus diesem Grund als Inder aus, um Einlass zu erhalten. In ihrem Übereifer verhaftet die Polizei auch schon mal echte Inder, die unglücklicherweise ihre Nationalität nicht beweisen können (für Inder besteht zur Einreise nach Nepal keine Passpflicht). Die Chips in den Casinos werden normalerweise in Indischen Rupien ausgestellt (zum normalen Wechselkurs von 1 Ind. Rupie = 1,58 Nep. Rupien), in US-Dollars geht es aber auch. Wer nicht spielen will, kann trotzdem hineingehen und sich an dem meist sehr guten, nicht sehr teuren Essen schadlos halten. Von den Casinos fahren regelmäßig hauseigene Busse, die die Gäste zurück in die Innenstadt bringen.

Folgende Casinos gibt es

1 **Casino Mahjong,** im Hotel Soaltee Crowne Plaza, Tel. 01-4270244 (Karte Umschlag vorn).

2 **Casino Rad,** im Radisson Hotel, Tel. 01-4420311 (Karte Umschlag vorn).

3 **The Millionaire's Club & Casino,** im Shangri-La Hotel, Tel. 01-4002122 (Karte Umschlag vorn).

7 **Casino Pride Nepal,** im Hyatt Regency, Tel. 01-4491234 (Karte Umschlag vorn).

11 **Casino Royale,** im Yak & Yeti Hotel, Tel. 01-4225550 (Karte S. 77).

Wichtige Adressen und Telefonnummern

- **Tourist Police** 1144
- **Polizei** (District Police Office Kathmandu), Tel. 01-4261790, 01-4261945.
- **Feuerwehr,** Tel. 01-4221177.
- **Telefonauskunft** (Inland) 180, (Indien) 187, (international) 186, (allgemein) 197.

Fluggesellschaften (Auswahl)

Zu den nepalesischen Fluggesellschaften siehe „Praktische Tipps A–Z/Verkehrsmittel“.

- **Austrian Airlines,** Kamaladi, Kathmandu, Tel. 01-4223331.
- **Air India,** Hattisar, Tel. 01-4416721.
- **Biman Bangladesh Airlines,** Kamal Pokhari, Kathmandu Tel. 01-443470.

23 **British Airways,** Sundar Bhawan, Hattisar, Kathmandu, Tel. 01-4440467 (s. Karte S. 22).

20 **Cathay Pacific Airways,** Amravati Travels Pvt Ltd., House No. 285 Narayan Chour, Naxal, Kathmandu, Tel. 4444820 (s. Karte S. 22).

24 **China Southern Airlines,** Sundar Bhawan, Hattisar, Kathmandu, Tel. 01-4440650 (s. Karte S. 22).

- **Druk Royal Bhutan Airlines,** Durbar Marg, Kathmandu, Tel. 01-4227429.

1 **Emirates,** Saakha Commercial Complex, Hattisar, Tel. 01-4436163 (s. Karte S. 54).

- **IndiGo Airlines,** President Travels, # 1258, Durbar Marg, Kathmandu, Tel. 01-4229932.
- **Kuwait Airways Corporation,** Kamaladi, Tel. 01-4168524.

22 **Pakistan International Airlines,** Hattisar, Tel. 01-4438324 (s. Karte S. 22).

17 **Qantas Airways,** President Travels, 1258, Durbar Marg, Kathmandu, Tel. 01-4229932 (s. Karte Umschlag vorn).

- **Silk Air/Singapore Airlines,** 399 Kamaladi, Tel.01-4220759.

16 **Thai Airways International,** Annapurna Arcade, Durbar Marg, Tel. 01-4223692 (s. Karte S. 77).

Auslandsvertretungen (Auswahl)

Bezüglich der Vetretungen Deutschlands, der Schweiz und Österreichs siehe unter „Praktische Tipps A–Z, Notfälle/Ausweisverlust“.

- **Bangladesch,** Embassy of the People's Republic of Bangladesh, Basundhara 3, Ring Road, Kathmandu 44601, Tel. 01-4390131.
- **China,** Embassy of the People's Republic of China, Hattisar Sadak 615, Kathmandu 44600, Tel. 01-4425520.
- **Indien,** Visumsanträge beim Indian Visa Service Centre (IVSC), Nepal SBI Bank, Kapurdhara Marg, Lainchaur, Tel. 01-4001516, www.nepalsbi.com.np/content/indian-visa-service-center-ivsc.cfm.
- **Myanmar,** Embassy of the Republic of Myanmar, Bhaisepati Nakkhu Height, Lalitpur, Patan, Ekantakuna-Tikabhairab Rd., Tel.01-5592774.
- **Pakistan,** Embassy of the Islamic Republic of Pakistan, Pushpanjali, Maharajganj, Kathmandu, Tel. 01-4372024.
- **Sri Lanka,** Embassy of Sri Lanka, Shiva Ashis Niwas Bldg., Gairi Marg, Chundevi Rd., Maharajganj. Tel. 01-4720623.
- **Thailand,** Royal Thai Embassy, 167/4 Ward No. 3, Maharajgunj, Bansbari Rd., Tel. 01-4371410.

Krankenhäuser (Auswahl)

- **Ayurved Hospital,** Tundikhel, Tel. 01-4221119.

- **Ayurveda Health Home,** Ring Rd, Dhapasi-7, Tilingatar, Kathmandu 44600, Tel. 01-4358761.
- **Bhaktapur Hospital,** Doodh Pati, Tel. 01-6610676.
- **Bir Hospital,** Notaufnahme, Tundikhel, Tel. 01-4226984, 01-4221988, 01-4223807.
- **Blood Bank,** Bhrikuti Mandap, Tel. 01-4225344.
- **CIWEC Clinic,** Lainchaur (nahe der Britischen Botschaft), Kathmandu, Tel. 01-4241732, 01-4228 531, www.ciwec-hospital.com.
- **Eye Hospital,** Tripureswor, Tel. 01-4260813.
- **Homeopathic Hospital,** Harihar Bhawan, Tel. 01-5522092.
- **Infectious Diseases Hospital,** Teku, Tel. 01-4211112, 01-4211334.
- **Kanti Children Hospital,** Maharanjganj, Tel. 01-4411140, www.kantichildrenhospital.gov.np.
- **Kantipur Dental Hospital,** Bansbari, Tel. 01-4371603.
- **KOPILA Clinic** (Kinderheilkunde und Impfungen, z.B. Tollwut) gegenüber Lalitpur Municipality, Pulchowk, Patan, Tel. 01-5542767, 01-5551109, www.kopilaclinic.com.
- **Maternity Hospital,** Thapathali, Tel. 01-4253276, 01-4253277.
- **Mental Hospital,** Lagankhel, Patan, Tel. 01-5521612, 01-5521333.
- **Norvic International Hospital,** Thapathali, Tel. 01-4258554, 01-4218230, www.norvichospital.com.

⊡ Vor dem Hügel am Kloster in Kopan erstrecken sich die nördlichen, ständig wachsenden Vororte von Kathmandu. Im Hintergrund erscheint aus dem Dunst der Shivapuri National Park

- **Patan Hospital,** Lagankhel, Patan (bestes Krankenhaus in Nepal), Tel. 01-5522295.
- **Til Ganga Eye Hospital,** Til Ganga, Tel. 01-4476575, 01-4474937, www.tilganga.org.
- **TU Teaching Hospital,** Maharanjganj, Tel. 01-4412505, www.iom.edu.np.

Deutschsprachiger Arzt

- **Dr. Shanker P. Suri,** Omkaar Polyclinic (Ring Road, Nakkhu Dobato, Bagdol, Patan), Tel. 01-5001 196/6, 01-5001195.

Krankenwagen

- **Ambulance Bishal Bazar,** New Road, Tel. 01-4244121; Ambulance Kathmandu Model Hospital, Bagh Bazar, Tel. 01-4240805-6; Ambulance Lalitpur Municipality, Pulchowk, Patan, Tel. 01-5527003; Ambulance Nepal Chamber of Commerce, Tel. 01-4230213; Ambulance Nepal Red Cross Society, Tel. 01-4228094; Ambulance Paropakar, Tel. 01-4251614; Ambulance Shiva Sakti Yuba Sewa, Kathmandu, Tel. 01-4478111; Lions Club of Kathmandu Central, Kathmandu, Tel. 01-4472211; Strongtsen Bhrikuti Samajik Tatha Sanskritik Uthan Sangh, Boudha, Tel. 01-4473166.

Kulturelle Einrichtungen

- **Alliance Française,** Ward Nr. 4, Dhalko Bato (hinter St. Mary's School), Pulchowk, Lalitpur, Patan, Tel-01-5520466, www.alliancefrancaise.org.np.
- **American Library,** Embassy of the United States of America, Maharajganj, Kathmandu, Tel. 01-4007200, www.alc.edu.np/american-library. Bücher über die USA, Magazine und Zeitschriften, Möglichkeit der Internet-Recherche.
- **British Council Library,** Lainchaur, Kathmandu, Tel. 01-4415005, www.britishcouncil.org.np.

■ **Goethe-Zentrum** (Partner des Goethe-Instituts), 181 Panchayan Marg, Thapathali, Kathmandu, Tel. 01-42507871, www.goethe-kathmandu.edu.np. Mit Bücherei und Mediencenter, man kann deutsche Filme sehen oder vom Internet Gebrauch machen.

■ **Nepal National Library,** Harihar Bhawan, Pulchowk, Patan, Tel. 01-5521132, www.nnl.gov.np.

■ **Kaiser Library,** Keshar Mahal, Kantipath, Tel. 01-4411318, www.klib.gov.np, geöffnet So–Do 10–17 Uhr (ca. Mitte Nov. bis Mitte Febr. nur bis 16 Uhr), Fr 10–15 Uhr. Diese Bibliothek war einst ein Palastgebäude und dementsprechend pompös ausgestattet, eher wie das riesige Wohnzimmer eines Maharajas, samt ausgestopften Jagdtrophäen und Hirschgeweihen an den Wänden. Durch das Erdbeben wurde das Gebäude stark beschädigt. Auch im Sommer 2017 noch war nur das Erdgeschoss benutzbar, das Obergeschoss zu sehr angegriffen, und Bücher oft nicht aufzufinden. Aktuelle Infos vor Ort. Die Bibliothek liegt gleich rechts hinter dem Garden of Dreams in Thamel und ist für die meisten Touristen so leicht zu erreichen.

Nepali-Sprachschule

■ **Nepali Language Institute,** GPO Box 20137, Jyatha, Thamel, Tel. 01-4253405, www.namaste.edu.np.

Weiterreise

Mit dem Bus

Die wichtigste Busstation für Reisen innerhalb des Landes ist der **Gongabu Bus Park** an der Ring Road in Balaju, am nördlichen Rand der Stadt. Von hier fahren die meisten Busse zu Fernzielen im Lande ab. Der Busbahnhof wird inoffiziell auch oft „Kathmandu Bus Park" genannt. Er ist groß und chaotisch, die Ausschilderungen sind in der Regel nur in Nepali. Für alle wichtigen Ziele stehen

ktm230 rk

Buchungsschalter zur Verfügung, an denen man die **Tickets** im Voraus erstehen kann. Es empfiehlt sich, die Tickets so früh wie möglich zu kaufen, mindestens aber einen Tag vor Fahrtantritt. Die **Preise** der Busse unterscheiden sich, je nachdem ob man einen Tag- oder Nachtbus nimmt – Letztere sind teurer. Zu einigen Zielorten gibt es jedoch nur Tag- bzw. nur Nachtbusse. Die Preise sind extrem niedrig; 100 km Fahrstrecke kosten in den preiswertesten (nicht sonderlich empfehlenswerten) Bussen keine 2 € (je nach Strecke), in besseren Touristenbussen etwa 4–5 €. Auf den von ausländischen Touristen häufig befahrenen Strecken sind besonders komfortable, und auch etwas teurere Fahrzeuge im Einsatz.

Unter anderem fahren **Busse nach** Bhairawa, Biratnagar, Birganj, Butwal, Dharan Bazar, Gorkha, Hetauda, Janakpur, Kakarbhitta, Mahendranagar, Narayanghat (nahe Chitwan National Park), Nepalganj, Pokhara und Sauraha (Chitwan National Park).

Ein weit kleinerer, aber wichtiger Busbahnhof findet sich im Stadtteil Thamel, an der Ecke Tridevi Marg/Kantipath: Hier ist der Haltepunkt der Busse der **Privatgesellschaft Green Line,** die mit sehr komfortablen und teuren Touristenbussen die Ziele Pokhara und Chitwan ansteuert. Die Tickets können in Reisebüros in Thamel oder anderswo in Kathmandu gekauft werden.

Busse zu Zielen innerhalb des Kathmandu Valley und solche, die am oder abseits des Arniko Highway liegen (Jiri, Barabise, Tatopani, Kodari), fahren ab dem **City-Bus-Stand** (auch Old Bus Stand oder Ratna Park Bus Station) an der Ostseite des Tundikhel.

Mit dem Taxi

Wer es sich leisten kann, ist mit einem Taxi für die Weiterreise sicherlich gut beraten. Gemessen an Verhältnissen im Heimatland sind die Taxis immer noch deutlich **preiswerter.** Bei allen Ortsbeschreibungen zum Kathmandu Valley sind die zu erwartenden Taxipreise unter der Rubrik „Anreise“ angegeben. Taxis lassen sich aber auch zu weiter entfernten Zielen anmieten, z.B. nach Pokhara. Die einfache Fahrt Kathmandu – Pokhara kostet ca. 10.000 bis 12.000 Rs. Siehe auch Kapitel „Praktische Tipps A–Z/ Verkehrsmittel“.

Mit dem Flugzeug

Die staatliche Nepal Airlines hat das dichteste Flugnetz im Lande und fliegt ab Kathmandu **über 40 Inlandsflughäfen** an. Das am meisten benutzte Fluggerät sind dabei die zweimotorigen, **20-sitzigen Twin Otter,** die in etwa aussehen wie überdimensionale Moskitos, die sich anmaßen, die höheren Luftschichten zu erkunden. Wer nur Großraumflugzeuge gewöhnt ist, empfindet die Twin Otter je nach Naturell entweder als aufregend oder schlichtweg beängstigend. Die Maschinen fliegen relativ niedrig, und wenn sie zwischen Berggipfeln hindurchfliegen, kann auch einem routinierten Vielflieger ein wenig mulmig werden. Die Tatsache, dass Nepal zu den Ländern mit den meisten Flugzeugunfällen auf der Welt gehört, macht die Sache nicht besser. Es vergeht selten ein Jahr ohne Flugzeugabsturz.

Die **Tickets** für die Inlandsflüge gibt es entweder im Nepal-Airlines-Büro am

Kantipath/Ecke New Road oder ohne Aufpreis in jedem Reisebüro in Kathmandu. Dazu existieren noch einige private Airlines, die die wichtigsten Touristenziele anfliegen (siehe „Praktische Tipps A–Z/Verkehrsmittel“). Auch die Tickets dieser Fluggesellschaften sind in jedem Reisebüro erhältlich.

Die privaten Fluggesellschaften fliegen oft zum selben Preis wie die staatliche Nepal Airlines, doch sind deren Streckennetze nicht so weit ausgebaut. Auf den wichtigsten Strecken stehen oft bis zu drei oder vier Airlines zur Verfügung.

Den Bergriesen zum Greifen nahe – per Everest-Flug

Einige nepalesische Airlines bieten einen **Himalaya-Flug** an, auf dem man zahlreiche der Bergriesen aus der Höhe bewundern kann – darunter natürlich auch den **Mount Everest.** In der klaren Jahreszeit (etwa von Okt. bis März) starten die Flugzeuge jeden Morgen zu einem etwa einstündigen Flug. In den Monaten April/Mai finden die Flüge nur bei guter Sicht statt und können kurzfristig ausfallen. Kostenpunkt bei staatlichen Nepal Airlines 180 US$, ansonsten ca. 200 US$. Die Flüge können in allen Reisebüros vor Ort gebucht werden. Die Anbieter sind:

- **Buddha Air,** www.buddhaair.com
- **Nepal Airlines,** www.nepalairlines.com.np
- **Yeti Airlines,** www.yetiairlines.com

Exklusivere und teurere Everest-Flüge per Helikopter (1–5 Pers.) werden durchgeführt von:

- **Simrik Airlines,** www.simrikair.com.

Nachstehend die gegenwärtigen **Flugpreise** mit Nepal Airlines zu den wichtigsten Zielen ab Kathmandu. Die eine oder andere Fluggesellschaft liegt auf der Route Kathmandu-Pokhara möglicherweise ein paar Dollar darunter oder höher (alle Preise in US-Dollar):

- **Bhadrapur:** 165
- **Bhairawa:** 120
- **Bhojpur** 95
- **Biratnagar:** 130
- **Jumla:** 188/272 (je nach Flugroute)
- **Lukla:** 140
- **Lamidanda:** 107
- **Nepalganj:** 170
- **Phaplu:** 120
- **Pokhara:** 90
- **Rajbiraj** 66
- **Rukum:** 150
- **Rumjatar:** 93
- **Simara (Birganj):** 75
- **Taplejung** 187
- **Tumlingtar:** 105

ktm111 rk

2 Patan (Lalitpur)

Eine kurze Taxi- oder Fahrradfahrt führt den Besucher nach Patan, Kathmandus nicht minder faszinierende Nachbarstadt und zusammen mit Kathmandu und Bhaktapur eine der drei großen Königsstädte Nepals.

< Gut gerüstet fürs Gebet:
Newar mit Gebetsmühle und -kette

ktm023 ms

PATAN

Als hätte Kathmandu nicht schon genug Sehenswertes zu bieten, so schmiegt sich an seine Seite – nur durch den schmalen **Bagmati-Fluss** getrennt - das kleinere, ruhigere Patan, das auf kleinerer Fläche aber ebenso viel an **altertümlichen Bauwerken** und **mittelalterlichem Flair** sein eigen nennen kann wie der bekanntere Bruder auf der anderen Seite des Flusses.

NICHT VERPASSEN!

- Der zentrale **Durbar Square,** der mit seiner Vielzahl historischer Bauten dem Pendant in seiner größeren Nachbarstadt in keiner Weise nachsteht | **120**

Diesen Tipp erkennt man an der gelben Hinterlegung.

> Schnappschuss in den Straßen von Patan

Einleitung

Patan ist nur durch den Bagmati von Kathmandu getrennt und somit dessen Zwillingsstadt. Bei der Fahrt von Kathmandu bemerkt man nicht, dass man sich plötzlich in einer anderen Stadt befindet, beide Städte sind zur einer großen, urbanen Masse verschmolzen.

Mit ca. **300.000 Einwohnern** ist Patan die **zweitgrößte Stadt des Kathmandu Valley,** ihre Fläche liegt mit 385 km^2 nur geringfügig unter der Kathmandus (395 km^2). Trotzdem ist Patan kleinstädtischer und vielerorts etwas ruhiger als Kathmandu, aber auch hier gibt es sehr verkehrsreiche, laute Zonen. In mancher Hinsicht wirkt Patan wie ein groß geratener Vorort von Kathmandu. In Patan leben viele ausländische „Expats", und einige Botschaften und Verwaltungen von Hilfsorganisationen haben hier ihren Sitz.

Zum **Distrikt Patan** (Lalitpur) gehören einige weitere kleine Ortschaften und Dörfer, und seine Gesamtbevölkerung beträgt ca. 500.000.

Sehenswertes

Durbar Square (Mangal Bazar)

Wie Kathmandu und Bhaktapur so hat auch Patan seinen Durbar Square, den „Platz des Königshofes", der sich um die alten Palastanlagen erstreckt. Die Einheimischen nennen ihn aber eher Mangal Bazar („Markt des Glücks"), nach dem **Markt,** der hier abgehalten wird. Die Anwesenheit von Dutzenden von Marktkarren, beladen mit gelben oder grünen Mangos, und Stände mit kunterbunten Saris machen den Platz mit seinen historischen Gebäuden für Besucher um so attraktiver. Bei dem schweren Erdbeben von 2015 kam der Durbar Square von Patan bezüglich der Materialschäden besser davon als seine Pendants in Kathmandu und Bhaktapur: Es waren lediglich **zwei komplett zerstörte** (und einige teilweise zerstörte) **Tempel** zu beklagen.

An der Südwestseite des Durbar Square steht ein Kassenhaus, an dem Touristen einen Eintrittspreis von 1000 Rs. zu zahlen haben (dieser sollte Ende 2017 in Kraft treten und den Eintritt zum Patan Museum mit einschließen; bis dato beträgt der Eintritt 500 Rs. für den Durbar Sq. und 400 Rs. fürs Museum). Bei der Bezahlung kann man sich gleich einen Passierschein für die Dauer seines Aufenthaltes am Ort ausstellen lassen, um nicht mehrmals bezahlen zu müssen (Reisepass und 1 Passfoto mitbringen). Für Leute, die in der Nähe des Durbar Square zu wohnen gedenken, ist dies praktisch unabdingbar.

Beginnt man einen Rundgang durch den Durbar Square an dessen Westseite, steht dort der etwas klobige und wenig ansehnliche **Bhai-Dega-Shiva-** oder **Bisheshvar-Tempel.** Dieser ist Shiva in seiner Form als Bisheshvar geweiht. „Bisheshvar" bedeutet „Der besondere Gott". Im Tempelinneren befindet sich ein Shiva-Lingam. Ursprünglich war der Tempel in Form einer eleganten, filigranen Pagode errichtet worden, nach dem Erdbeben von 1934 wurde er jedoch in gröberer Form neu gebaut. Auch während des Erdbebens von 2015 wurde diese Anlage zerstört und wird derzeit zu seiner ursprünglichen Form aus der Zeit vor 1934 wiederhergestellt.

Wenige Schritte weiter östlich liegt einer der wenigen achteckigen Tempel des Kathmandu-Tales, ein **Krishna-Tempel.** Im Gegensatz zu den anderen Krishna-Tempeln im Tal besteht dieser jedoch aus Stein. Er wurde 1723 von *Yogamati,* der Tochter *Yoganarendra Mallas,* nach dem Tod ihres Vaters und ihres Sohnes errichtet, um ihnen zu religiösem Verdienst im nächsten Leben zu verhelfen. Auffallend ist der Einfluss der indischen Moghul-Architektur. Der Tempel dient heute in erster Linie den Lastenträgern des Marktes als Ruheplatz für eine Schlafpause oder zum Kartenspielen.

Direkt gegenüber wurde das südlichste der Palastgebäude errichtet, der **Sundari Chowk** oder „Hof der Schönheit". Nahe des Eingangs sind Statuen zu sehen, die Narasinha, Ganesh und Hanuman darstellen. Zu diesen gesellt sich oft der eine oder andere Sadhu, der für die Kameras der Touristengruppen ein dickes Chilam Haschisch raucht und sich dafür gut bezahlen lässt.

Durbar Square

0 — 10 m ©Reise Know-How 2017

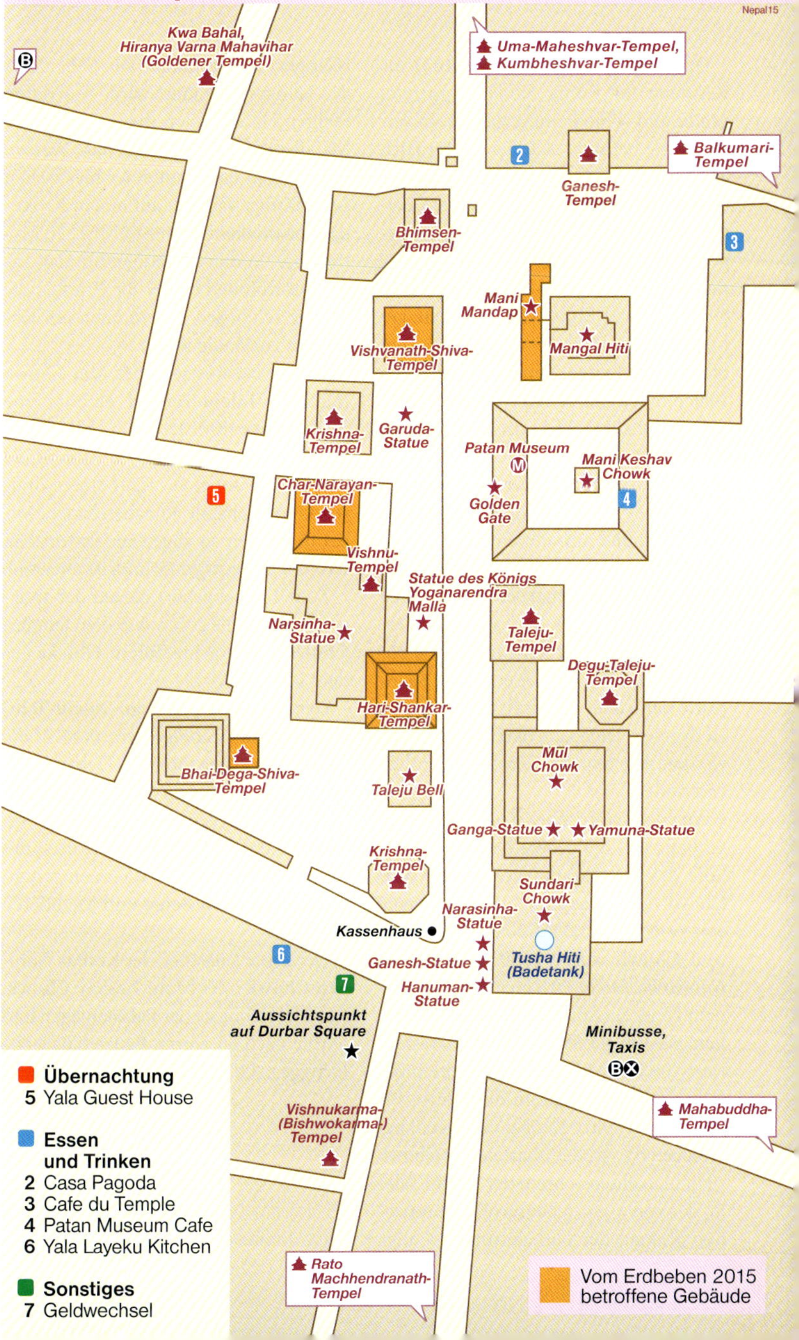

Der Sundari Chowk wurde 1627 als Residenz für König *Siddhi Narasinha Malla* und seine Familie gebaut. In seiner Mitte befindet sich der **Tusha Hiti,** ein mit unzähligen Gottheiten verzierter steinerner Badetank, der durch ein Leitungssystem mit Wasser aus den umliegenden Bergen gespeist wurde. Mit seiner Vielfalt an Figuren, die sich zu einem geschlossenen Kunstwerk vereinen, gehört er sicherlich zu den schönsten Steinmetzarbeiten Nepals. Die Figuren stellen unter anderem die acht Matrikas, die acht Bhairavs und acht Nags dar. Der Wasserhahn besteht aus einer mit Metall überzogenen Muschel. Um den Tank am Boden des Hofes winden sich zwei Schlangen und umrahmen ihn.

Der Innenhof wird von einem **dreistöckigen Gebäude** umgeben, das herrlich geschnitzte Fenster und anderes Zierwerk aufweist. Hier lebte früher die königliche Familie, auf der erhöhten Steinplatte nahe dem Tank pflegte der König zu thronen. Die Platte darf nicht berührt werden, wie ein Hinweisschild deutlich verkündet.

An der Nordseite des Innenhofes schließt sich der größte der drei Innenhöfe des Palastkomplexes an, der **Mul Chowk** oder „Haupthof", dessen Zugang von zwei Steinlöwen bewacht wird. Der Mul Chowk wurde 1660 unter *Siddhi Narasinha Malla* errichtet, 1662 von einem Feuer zerstört und 1665/66 von seinem Nachfolger *Shrinivasa Malla* restauriert. In der Mitte des Hofes befindet sich ein kleiner Schrein der Göttin Bidya, dessen spitze Kuppel mit Metall beschlagen ist. An der Südseite des Chowk sieht man einen Schrein der Göttin Taleju, der von zwei „lebensgroßen" bronzenen Statuen der Flussgöttinnen Ganga (Ganges) und Yamuna (ein Nebenfluss des Ganges) flankiert wird. Aus deren rechten Handflächen fließt, durch eine Metallspitze angedeutet, das Wasser. Ganga steht dabei auf einer mystischen Schildkröte, Yamuna auf einem Krokodil, dem Makara der hinduistischen Mythologie. In den Gebäuden um den Innenhof wohnten früher die Priester, die für die religiösen Zeremonien am Königshof zuständig waren.

An der Nordostseite des Mul Chowk ragt der **Taleju-Tempel** empor, eine fünfstöckige Konstruktion mit einem dreistöckigen Dach. *Shrinivasa Malla* hatte den Tempel 1671 auf einem dreistöckigen Gebäude aufbauen lassen, wobei die Ecken so abgewandelt wurden, dass ein achteckiger Grundriss entstand.

Zum Tempel gehört die auf der anderen Straßenseite gegenüber dem Sundari Chowk angebrachte **Taleju-Glocke** aus dem Jahr 1737.

Den benachbarten **Degu-Taleju-Tempel** ließ 1671 *Siddhi Narasinha Malla* über einem dreistöckigen Gebäude errichten. Er ist Taleju Bhawani geweiht und nur für Priester zugänglich. Im Tempelinneren wurde auf Wunsch des Königs ein besonderer Raum eingerichtet, der ihm zum Beten und Meditieren diente.

Der dritte Palasthof, der **Keshav Narayan Chowk** oder **Mani Keshav Chowk,** war die wichtigste der Palastanlagen und wurde nach 60 Jahren Bauzeit als letzte fertiggestellt. Der Bau war 1674 unter

[>] Der Durbar Square mit seinen zahlreichen historischen Bauten

Shrinivasa Malla begonnen und 1734 unter seinem Nachfolger *Shrivishnu Malla* vollendet worden. Direkt daneben hatte zuvor eine buddhistische Klosteranlage, der Harkhushi Bahal, gestanden, der dem Bau weichen musste und verlegt wurde. An der Stelle des Hofes hatte sich gemäß einer Inschrift von 643 n.Chr. ein Licchavi-Palast befunden.

Die **umliegenden Gebäude** weisen einige hervorragende Holzschnitzereien auf, auch wenn manche durch unsachgemäße Restaurierungen an Attraktivität etwas eingebüßt haben. Besonders augenfällig ist das filigran gearbeitete goldene Tor an der Frontseite, über dem eine Torana mit Bildnissen von Shiva, Parvati, Ganesh und Kumar angebracht ist. Aus dem ebenso schönen vergoldeten Fenster an der Vorderseite pflegte der König sich seinen Untertanen zu zeigen.

Der Gebäudekomplex beherbergt auch das kleine **Patan Museum;** der Werbespruch lautet: „Patan Museum, the Museum Behind the Golden Door" – so weiß man, wo es zu finden ist. Das Museum stellt eine wunderbare Sammlung von hinduistischen und buddhistischen Götterfiguren und anderen Kunstobjekten aus. Gelegentlich werden besondere Themenaustellungen präsentiert. Geöffnet Mi bis Mo 10.30–16.30 Uhr, in den Wintermonaten, ansonsten 10.30–17.30 Uhr; mobil: 98-51013743, www.patanmuseum.gov.np. Der Eintritt sollte ab Herbst 2017 im Gesamtticket zum Durbar Square enthalten sein.

Der **Mangal Hiti** oder „Tank der Glückseligkeit" an der Nordseite des Mani Keshav Chowk ist noch intakt und gilt als das möglicherweise älteste noch erhaltene Bauwerk am Durbar Square.

ktm263 rk

ktm282 rk

Der Tank aus dem 10. Jh. weist drei interessante Wasser-„hähne" in Form von Krokodilsköpfen auf.

Neben dem Tank befindet sich der **Mani Mandap,** ein Pavillon aus dem Jahr 1700, der zu Krönungszeremonien diente. Beim Erbeben von 2015 wurde er zerstört und mittlerweile Restaurierungsarbeiten unterzogen.

Schräg gegenüber auf der anderen Straßenseite steht ein **Bhimsen-Tempel,** der Bhimsen, dem Gott der Händler, geweiht ist und der so bei Patans kommerzieller Zunft hohe Beliebtheit genießt. Das Gebäude hat drei Stockwerke. Das Haupttheiligtum befindet sich im 1. Stock, an dessen Ostseite eine schön gearbeitete Fensterbalustrade angebracht ist. Erbaut wurde der Tempel 1681, später erlebte er einige Restaurierungen, zum letzten Mal 1967. Von seinem Dach hängt eine Art überdimensionales goldenes Metall-„Pendel", eine Repoussée-Arbeit mit Mantra-Inschriften, die dem Tempel von einem wohlhabenden Gönner gestiftet wurde. Dieses Kunsthandwerk, bei dem Metall zu Kunst- oder Schmuckobjekten geschlagen wird, hat in Nepal eine lange Tradition, die bis ins frühe 7. Jh. zurückgeht.

Der wenig weiter südlich gelegene **Vishvanath-Shiva-Tempel** wurde 1626 unter *Siddhi Narasinha Malla* erbaut. Eine Besonderheit stellt die Säulenarkade

⌃ Draußen bietet das Patan Museum auch (Sitz-)Platz für einen geselligen Treff

› Tempel bieten sich manchmal auch zum Spielen an

aus filigran geschnitzten Holzpfeilern dar, die um das zentrale Heiligtum herum errichtet wurde. Über jeweils zwei Holzpfeilern sind Toranas zu sehen, die Shiva in seinen diversen Manifestationen zeigen. Der Tempel kam beim Erdbeben von 2015 zu Schaden und wird derzeit renoviert.

Direkt südwestlich schließt sich ein weiterer **Krishna-Tempel** an, der auch **Bala-Gopala-Tempel** genannt wird, „Tempel des jungen Gopala", wobei Gopala („Kuhhirte") nur ein anderer Name für Krishna ist. Im Gegensatz zu den meisten anderen Tempeln am Durbar Suqare ist dieser aus Stein und eindeutig von der indischen Moghul-Architektur beeinflusst. Er besteht aus drei Etagen von Pavillons und umgebenden Säulengängen, die von einem Shikhara-Turm überragt werden. An den Streben über den Pfeilern des ersten Stockwerks prangen Reliefs, die – im Uhrzeigersinn betrachtet – chronologisch Szenen aus dem Epos Mahabharata darstellen, über den Pfeilern des 2. Stocks sind Szenen aus der Ramayana angebracht. In beiden Epen bildet Krishna die zentrale Figur. Zu Krishnashtami, Krishnas Geburtstagsfest im Aug./Sept., werden hier größere Feierlichkeiten abgehalten. Auch dieser Tempel wurde 1990/91 restauriert.

Der südlich angrenzende **Char-Narayan-Tempel** („Tempel der vier Vishnus") stammt aus dem Jahr 1566 und ist somit der älteste Tempel des Durbar Square. An seinen Dachstreben sind eindrucksvolle Schnitzereien zu sehen, die Vishnu in seinen verschiedenen Erscheinungsformen darstellen. Der Tempel wurde stark beschädigt und wird wieder aufgebaut.

ktm281 rk

Die gegenüber dem Taleju-Tempel auf der anderen Straßenseite stehende **Statue des Königs Yoganarendra Malla** stammt aus dem Jahr 1700. Über dem Haupt des Königs breitet sich schützend die Haube einer Kobra aus, so wie es sonst nur bei Vishnu-Statuen der Fall ist. Originellerweise sitzt auf der Haube die Figur eines Vogels – der Legende nach hatte der König behauptet, er werde erst sterben, wenn der Vogel von dort weggeflogen wäre. Möglicherweise wollte er sich so das ewige Leben sichern, was jedoch nicht gelang: Fünf Jahre nach der Errichtung der Säule verstarb *Yoganarendra*. Dem Volksglauben gemäß hatte er die Fähigkeit besessen, mit Gott zu kommunizieren und war eines Nachts zu einem spirituellen Gespräch aus dem Tempel verschwunden und nie wieder aufgetaucht. Angeblich wird der König eines Tages wiederkehren, und deshalb werden die Tempeltore allzeit offen gehalten.

Der **Hari-Shankar-Tempel** ist einer gemeinsamen Erscheinungsform von Vishnu (Hari) und Shiva (Shankar) gewidmet und wurde zum Andenken an *Yoganarendra Malla* von dessen Tochter *Yogamati* errichtet (1704/05). An den Streben des dreigeschossigen Daches kann man geschnitzte Höllenszenen sehen, die für Sünder nichts Gutes ahnen lassen. Auch dieser Tempel wurde durch das Erdbeben stark beschädigt und wird zurzeit wieder restauriert.

Kwa Bahal (Hiranya Varna Mahavihara)

Nur wenige Minuten Fußweg nördlich des Durbar Square steht **Patans prächtigste buddhistische Klosteranlage,** der Kwa Bahal, auch „Golden Temple" genannt. Der Überlieferung nach reicht die

ktm248 rk

Geschichte dieses Baus bis ins 12. Jh. zurück, die ältesten gesicherten Inschriften stammen jedoch erst vom Ende des 14. Jh.; einige davon berichten von den großzügigen Schenkungen, die dem Kloster in jener Zeit gemacht wurden.

Ist der Zugang (Eintritt 50 Rs., 5–18 Uhr) zu der Anlage – an zwei steinernen, bunten Löwenfiguren vorbei – noch recht unauffällig, so offenbart sich im Inneren die volle **Pracht:** Der Hauptschrein wird oben von drei vergoldeten Kuppeln abgeschlossen und weist zahlreiche goldene Statuen auf, darunter die des Akshobhya-Buddhas, des Schutzpatrons des Schreins. In der Mitte des Innenhofes befindet sich ein dreistöckiger, reich verzierter Tempel, dem ebenfalls ein goldenes Dach aufgesetzt ist.

Um den Hof herum führt ein **Wandelgang,** der mit Gebetsmühlen, Öllampen, aber auch vier Boddhisattva-Statuen gesäumt ist. Zum Verlassen des Wandelganges in den Innenhof ist das Ablegen der Schuhe oder sonstiger Lederartikel erforderlich. Eine Treppe führt ins **Obergeschoss,** wo Buddha-Figuren und interessante Wandgemälde zu sehen sind.

Der Tempel wird jeweils für einen Monat von den männlichen Mitgliedern einer Familie aus der **Shakya- oder Bajracharya-Kaste** instand gehalten, die in der Zeit auch als Priester fungieren. Das Amt ist sehr begehrt, und die Familien müssen viele Jahre zuvor einen Antrag stellen, um es ausüben zu dürfen – die Warteliste beträgt derzeit fast 50 Jahre! Die Familie, die das Amt derzeit ausübt, dürfte den Antrag um das Jahr 1960 gestellt haben ... Am Ende des Monats wird im Tempel eine Art Inventur durchgeführt, und die Priester-Familie hat für jedes Objekt aufzukommen, das in „ihrem" Monat abhanden gekommen sein sollte. Trotz der scharfen Aufsicht sind aus dem Tempel schon – wie bei anderen Tempeln auch – einige Figuren gestohlen worden.

Kumbheshvar-Tempel

Der Kumbheshvar-Tempel wurde Shiva in seiner Form als „Gott der Tongefäße" geweiht (*kumbha* = „Tongefäß", „Krug") und gilt als **Patans wichtigster Shiva-Tempel.** Seine Bedeutung beruht auf dem Glauben, Shiva verbringe die sechs Wintermonate hier, um dann die heißen Sommermonate auf seinem heiligen Berg Kailash zu verleben. Der Tempel ist einer von nur drei 5-geschossigen Tempeln im Kathmandu-Tal, die anderen sind der Nyatapola-Tempel in Bhaktapur und – mit Wohlwollen – der Panch-Mukhi-Hanuman-Tempel in Kathmandu. Der Kumbheshvar-Tempel stammt vermutlich aus dem Jahr 1392, könnte aber auch noch älteren Datums sein. Auffallend sind die ausgewogenen, harmonischen Proportionen des Baus sowie die meisterhaften Holzschnitzereien. Der beste Besuchstag ist der Donnerstag, an dem sich Tausende von Gläubigen zu Gebeten im Tempel einfinden. Vor dem Hauptschrein bilden sich lange Menschenschlangen.

An der Nordseite des Tempels befindet sich ein **kleiner Tank,** der angeblich **mit Wasser aus dem heiligen See von Gosainkund** gespeist wird. Ein Bad in

◁ Im „Goldenen Tempel" dürfen auch Frauen das Priesteramt innehaben

ktm136 rk

dem Sünden abwaschenden Wasser des Tanks kann somit die langwierige Pilgerreise nach Gosainkund (zu Fuß gut eine Woche) ersparen. Zum **Janai-Purnima-Fest,** das an einem Vollmondtag im Juli/August stattfindet (*purnima* = „Vollmond“) finden sich Tausende von Gläubigen am Tempel ein, nehmen rituelle Bäder im Tank und huldigen einem Lingam, der im Tank aufgestellt wird. Bei dieser Gelegenheit vollziehen die Brahmanen das rituelle Wechseln ihres Yagnopavit, ihrer „Brahmanen-Schnur“, die sie zum Zeichen ihres Standes über die linke Schulter geschlungen tragen.

Zur gleichen Zeit wird auch **Raksha Bandhan** gefeiert (wörtlich „Das Band des Schutzes“). Zu diesem Brauch binden sich Männer und Frauen gegenseitig einen bunten Zwirnsfaden an das Handgelenk und betrachten sich von nun an als „Bruder“ bzw. „Schwester“. Da sie nun also Geschwister sind, haben sie sich zu ehren und gegenseitig zu beschützen, wie es in traditionellen Hindu-Familien üblich ist.

An der Südseite des Komplexes stehen ein **Bhairav-Tempel** samt einer etwa „le-

Frauen warten auf Zugang zum Gebetsraum im Kumbheshvar-Tempel

bensgroßen" Holzfigur des Gottes und ein eingeschossiger **Baglamukhi-Tempel,** der der „Kranichgesichtigen Göttin" geweiht ist (*bagla* = „Kranich", *mukh* = „Gesicht"). Die Göttin wird in Zeiten der Not oder Sorgen angerufen. Lediglich ein verzierter Torbogen mit ineinander gewundenen Schlangen repräsentiert sie symbolisch.

Uma-Maheshvar-Tempel

Der Uma-Maheshvar-Tempel, etwas südlich des Kumbheshvar-Tempels, zeigt sich als recht **unauffällige Konstruktion** mit einem zweigeschossigen Dach. Die Anlage dürfte nur für besonders Kunstinteressierte von Belang sein, sie enthält nämlich ein außerordentlich schönes Steinrelief aus dem 10. Jh., das Parvati (Uma) und Shiva (Maheshvar) darstellt. Eine Inschrift unter dem Relief erzählt dessen Entstehungsgeschichte.

Vishvakarma-Tempel (Bishwokarma-Tempel)

Etwas südlich des Durbar Square, im **Hauda-Viertel,** das von zahlreichen Metallhandwerkern bewohnt wird, befindet sich ein kleiner, mit einem Metallgitter verschlossener Tempel, der dem hinduistischen Gott der Handwerker und Architekten, Vishvakarma (Nepali: *Bish-wokarma/Bishokarma*), gewidmet ist. Die Fassade des Tempels wurde im Jahr 1885 mit gehämmerten Kupferplatten bedeckt. Den Eingang flankieren die Figuren der Flussgöttinnen Ganga und Yamuna.

Rato-Machhendranath-Tempel

Zu den wichtigsten Heiligtümern in Patan gehört der Rato-Machhendranath-Tempel, der einer sehr facettenreichen **buddhistischen Gottheit geweiht** ist, dem Padmapani Avalokiteshvara. Dieser wurde auch als „Roter Machhendranath" verehrt (*rato* = „rot") oder als Bungadyo, da ihm eine Verbindung zu dem 10 km entfernten Bungamati nachgesagt wird. Die Hindus verehren ihn als eine der vielen Formen Shivas. Rato Machhendranath gilt als der Gott der Üppigkeit und des Regens, der sogar einmal eine zwölfjährige Dürre beendet haben soll, nachdem der Heilige Gorakhnath zu den neun Regen spendenden Nags gebetet hatte. Aus diesem Grunde findet jedes Jahr im April/Mai – vor dem Beginn des Monsuns – die **Rato Machhendranath Jatra** statt (siehe „Feste und Feiertage"), zu der die Statue des Gottes in Prozessionen durch die Stadt gefahren wird. Das Fest symbolisiert die Bitte der Bewohner Patans um einen regenreichen Monsun. Alle zwölf Jahre wird das Fest besonders ausgiebig begangen und die Statue bis nach Bungamati gebracht, das nächste Mal im Jahr 2027. Üblicherweise verbringt die Statue jedes Jahr sechs Monate in Patan und die restlichen sechs in Bungamati, eine Tradition, die wahrscheinlich von *Shrinivasa Malla* eingeführt wurde, der von 1661 bis 1684 regierte. Durch die Zerstörung des Rato-Machhendranath-Tempels in Bungamati während des Erdbebens 2015 (siehe S. 211) muss die Figur vorerst ausschließlich in Patan verweilen.

Der König begründete wohl auch den Rato-Machhendranath-Tempel, der in den 70er Jahren des 17. Jh. gebaut worden sein muss, möglicherweise an der Stelle eines anderen, älteren Heiligtums. Den **Tempel** umgibt ein weitläufiger Hof, an dessen Nordseite Tierfiguren zu sehen sind, die die Monate des tibetischen Kalenders repräsentieren. Die vier Tempeltore werden von steinernen Löwen bewacht. Das doppelgeschossige Dach ist metallgedeckt, an dessen unteren Streben sind Holzschnitzereien zu sehen, die einen Vorgeschmack auf die Hölle geben. An den oberen Streben zeigen Schnitzereien Padmapani Avalokitehshvara. Die im Tempelinneren aufbewahrte Statue des Gottes ist nur ein grob bearbeitetes, rot bemaltes Stück Holz, dessen Schlichtheit fast über seine Wichtigkeit als Regenbringer hinwegtäuschen könnte.

Minanath-Tempel

Der **buddhistische** Minanath-Tempel (*mina* ist das Sternbild Fische, *nath* = „Gott") beherbergt die **Statue des Jatadhari Lokeshvara,** der eine Manifestation des Padmapani Avalokiteshvara ist. Diese Figur stellt eine Art „Assistent" des Rato Machhendranath bei dessen Prozessionen dar und wird hinter ihm hergezogen. Der Tempel, im 16. Jh. unter *Halarchan Deva* erbaut, hat eine reich verzierte Eingangstür samt darüber befindlicher Torana sowie ein doppelgeschossiges Dach.

Mahabuddha-Tempel

Der **„Tempel des Großen Buddha"** liegt in einem Hof, der einst Teil eines Klosters gewesen sein muss, umgeben von einigen unattraktiven neuen Gebäuden. Initiator des Tempelbaus war ein nepalesischer Brahmane, *Abhaya Raja,* der eine Pilgerfahrt nach Bodh Gaya in Bihar (Nordindien) unternommen hatte, dem Ort von Buddhas Erleuchtung (Bodh Gaya = „hat die Erleuchtung erreicht"). Dort zeigte sich der Pilger überaus angetan von dem Mahabodhi-Tempel, der zu Buddhas Ehren erbaut worden war. Nach seiner Heimkehr wollte er einen ähnlichen Tempel errichten lassen, dessen Mittelpunkt die Buddha-Figur sein sollte, die er aus Bodh Gaya mitgebracht hatte. Die Bauarbeiten zogen sich über mehrere Generationen hin und wurden erst von späteren Nachfahren *Abhaya Rajas* zu Ende geführt. Während des Erdbebens von 1934 wurde der Tempel schwer beschädigt und mangels Bauplänen aus der Erinnerung rekonstruiert – was dabei herauskam, entsprach jedoch nicht mehr dem Original: Nachdem die einzelnen Bruchstücke wie in einem Puzzle wieder zusammengefügt waren, blieb dummerweise eine Menge Steine übrig. Mit diesen baute man einen kleinen Zusatzschrein, der sich heute rechts hinter dem Tempel befindet. Er ist *Maya Devi,* der Mutter Buddhas, geweiht.

[>] Altüberliefertes Hochzeitsritual: Priester und Bräutigam bringen das rote Tika-Zeichen auf der Stirn der Braut an

Sämtliche Fassaden des Tempels sind mit roten Backsteinen abgedeckt, insgesamt über 9000 Stück, und jedem von ihnen wurde ein Bildnis des Buddhas eingeprägt. Die Basis der Anlage bildet ein quadratischer Sockel, über dem sich der schlanke Shikhara erhebt. Er wird von vier kleineren Turmspitzen umgeben, die jeweils an den Ecken angebracht sind.

Rudra Varna Mahavihara (Oku Bahal)

Etwas südlich des Mahabuddha-Tempels befindet sich das **buddhistische Kloster** Rudra Varna Mahavihara. Wahrscheinlich geht es auf König *Shiva Deva* zurück, der den Bau Mitte des 17. Jh. anlegen ließ. Der Tempel liegt inmitten eines Hofes, der vollgestopft ist mit Chaityas

ktm110 rk

und Statuen aller Art. Sie stellen Garudas, Elefanten, Pfauen, Betende, aber auch Premierminister *Juddha Shamsher Rana* dar, der dem Kloster nach dem Erdbeben von 1934 großzügige Finanzhilfe zur Restaurierung zukommen ließ.

Die Anlage ist rechteckig und mit einem zweigeschossigen Dach versehen, auf dessen oberem Teil sich eine Anzahl Turmspitzen erhebt. Im Inneren befindet sich eine Figur der Hauptgottheit des Klosters, des **Akshobya-Buddhas,** umgeben von vier Figuren von Bodhisattvas. Die Anlage wird heute nicht mehr als Kloster genutzt – Mönche leben dort nicht mehr. Sie ist jedoch architektonisch interessant und gut erhalten und somit ein Favorit auf dem Besuchsprogramm.

Ashoka-Stupas

Wie in der Einleitung zu Patan bereits erwähnt, sollen die **vier Stupas,** die an den Kardinalpunkten der Stadt errichtet wurden und die **Stadtgrenzen** markie-

Bei einem Stadtteilfest nur für Damen in Patan kommen – auch für den Laien sichtbar – die unterschiedlichsten Ethnien zusammen

ren, auf den indischen König *Ashoka* zurückgehen. Ashoka galt als ein glühender Anhänger der Lehre Buddhas und sandte Missionare in weite Teile Asiens aus, um die Lehre Buddhas zu verbreiten und veranlasste den Bau so manchen Heiligtums. Angeblich soll *Ashoka* angenommen haben, Buddha hätte vorübergehend im Umkreis von Patan gewohnt und daraufhin die Stadt gegründet – historisch belegbar ist diese Version allerdings nicht. So, wie die Stupas sich heute präsentieren, ähneln sie den ursprünglichen Bauten nur noch wenig. Die besterhaltene der Stupas ist die nördliche, die sich – blendend weiß gestrichen – auf der Spitze eines grasbewachsenen Hügels erhebt.

Central Zoo

Nepals einziger, relativ bescheidener **Zoo,** befindet sich im Stadtteil Jawalakhel. Angelegt von Premierminister *Juddha Shamsher Rana* im Jahr 1932 als Privatzoo, gibt es heute für jedermann Tiere aus der Himalaya-Region und dem Terai zu sehen, insgesamt 123 Spezies, u.a. Bären, Nashörner, Tiger, Panther, Hirsche und zahlreiche Vogelgattungen. Unter den Tierarten sind 14, die auf der Liste der bedrohten Arten stehen. Durch das Gelände trottet ein freilaufender Elefant, auf dem geritten werden kann. Dieser Spaß kostet allerdings unglaubliche 6000 Rs. pro Person und Stunde. Der Zoo ist sicher kein Muss auf dem Be-

ktm233 rk

suchsprogramm, andererseits auch nicht so desolat und deprimierend wie viele andere Zoos auf dem indischen Subkontinent. Geöffnet ist der Zoo Di bis So 10–17 Uhr, Eintritt für Ausländer überteuerte 500 Rs., Kinder 250 Rs. Die Benutzung einer Videokamera kostet weiterhin abschreckende 10.000 Rs.! Weitere Infos unter Tel. 01-5528323, www.ntnc.org.np.

Tibetisches Flüchtlingslager

Das „Tibetan Refugee Camp" im südwestlichen Stadtteil Jawalakhel wurde 1960 eingerichtet und ist **eines der Zentren der Teppichweberei in Nepal,** man kann bei den Arbeiten zusehen und – selbstverständlich – auch kaufen. In seiner Heimat gerät dieses Handwerk zunehmend in Vergessenheit, durch den relativ großen Zustrom von Tibetern nach Nepal wird es hier vorläufig am Leben erhalten – wobei der Tourismus eine nicht unerhebliche Rolle spielt. Das „Lager" ist heute längst eine gutbürgerliche Siedlung mit soliden Häusern, Werkstätten und Schulen. Neben Teppichen kann man auch andere Handwerksartikel oder Souvenirs erstehen, z.B. tibetische Gebetsmühlen aus Holz oder Metall.

Insgesamt leben ca. 15.000–20.000 tibetische Flüchtlinge bzw. deren Nachkommen in Nepal. Viele von ihnen sind praktisch staatenlos, erst die Nachkommen tibetischer Eltern, die ab Mitte April 1990 in Nepal geboren sind (nach nepalesischem Kalendar ab Ende des Monats Chaitra im Jahr 2046), haben ein Anrecht auf die nepalesische Staatsbürgerschaft.

Unterkunft

Patan ist eine gute Wohnalternative zum hektischen Kathmandu, vor allem wenn man sich im relativ ruhigen Bereich um den Durbar Square einmietet. Zudem findet sich hier eine ausgezeichnete Auswahl an „Heritage Hotels", angelegt in traditionellen, restaurierten alten Newar-Häusern, die in dieser geografischen Dichte ihresgleichen suchen. Die weiter außerhalb angesiedelten Hotels sind mehr oder weniger von „normalem" Stadtleben umgeben und werden eher von Tourgruppen angesteuert. Individualreisenden bieten sie gegenüber gleichwertigen Hotels in Kathmandu keine sonderlichen Vorteile.

Karte S. 118

14 Das **Mahabuddha Guest House**①-② liegt nahe der Mahabuddha Stupa und verfügt über nette kleine Zimmer mit Bad zu 8 US$ (Einzel) und 12 US$ (Doppel), dazu komfortablere Zimmer mit zusätzlichem TV und Bad zu 15/20 US$. Kostenloses (im Untergeschoss schwächliches) WiFi. Telefon 01-5540575.

4 Ausgesprochen wohnlich ist das sehr saubere, ruhige und stilvolle **Greenwich Village Hotel**④, das sich allerdings etwas in einer Seitenstraße versteckt. Das Hotel ist dennoch nicht unentdeckt geblieben und wird regelmäßig von kleineren deutschen und holländischen Reise- oder Bergtourgruppen angesteuert. Die Zimmer (Bad) sind sehr hell und blitzsauber. Einzel 85 US$, Doppel 95 US$, Deluxe 110 US$; jeweils + 13 % Steuer und 10 % Service Charge. Mit kleinem Swimmingpool, Sauna, Massage-Raum und Business-Center. Kostenloses WiFi. Kupondole Heights, Patan (Lalitpur), Kathmandu, P.O. Box 387, Tel. 01-552178, 01-5522399, www.greenwichnepal.com.

3 Ebenfalls sehr gut ist das ruhig gelegene, von einem Garten umgebene, stilvoll eingerichtete **Summit Hotel**④-⑤. Mit Pool, Fitness-Raum,

Wohnen wie die alten Newar, nur komfortabler: in Patans famosen Heritage Hotels

Karte S. 118

Mein Tipp: 11 **Newa Chen**②-③ ist ein zu einem kleinen Hotel umgebautes altes Newar-Haus, vom Ambiente her vielleicht die schönste Unterkunft am Ort. Das Haus gehört einer wohlhabenden Newar-Familie und wurde im Zuge eines UNESCO-Projektes, das sich zur Aufgabe gemacht hatte, traditionelle Newar-Häuser zu restaurieren, zu neuem Leben erweckt. Zimmer ohne eigenes Bad Einzel 35 US$, Doppel 50 US$, mit Bad 45/60 US$, dazu jeweils die üblichen Zuschläge. Frühstück inklusive. Dazu gibt es günstigere Wochentarife. Kulimha, Kobahal-9, Tel. 01-5533532, www.newachen.com.

Mein Tipp: 12 **Traditional Homes Swotha**③-⑤ ist ebenfalls ein umfunktioniertes altes Newar-Haus, mit sauberen, urgemütlich im traditionellen Stil eingerichteten Zimmern, dazu mit Dachterrasse und Innenhof. Inklusive westlichem Frühstück. Das angeschlossene 12 **Cafe Swotha**①-② (geöffnet 7–21 Uhr) bietet eine kleine, ständig wechselnde Speisekarte mit leckeren Gerichten aus Bio-Zutaten, dazu kostenloses WiFi. Das Lokal ist auch für Nichtbewohner des Hauses zu empfehlen. An lokalen Verhältnissen gemessen, ist Swotha nicht gerade günstig, abgesehen davon dürfte ein erholsamer Aufenthalt garantiert sein. Gemütlich eingerichtete EZ/DZ (Bad, Kühlschrank) 80/90 US$, dazu gibt es Suiten zu 120 und 160 US$. Hinzu kommen die üblichen Zuschläge. Preise inkl. Frühstück. Kostenloses WiFi. Swotha, Patan 44600, P.O. Box 300, Tel. 01-5551184, www.traditionalhomes.com.np.

Mein Tipp: 13 **The Inn Patan**④, neben dem *Swotha,* ist das jüngste der „Heritage Hotels" (eröffnet 2014), und bei diesem hat es der Architekt besonders gut geschafft, alte Newar-Architektur mit modernen Elementen zu verbinden. Die Zimmer sind allesamt hell und gemütlich, ausgestattet mit modernen Toiletten. Kostenloses WiFi. EZ/DZ zu 89/90 und 90/100 US$ plus Zuschläge, jeweils inkl. Frühstück. Traditional Rd., Swotha, Patan 77400, mobil: 98-01066897, Tel. 01-554783, www.theinnpatan.com.

Business-Center und Schönheits-Salon. Es gibt unterschiedliche Zimmer, Einzel 95–115 US$, Doppel 105–125 US$ in der Hauptsaison, ansonsten billiger. Zu allen Preisen + 13 % Steuer und 10 % Service Charge. Kostenloses WiFi. Kupondole Heights, Patan (Lalitpur), Tel. 01-5521810, www.summit-nepal.com.

6 Eine Luxusherberge ist das **Hotel Himalaya** ④-⑤, das sich aber näher an Kathmandu befindet als am Zentrum von Patan. Irgendwie liegt es im städtischen Niemandsland, die Lage ist also nicht besonders gut, die komfortablen Zimmer sind es allerdings schon (A.C., Heizung, TV, Internet, Mini-Bar, Telefon). Vorhanden sind ein Swimmingpool, Tennis- und Badmintonplätze sowie ein sehr gutes Restaurant. WiFi schlägt mit 10 US$ zu Buche, kostenlos nur in der Lobby – unschön und unzeitgemäß. Einzel offiziell 140 US$, Doppel 160 US$, Suite 350 US$; über die Homepage ergeben sich aber oft großzügige Rabatte; alle Preise jeweils + 13 % Steuer und 10 % Service Charge. Shahid Shukra Marg, Patan (Lalitpur), Kathmandu, P.O. Box 2141, Tel. 01-5523900, www.himalayahotel.com.np.

15 Eine sehr gute Wahl ist das **Summerhill Guest House**②-③, das sich am Südrand der Stadt, ca. 2 km von der Innenstadt entfernt, nahe dem tibetischen Flüchtlingslager befindet. Das hübsch angelegte, von einem Garten umgebene Haus hat sechs Zimmer mit Bad (h. + k. Wasser), TV, Telefon und kostenlosem WiFi. Einzel 40 US$, Doppel 48 US$, inkl. aller Steuern. Kostenloser Fahrrad-Verleih. P.O. Box 3896, Ekanta Kunta, Lalitpur (Patan), Tel. 01-

5000 810, 01-5520805, www.summerhill-house.com.

Karte S. 121

5 Das **Yala Guest House**①-② liegt an der Westflanke des Durbar Square und blickt genau auf die Ruine des durch das Erdbeben von 2015 zerstörten Char-Narayan-Tempel. Abgesehen davon ist die Lage optimal. Zimmer ohne eigenes Bad kosten 15 US$, mit Bad 20 US$, dazu gibt es ein teureres Apartment. Mit Restaurant auf der Dachterrasse und kostenlosem WiFi. Tel. 01-5522187, www.yalaguesthouse.com.

Essen

Karte S. 121

6 **Yala Layeku Kitchen** ①-② nimmt einen herausragenden Platz im ersten Stock eines Gebäudes an der Südseite des Durbar Square ein. Von allen Restaurants hat es den besten, „komplettesten" Ausblick auf den Platz. Abgesehen davon ist allein schon das Gebäude mit seinen Holzschnitzarbeiten sehenswert. Neben dekorativen Mustern finden sich an der lang gestreckten Außenfront Schnitzereien mit Götterfiguren. Zum Essen werden leckere Menü-Sets mit nepalesischer oder Newari-Küche geboten, dazu Pizza und Spaghetti. Nur Kaffee, Bier oder Saft geht aber auch. Tel. 01-5551255, www.yalalayekukitchen.com, geöffnet 9–21 Uhr.

2 Das auf einer Dachterrasse angelegte **Casa Pagoda**①-② am Durbar Square bietet sehr gute Ausblicke auf den Square, insbesondere den Mangal Hiti und den Bhimsen-Tempel. Die Speisekarte umfasst eine Mischung aus nepalesischen, chinesischen und westlichen Gerichten, und wie meist bei Lokalen, die vor allem die Aussicht verkaufen, ist das Essen eher Glücksache. Kaffee oder Bier tun es auch. Kostenloses WiFi. Tel. 01-5538980, geöffnet 8–21 Uhr.

3 Ähnlich gelagert ist das **Cafe du Temple**①-② schräg gegenüber.

4 Das im Innenhof des Patan Museums gelegene **Patan Museum Cafe** ist einen Versuch wert, es ist ein unprätentiöses Gartenlokal mit guten Pastagerichten und anderen westlichen Speisen. Die Öffnungszeiten entsprechen denen des Museums.

Die folgenden Empfehlungen liegen alle im Bereich **Jhamsikhel** nördlich des Zoos. Aufgrund seiner lebendigen Restaurant-Szene wird das Viertel scherzhaft oft „Jhamel" genannt – ein Wortspiel in Anlehnung an „Thamel".

Karte S. 118

9 **The Vesper Cafe & Restaurant**② (Jhamsikhel, Pulchowk). Ausgezeichnete italienische Küche, dazu mexikanische Gerichte, Salate (der köstliche Blue Cheese Salad ist besonders zu empfehlen), Seafood und mehr, serviert in einem charmanten Gartenlokal. Mit Bar und einer guten Weinkarte, der Hauswein namens „Vesper" ist empfehlenswert. Tel. 01-5548179, www.vespercafe.com, geöffnet 12–22 Uhr.

1 **Top of the World Coffee Shop**①-② (Arun Thapa Chowk, Jhamsikhel Marg). Ein gemütliches kleines Café, geleitet von einem Amerikaner, der nur biologisch angebauten Kaffee von nepalesischen Erzeugern serviert und die Bohnen – in verschiedenen Röstungen und Geschmacksrichtungen – im 200-Gramm-Paket verkauft. Dazu gibt es leckeren Kuchen, die relaxte Atmosphäre ist umsonst. Tel. 01-5013583, www.topoftheworldcoffee.com. Geöffnet 7–19 Uhr.

8 Sehr beliebt ist **Hermann Helmer's Bakery** ①, oder *Hermann Helmers Bäckerei und Konditorei*, wie es auch auf dem Schild zu lesen ist. Die von einem Deutschen gegründete, heute aber von einem Nepalesen geleitete Bäckerei, befindet sich in der Jhamsikhel Rd. (Tel. 01-5524900, Facebook: Her mann Helmers), westlich des Pulchowk. Brot, Kuchen (Apfelkuchen, Schwarzwälder Kirsch u.a.) und Kekse sind sehr gut. Der nepalesische Besitzer hat das Konditorhandwerk in Deutschland erlernt. Außerdem gibt es guten Kaffee zu kaufen, darunter auch organisch angebauten sowie ein sehr gutes Müsli. Geöffnet Mo–Sa 7–20 Uhr.

7 Im **Moksh**② (in Jhamsikhel, Pulchowk), kann man sich tagsüber an der recht guten Küche des Lokals laben, u.a. an italienischen und indischen Gerichten. Di, Fr und Sa wird abends Live-Rock oder andere Musik von lokalen Musikern und gelegentlich von Kollegen aus Indien geboten. Der Eintritt kostet dann bis zu 300 Rs. Tel. 01-5528362, Facebook: MokshJhamsikhel, geöffnet 10–23 Uhr.

Siehe auch **Farmers' Market,** S. 105.

Anreise

■ **Von Kathmandu** ist es eine **mühelose Fahrradfahrt** nach Patan, auch wenn sie auf einigen unangenehm verkehrsreichen Hauptstraßen verläuft – der Verkehr ist teilweise horrend und damit einhergehend die Abgase. Vom Zentrum Kathmandus bis zum Durbar Square in Patan sind es ca. 5 km, ab Thamel ca. 6–7 km.

■ **Busse ab Kathmandu** fahren vom City Bus Park (Old Bus Park, Ratna Bus Park), vom Kantipath nahe dem Nepal-Airlines-Büro und von der Gongabu Bus Station ab, Kostenpunkt um die 20 Rs. Die Busse halten am Patan Gate, nur einen kurzen Fußweg vom Durbar Square entfernt. Besonders empfehlenswert sind die Busse allerdings nicht, wenn man bedenkt, dass man in Kathmandu erst mehrere Kilometer zur Busstation laufen oder ein Taxi dorthin nehmen muss. Falls man nicht auf jeden Cent achten muss, kann man gleich mit einem Taxi fahren.

■ **Taxis** vom Zentrum von Kathmandu (New Road) bis zum Durbar Square in Patan würden per Taxameter ca. 200 Rs. kosten; da es mit dem Taxameter aber nicht klappt, sollte man besser ca. 300 Rs. veranschlagen. Ab Thamel ist mit mindestens 400 Rs. zu rechnen. Die Zielnennung „Durbar Square“ wird nicht von allen Fahrern verstanden, also besser den darauf stattfindenden Markt „Mangal Bazar“ als Fahrtziel angeben (sprich „Mangal Basaar“). Man braucht den Fahrer nicht für die Rückfahrt warten zu lassen, am Durbar Square parken meist einige Taxis.

Prepaid-Taxis ab dem Flughafen bis zum Durbar Square und die meisten Bereiche von Patan kosten 800 Rs.

„Wieviel Eier brauchst Du? Ok, ich komme!“ – Ambulanter Eierhändler in einer Nebengasse des Durbar Square in Patan

ktm206 rk

ktm144 rk

3 Kathmandu Valley

Uralte, verwittert wirkende Dörfer, Tempelanlagen mit langer und spannender Geschichte, dazu fruchtbare Tallandschaften und ringsherum hohe Berge – das Kathmandu Valley präsentiert sich als eine äußerst gelungene Mischung, ideal für Freunde von Kultur als auch Natur, für Urlauber als auch Abenteurer.

◁ In der Regenzeit erblüht das Kathmandu Valley in sattem Grün – hier bei Panauti

3

ktm141 rk

KATHMANDU VALLEY

Das kulturelle Herzstück des Kathmandu Valley ist die alte **Königsstadt Bhaktapur,** eine Art lebendiges Freilichtmuseum mit verwinkelten schmalen Gassen und zahllosen alten Tempeln und Schreinen. Neben Kultur lockt auch aber die **Natur,** und so gibt es viele kleinere, wunderschön gelegene Orte und Dörfer zu besuchen, die man leicht per Taxi oder Mountain-Bike oder – vielleicht am einprägsamsten – auch mit forschem Wanderschuh erreichen kann.

NICHT VERPASSEN!

- Die Stadt **Bhaktapur,** beinahe eine Art kulturelles Open-Air-Museum – die wohl noch ursprünglichste der drei alten Königsstädte des Kathmandu Valley | **160**
- **Nagarkot,** der beste Ort, sich in die Berge zurückzuziehen, mit (zur richtigen Jahreszeit) großartigen Ausblicken auf den Himalaya | **187**
- **Panauti,** eine idyllisch am Zusammenfluss zweier Flüsse gelegene kleine historische Stadt und ein kleines unentdecktes Juwel in diesem mit Sehenswürdigkeiten übersäten Tal | **197**
- Das altertümliche **Kirtipur,** eine der wichtigsten Ansiedlungen der Newar, der „Ureinwohner" des Kathmandu Valley | **213**

Diese Tipps erkennt man an der gelben Hinterlegung.

[>] Das tibetisch-buddhistische Kloster Neydo Tashi Choeling in Pharping ist in spektakuläre Landschaft eingebettet

Überblick

Vor einem Jahrhundert noch waren die Begriffe Kathmandu oder Kathmandu Valley zumeist gleichbedeutend mit Nepal. **Das Tal war eine Welt für sich,** weitgehend abgeschlossen und nur auf wochenlangen Fußmärsche von Indien aus zu erreichen; selbst vom „Rest" des Landes war es weitgehend isoliert. Ältere Nepalesen können noch davon berichten, wie sie zu Fuß von Pokhara nach Kathmandu gewandert sind – eine Woche oder zehn Tage lang. Der Bau der Fernstraßen nach Indien, Tibet und in abgelegene Landesteile sowie der Flugverkehr haben die Situation grundle-

Kathmandu Valley

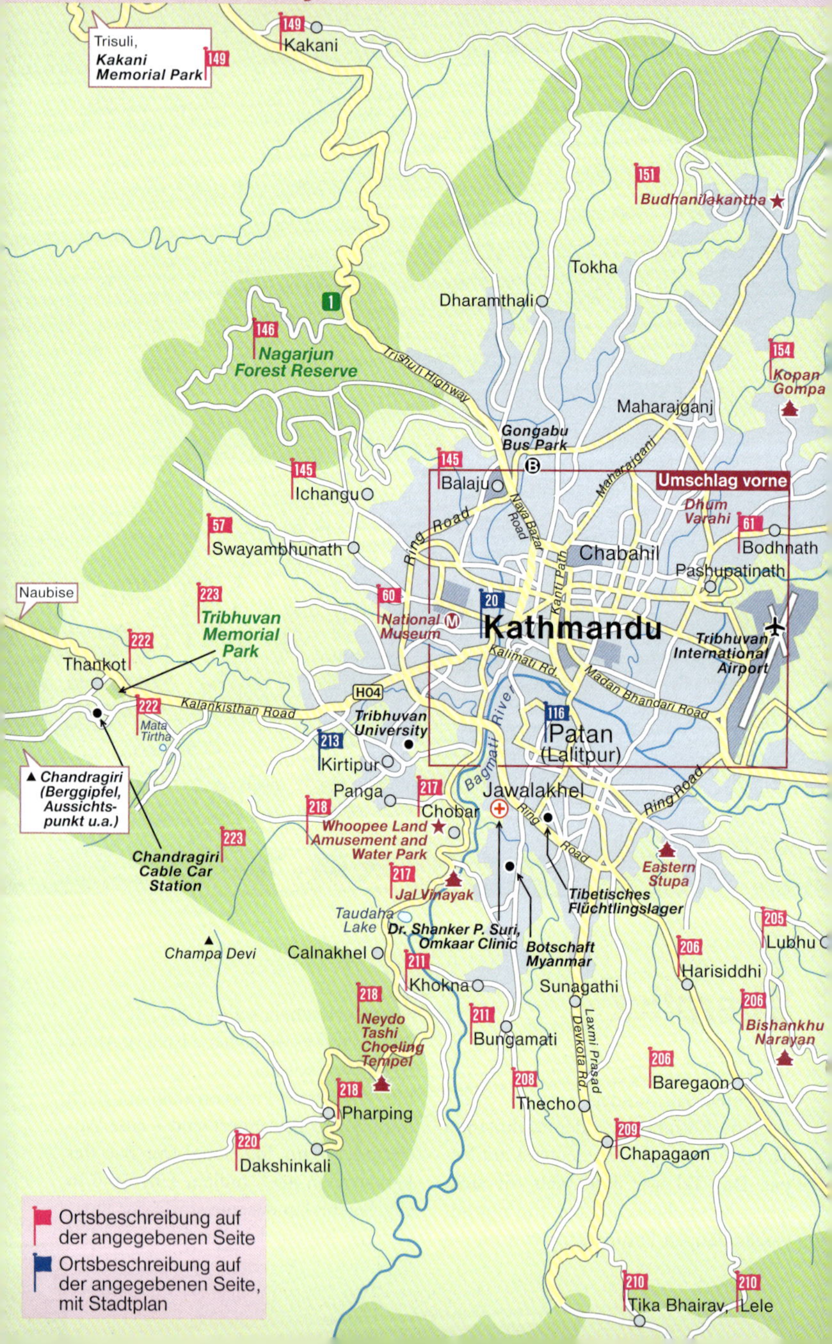

0
5 km
©Reise Know-How 2017
KathmanValleyU3_DS
Shivapuri
Shivapuri National Park
153
191
153
Nage Gumba
154
Kopan
Mulkharka
Bhotecaur
Thakle
157
Sundarijal
Ghumarcok
159
Vajra Yogini
155
Gokarna
155
Gokarna-Mahadev-Tempel
150
Gokarna Game Reserve
158
Sankhu
184
Changu
184
Changu Narayan
Manohra River
Nagarkotphedi
187
Nagarkot
Jaukhel
Bhode
Nagadish
182
Thimi
Arniko Highway
160
Bhaktapur (Bhadgaon)
Surya Binayak
2
H03
196
Nala
193
Sanga
193
Kailashnath-Mahadev-Statue
194
Chandeshvari-Tempel
193
Banepa
200
Dhulikhel
177
Surya-Binayak-Tempel
207
Godavari Botanical Gardens
207
Godavari
203
203
Stupa von Namobuddha,
Palanchowk-Bhagvati-Tempel,
Barabise
Übernachtung
2 Bhaktapur Paradise Hotel
Sonstiges
1 Osho Tapoban (Meditation, Yoga)
197
Panauti
Pulchowki 2762 m
208
207
Pulchowki

gend verändert. Selbst hoch gelegene Bergorte sind per Flugzeug zu erreichen. Kathmandu und das umliegende Tal sind jedoch immer noch das unangefochtene **Zentrum des Tourismus** in Nepal, was sicher an der Vielzahl von Sehenswürdigkeiten liegt und auch an der sehr guten touristischen Infrastruktur. Das zweite große Tourismuszentrum ist **Pokhara,** 200 km westlich von Kathmandu gelegen.

Man könnte gut drei oder vier Wochen in Kathmandu verbringen und dabei täglich Ausflüge in die Umgebung unternehmen und hätte noch immer nicht alles gesehen. Angesichts der städtischen Enge in Kathmandu, des Verkehrs und des damit verbundenen Lärms werden aber die kleineren Orte im Kathmandu Valley als **Wohnalternative zu Kathmandu** immer attraktiver. Mancher Reisende zieht es heute vor, außerhalb der Hauptstadt zu wohnen und die Stadt in Tagesausflügen zu besuchen – oder um Notwendiges einzukaufen – anstatt umgekehrt. Das Kathmandu Valley ist immer noch weitgehend ein **ländliches Idyll,** ein Patchwork aus Reisfeldern, alten Tempelanlagen, Wäldern, Hügeln und Bergen. In kleinen Orten wie Panauti, Nala oder Bungamati scheint die Zeit stehen geblieben zu sein. Am Rande des Tals locken noch ausgedehnte Waldgebiete mit einer reichen Tierwelt, die sich wie ein grüner Ring um einen Großteil des Tals schmiegen. Es ergeben sich zahlreiche Postkartenanblicke in diesem sogenannten „Tal der Götter".

Das Kathmandu Valley ist im Durchschnitt **30 km lang** und **20 km breit** und umfasst über **60 Orte bzw. Dörfer.** Etwa die Hälfte davon werden im Folgenden beschrieben. Die relativ geringe Ausdehnung des Tals ermöglicht die Anfahrt zu den meisten Zielen per Fahrrad. Einige am Rand des Tals und sehr hoch gelegene Orte (z.B. Kakani, Pulchowki, Nagarkot) erfordern allerdings eine gute Kondition und wenn möglich ein Mountainbike.

Ansonsten sind diese Orte mit dem öffentlichen **Bus** oder per Taxi zu erreichen. Die Busse sind zwar spottbillig, dafür aber auch langsam und meist extrem voll. Wer es sich leisten kann – und das ist bei den Preisen in Nepal nicht sehr schwer –, ist besser mit dem **Taxi** beraten. Und natürlich geht es auch zu Fuß: Das Kathmandu Valley bietet großartige **Wandermöglichkeiten,** ohne dass man sich dabei zu weit von der „Zivilisation" oder bequemen Unterkünften und einem abendlichen Bier entfernen muss.

Die folgenden Ausflugsvorschläge sind so angelegt, dass jeweils mehrere Orte oder Sehenswürdigkeiten hintereinander besucht werden können. Einige der Routen führen über die Städte Patan, Kirtipur und Bhaktapur (siehe dort).

Es empfiehlt sich, ausreichend **Bargeld** mitzunehmen, da außerhalb von Kathmandu nur wenige Bankautomaten anzutreffen sind (so in Balaju, Patan, Bhaktapur/Durbar Square, Nagarkot (zurzeit nur einer), Dhulikhel und Banepa). In gehobenen Guest Houses und Hotels besteht die Möglichkeit, per Kreditkarte zu bezahlen, nicht aber in Billigunterkünften.

Swayambhunath – Ichangu Narayan

Ab der Kathmandu umgebenden Ring Road führt westlich von Swayambhunath (siehe „Kathmandu/Sehenswertes am Stadtrand“) eine nicht asphaltierte Straße in Richtung des Dorfes **Ichangu** mit seinem Tempel Ichangu Narayan (6 km ab Kathmandu). Kurz nach der Abzweigung von der Ring Road steigt die Straße kurz, aber sehr steil an, sodass altersschwache Autos hier eventuell aufgeben müssen. An dieser Stelle ergibt sich ein guter **Ausblick auf Kathmandu.** Nach der Steigung wird die Straße schmaler, ist aber noch für Autos befahrbar. Sie führt nun vorbei an idyllischen kleinen Newar-Siedlungen, Feldern und Hügeln, und man könnte glauben, Kathmandu sei einige Tagesreisen entfernt.

Ab der Steigung sind es ca. 2,5 km bis nach Ichangu, wo die Straße praktisch direkt auf einen Hof zuläuft, in dem sich der **Ichangu-Narayan-Tempel** befindet. Dieser gehört zwar zu den wichtigsten Vishnu-Tempeln des Kathmandu Valley, sieht aber relativ unauffällig aus. Hier bewahrheitet sich die Zen-Maxime vom Weg, der das Ziel ist: Tatsächlich gibt der Tempel optisch nicht viel her, allein der Weg dorthin ist jedoch sehenswert. Der Tempel stammt aus dem 17. Jh., an der gleichen Stelle hatte sich aber schon seit 1512 ein Vorgängerbau befunden. Vor dem Tempel stehen zwei Säulen, die oben mit Vishnus Symbolen besetzt sind, einem Diskus und einer Muschel.

Von Ichangu bietet sich für Wanderfreunde ein ca. dreistündiger Fußmarsch zum Gipfel des Nagarjun-Berges **(Nagarjun Stupa)** an (siehe folgendes Kapitel).

Anreise

- Die Fahrt **mit dem Fahrrad** ist sehr lohnenswert, die Strecke ist außer in der Regenzeit leicht zu befahren, und bei besagter kurzer Steigung muss halt einige Meter geschoben werden.
- Nach Ichangu fahren **keine Busse,** die Bevölkerung fährt bis zur Ring Road und geht dann die restlichen 3 km zu Fuß – kein Problem für ein Volk, das Fußwege oft in Tagen misst statt in Stunden.
- **Taxis** ab Kathmandu müssten einfach ca. 300–400 Rs. kosten. Da der Fahrer aber höchstwahrscheinlich keinen Rückpassagier bekommen wurde, ist eher mit dem Doppelten zu rechnen. Zudem weigern sich viele Fahrer, die Strecke zu fahren, die oft in schlechtem Zustand ist, besonders in der Regenzeit – und die tückische Steigung schafft auch nicht jedes Taxi. Falls das Taxi doch bis zum Tempel fährt, so sind für Hin- und Rückfahrt plus einer Wartezeit von einer Stunde mindestens 800 Rs. zu veranschlagen; bei einem zusätzlichen Aufenthalt in Swayambhunath entsprechend der dortigen Wartezeit etwas mehr.

Balaju – Nagarjun Stupa – Kakani

Balaju

Balaju, 5 km nördlich vom Zentrum von Kathmandu gelegen, ist so etwas wie das **Industriegebiet** der Stadt, mit diversen Fabriken, die keine Augenweide sind. Früher war Balaju eine eigenständige Ortschaft, doch das Wachstum Kathmandus hat es „geschluckt" und zu einem Vorort der Metropole gemacht.

Die Hauptsehenswürdigkeit hier bildet der **Balaju Water Garden,** ein netter kleiner Park, der um einen Wassertank angelegt ist. Dieser Wassertank wird aus 22 Hähnen gespeist, die eine gesamte Längsseite des Tanks einnehmen – 22 Hähne stellt den nepalesischen Rekord für einen Wassertank dar, der Park wird deshalb im Volksmund auch **Baiis Dhara Balaju** genannt, „Balaju mit den 22 Strömen" (geringe Eintrittsgebühr). An Wochenenden halten viele Einwohner Kathmandus hier Familientreffen oder Picknicks ab, und vor allem die Kinder planschen fröhlich im Wasser herum.

Als weitere Attraktion gilt die **Kopie des „Schlafenden Vishnu" von Budhanilakantha** (s. folgendes Kapitel). Vom Parkeingang aus gesehen befindet sie sich in der vorderen rechten Ecke des Parks. Der Vishnu liegt in einem Bett aus ineinander verwobenen Riesenschlangen und ist von einem Teich umgeben. Seine Länge beträgt etwa 2,5 m, womit er ungefähr halb so groß ist wie das Original in Budhanilakantha. Obwohl dieser Vishnu stets als die Kopie bezeichnet wird, ist historisch nicht belegt, welche der beiden Figuren tatsächlich die ältere ist. Als Nepal noch eine Monarchie war, durften die Könige aufgrund eines Aberglaubens Budhanilakantha nicht besuchen (s.u.) und mussten sich stattdessen mit dieser kleineren Figur begnügen.

Vor dem Schlafenden Vishnu steht ein **Tempel der Shitala Mai,** der Göttin der Pocken, aus dem 19. Jh. Um den Tempel gruppieren sich einige Figuren von Bhagvati, Ganesh und Hari Shankar sowie eine Figur der Göttin selber, die aus dem 14. Jh. stammt.

Anreise

- Ab Kanthipath, gegenüber dem Rani Pokhri, fahren schrecklich unbequeme Winzlingsbusse, sogenannte **Tempos,** nach Balaju (ca. 20 Rs.).
- **Taxis** ab Thamel zu ca. 300 Rs., hin und zurück 500 Rs.

Nagarjun Stupa (Jamacho)

Etwa 2 km nördlich von Balaju befindet sich die Zufahrt zum **Nagarjun Forest Reserve** oder **Rani Ban** („Wald der Königin"). Der Wald ist von einer Mauer umgeben, die sich an ihrer Südseite bis nach Balaju erstreckt. Dieser Wald zählt neben der Gokarna Forest Reserve und Pulchowki zu den letzten ursprünglichen Dschungelgebieten des Kathmandu Valley und ist wohl das beeindruckendste. Der Wald ist so dicht, dass an manchen Stellen kein Tageslicht hindurchdringt, und er beherbergt eine Vielzahl von Tierarten, darunter Fasane, Hirsche und zahlreiche Vogelgattungen. Ornithologen haben hier ihre helle Freude. In jüngerer Vergangenheit sollen sogar noch Tiger gesehen worden sein.

Die herrliche Natur und vor allem der Wildreichtum zogen schon im letzten Jahrhundert die nepalesischen Könige an, die hier eine **Jagd- und Ferienresidenz** einrichten ließen. Heute lebt hier

[>] Landschaft bei Kakani – in der Umgebung werden leckere Erdbeeren angebaut

der **ehemalige König Gyanendra,** der letzte König Nepals, der seinen Thron 2008 räumen musste (s. „Geschichte"). Die Residenz liegt am Ende eines als „Sackgasse" ausgeschilderten Weges, der rechts vom Hauptweg abzweigt. Der Zugang ist verboten, und Leute, die zu nahe kommen, werden sich mit Sicherheitspersonal konfrontiert sehen.

Folgt man dem Hauptweg in Richtung des Nagarjun-Gipfels, passiert man zunächst einen **Kontrollposten,** der nach Waffen oder gewilderten Tieren sucht. Ausländer werden in der Regel nur sehr oberflächlich kontrolliert, wenn überhaupt.

Hinter dem Posten wird der Weg zunehmend schlechter – er gehört sicher zu den schlechtesten im Kathmandu Valley – und führt in unzähligen Serpentinen durch dichten Dschungel zum Gipfel des Nagarjun-Berges. Ab der Zufahrt zum Nagarjun-Wald sind es ca. 15 km bis dorthin. Der Gipfel wird auf Newari *Jamacho* genannt, ist aber bekannter unter dem Namen **Nagarjun Stupa,** nach der Stupa, die sich darauf befindet. Die Stupa selber ist nichts Außergewöhnliches, sie ist aber immerhin mit Hunderten von bunten Gebetsfahnen behängt, die den Eindruck eines vorangegangenen Volksfestes aufkommen lassen. Tatsächlich finden sich an Feiertagen und am Wochenende zahlreiche Bewohner Kathmandus hier zum Picknick ein. Es ist ein sehr malerischer und wunderbar ruhiger Ort, außer eben an Feiertagen oder Wochenenden.

Die Nagarjun Stupa steht in einer Höhe von 2096 m, der **Ausblick** von dort ist atemberaubend. Man hat freien Blick auf den Ganesh Himal, Langtang und das Kathmandu Valley. Außerdem sieht man natürlich auch das weit ausgedehnte Häusergewirr von Kathmandu sowie die Stupa von Swayambhunath. Neben der

ktm143-rk

Gipfelpanorama Kakani

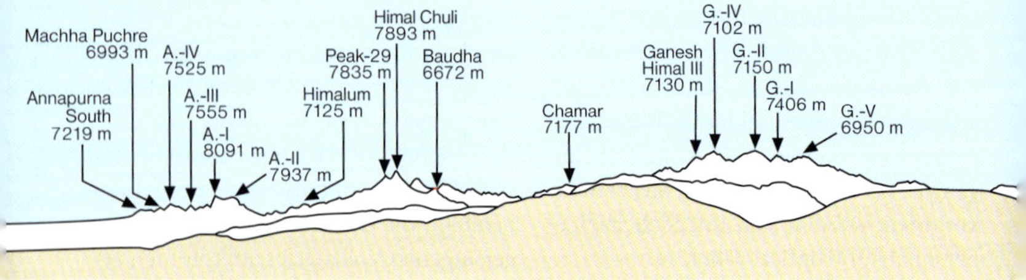

Stupa steht ein Aussichtsturm, der dem Gipfel noch einige Meter draufsetzt. Diese Stelle ist sicher eine der schönsten in der Umgebung.

Etwa 4 km weiter entlang der Straße in Richtung Kakani und Trisuli, an der linken Straßenseite, befindet sich 1 **Osho Tapoban** (s. Karte S. 142), ein Meditationszentrum der Osho-Kommune (Tel. 01-5112012/3, 01-5112062, www.tapoban.com). Hier werden 3- bis 7-tägige Meditationskurse oder spirituelle Lehrgänge abgehalten. Unterbringung in kleinen Cottages, allerdings stehen diese nur Mitgliedern der Osho-Bewegung und Kursteilnehmern zur Verfügung.

Sicherheitshinweis: 2005 wurde eine deutsche Touristin, die den Nagarjun Forest alleine durchwanderte, ermordet. Eine französische Touristin verschwand spurlos. Zuvor war eine andere deutsche Touristin in dem Gebiet überfallen und beraubt worden. Die Fälle konnten nie aufgeklärt werden. Nach 2005 ist kein ähnlicher Fall bekannt geworden, dennoch ist von Solo-Wanderungen abzuraten. Das gilt natürlich verstärkt für Frauen und nicht nur in diesem Waldgebiet. Am Eingangstor haben sich Besucher namentlich in eine Liste einzutragen und bei Verlassen des Gebiets wieder gegenzuzeichnen.

Eintritt

- Der Zutritt zum Nagarjun Forest Reserve kostet für Ausländer 250 Rs., dazu für Fahrrad/Motorrad/Auto bzw. Taxi 10/30/100 Rs. Geöffnet in den Wintermonaten 7–17 Uhr, ansonsten 7–19 Uhr.

Anreise

- Alle **Busse,** die in Richtung Kakani fahren, passieren die Zufahrt zum Wald, wo sich auch ein Kassenhäuschen befindet (von Kathmandu kommend auf der linken Seite). Von hier sind es allerdings noch 15 km bis hoch zur Nagarjun Stupa. Diese sind **zu Fuß** zu bewältigen. Die Busse fahren am Lekhnath Marg in Kathmandu ab und kosten bis Nagarjun ca. 20 Rs.
- Bequemer ist ein **Taxi.** Wer bis zur Stupa fahren will, muss einen für die Kilometerzahl unverhältnismäßig hohen Preis zahlen, da die Strecke in einem sehr schlechten Zustand ist. Hin- und Rückfahrt samt Aufenthalt von einer Stunde dürften ca. 3000–4000 Rs. kosten. Viele Fahrer sind die Strecke noch nie gefahren und deswegen bei der Streckeneinschätzung und Preisveranschlagung recht unsicher.
- Wandernaturen böte sich ein herrlicher **Fußweg** (ca. 3 Std.) ab Ichangu Narayan an (s. vorangegangenes Kapitel). Dort zeigt man gerne den Pfad, wo's langgeht. Der Aufstieg ist teilweise recht steil, sodass eine gut Kondition sicher nicht schaden kann.

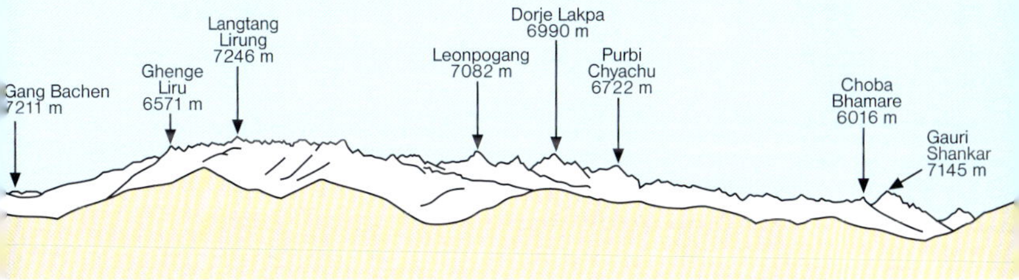

Kakani

Die Straße, die am Nagarjun Forest Reserve vorbeiführt, windet sich weiter in nordwestliche Richtung durch eine wunderschöne Berglandschaft, die Ausblicke auf den majestätischen Nagarjun-Wald erlaubt. Diese Strecke gehört zu den schönsten im Kathmandu Valley. Nach 26 km (ab Kathmandu) erreicht man – nach einer Abzweigung von der Hauptstraße – den Ort Kakani auf 2073 m Höhe; es ergeben sich **herrliche Ausblicke** auf den Ganesh Himal und den westlichen Himalaya. Dies ist der Kathmandu am nächsten gelegene Ort, der solche großartige Bergpanoramen bietet. Die Aussicht ist jedoch nicht so spektakulär wie in Nagarkot, folglich finden sich **nur wenige Touristen** ein. Einige Unterkünfte, die in der Vergangenheit eröffnet wurden, schlossen alsbald wieder. Die meisten Einwohner des Ortes gehören zur Volksgruppe der Tamang.

Kakani, am Nordwestrand des Kathmandu Valley gelegen, bietet sich gut als Ausgangspunkt für eine Reihe von **Trekking-Touren** an, u.a. nach Nagarkot, Shivapuri und Trisuli. Ansonsten ist die touristische Infrastruktur äußerst begrenzt.

Im Südosten des Ortes, und nur wenig östlich des Kakani View Hotels an Kakani Park Marg, ist auf einer Anhöhe der **Kakani Memorial Park** eingerichtet, der den Toten eines Flugzeugabsturzes von 1992 gewidmet ist. Eine Thai-Airways-Maschine war beim Anflug auf Kathmandu bei Kakani in einen Berg gestürzt. Alle Personen an Bord kamen dabei ums Leben.

Westlich des Kakani View Hotels liegt der **Kakani View Picnic Park,** ein kleiner Park mit sehr guter Aussicht auf die Berge.

Unterkunft/Essen

Im südlichen Bereich von Kakani, nahe der Hauptstraße von Kathmandu aus (Trisuli Highway) liegt das **Green Village Resort and Trout Farm** ②-③. Der Haupt-Clou ist, wie der Name besagt, die angeschlossene Forellenfarm, deren Erzeugnisse im hauseigenen Restaurant genossen werden können. Man kann sich die Forellen auch selber angeln. Das Essen wird durch einen Erdbeerwein abgerundet, der aus lokalen Früchten gekeltert wurde. Kakani ist als Anbaugebiet für Erdbeeren bekannt; alle Erdbeeren, die man in Kathmandu kauft, stammen von hier. Zur Übernachtung stehen Zimmer mit Bad (h+k Wasser) und TV zur Verfügung. Preis ab ca. 30 US$ inkl. Frühstück. Man vergewis-

sere sich telefonisch oder schriftlich, die Preise für Ausländer sind flexibel. Kakani Rd., Okhar Pauwa, Tel. 01-621 8065, mobil: 98-51053144 oder 98-60360497/9, Facebook: Green Village Resort and Trout Farm Kakani.

Der liegende Vishnu von Budhanilakantha – Priester beim Opferritus

■ Das **View Himalaya Resort**① befindet sich etwas weiter östlich an der Straße nach Shivapuri. Vor dem Haus tut sich ein steiler Abgrund auf – die Aussicht ist spektakulär. Einfache, aber saubere Zimmer mit TV, kostenlosem WiFi und Bad (h+k Wasser) je nach Ausstattung und Saison ca. 1000–2000 Rs. Teurere Zimmer mit Balkon. Ein **Restaurant**① ist vorhanden. Kakani Park Marg, mobil: 98-51047894, www.viewhimalayaresort.com.

■ Das **Kakani Mountain View Hotel & Resort** ② liegt an der Straße zum Taragaon Resort. Dessen sieben Zimmer (Bad; h. + k. Wasser) sind die besten am Ort, sauber und freundlich eingerichtet. Preis je nach Ausstattung 2000/2500 Rs. Kostenloses WiFi.

ktm030 rk

Kakani Park Marg, mobil: 98-02010210, www.kakanimountainview.com.

Anreise

- **Busse** fahren ab der Gongabu Bus Station bis Kaulithana (Busse in Richtung Dhunche, Ranipauwa oder Trisuli Bazar; ca. 70 Rs.); von Kaulithana ist es noch ein Fußweg von 3 km bis Kakani.
- **Taxis** ab Kathmandu kosten ca. 2000 Rs. einfach; Hin-und Rückfahrt samt einstündigem Aufenthalt ab ca. 2500 Rs.
- **Pre-paid Taxis** ab Flughafen kosten 3000 Rs.

Budhanilakantha – Shivapuri – Dhum Varahi

Budhanilakantha

Maharajganj, die Ausfallstraße Richtung Nordosten, führt von Kathmandu nach Budhanilakantha (9 km), **einer der wichtigsten Vishnu-Figuren des Landes** und einer der ungewöhnlichsten dazu. Die Figur zeigt Vishnu, den Urheber der Welten, der rücklings auf dem kosmischen Ozean liegt. Der Mythologie zufolge entspross seinem Nabel ein Lotus, aus dem Brahma geboren wurde, der seinerseits die Welt erschuf. Die Figur ist ca. 4,5 m lang und ruht auf einem Bett aus ineinander verflochtenen Schlangenkörpern, die Teil der elfköpfigen Riesenschlange Ananta („Die Unendliche") sind. Vishnu scheint überirdisch friedlich über dem kosmischen Ozean zu treiben, was von Tauben ausgenutzt wird, die ihn als Start- und Landebahn missbrauchen. Der Teich um den Vishnu ist umzäunt, und nur Hindus haben am Fußende der Figur Zutritt in den Innenbereich. Nicht-Hindus bleibt der Blick durch die Zaunlatten, der aber auch schon lohnt. Auch das Fotografieren ist im Grunde nicht gestattet, durch die Zaunlatten hindurch geht es allerdings schon, und niemand stört sich daran.

Der Budhanilakantha stammt wahrscheinlich aus dem 7. Jh. und wurde **aus einem einzigen Stein gehauen.** Der Legende nach war die Figur ursprünglich in der Erde vergraben, bis ein Bauer beim Pflügen an sie stieß und sie zu bluten begann. Budha bedeutet „im Schlamm vergraben", Nilakantha oder „Blaukehle" ist ein anderer Name für Vishnu. Die nepalesischen Könige, die selbst als eine Inkarnation Vishnus betrachtet wurden, durften die Figur früher niemals sehen, sonst hätten sie sofort sterben müssen – das besagte zumindest eine alte Überlieferung. Folglich hatten sich die Könige mit der kleineren Kopie in Balaju (siehe dort) zu bescheiden.

Um den Teich mit dem Budhanilakantha herum befinden sich einige weitere Schreine, ein Shiva-Lingam und auch einige Gebäude neueren Datums. Am Tempel finden sich einige kleine **Restaurants und Geschäfte,** und wer den Shivapuri Hill hinaufwandern will (s.u.), hat hier noch eine letzte Möglichkeit, sich mit Nahrungsmitteln einzudecken.

Im November füllt sich das Gelände mit Tausenden von Pilgern, die dort das **Baikuntha-Chaturdasi-Fest** begehen. Der Mythologie gemäß schläft Vishnu die vier Monsun-Monate hindurch und zum Feiertag Baikuntha Chaturdasi erwacht er. Täglich findet hier gegen 9/10 Uhr eine Puja statt, zu der ein Priester das Gesicht des Vishnu wäscht und Gläubige ihre Opfergaben ablegen. Das Ganze wird von Schellen und dem Klang diverser Glocken lautstark untermalt.

Unterkunft/Essen

■ Ca. 200 m vor Budhanilakantha liegt etwas abseits der Hauptstraße das **Park Village Resort** ③-⑤ (Tel. 01-4700632, 01-4700733, www.ktmgh/park-village-resort.com). Die Zimmer in dem ganz annehmlichen, aber teilweise nach Feriensilo aussehenden Resort kosten Einzel 75–145 US$, Doppel 85–170 US$, + 13 % Steuer und 10 % Service Charge. Trotz der hohen Preise haben die billigsten Zimmer kein A.C. Mit Pool, Sauna, Jacuzzi, Tennisplatz, Jogging-Strecke, Fitness-Raum, Yoga- und Meditationskursen – eine Unterkunft für körperlich Aktive also. Dazu mit Multi-Cuisine-Restaurant. WiFi ist kostenpflichtig. Kostenloser Pendelverkehr von und nach Kathmandu (Thamel).

■ **Shivapuri Heights Cottage**③-⑤ ist vielleicht eine bessere Wahl, hier stehen urige Cottages am Rande des Shivapuri National Park (s.u.), umgeben von satter Natur und mit großartiger Aussicht. Dies ist ein perfekter Ort zur Erholung mit ayurvedischer Massage und Yoga. Zimmer in gemütlichen Cottages zu Einzel 75–130 US$, Doppel 110–170 US$; für 260 US$ kann man ein ganzes großes Cottage mit 3 Zimmern anmieten, und für 45 US$ gibt es Zeltunterkunft, und zwar in Zelten, die unter einer Art solidem Überbau oder Dach stehen, das gegen die Unbilden der Natur schützt. Mobil: 98-41371927, 98-51012245, www.shivapuricottage.com. Um dort hinzugelangen, nehme man ein Taxi bis zum ISKCON-Center (s.u.), von wo es noch ein 15-minütiger steiler Fußweg ist. Mit Vierradantrieb kommt man noch etwas näher an die Cottages heran. Bei Buchung sorgt das Unternehmen für die Anreise.

■ Etwa 1 km nordwestlich von Budhanilakantha befindet sich das **nepalesische Zentrum der ISKCON- oder „Hare-Krishna"-Bewegung** (Vishnu Gaun Panchayat, Ward Nr. 2, Tel. 01-4373790, mobil: 98-01205731, www.iskconnepal.org. Der Tempel sieht eher aus wie ein hochherrschaftlicher Adelssitz, darin werden aber von 4.30–21 Uhr intensive hinduistische Gebetszeremonien praktiziert. Jedermann hat Zutritt. Der Anlage ist auch eine *goshala* angeschlossen, eine „Kuh-Herberge", in der Kühe gehegt und gepflegt, aber auch zur Milchproduktion gehalten werden. In einem **Guest House** besteht preiswerte Unterkunftsmöglichkeit, Vorbuchzeit mind. 4 Wochen. Mitglieder der ISKCON-Bewegung (i.d.R. Laien, die eine Mitgliedschaftsgebühr zahlen) haben Vorrang. Nicht-Mitglieder sind ansonsten willkommen, es gelten aber einige strikte Regeln: Rauchen und der Konsum von Alkohol oder Drogen sind in allen Bereichen untersagt. Im hauseigenen V **Govinda Restaurant**①-② wird sehr leckeres vegetarisches Essen serviert (11–18 Uhr). Das Essen ist „sattvic", d.h. ohne Zwiebeln, Knoblauch oder übermäßige Würzung zubereitet, da diese das Gemüt „erhitzen" sollen und im orthodoxen Hinduismus verpönt sind.

Anreise

- Die Strecke ist kein Problem mit dem **Fahrrad,** es geht nur minimal aufwärts.
- **Busse** der Linie 5 fahren etwa jede Viertelstunde ab der City Bus Station (Old Bus Station), kleine Tempos starten ab der Nordseite von Rani Pokhri. Fahrzeit ca. 1 Std., Fahrpreis ca. 20 Rs.
- Mit dem **Taxi** kostet die einfache Strecke ab Thamel per Taxameter ca. 600–700 Rs. Hin- und Rückfahrt plus einstündigem Aufenthalt sollten ca. 1000 Rs. kosten.

Shivapuri National Park

Etwa 2 km nördlich von Budhanilakantha beginnt an einem Kontrollposten der Aufstieg zum **Shivapuri Hill** (2725 m), dem zweihöchsten Gipfel am Rande des Kathmandu Valley. Der Berg liegt inmitten des 144 km² großen Shivapuri National Park. Das Areal wurde zum Schutzgebiet erklärt, um erstens den ursprünglichen Wald zu erhalten, zweitens sollte auf diese Weise **Kathmandus Wasserversorgung** sichergestellt werden, denn ein Viertel des dort verbrauchten Wassers stammt aus diesem Gebiet. Außerdem ist der Nationalpark der Lebensraum von 177 Vogelarten, von Schwarzbären, Wildschweinen, Hirschen, Affen und Leoparden. Der Shivapuri-Park ist der Kathmandu am nächsten gelegene Nationalpark.

Die Straße den Shivapuri Hill hinauf ist mit einem Auto relativ gut befahrbar und bietet mit steigender Höhe exzellente Ausblicke. Etwa 6 km nach dem Kontrollposten erreicht man **Nage Gumba,** ein **buddhistisches Frauenkloster** mit einigen sehr freundlichen Nonnen, die sich hier einem Leben der Meditation verschrieben haben. Das Kloster liegt wunderbar, ein Rasenplatz vor einem der Gebäude bietet eine erholsame Ruhestelle, und man hat freien Ausblick auf Budhanilakantha und Kathmandu.

Vom Kloster führt ein Pfad zum Shivapuri-Gipfel, der in ca. 2 Stunden zu bewältigen ist. Nach einer 2½- bis 3-stündigen **Wanderung** kann man vom Kloster auch Gokarna (s.u.) mit der sehenswerten Klosteranlage Gokarna Mahadev erreichen.

Eintritt

- Der Eintritt zu dem Gebiet kostet für Ausländer 565 Rs. (Kinder unter 10 Jahren gratis; Nepalesen zahlen 57 Rs.). Die Mitnahme eines Motorrades kostet 35 Rs., eines Autos oder Taxis 350 Rs. (für den nepalesischen Taxifahrer dazu 57 Rs.) und für Mountainbikes teure 1000 Rs.

Anreise

- **Mit dem Fahrrad** ist die Strecke nicht unbedingt zu empfehlen, es geht steil bergauf, und der Straßenzustand ist für Fahrräder nicht der beste. Der Weg führt durch die nördlichen Stadtteile von Kathmandu, die die wohnlichsten und saubersten der Stadt sind. Im Park selber ist ohne Mountainbike nichts zu machen.

- **Taxis** ab Kathmandu kosten für die einfache Fahrt bis zum Parkeingang ab ca. 1000 Rs., da der Fahrer höchstwahrscheinlich ohne zahlenden Passagier zurückfahren müsste, Hin- und Rückfahrt samt mehrstündigem Aufenthalt sollte mit ca. 2000 Rs. zu Buche schlagen.

Dhum Varahi

An der Ostseite der Ring Road um Kathmandu, etwas nördlich der Brücke über den Dhobi-Khola-Fluss, steht **einer der ältesten und imposantesten Schreine des Kathmandu Valley,** der Dhum Varahi. Die Entfernung ab Kathmandu-Mitte beträgt ca. 5 km. Der Schrein befindet sich mitten auf einem Schulhof unter einem mächtigen Pipal-Baum. Wer ihn nicht gleich findet, sollte sich den Weg weisen lassen. Die Wurzeln haben im Laufe der Zeit die Figur des Schreins beschädigt. Sie stammt aus dem 6. Jh. und zeigt Vishnu in seiner Inkarnation als Wildschwein *(varahi);* mit dem linken Ellenbogen balanciert er Prithvi, die Erdgöttin. Vishnu nahm die Wildschwein-Form zur Tarnung an, um den Dämon Hiranyaksha zu zerstören, der dabei war, die Erde unter Wasser zu ziehen. Der Standort der Statue an dieser recht verlassenen Stelle gibt Rätsel auf, es wird vermutet, dass sich hier einmal eine wichtige Siedlung befunden haben muss.

Anreise

- **Mit dem Fahrrad** ist der Schrein gut nach einem Besuch von Chabahil oder Pashupatinath zu erreichen, von wo die Ring Road in nördliche Richtung weiterzufahren ist. Wer von Budhanilakantha kommt, muss bei der Rückfahrt nach Kathmandu links in die Ring Road einbiegen. Dort steht links das Hotel Karnali, ein paar hundert Meter weiter rechts erscheint der unansehnliche Panchayat Silver Jubilee Garden, ein Monument landschaftsarchitektonischer Einfallslosigkeit.
- **Taxis** ab Kathmandu-Mitte kosten einfach ca. 300–400 Rs., hin und zurück 700 Rs.

Bodhnath – Kopan

Etwa 1 km westlich vor Bodhnath (siehe „Kathmandu/Sehenswertes am Stadtrand“) zweigt von der Hauptstraße eine kleinere Straße (nicht asphaltiert) ab. Diese führt in nordöstlicher Richtung zur Ortschaft Kopan und dem dortigen **tibetischen Kloster, Kopan Gompa** (ab Kathmandu ca. 9 km, ab Bodhnath etwa 4 km). Das Kloster steht auf einem Hügel an der Nordseite des Ortes und umfasst mehrere Gebäude, die sich um einen Bodhi-Baum gruppieren. Im Kloster werden Meditationskurse angeboten, und es stehen preiswerte Unterkünfte zur Verfügung, darunter Schlafsäle mit drei Betten und auch Einzelzimmer. Das Leben im Kloster verläuft nach einem strengen Regelkodex: Männer und Frauen werden getrennt untergebracht, selbst Ehepaare können nicht zusammen wohnen; das Essen ist rein vegetarisch; der Konsum von Alkohol, Tabak und Drogen ist untersagt. Besuchszeit bzw. Anmeldezeit für Kurse ist nur von 9 bis 11.30 Uhr. Weitere Infos unter www.kopanmonastery.com.

Von der Südseite des Hügels bietet sich ein imposanter **Ausblick auf die Bodhnath-Stupa,** die aus der Entfernung wirkt wie eine gigantische Glocke, die ein mystisches Wesen dort abgestellt hat.

Die etwa **360 Mönche und Nonnen** des Klosters sind größtenteils Nepalesen und Tibeter, aber auch einige Westler sind dabei. Von den Tibetern sind die jüngsten im Exil geboren, d.h. sie haben ihre spirituelle Heimat nie gesehen. Andere sind längerfristige Gäste aus Dharamshala in Indien, dem Hauptquartier des Dalai Lama.

In einem angeschlossenen **Geschäft** wird Literatur verkauft, z.B. über Buddhismus oder Tibet, dazu CDs, Brokatwaren, Räucherstäbchen, Gebetsfahnen usw.

Auch von Kopan lohnt ein **Fußmarsch nach Gokarna** (s.u.) Richtung Süden oder nach Budhnilakantha bzw, Shivpuri, westlich/nördlich von hier.

Besucher des Klosters sollten sich zwischen 9–11.30 Uhr oder 13–16.30 Uhr im Büro anmelden. Um 19 Uhr werden die Tore geschlossen.

Anreise

- Die Strecke ist problemlos **mit dem Fahrrad** zu bewältigen, in der Regenzeit verwandelt sich die Straße jedoch oft in eine Schlammpiste. Von Bodhnath sind es ca. 45 Min. zu Fuß.
- **Taxis** ab Thamel in Kathmandu kosten günstigstenfalls 400 Rs. für die einfache Fahrt, mit 500 ist man auch noch gut bedient. Hin- und Rückfahrt samt Aufenthalt zu ca. 1000–1200 Rs.; allerdings bekommt man an der Hauptstraße vor der Stupa jederzeit ein Taxi für die Rückfahrt.
- Ab Kantipath auf Höhe des Kathmandu Mall fahren privat betriebene **Minibusse** zu ca. 50 Rs.

Bodhnath – Gokarna – Sundarijal

Gokarna

Nach dem Besuch von Bodhnath bietet sich als interessante Alternative die Weiterfahrt zur Ortschaft Gokarna an, deren Tempelanlage **Gokarna Mahadev** zu den wichtigsten des Tals zählt. Gokarna („Kuhohr") liegt etwa 4 km nordöstlich von Bodhnath. Von Bodhnath führt die Hauptstraße zu einer etwas **chaotischen Kreuzung** mit einem Busbahnhof darum; dort zweigt eine Straße links ab und erreicht nach ca. 3 km Gokarna und den Tempel (auf der rechten Straßenseite). Auf der linken Straßenseite beginnt hinter einer Dorfschule ein herrlicher kleiner Fichtenwald, der sich bei Bedarf bestens für eine Ruhepause eignet.

Der **Gokarna Mahadev** steht an einer heiligen Stelle, an der sich der aus dem Norden fließende **Bagmati-Fluss** in einer Schlaufe zu verirren scheint und kurz wieder nach Norden fließt. Auch hier am Bagmati werden die Toten verbrannt, um ihnen den Weg in die nächste Existenz zu erleichtern.

Jedes Jahr im August/September findet am letzten Tag des abnehmenden Mondes das **Fest Gokarna Aunshi** statt, eine Art Vatertag, an dem sowohl die lebenden als auch die verstorbenen Väter geehrt werden. Dabei gilt der im Allerheiligsten aufbewahrte Shiva-Lingam, der Gokarna Maheshvar, als ein potenter

Mittler zwischen der Welt der Lebenden und jener der Toten. Nach vielerlei Ritualen endet das Fest mit einem ausgiebigen Familienschmaus.

Eine **Legende** erzählt von **Dantur,** dem Sohn einer Prostituierten, der aus Verzweiflung darüber, dass er seinen Vater nicht kannte, sich an einen Rishi oder Weisen wandte. Der Rishi gab ihm den Rat, im Bagmati bei Gokarna zu baden und den Seelen der Verstorbenen Opfergaben darzubringen, dann würde ihm sein Vater erscheinen. Während der Opferzeremonie fanden sich jedoch so viele Seelen ein, die sich der Opfergaben bemächtigen wollten, dass *Dantur* verwirrt war und seinen Vater vor lauter Seelen nicht sah. Unter den Anweisungen des Rishi konnte er schließlich die Seele seines Vaters ausfindig machen, und seither ist Gokarna der Ort der Totenverehrung. Nebenbei sicherte das Opfern in Gokarna so viel gutes Karma, dass *Dantur* später sogar König wurde.

Der Tempelkomplex von Gokarna stammt aus dem 14. Jh., an der Stelle muss sich aber schon lange vorher ein Heiligtum befunden haben. Der Legende nach ist in Gokarna ein **Teil eines Hornes vergraben,** das Shiva als Hirsch getragen hatte. Shiva hatte sich einst – von seinen Pflichten als Gott erschöpft – in Form eines einhörnigen goldenen Hirsches im Wald bei Pashupatinath vergnügt. Als seine Abwesenheit ein Chaos auf der Erde entstehen ließ, suchten Brahma, Vishnu und Indra nach ihm. Als sie ihn schließlich in der Hirschform entdeckten, jagten sie ihn, bis sie ihn am Horn ergreifen konnten. Als sie alle gleichzeitig das Horn zu fassen bekamen, zerbrach es, und jeder der Götter hielt ein Teilstück in Händen. Auf Shivas Wunsch hin nahm Vishnu sein Stück des Horns mit zu seinem Wohnsitz in Vaikuntha, Indra beförderte sein Teil zu sich in den Himmel, und Brahma brachte das dritte Teil in Gokarna unter.

Alten Aufzeichnungen zufolge war Gokarna vor etwa 1900 Jahren die am besten befestigte **Hauptstadt der Kirata-Dynastie.** Der Name wurde von der südindischen heiligen Stadt Gokarna übernommen. In Sanskrit-Schriften wurde es als ein Ort von höchster Heiligkeit und Schönheit bezeichnet. Der Gokarna Mahadev wurde in den 1980er Jahren einer eingehenden Restaurierung unterzogen, wobei allein das Reinigen der Außenwände anderthalb Jahre in Anspruch nahm. Viele der Dachstreben mussten durch neue ersetzt werden, da sie vom Zahn der Zeit und durch zahlreiche Monsunregen zermürbt worden waren.

Der Tempel wird von einem dreistöckigen Dach bedeckt und ist von Reihen von Götterfiguren umgeben. Über dem Tempeleingang ist eine goldene Torana mit Shiva und Parvati in ihrer Manifestation als Uma und Maheshvar angebracht. Eines der interessantesten Details ist der **Vishnu Paduka** schräg seitlich des Hauptgebäudes am Fluss, ein offener einstöckiger Schrein, der eine Metallplatte mit einem Fußabdruck Vishnus

⊡ Abbildungen dieses hinduistischen Schöpfergottes sind sehr selten, und es gibt nur eine ganz geringe Zahl von Tempeln (in Indien), die gänzlich Brahma gewidmet sind

beherbergt. Da durch das Erdbeben von 1934 die Aufbauten stark beschädigt und das Fundament durch das Flusswasser angegriffen worden waren, wurde auch der Vishnu Paduka restauriert. Dabei kam unter dem Fundament die ursprüngliche Opfergabe zum Vorschein, die man dort vor Baubeginn eingebracht hatte: Es waren die Pancha Ratna oder „Fünf Juwelen“ und einige Münzen.

Anreise

- **Mit dem Fahrrad oder Bus** (ca. 30 Rs.) ab der City Bus Station (Old Bus Station) in Kathmandu.
- **Taxis** ab Kathmandu-Mitte kosten ca. 1200–1500 Rs. für Hin- und Rückfahrt plus eine Stunde Aufenthalt.
- **Zu Fuß** lohnt der Weg ab Kopan ostwärts (ca. 1½ Std) oder aber ab Shivapuri in Richtung Süden (ca. 3 Std.).

Sundarijal

Folgt man der Straße von Gokarna in nordöstliche Richtung, gelangt man nach ca. 4 km zum malerischen Sundarijal (15 km ab Kathmandu). Hier ergießen sich einige kleine Ströme über einen Wasserfall in ein über hundert Jahre altes Auffangbecken, umgeben von viel Grün. Gleich daneben nimmt die viel begangene **Trekking-Route nach Helambu** ihren Anfang (Dauer ca. 7 Tage). Der Weg beginnt mit einer etwas unbequem zu begehenden steilen Steintreppe, an deren Seite eine Wasser-Pipeline verläuft. Etwa zwei Stunden Fußweg oberhalb von Sundarijal befindet sich ein Stausee, der weite Teile des Kathmandu Valley mit Wasser versorgt.

ktm032 rk

Anreise

- **Mit dem Fahrrad** eine angenehme Strecke ab Kathmandu, es gibt nur wenig Verkehr und kaum Steigungen.
- Von Kathmandu fahren **keine direkten Busse.** Ab der City Bus Station nehme man einen Bus bis Jorpati (etwas östlich von Bodhnath) und steige an der dortigen Kreuzung in einen Bus nach Sundarijal um.
- **Taxis** ab Kathmandu-Mitte kosten einfach ab ca. 1200 Rs., Hin- und Rückfahrt samt einstündigem Aufenthalt ca. 1600–1800 Rs.

Gokarna Game Reserve – Sankhu – Vajra Yogini

Gokarna Game Reserve

An der Süd- und Südostseite des Dorfes Gokarna erstreckt sich dieses Reservat, **eines der letzten naturbelassenen Waldgebiete** in der Nähe der Hauptstadt. Das Reservat wurde Ende des 19. Jh. angelegt und beherbergt zahlreiche Hirscharten, Affen und Vögel. Bis in die jüngste Vergangenheit war es ein beliebtes Ausflugsziel für die Bewohner Kathmandus, heute ist es jedoch für die Allgemeinheit nicht mehr zugänglich.

Unterkunft

- Nahe der Hauptzufahrtsstraße sind ein Golfplatz und ein Luxusresort mit 100 Zimmern angelegt worden. Das **Gokarna Forest Resort**⑤ verfügt über den einzigen 18-Loch-Golfplatz in Nepal. Es wurde entworfen vom schottischen Unternehmen Gleneagles Golf Developments. Die Green Fees für Besucher betragen an Wochentagen 4000 Rs., am Wochenende 7000 Rs. Zudem werden Trekking-Touren und Safaris organisiert, dazu gibt es ein Swimmingpool und Spa. Die Lage des Resorts ist einerseits wunderbar malerisch und äußerst ruhig, und unter den Luxusunterkünften im Kathmandu Valley ist dies wohl die am schönsten gelegene. Andererseits ist man etwas abgeschnitten, und es bedarf eines längeren Fußweges, um an der Hauptstraße im Bereich Jorpati ein Taxi ausfindig zu machen. Für Leute, die viele Ausflüge unternehmen wollen, ist die Lage also nicht so günstig, es sei denn, man lässt sich vom Hotel einen Wagen mit Fahrer stellen (relativ teuer, aber bei den hohen Zimmerpreisen macht das auch nicht mehr viel aus). Unterbringungspreise je nach Zimmer oder Suite 160 bis stolze 700 US$, über die Homepage des Hauses gibt es jedoch meist Ermäßigungen. Rajnikunj, Thali-7, Kageswari, Manahara, Kathmandu, P.O. Box 20498, www.gokarna.com.

Anreise

- Am besten **mit dem Fahrrad** oder auch **zu Fuß.** Von Bodhnath sind es ca. 3 km, ab dem Dorf Gokarna ca. 2 km.
- Alle **Busse** nach Sankhu (s.u.) passieren das Reservat.
- **Taxis** ab Kathmandu kosten theoretisch – nach Taxametertabelle – ca. 400 Rs.; wahrscheinlich wird man für Hin- und Rückfahrt ca. 1200–1500 Rs. zahlen müssen.

Sankhu

Sankhu, etwa 21 km östlich von Kathmandu gelegen, war bis 2015 eine typische, altertümlich wirkende Newar-Stadt, die aufgrund ihrer Lage an der Handelsroute von Kathmandu nach Tibet einst als ein wichtiger Zwischenposten galt. Dann kam im Jahr 2015 das **Erdbeben.** Von allen Orten des Tales wurde Sankhu am härtesten getroffen und gut zur Hälfte zerstört. Das Umfeld ist immer ländlich-charmant und idyllisch, und auf dem Weg durch Sankhu in Richtung Vajra Yogini kann man sich daran erfreuen. Sankhu selber wird allerdings noch eine längere Wiederaufbauphase benötigen.

Aus seinem Schlaf erwacht der Ort vor allem zu religiösen Festen. Im Monat Magh (Januar/Februar) wird **Swasthani Purnima** gefeiert, ein einmonatiges Fest zu Ehren der Göttin Swasthani. Morgens nehmen Hunderte von Pilgern am Fluss Sali Nad ein rituelles Bad, und am nahen Mahadev-Narayan-Tempel lauschen die Gläubigen den Priestern, die die Mythen der Swasthani rezitieren.

Anreise

- Die Straße nach Sankhu ist asphaltiert, die Anfahrt **mit dem Fahrrad** problemlos. Es gibt nur ein paar wenige, minimale Steigungen.
- **Busse** ab der City Bus Station in Kathmandu kosten ca. 30 Rs., Fahrzeit ca. 1½ Std.
- **Taxis** ab Kathmandu einfach zu ca. 1800–2000 Rs., retour um die 2500 Rs.

Vajra Yogini

Etwa 1,5 km nördlich von Sankhu führt die Straße zum Fuß einer Treppe, an deren oberen Ende sich der Vajra-Yogini-Tempel erhebt, **einer der imposantesten und wichtigsten Tempel des Kathmandu Valley.** Durch das Erdbeben wurde er beschädigt, aber glücklicherweise nicht zerstört. Die Treppe hinauf zum Tempel ist steil und kann so manchen Besucher aus der Puste brin-

Der 25.4.2015 wurde zum Schicksalstag vieler Menschen, die im Erdbeben ihr Leben, Anverwandte oder ihr Obdach verloren. Der Ort Sankhu war besonders schlimm betroffen

ktm241 rk

gen. Der Aufstieg dauert 15 bis 20 Minuten. Auf etwa halbem Wege findet sich eine Art Unterstand und ein kleiner Schrein mit Figuren von Ganesh, Kali und Bhairav, der sich zu einer kleinen Pause anbietet. Weiter oben durchschneidet die Treppe einen kleinen Wald, passiert dabei eine hübsche kleine Stupa und endet direkt vor dem Hauptgebäude des Tempelkomplexes. Das Tempelgebäude wurde 1655 unter König *Pratap Malla* angelegt; an der Stelle hatte sich aber wohl schon zuvor eine Tempelstätte befunden. Der Überlieferung nach lebt hier schon seit ewigen Zeiten die Göttin Vajra Yogini, und nur ihretwegen habe Manjushri das Wasser aus dem Kathmandu-Tal abfließen lassen.

Im Inneren des Tempels ist eine **Figur der Vajra Yogini** aufbewahrt, einer der wichtigsten Göttinnen des tantrischen Buddhismus. Dazu gesellen sich Figuren ihrer zwei Begleiterinnen, Sinhini („Löwin") und Baghini („Tigerin"). Die Südfassade des Tempels schmücken filigrane Kupferarbeiten, über der dort befindlichen Haupttür ist eine goldene Torana mit einem Abbild der Göttin zu sehen.

Nahebei steht der **Gunivihar-Tempel** mit seinem doppelgeschossigen Dach. Dieses Gebäude stammt aus dem 16. Jh. und beherbergt eine **Kopie der Stupa von Swayambhunath.** Eine Legende besagt, dass Vajra Yogini Swayambhunath gegründet habe. Um diesen Tempel herum befinden sich die Gebets- und Wohngebäude der ansässigen Mönche mit einigen Schreinen und Statuen darin. Normalerweise sind die Gebäude verschlossen, auf Wunsch gewähren die Mönche jedoch Einblick. Von der so friedlichen und pittoresk gelegenen Tempelanlage bietet sich ein hervorragender Ausblick auf die Felder und Hügel der Umgebung.

Anreise

- **Busse** fahren zumeist nur bis Sankhu (s.o.). Von dort sind es ca. 1,5 km bis zum Fuß der Treppe zum Tempel. Man folge der Straße durch Sankhu in Richtung Norden, bis eine Art Auto-Halteplatz auftaucht, von dem links die Treppe zum Tempel hochführt.
- **Taxis** ab Kathmandu hin und zurück sowie 1 Std. Aufenthalt ab ca. 2500 Rs.

Bhaktapur (Bhadgaon)

Bhaktapur, 15 km östlich von Kathmandu an der alten Handelsstraße nach Tibet gelegen, ist die **drittgrößte Stadt des Kathmandu Valley.** Der **Großraum** oder **Distrikt** Bhaktapur umfasst etwa **250.000 Einwohner,** 80.000 davon leben in der Stadt selber. Die Bewohner gehören hauptsächlich den Newar an, den „Ureinwohnern" des Tals. Hier wird weit mehr Newari gesprochen als Nepali. Bhaktapur ist heute die athentischste Newar-Stadt im Kathmandu Valley. Der Newari-Name der Stadt ist Khwopa.

Bhaktapur ist eine **faszinierend altertümliche Stadt,** vollgestopft mit Tempeln, mittelalterlich wirkenden Häusern und Gassen und anderen Sehenswürdigkeiten. Im Gegensatz zu Kathmandu sind hier kaum Betonneubauten oder andere ernüchternde Vertreter der Neuzeit zu sehen, zumindest nicht in der historischen Innenstadt. Bhaktapur ist zudem auffallend geordneter und sauberer als Kathmandu, eine Tatsache, die schon von Reisenden im 19. Jh. beobachtet wurde. Ein weiterer Vorteil ist, dass in der Altstadt Autos keinen Zugang haben; an den Zufahrtswegen finden sich Parkplätze, wo die Autos und Touristenbusse zu parken haben. Wem Kathmandu zu geschäftig und „modern" ist, findet hier den idealen Gegenpol – Bhaktapur ist heute so etwas wie das **traditionelle Herzstück des Kathmandu Valley.** Die meisten Reisenden sind von der Ursprünglichkeit des Ortes begeistert. Statt wie in Kathmandu durch Autogehupe, so wird man hier bestenfalls durch das Läuten von Tempelglocken oder das Krähen der Hähne geweckt. Ein kleiner Nachteil ist, dass die touristische Infrastruktur bei weiten nicht so ausgebaut ist wie in Kathmandu. Die Zahl der Unterkünfte und Restaurants ist begrenzt, aber durchaus ausreichend.

Maßgeblich beteiligt an der Erhaltung des Stadtbildes war in den 1970er Jahren das deutsch-nepalesische **Bhaktapur Development Project.** Diese Zusammenarbeit zwecks Restaurierung sanierungsbedürftiger, kulturhistorisch wertvoller Gebäude hatte 1969 verhältnismäßig bescheiden begonnen. Bei einem offiziellen Besuch des damaligen saarländischen Ministerpräsidenten in Nepal hatte dieser aus Anlass der Hochzeit König *Birendras* ihm 1 Mio. DM als Restaurationshilfe für die Pujari Math (s.u.) überlassen. Nach dem Ende der Restaurierungsarbeiten im Jahr 1972 initiierten die dabei beteiligten deutschen Architekten weitere Finanzhilfen, und so entstand 1973/74 das Bhaktapur Development Project.

Geschichte

Die Anfänge Bhaktapurs gehen bis in die Licchavi-Periode zurück, das „moderne" Bhaktapur aber, so wie es sich in seiner Grundstruktur bis heute präsentiert, wurde 889 n.Chr. von **König Ananda Malla** gegründet. Der Grundriss soll dabei die Form eines Damru bekommen haben, also einer kleinen Trommel Mahadevs (Shiva), die an eine Sanduhr erinnert – oder an zwei Dreiecke, die mit zwei Spitzen gegeneinandergestellt werden.

Der älteste Teil der Stadt befindet sich um den Dattatreya Square herum, das Zentrum verlagerte sich zwischen dem 14. und 16. Jh. jedoch westwärts, zu der Zeit, als Bhaktapur das Kathmandu-Tal beherrschte. 1768 unterlag es den Truppen *Prithvi Narayan Shahs* und büßte seine Unabhängigkeit ein.

Durch das Erdbeben von 2015 wurden einige Tempel zerstört, der Schaden war jedoch geringer als beispielsweise im historischen Zentrum von Kathmandu.

Der **Name** Bhaktapur bedeutet „Stadt der Gottesfürchtigen" (*bhakta* = „Gotthingegebener", *pur* = „Stadt"), der ebenfalls gebräuchliche Name Bhadgaon „Stadt der Bhadra Kali". In früheren Zeiten wurden noch andere Namen benutzt, darunter Dharmapatan, „Stadt des religiösen Gesetzes".

Sehenswertes

Siddha Pokhari

Bei der Anfahrt aus Kathmandu passiert man am Westrand der Stadt einen riesigen, **fast 100 m langen Wassertank,** den

Bhaktapur

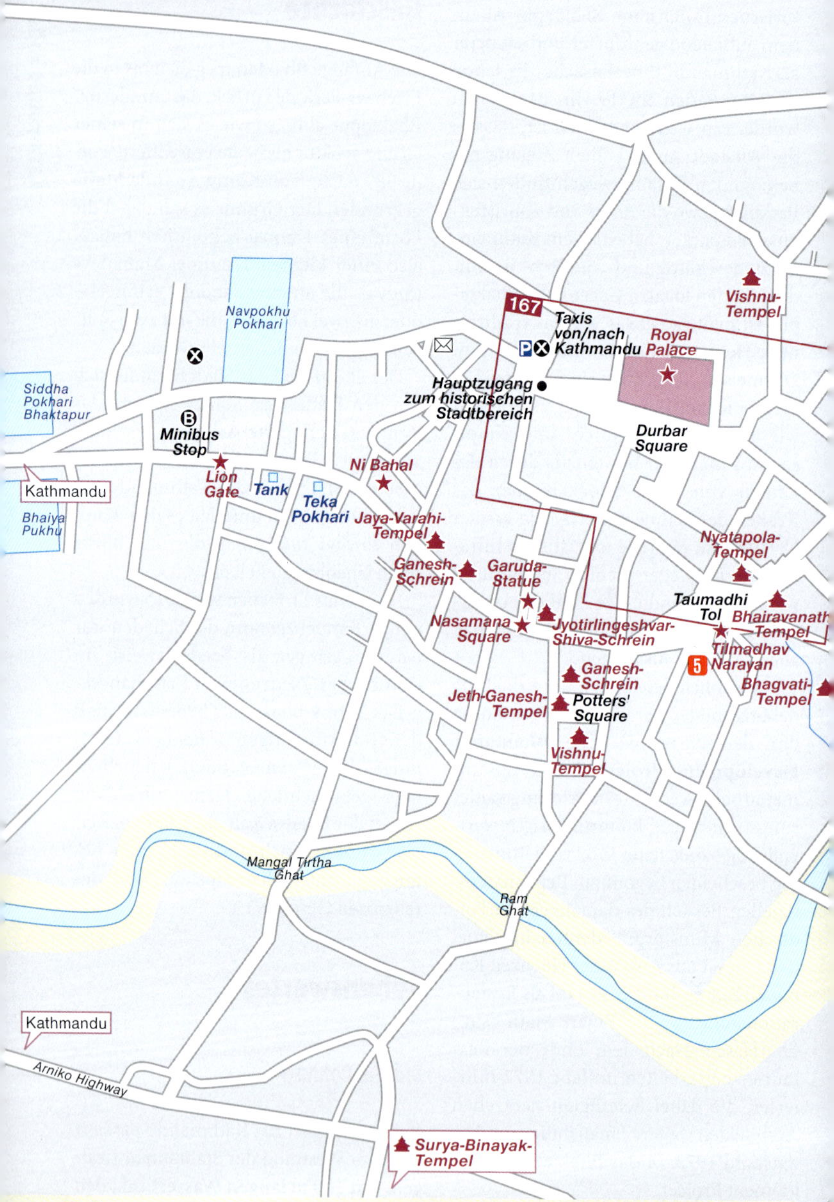

Übernachtung
1 Planet Bhaktapur
3 Unique Guest House
4 Peacock Guest House
5 Khwopa Guest House

Essen und Trinken
2 New Cafe de Peacock
4 Himalayan Bakery

0
100 m
© Reise Know-How 2017
Nepal18
1
Changu Narayan
Nagarkot
Mahakali-Tempel
Mahalakshmi-Tempel
Lamuga Pokhari
Kwathandu Pokhari
Tempel
Shikara
Tempel
Naga Pokhari
Nava-Durga-Tempel
Salan-Ganesh-Tempel
Ganesh Pokhari
Tachupal Tol
Suryamadhi Pokhari
2
Bhimsen-Tempel
Dattatreya-Tempel
4
3
Pujari Math
Vakupati-Narayan-Tempel
Luna Bahal
Golmadhi Square
Woodcarving Museum
Minibus-Haltestelle
Sukul Dhoka
Kleiner Tempel mit dreistufigem Dach
Inacho Bahal
Maheshvari Ghat
Kumari-Tempel
Hanuman Ghat
Shiva-Parvati-Schrein und Hanuman-Statue
Hanumante
Arniko Highway
Nala, Banepa, Panauti, Dhulikhel, Namobuddha, Kodari

Siddha Pokhari. In der Nähe befindet sich das Armeehauptquartier Bhaktapurs und der Tundikhel, der Exerzierplatz. Der Siddha Pokhari wurde im 16. Jh. angelegt – gemäß einer Legende lebt darin eine gigantische Wasserschlange. Diese hat zwar noch niemand gesehen, aus Furcht aber, die Schlange könnte an Land kriechen, wird der Tank nie geleert. Früher machten viele Einwohner Bhaktapurs einen großen Bogen um das Gelände, um nicht als Schlangenfraß herhalten zu müssen. Im Laufe der Jahrhunderte wurden einige Veränderungen am Tank vorgenommen, zuletzt 1958 auf Veranlassung König *Birendras*.

Durbar Square

Als alte Königsstadt hat auch Bhaktapur seinen Durbar Square, der allerdings leerer und aufgeräumter erscheint als die entsprechenden Plätze in Patan oder Kathmandu – alle drei gehören zum **UNESCO-Weltkulturerbe.** Der Eintritt kostet 1500 Rs. Wer Reisepass und Passfoto mitbringt, kann sich das Ticket ohne Mehrkosten für die Dauer des Aufenthalts in Nepal ausstellen lassen.

Bis Anfang des 20. Jahrhunderts muss es auf dem Platz weit beengter gewesen sein als heute, denn durch das Erdbeben von 1934 wurden viele Gebäude zerstört und danach nicht wieder aufgebaut. Das Erdbeben von 2015 zerstörte einige weitere Anlagen, die 2017 aber schon einer (nur langsam fortschreitenden) Restaurierung unterzogen wurden. Der Schaden hielt sich glücklicherweise in Grenzen und war – was die historischen Stadtteile anbetrifft – auf den Durbar Square begrenzt.

Glaubt man alten Überlieferungen, so befanden sich auf dem Durbar Square einst 99 Hofanlagen. 1742 gab es erwiesenermaßen noch zwölf und heute sind es nur noch sechs.

Im Westen wird der Platz vom **Durbar Square Gate** begrenzt, das unter *Bhupatindra Malla* (Regierungszeit 1696–1722) als Hauptzugang zum Durbar Square errichtet wurde. Vor diesem halten heute die Taxis der Tagesbesucher aus Kathmandu, die auch sogleich von Horden von Kindern umlagert werden, die ihre Dienste als „Führer" anbieten oder betteln. Oben am Torbogen ist ein Kirtimukha („Gesicht des Ruhmes") angebracht, und an den Seiten befinden sich hölzerne Figuren von Hanuman (links) und Bhairav (rechts). Direkt links hinter dem Tor sind zwei Figuren von sitzenden Löwen zu sehen, die die dahinter angebrachten Abbildungen von Bhairav und Ugrachandi (Durga) bewachen. Ugrachandi hat 18 Hände, in denen sie Waffen und Symbole schwingt, die ihr von verschiedenen Göttern gegeben worden waren, um damit Dämonen und andere Plagegeister zu besiegen. In diesem Falle tötet sie gerade Mahishasur, einen Dämon mit Büffelkopf. Nachdem die Figuren 1707 auf Veranlassung von *Bhupatindra Malla* gefertigt worden waren, wurden dem verantwortlichen Bildhauer angeblich die Hände abgehackt – der König wollte sichergehen, dass er nie wieder etwas Ebenbürtiges schaffen könnte. Ähnliche Geschichten kennt man auch von anderen glanzvollen Bauten oder Kunstwerken in Asien, und man kann vermuten – oder hoffen –, dass sie reine Legenden sind.

Etwas weiter östlich befindet sich die **National Art Gallery,** deren Zugang Figuren von Narasinha und Hanumanta-Bhairav, einer Mischform aus Hanuman und Bhairav, flankieren. Die Figuren wurden von *Bhupatindra Malla* als eine Art Friedenssicherer aufgestellt, denn er glaubte, dass ihre Kräfte sich gegenseitig in Schach halten würden und so eine ausgleichende Wirkung auf die Stadt hätten. Das Gebäude der Galerie wurde erst 1934/35 nach dem Erdbeben errichtet, die Galerie selber besteht seit 1960. Das große hölzerne Eingangstor wurde 1969 hinzugefügt. Die Galerie verfügt über eine großartige Sammlung hinduistischer und buddhistischer Gemälde, über Thangkas, Palmblatt-Manuskripte sowie diverse Figuren und andere Kunstobjekte aus Holz, Metall, Bronze und Stein – lohnenswert für alle kulturhistorisch Interessierten. Geöffnet Mi–So 10–17 Uhr (bis 16 Uhr in den kalten Wintermonaten), Mo 10–15 Uhr. Eintritt 150 Rs., Fotografieren 100 Rs., Benutzung einer Videokamera 200 Rs.

An der Ostseite des Durbar Square, hoch auf einer Säule, thront die **Bhapatindra-Malla-Statue** und blickt in Richtung Königspalast. Der König kniet in Ehrfurcht vor Taleju Bhavani, der Familiengöttin, mit zum Gebet gefalteten Händen, auf dem Kopf einen königlichen Turban. Neben ihm liegen sein Schwert und sein Schild, die er zum Gebet abgelegt hat. Der Thron, auf dem er sitzt, wird von einem Schirm überdacht, und unten wird er von vier Löwen getragen, die ihrerseits auf einem Lotus ruhen. Die Statue wurde von *Bhupatindras* Sohn *Jaya Ranjit Malla* (Regierungszeit 1722–1769) aufgestellt und gilt als ein Meisterwerk ihrer Gattung.

Die Geschichte des **Royal Palace** gegenüber der Statue ist nicht mehr exakt zu rekonstruieren, wahrscheinlich wurden hier schon zu Beginn der Stadtgründung im 9. Jh. Palastgebäude angelegt. Aus dieser Zeit ist jedoch nichts verblieben, und der bestehende Palast stammt ursprünglich aus dem Jahr 1427, der Zeit *Yaksha Mallas,* wurde jedoch im 17. Jh. unter *Bhupatindra Malla* weitgehend erneuert. Leider sind die meisten Gebäude des Komplexes nicht zugänglich.

Der zentrale Blickfang des Palastes ist sein „Goldenes Tor", das **Sun Dhoka,** auf das auch die Statue *Bhupatindra Mallas* gebannt zu starren scheint. Es wurde 1753 unter *Jaya Ranjit Malla* errichtet und gilt als die wertvollste Kupferarbeit

ktm170 rk

☒ Dieser Junge am Durbar Square ist scheinbar nur an seinem Tee interessiert

Bhaktapurs, wenn nicht gar des gesamten Kathmandu Valley. Ganz oben ist Vishnus Reittier, der Garuda, zu sehen, der gerade dabei ist, Schlangen zu vernichten. Darunter und direkt über dem Tordurchgang zeigt sich Taleju Bhavani, die Hausgöttin der Dynastie, in ihrer furchterregenden, 16-armigen Pracht.

Das Tor bildet auch den Zugang zum links dahinter befindlichen **Taleju-Tempel** auf dem **Mul Chowk.** Der Zutritt dorthin ist jedoch untersagt, und die Präsenz eines Soldaten in strategischer Position lässt keinen Zweifel daran, dass das Verbot auch durchgesetzt wird. Ein Blick über dessen Schulter lässt zwei vergoldete Fenster, ein paar Wandgemälde und die Statuen von König *Jitamitra Malla* (Regierungszeit 1673–1696) samt Gemahlin erkennen. Diese wurden 1708/09 unter *Bhupatindra Malla* errichtet, dem großen architektonischen Erneuerer des Palastes und des Durbar Square.

Hinter dem Mul Chowk befindet sich der – leider ebenso unzugängliche – **Kumari Chowk,** der eines der Paradebeispiele nepalesischer Baukunst sein soll.

An der Nordostseite des Mul Chowk führt ein Tor zum **Nag Pokhri,** einem Badetank aus der Zeit *Jagat Prakash Mallas* (Regierungszeit 1644–1673), der von seinem Nachfolger *Jitamitra Malla* renoviert und mit einem Pfeiler mit dem Kopf des Schlangengottes Vasuki versehen wurde. Das Wasser für den Tank wurde durch ein Rohrsystem angeblich 11 km weit herangeleitet.

Der südöstliche Teil des Palastkomplexes, rechts des Goldenen Tores, wird vom **„Palast der 55 Fenster"** eingenommen, in dem die Könige Bhaktapurs zu residieren pflegten. Das Gebäude hat drei Stockwerke, dessen oberstes eine Halle von 55 geschwungenen Fenstern aufweist. Dieses Stockwerk war ursprünglich überhängend gebaut worden, nach dem Erdbeben von 1934 wurde es jedoch in veränderter Form wiederhergestellt.

An der Südseite des Baus steht der **Chyasilin Mandap,** der vor dem Erdbeben von 1934 einer der augenfälligsten Schreine des Platzes gewesen sein soll und in jüngerer Vergangenheit restauriert wurde, zum Teil unter Zuhilfenahme der originalen verbliebenen Bausubstanz.

Wenige Meter südwestlich davon findet sich auf einer dreigeschossigen Plattform der **Vatsala-Durga-Tempel,** errichtet unter *Jagat Praksh Malla* im Jahr 1672. Er hat eine indisch wirkende Shikhara und eine Treppe, die von steinernen Löwen und Elefanten flankiert wird. Vor dem Tempel hängt eine dickbauchige **Taleju-Glocke,** die *Jaya Ranjit Malla* 1737 dort anbringen ließ, um die Gläubigen zum Gebet in den Taleju-Tempel zu rufen.

Eine weitere, kleinere Glocke am Sockel des Tempels wird im Volksmund **„Glocke des jaulenden Hundes"** genannt. Angeblich wurde sie von *Bhupatindra Malla* installiert, um dem Klang einer Totenglocke entgegenzuwirken, die er eines Nachts im Traum vernommen hatte. Leider ist ihr Läuten bei Bhaktapurs Hundepopulation recht unbeliebt, die jedesmal furchtbar zu jaulen beginnt, wenn die Glocke erschallt! (Die Hunde in Kathmandu beweisen übrigens laut und deutlich, dass es zum Jaulen nicht unbedingt einer Glocke bedarf …)

An der Südostseite des Durbar Square steht **Bhaktapurs Version des Pashupa-**

Durbar Square Bhaktapur

Übernachtung
- 1 Shiva Guest House 2
- 2 Khwapa Chhen G. H.
- 4 Hotel Heritage
- 5 Hotel Traditional
- 12 Shiva Guest House 1
- 13 Golden Gate G. H.
- 14 Pagoda Guest House
- 16 Siddhi Home
- 17 The Yeti Guest House
- 19 Bhadgaon G.H.
- 20 Heart of Bhaktapur Guest House

Essen und Trinken
- 4 Kutumba Restaurant
- 6 Tempel View Restaurant
- 15 Namaste Restaurant, Illy Cafe
- 16 Siddhi Home Restaurant
- 17 Rooftop Restaurant
- 18 Nyatapola Café

- ★ 3 Statuen von Bhairav und Durga
- ▲ 7 Vatsala-Durga-Tempel
- ★ 8 Statue des Königs Bhapatindra Malla
- ★ 9 Taleju Bell
- ★ 10 55 Window Palace
- ★ 11 Chyasilin Mandap

tinath-Tempels. Er soll der älteste Tempel der Stadt sein, um den sich einige Legenden ranken. Eine davon besagt, dass einst im Traum die Stimme des Pashupatinath von Kathmandu den Bhaktapur-König geheißen habe, einen Pashupatinath-Tempel in Bhaktapur zu bauen. Gemäß einer anderen Legende besuchte einer der Könige täglich den Pashupatinath-Tempel in Kathmandu, wurde eines Tages jedoch durch das Hochwasser des Bagmati daran gehindert. Daraufhin gab er Anweisung, einen neuen Pashupatinath-Tempel nahe seinem Palast zu errichten. Historiker halten für möglich, dass der Tempel 1492 nach dem Tod von

ktm236-rk

König *Yaksha Malla* von dessen Witwe erbaut wurde. Noch wahrscheinlicher ist aber, dass er 1682 unter *Jitamitra Malla* entstand, dem Vater von *Bhupatindra Malla*. Der Tempel ist seinem Vorbild in Kathmandu auffallend ähnlich, und daran befindet sich auch ein Schrein der Guhyeshvari. 1934 wurde die Anlage beim Erdbeben stark zerstört und danach rekonstruiert. Die Dachstreben stammen noch vom ursprünglichen Bau und zeigen Shiva, dazu Figuren aus der Ramayana und erotische Szenen.

An der Südostseite des „Palastes der 55 Fenster“ steht der 1696 unter *Bhupatindra Malla* erbaute **Siddhi-Lakshmi-Tempel.** Dessen Treppen flankieren menschliche und tierische Wächterpaare. Vor dem Allerheiligsten finden sich Abbildungen der Matrikas oder „Muttergottheiten“. (Das Erdbeben von 2015 zerstörte die oberen Bereiche des Tempels, der 2017 jedoch schon wieder im Aufbau war.)

An diesem östlichen Ende des Durbar Square schließt sich ein kleineres Anhängsel an, wo sich u.a. der wenig an-

⌃ Vom Fasidega-Tempel (rechts im Bild) ist nach dem Erdbeben von 2015 nur noch der Sockel übrig

› Die massiven Figuren am Sockel des Nyatapola-Tempels reflektieren die ungeheure Macht der dem Tempel innenwohnenden Gottheit

sehnliche **Fasidega-Tempel** befindet, eine Art Chaitya auf einem sechsstufigen Sockel, alles in etwas protzigem Grellweiß. Eine Treppe führt zum Allerheiligsten, das Shiva geweiht ist. (Beim Erdbeben von 2015 wurde der gesamte Oberbau zerstört, und nur der Sockel blieb bestehen.)

Die südliche Seite des Platzes wird von einigen Gebäuden eingenommen, die ursprünglich Dharmshala oder Pilgerherbergen waren, heute aber Souvenirläden beherbergen. Der östlich aus dem Platz hinausführende Weg passiert rechts den **Tadhunchen Bahal** oder **Chatur Varna Mahavihara** („Vierfarben-Kloster") aus dem 15. Jh. An der Ostseite des Innenhofes sind einige sehr interessante Holzschnitzereien an den Dachstreben zu sehen, die einen Ausblick auf die in der Hölle zu erwartenden Torturen gewähren: Einem der Sünder wird der Kopf von zwei Ziegenböcken zerquetscht, einem anderen wird ein Zahn per Riesenzange gezogen.

Nyatapola Deval

Vom Pashupatinath-Tempel im Durbar Square führt eine kleine Gasse ostwärts vorbei an einigen Souvenirgeschäften zu einem weiteren größeren Platz, dem Taumadhi Tol. An dessen Nordseite steht der alles überragende, 30 m hohe Nyatapola-Tempel, der **höchste Tempel des Kathmandu Valley.** Er stammt aus dem Jahr 1708, der Bauherr war wieder einmal der unermüdliche *Bhupatindra Malla.* Der Tempel wurde der Göttin Siddhi Lakshmi geweiht und hatte die Aufgabe, den unheilvollen Einfluss Bhairavs im benachbarten Bhairav-Tempel auszugleichen. Wann und warum Bhairav seine schlechten Schwingungen über den Ort zu verbreiten begann, ist nicht

ktm264 rk

verbrieft. Mit ihm ist generell nicht zu spaßen.

Nach einigen **Überlieferungen** aber ist der Nyatapola-Tempel der Göttin Bhairavi gewidmet; andere Legenden behaupten hingegen, dass er niemals offiziell eingeweiht worden sei und somit eigentlich gar keiner Gottheit gehöre. Schon in vorangegangenen Jahrhunderten waren die „Eigentumsverhältnisse" umstritten, und da nur Priester gelegentlich zum Allerheiligsten Zutritt hatten, wusste das gemeine Volk nie, welche Götterfigur sich eigentlich darin befand. Der Hauptschrein wurde schon bald nach Fertigstellung die meiste Zeit unter Verschluss gehalten. Es gab sogar Mutmaßungen, das Heiligtum sei gänzlich leer. In Anbetracht der erheblichen Unklarheiten ob der innewohnenden Gottheit wurde der Tempel volkstümlich nur „Tempel mit den fünf Dächern" genannt, auf Newari Nyatapola Deval. Erstaunlich ist, dass dieser relative „Gigant" unter den Tempeln des Kathmandu-Tales bisher alle Erdbeben unbeschadet überstanden hat.

Sein Hauptmerkmal ist in der Tat das **fünfgeschossige Dach,** eines der wenigen seiner Art. Es vermittelt einen Eindruck von überwältigender Macht – und so sollte es wohl auch sein, um den schlecht gelaunten Bhairav von nebenan ruhigzustellen. Am Dach sind 108 Streben mit Schnitzereien angebracht, die Siddhi Lakshmi in ihren verschiedenen Formen sowie auch geringere Götter darstellen (108 ist eine heilige Zahl im Hinduismus).

Die Stufen, die zum Allerheiligsten hochführen, werden von einigen **kolossalen Statuen** bewacht. Auf unterster Ebene stehen die 2,40 m hohen Figuren zweier gefürchteter Ringer ihrer Tage, *Jaya Malla* und *Patta Malla,* die angeblich die Kraft von zehn normalen Sterblichen besaßen. Darüber stehen zwei Elefanten mit der zehnfachen Kraft der Ringer, darüber dann zwei Fabeltiere mit jeweils der Kraft von zehn Löwen. Ganz oben erheben sich die Figuren der Halbgöttinnen Baghini, der Tiergöttin, und Sinhini, der Löwengöttin. Diese wiederum sind zehnmal so stark wie die unter ihnen befindlichen Fabelwesen. Diese Steigerung soll zweifellos auf die ungeheure Macht hinweisen, über die die Göttin im (möglicherweise leeren) Allerheiligsten verfügt. Außerdem stellen die Figuren eine unüberwindliche Wächtertruppe dar.

Die Anlage wirkt insgesamt harmonisch, sie gehört sicherlich zu den **architektonischen Höhepunkten des Kathmandu Valley.** Die optische Harmonie hatte scheinbar auch Einfluss auf die Statik, denn beim Erdbeben von 1934, als die meisten Gebäude schwer in Mitleidenschaft gezogen wurden, kam der Nyatapola-Tempel mit Minimalschäden davon. Ein Bild des Tempels ist auf dem 100-Rupien-Schein zu sehen.

Bhairavnath-Tempel

Der Bhairavnath-Tempel, als dessen Gegenstück der Nyatapola-Tempel geschaffen wurde, steht wenig entfernt an der **Ostseite des Taumadhi Tol.** Unter *Jagat Jyoti Malla* (Regierungszeit 1613–1637) zunächst mit nur einem Stockwerk gebaut, ließ *Bhupatindra Malla* 1718 zwei weitere Etagen aufsetzen. Der Tempel ist Bhairav, dem Vernichter der Dämonen, gewidmet.

An diesem Tempel – auch unter dem Namen Akash-Bhairav- oder Kashi-Vishva-Tempel bekannt – nimmt die **Bisket Jatra,** das nepalesische Neujahrfest in Bhaktpatur, seinen Ausgang (siehe „Feste und Feiertage“). Zu diesem Fest werden die Figuren von Bhairav und seiner Gemahlin in ihrer Form als Bhadra Kali auf separaten Festwagen durch die Stadt gezogen. Der Legende nach kann Bhairav sehr bösartig werden, wenn man ihn sich selbst überlässt, und so stellt man ihm sicherheitshalber eine Frau zur Seite – also ganz wie es bei normalen Männern auch der Fall ist. Die Figur des Bhairav ist gerade einmal 30 cm hoch, die seiner Gattin 25 cm.

Tilmadhav-Tempel

Etwas südlich des Bhairavnath-Tempels liegt leicht versteckt in einer Hofanlage der **Vishnu geweihte** Tilmadhav-Tempel. Er ist einer der ältesten Tempel der Stadt: Eine Inschrift besagt, dass sein Ursprung auf das Jahr 1080 zurückgeht. In seiner heutigen Form existiert er erst seit dem frühen 18. Jh. Der Tempel ist mit den traditionellen Symbolen des Vishnu ausgestattet: Zwischen zwei Säulen mit einem Chakra (Diskus) und einer Muschel kniet ein Garuda, Vishnus Reittier.

Café Nyatapola

An der Südwestseite des Taumadhi Tol steht das Gebäude des Café Nyatapola, ein **ehemaliges Wohnhaus,** das zu einem Restaurant umgewandelt wurde. Im Gegensatz zu den umliegenden Gebäuden ist es relativ jung, wurde 1977 aber ebenso mit deutscher Hilfe restauriert. Die geschnitzten Fenstergitter sind von Interesse, ebenso die erotischen Schnitzereien an den Dachstreben. Zudem ergibt sich vom Obergeschoss eine herrliche Aussicht auf das rege Treiben auf dem Platz.

Dattatreya Square (Tachupal Tol)

Vom Taumadhi Tol führt ein etwa zehnminütiger Fußweg in nordöstliche Richtung zum Tachupal Tol oder Dattatreya Square, dem **Kernstück des frühen Bhaktapur.** Die Straßen dorthin sind beiderseits mit Geschäften gesäumt und befinden sich in besserem Zustand als die Altstadtgassen von Kathmandu; sie vermitteln das Flair einer Stadt des 17./18. Jh. Gestört wird das Ambiente nur durch gelegentlich vorbeiknatternde Motorräder.

Am Dattatreya Square angelangt, sieht man an dessen Südwestseite einen zweigeschossigen, rechteckigen **Bhimsen-Tempel,** der dem Gott der Händler geweiht ist. Sein genaues Entstehungsdatum ist unbekannt, er soll irgendwann im 17. Jh. errichtet worden sein. Vor ihm befindet sich eine Plattform mit einem kleinen **Vishnu-Tempel,** der von einem doppelgeschossigem Dach gekrönt wird.

Die Südseite des Platzes wird von einem Gebäudekomplex eingenommen, in dem Handwerker die für Bhaktapur typischen Holzschnitzereien anfertigen. An der Rückseite des Innenhofes führt eine Treppe hinauf zum **Bhaktapur Handicraft Centre,** in dem die Artikel veräußert werden. Es gibt holzgeschnitzte Miniaturausgaben des berühmten

„Pfauenfensters" (s.u.) zu kaufen, Dämonenmasken aus Holz oder Pappmaché sowie Marionetten, die Götter oder Dämonen darstellen. Beim Kauf darf (muss) gehandelt werden.

Dattatreya-Tempel

Der Blickfang des Dattatreya Square ist der Tempel an seiner Ostseite, der ihm auch den Namen gab. Der Dattatreya-Tempel ist einer gemeinsamen Manifestation von **Brahma, Vishnu und Shiva** geweiht, genannt Dattatreya (etwa „Göttliche Dreifaltigkeit"). Diese Mischinkarnation kommt sehr selten vor, es gibt nur wenige Tempel, die ihr gewidmet sind. Der vor dem Tempel kniende Garuda deutet an, dass die Nepalesen sie in erster Linie als eine Erscheinung Vishnus betrachten. Dennoch sind hier Statuen aller drei Gottheiten untergebracht.

An der Stelle des Dattatreya-Tempels hatte sich einst nur ein kleiner Schrein befunden, der den Ort markierte, an dem ein verehrter spiritueller Lehrer gestorben war. *Yaksha Malla* ließ dort 1427 einen **hölzernen Mandap** bauen, der

ktm243 rk

Mit den kräftigen Wächtern am Dattatreya-Tempel sollte man sich besser nicht anlegen

auffallend dem Kashtamandap von Kathmandu ähnelte. Genau wie dieser soll auch der Mandap aus dem Holz eines einzigen Baumes angefertigt worden sein. 1458 wurde der Mandap unter *Vishva Malla* erneuert und erweitert. An der Westseite ließ er einen Anbau errichten, der die Statuen der drei oben genannten Gottheiten beherbergen sollte. Für die Bevölkerung zugänglich gemacht wurde er jedoch erst 1486, vier Jahre nach dem Tod *Vishva Mallas.*

Die zum Allerheiligsten führenden Stufen werden wie die des Nyatapola-Tempels von zwei monumentalen Ringern bewacht – originalgetreue Kopien der Nyatapola-Ringer, die 1860 dem Tempel beigefügt wurden.

Pujari Math

Wenige Meter östlich, an der Südostecke des Dattatreya Square, steht das Gebäude, mit dem das Bhaktapur Development Project (s.o.) begann, die Pujari Math. Diese birgt einige der beeindruckendsten Holzschnitzarbeiten des Kathmandu Valley und wurde deshalb auch zum **Sitz des Woodcarving Museum** erkoren, das weitere imposante Schnitzereien zeigt (s.u.).

Das exakte Entstehungsdatum der Pujari Math oder **„Priester-Residenz"** ist nicht überliefert. Das Gebäude muss irgendwann in den Jahren nach der Fertigstellung des Dattatreya-Tempels entstanden sein und diente dem Priester *(pujari)* des Tempels als Wohnsitz. Die Tradition, Tempeln einen Math hinzuzufügen, wurde im Indien des 8. Jh. von *Adi Shankaracharya,* einem spirituellen Lehrmeister, eingeführt. Der Bauherr der Pujari Math war ein reicher Händler namens **Gosain Gurubaksha Giri,** ein Anhänger der Lehren des Shankaracharya. *Gurubaksha Giri* hatte im Handel mit Tibet ein ungeheures Vermögen angehäuft, von dem er einen beträchtlichen Teil in die Konstruktion des Priesterhauses steckte. Wegen der guten Beziehungen zu Tibet ließen die tibetischen Herrscher der Math bald **generöse Schenkungen** zuteil werden. Jedes Jahr erhielt die Math eine Tola (ca. 11 g) Gold, eine Tola Silber, ein Pferd, einen Wollteppich, 365 Walnüsse und 216 Rupien (zweimal die heilige Zahl 108). Diese Schenkungen wurden erst 1904 beendet. Wohlhabende nepalesische Mitbürger stifteten der Math große Flächen Land, machten die Math unermesslich reich und sorgten dafür, dass die jeweiligen Priester satt von den Pfründen leben konnten. Wahrscheinlich gab es unter den Priester-Aspiranten Bhaktapurs keinen größeren Wunsch als den, zum Priester des Dattatreya-Tempels ernannt zu werden.

Gurubaksha Giri, der wohlhabende Begründer der Math, wandte sich vom Weltlichen ab und wurde der erste Priester, der in dem Gebäude wohnte. Wer sein Nachfolger wurde, ist unbekannt, von 1486 bis 1763 übernahmen wahrscheinlich Sadhus der Naga-Sekte das Kommando. Die **Naga-Sadhus** – eher bekannt für ihre fakirhafte Erscheinung und ihren Haschisch-Dauerkonsum als für übermäßigen Meditationseifer – waren jedoch inkompetent und wirtschafteten die Math herunter. Folglich wurden sie unehrenhaft entlassen und machten einer stetigen Folge von Priestern Platz.

Die Pujari Math ist ein **vierstöckiger Bau,** der **drei Innenhöfe** umfasst. Diese sind mit außerordentlich aufwendigen und filigranen Schnitzereien versehen. Es lohnt sich, auf Details zu achten, denn in jedem kleinen Winkel, der eine Schnitzfläche bietet, scheint sich eine Figur oder ein Ornament zu befinden. Die Arbeit muss extrem zeitaufwendig gewesen sein. Im Laufe der Jahrhunderte erlebte die Math einige Umbauten, die zum Teil durch diverse Erdbeben notwendig geworden waren. Die heute vorhandenen Schnitzereien stammen aus dem 18. Jh. und sind vor allem unter *Bhupatindra Malla* und *Ranjit Malla* entstanden, den großen Kunst- und Architekturmäzenen von Bhaktapur.

An der Ostseite des Hauses, wo eine schmale Gasse vorbeiführt, präsentieren sich einige **kunstvolle Fenster,** die in Form eines Pfaus geschnitzt sind, der sein Gefieder ausbreitet. Eines der Fenster ist besonders meisterhaft gearbeitet und sehr gut erhalten – dies ist das berühmte **Pfauenfenster,** das auch auf zahlreichen Ansichtskarten zu sehen ist. In der Gasse unter dem Fenster befindet sich ein Souvenirladen, der u.a. Miniaturversionen dieses Fensters anbietet. Die Preise richten sich nach Größe und Machart.

In den Obergeschossen der Pujari Math befindet sich das eingangs erwähnte

ktm220 rk

Woodcarving Museum, das Götterfiguren verschiedener Epochen und andere Schnitzereien ausstellt. Ein Besuch lohnt. Von den oberen Stockwerken ergibt sich durch die herrlich geschnitzten Fenster zudem ein guter Ausblick auf die so reich verzierten Innenhöfe der Math. Das Museum ist geöffnet Mi–So 10–17 Uhr (16 Uhr in den kalten Wintermonaten), Mo 10–15 Uhr. Eintritt 150 Rs., Fotografieren 100 Rs., Benutzung einer Videokamera 200 Rs. Wer bereits ein Ticket zur National Art Gallery besitzt, kann das auch hier benutzen.

Direkt gegenüber der Pujari befindet sich das **Brass & Bronze Museum,** das Metallobjekte verschiedener Jahrhunderte zeigt. Öffnungszeiten und Preise wie oben.

Ein wenig nördlich des Dattatreya Square steht der kleine **Salan-Ganesh-Tempel** aus dem Jahr 1654. Seiner reichhaltigen Verzierung zum Trotz weist er nur eine rudimentäre, grob gearbeitete Ganesh-Figur auf. Dieser Figur wird eine mystische Verbindung zur Taleju des Taleju-Tempels im Königspalast nachgesagt. Eintritt wie im Woodcarving Museum.

Nava-Durga-Tempel

An der Ostseite des Salan-Ganesh-Tempels führt eine Straße in Richtung Nava-Durga-Tempel, dem **„Tempel der neun Durgas“.** Die neun Durgas sind Gottheiten, die der Göttin Durga entsprungen sind und jeweils über eigene Aspekte oder Eigenschaften verfügen. Zusammen gelten sie als Beschützerinnen der Stadt und können – sofern sie mit Opfergaben aus Blut und Spirituosen beschwichtigt werden – alles Unheil fernhalten. Werden die Opferrituale aber falsch ausgeführt oder gänzlich vernachlässigt, verbreiten die Durgas Unheil, Pest und Tod. Um all dies zu vermeiden, sollen gelegentlich merkwürdige und blutige Riten im Tempel stattfinden.

☒ Hohe Handwerkskunst – das berühmte Pfauenfenster

Vakupati-Narayan-Tempel

Folgt man der Straße, die ostwärts aus dem Dattatreya Square hinausführt, erreicht man nach ein bis zwei Minuten den Vakupati-Narayan-Tempel, dessen Alter unbekannt ist. Er ist **dem Garuda-Narayan geweiht** und verfügt anstelle des üblichen einzelnen Garuda über zwei Garudas, die auf Säulen vor dem Tempel angebracht sind. Der Tempel ist weitgehend mit Metallarbeiten verziert, die Torana und das Dach sind aus Kupfer. Das Dach weist sehenswerte Detailarbeiten auf, z.B. auf den Ecken sitzende Vogelfiguren und eine großzügig ornamentierte Dachspitze, von der ein mit Inschriften versehener Metallstreifen, die Dhvaja, herabhängt.

Potters' Square

Einige Minuten Fußweg vom Durbar Square oder Taumadhi Tol in südwestlicher Richtung befindet sich das **Töpfereizentrum** Bhaktapurs, der Potters' Square („Platz der Töpfer“). Auf halb offenen Verandas sitzen die Töpfer, dre-

ktm213 rk

hen ihre massiven steinernen Töpferscheiben und formen den Ton mit einer schlafwandlerischen Sicherheit, so wie sie nur aus der Erfahrung von vielen Generationen erwachsen kann. An der Herstellungsmethode hat sich wahrscheinlich seit Jahrhunderten nichts geändert. Die fertig geformten Gefäße werden zum Trocknen in die Sonne gestellt, und so ist der Platz mit Hunderten oder Tausenden davon übersät, in allen erdenklichen Größen und Formen. Man kann hier auch gleich kaufen. Das Töpfern beginnt schon sehr früh, und am besten man erscheint um 7 oder 8 Uhr. Am späten Morgen sieht man eventuell nur noch die zum Trocknen ausgestellten Waren.

Wichtiger Bestandteil des Platzes ist der kleine **Jeth-Ganesh-Tempel,** der 1646 von einem reichen Töpfer gestiftet wurde. Folglich muss das Töpfergewerbe an diesem Platz mindestens bis ins 17. Jh. zurückreichen. Der Priester des Ganesh-Tempels hat gemäß der Tradition selbst aus den Reihen der Töpfer zu kommen.

Surya-Binayak-Tempel

Gut anderthalb Kilometer südlich außerhalb des Stadtkerns, in ländlicher Umgebung nahe der Trolleybus Station, findet sich der Surya-Binayak-Tempel, der im 17. Jh. unter *Vishnu Deva Varma* gebaut worden sein soll. Angeblich steht er an einer so geschickt errechneten Stelle, dass die ersten Sonnenstrahlen des Tages genau auf seine kleine Ganesh-Figur fallen. Daher der Name *Surya Binayak* oder „Sonnen-Ganesh". Er ist **einer von insgesamt vier Binayak-Tempeln im Kathmandu Valley.** Die anderen drei stehen in Chabahil, Chobar und Bungamati. Solche Ansammlungen von Ganesh-Tempeln sind auf dem indischen Subkontinent nicht selten; mancher fromme Hindu begibt sich auf eine Pilgerfahrt mit dem Ziel, alle wichtigen Ganesh- oder Binayak-Tempel seiner Umgebung zu besuchen. Den Binayak-Tempeln wird die Kraft nachgesagt, bei den unterschiedlichsten Familienproblemen günstig eingreifen zu können – der Surya Binayak soll beispielsweise Kindern, die ihrem Alter unangemessen spät zu sprechen beginnen, zur Sprache verhelfen.

Der im Tempel verehrte Ganesh ist nur ein grob gehauenes Steinrelief, das allerdings von einem goldmetallenen, filigran gearbeiteten Schrein umrahmt ist. Das Ganze befindet sich **hoch an einem Felsen gelegen** und ist über eine Treppe zu erreichen. Das Gelände um den Tempel dient einheimischen Familien als Picknickplatz, und auch Hochzeitsgesellschaften halten hier gerne ihren Festschmaus ab. Damit steht dem Eheglück nichts mehr im Wege. Von der Erhebung hinter dem Tempel ergibt sich eine gute Aussicht auf Bhaktapur. Zum Tempel gelangt man zu Fuß, per Fahrrad oder Taxi; ein Muss auf dem Besuchsprogramm ist er allerdings nicht.

☐ Töpferin am Potters' Square

Unterkunft

Bhaktapur bietet so viel Sehenswertes und so viel unverfälschte Atmosphäre, dass sich das Wohnen hier sicherlich lohnt. Tagsüber wird der Ort zwar von Tausenden von Tagesausflüglern besucht, diese ziehen sich aber spätestens am frühen Abend nach Kathmandu zurück. Verglichen mit der Hauptstadt ist Bhaktapur beinahe eine Oase der Ruhe, zudem mit besserer Atemluft. Der Lebensrhythmus hier verläuft anders als in der Großstadt, die Bevölkerung geht früh schlafen und ist folglich am frühen Morgen auf den Beinen. Zu dieser Zeit wird man möglicherweise durch das Läuten von Tempelglocken geweckt. Störend können allerdings die nachts kläffenden Hunde und das eine oder andere Motorrad sein, das durch die Gassen knattert – aber dieser Missstand ist auf jeden anderen Ort Nepals übertragbar. Die positiven Aspekte überwiegen aber, und folglich ziehen immer mehr Touristen Bhaktapur der Hauptstadt vor. Passend dazu gibt es auch immer mehr Unterkünfte der soliden Mittelklasse und das eine oder andere gehobene Hotel. Wer allerdings Luxushotels sucht, dem ist in Kathmandu immer noch besser gedient.

Karte S. 142

2 Das **Bhaktapur Paradise Hotel**④-⑤ liegt in ländlicher, erholsamer Umgebung nahe dem Surya-Binayak-Tempel, also relativ weit vom touristischen Zentrum Bhaktapurs entfernt. In nordöstliche Richtung blickend, sieht man das Häusermeer von Bhaktapur und den alles überragenden Nyatapola-Tempel. Die hübsch eingerichteten, großen und komfortablen Zimmer machen das Wohnen hier aber zu einer Wonne. Kostenloses WiFi. Einzel je nach Ausstattung zu 85/110, Doppel zu 95/125 US$, das Familienzimmer (4 Pers.) kostet 160 US$; jeweils plus 13 % Steuer und 10 % Service Charge. Angeschlossen ist ein Business-Center, und es können Computer ausgeliehen werden. Bei **Anfahrt per Bus** steige man an der Haltestelle Dholeshwar Mahadev am Arniko Highway aus; von dort sind es ein paar Minuten Fußweg in südliche Richtung. Ein kostenloser Zubringerdienst vom/zum Flughafen wird angeboten. Tel. 01-509 2720, 01-5092723, www.bhaktapurparadise.com.

Karte S. 162

3 Am Dattatreya Square liegt das sehr empfehlenswerte **Unique Guest House**①-② (Tel. 01-6611575, Facebook: Unique Guest House). Die Zimmer haben ein eigenes Bad und sind gemütlich eingerichtet, dazu ist die Lage ruhiger als am Durbar Square, vor allem abends. Einzel zu 8–15 US$, Doppel 15–25 US$, dazu die üblichen 13 % Steuern und 10 % Service Charge. Kostenloses WiFi.

5 Das kleine **Khwopa Guest House**①-② ist ein renoviertes Newar-Haus etwas südwestlich des Taumadhi Tol – zu dem Preis eine sehr gute Option. Nette Zimmer mit eigenem Bad (h. + k. Wasser) zu 10/15/18 US$, dazu gibt es ein kleines Dachrestaurant. Kostenloses WiFi, dazu Mountainbike-Verleih und Tourangebote. Bolacchen, Bhaktapur-12, Tel. 01-6614661, www.khwopa-guesthouse.com.np.

Mein Tipp: Das von Italienern gemanagte (und von vielen Italienern besuchte) 1 **Hotel Planet Bhaktapur**③-④ befindet sich ca. 1 km nördlich vom Durbar Square entfernt an der Strecke nach Changu Narayan in sehr ruhiger Lage. Das Hotel hat 14 sehr komfortabel eingerichtete, große Zimmer mit TV und Bad (h. + k. Wasser) und kostenloses WiFi, dazu ein Dachrestaurant mit italienischer, nepalesischer und chinesischer Küche, einen Garten und einen kleinen Fußballplatz. Sehr empfehlenswert oder anders formuliert: das Hotel der Wahl, wenn man es sich in Bhaktapur bequem machen will. Preise ab 60 US$. Jaukhel VDC 7, Cha, Bhaktapur, Tel. 01-6616038, mobil: 98-51047636, www.nepalplanet.com.

4 **Peacock Guest House**②-③ (siehe dazu unter „Essen und Trinken/Himalayan Bakery").

Karte S. 167

12 Sehr beliebt ist das **Shiva Guest House 1** ①-②, das sich am Ostende des Durbar Square be-

findet und in der Saison oft ausgebucht ist. Es verfügt über ein einfaches, gemütliches Restaurant mit gutem Ausblick und recht akzeptable Zimmer (Gemeinschaftsbad). Einzel 7 US$, Doppel 12 US$, Dreierzimmer 18 US$; + 10 % Steuer. Bessere Zimmer mit eigenem Bad (h. + k. Wasser) kosten 25/32/40 US$. Durbar Square, Bhaktapur-11, P.O. Box Bhaktapur No. 34, Tel. 01-6613912, www.shivaguesthouse.com. Nahe dem Eingangstor zum Durbar Square betreibt das Unternehmen das ebenfalls sehr empfehlenswerte neuere 1 **Shiva Guest House 2** mit denselben Preisen wie oben. Khuma Tole, Bhaktapur-11, Tel. 01-6619154. Kostenloses WiFi in beiden Häusern.

5 An der Südseite des Durbar Square befindet sich das neue **Hotel Traditional** (www.hoteltraditional.com), das von seiner wunderschönen Newar-Architektur her schon viel verspricht, aber weder Hotel noch Homepage waren zur Zeit der Recherche voll funktionsfähig.

13 Das **Golden Gate Guest House**① hat einfache, aber saubere Zimmer ohne eigenes Bad zu 6/8 US$, mit Bad zu 10/15 US$. Die Lage an der Ostseite des Durbar Square, in unmittelbarer Nähe des alten Palastes, hat sehr viel für sich. Kostenloses WiFi. Durbar Square, Bhaktapur-11, Tel. 01-661 2427, 01-6610534, 01-6612427, www.goldengateguesthouse.com.

2 Das **Khwapa Chhen Restaurant Guest House**② überblickt die Westseite des Durbar Square, es ist ein größeres Haus mit attraktiver Architektur im typischen Newar-Stil. Geboten werden einfache, saubere Zimmer mit Bad (h. +k. Wasser) und Ventilator, dazu gibt es einen Fahrradverleih und Tourangebote. Zimmer ab 35/40 US$ inkl. Frühstück. Von der Dachterrasse bietet sich eine schöne Aussicht auf den Durbar Square. Kostenloses WiFi. Khauma Tol, Durbar Sq., Tel. 01-6616325, www.khwapachhen.com.

19 Sehr gemütliche, gepflegte Zimmer hat das in einem typischen Newar-Haus untergebrachte **Bhadgaon Guest House**③-④, das den Taumadhi Tol überblickt. Die Zimmer (Bad, h. + k. Wasser, TV) sind sehr sauber und gleichfalls mit Teppich ausgelegt. Einzel je nach Ausstattung 50/65 US$, Doppel 60/85 US$. Taumadhi Tol, Bhaktapur-11, Tel. 01-6610488, www.bhadgaon.com.np.

16 16 Gegenüber der Südostecke des Nyatapola-Tempels finden sich direkt nebeneinander das **Siddhi Home and Restaurant**②-③ (Tel. 01-6612004, www.siddhihomehotel.com) und 17 17 **The Yeti Guest House & Rooftop Restaurant**②-③ (Tel. 01-6615434, Facebook: The Yeti Guest House). Bei großen Festen wie der Bisket Jatra (s. Kapitel „Feste und Feiertage") hat man von diesen den allerbesten Ausblick auf das Treiben. Die Preise sind flexibel, jeweils ab ca. 25 US$, bei kurzfristigen Buchungen jedoch relativ teuer. Gute Zimmer in beiden Unterkünften (mit Bad/h. + k. Wasser) und kostenlosem WiFi.

4 **Hotel Heritage**④ liegt etwas außerhalb des alten Stadtkerns, vorbei am Potters' Square, ca. 500 m südlich des Taumadhi Tol, beinahe schon in ländlicher Umgebung. Die Zimmer verbinden gekonnt traditionellen Newar-Stil mit modernen Errungenschaften und Komfort wie TV, Heizung/A.C., Minibar, Safe und kostenlosem WiFi. Mit empfehlenswertem Restaurant (siehe Kapitel „Essen und Trinken/Kutumba Restaurant"). Das Hotel Heritage ist derzeit die nobelste Unterkunft in Bhaktapur, auch wenn man darüber diskutieren kann, ob es überteuert ist oder nicht. Deshalb wird die Kategorie MEIN TIPP knapp verfehlt. Einzel zu 140 US$, Doppel 150 US$, dazu 13 % Steuer und 10 % Service Charge. Tel. 01-661 1628, mobil: 98-01010393 www.hotelheritage. com.np.

20 Das von einer sehr herzlichen Familie geführte **The Heart of Bhaktapur Guest House**②-③ liegt ein wenig südöstlich des Taumadhi Tol und ist gut vor dem dortigen Verkehrslärm geschützt. Die Zimmer (alle mit Bad) sind sauber und komfortabel, die Aussicht von der Dachterrasse spektakulär, und ein weiteres Plus ist, dass die Familie mit einem Teil des Gewinns aus dem Guest House ein Hilfswerk für behinderte Kinder unterstützt. Das Haus wird von vielen Volontären und anderen Helfern angesteuert,

die bei Aufenthalten von mindestens 1 Monat 10 % Rabatt erhalten. EZ 30 US$, DZ 40 US$, Dreier 50 US$ und ein Familienraum (4 Pers.) zu 60 US$, allerdings mit saisonalen Schwankungen. Preise inkl. Frühstück und kostenlosem WiFi. Tel. 01-661 2034, www.heartofbhaktapur.com.

14 Das **Pagoda Guest House**② hat sehr saubere und wohnliche Zimmer (Bad, h+k Wasser, TV), teilweise mit Blick auf den Nyatapola-Tempel, dazu ein Restaurant auf der Dachterrasse. Kostenloses WiFi. Zimmer Einzel/Doppel/Dreier 20/25/30 US$. Sehr empfehlenswert. Tel. 01-6613248, 01-6612685, www.pagodaguesthouse.com.

Essen und Trinken

Die Auswahl an Speisemöglichkeiten ist insofern eingeschränkt, als dass zumeist Restaurants in Guest Houses in Frage kommen, man also quasi nie unter Einheimischen isst. Die „einheimischen Lokale" sind zumeist sehr schlicht und für Touristen kaum geeignet.

Karte S. 162

2 Das **New Café de Peacock**①-② befindet sich nördlich des Dattatreya-Tempels und bietet eine ausgezeichnete Palette an westlichen, mexikanischen und nepalesischen Gerichten. Mittags kehren hier oft Reisegruppen ein.

Mein Tipp: Die gegenüber am Dattatreya Square gelegene 4 **Himalayan Bakery**①-② im Peacock Guest House offeriert viele leckere Backwaren, Kuchen, Vollkornbrot, Muffins und auch Hauptgerichte, z.B. ausgezeichnete Momos. All das kann man in einem gemütlichen kleinen Innenhof verzehren. Sehr empfehlenswert! Kostenloses WiFi. Geöffnet 7–21 Uhr. Siehe auch Facebook: Himalayan Bakery Bhaktapur. Die Backstein-Fassade des Guest Houses ist mit schönen Holzschnitzereien dekoriert, und im Wohnbereich setzt sich der altertümliche Charme fort. Komfortable, große Zimmer (Bad, h+k Wasser) ab ca. 25 US$. Die Zimmer nach vorne hinaus haben einen guten Ausblick auf den Platz, können aber laut sein. Außerdem sollte man bei der Buchung darauf achten, nicht in der „Annexe" zu landen, einem neueren Zusatzgebäude, in dem die pittoreske Atmosphäre des Haupthauses abhanden gekommen ist. Tel. 01-6611829, mobil: 98-41604324, www.peacockguesthousenepal.com.

Karte S. 167

15 Das **Namaste Restaurant & Illy Cafe** (guter Kaffee, weniger gutes Essen) liegt unmittelbar neben Siddhi Home and Restaurant und The Yeti House & Rooftop Restaurant gegenüber dem Nyatapola-Tempel.

4 Das **Kutumba Restaurant** befindet sich im Hotel Heritage, hier wird nepalesische, indische, chinesische und italienische Küche kredenzt, so weit wie möglich aus Bio-Zutaten. Auch für Nicht-Bewohner des Hotels lohnt der Besuch.

6 An der Südseite des Durbar Square liegt das wunderbare **Temple View Restaurant**①-②, ein altes Holzhaus mit traditionellen Holzschnitzarbeiten. Es wird sehr gutes nepalesisches, chinesisches und westliches Essen geboten. Geöffnet 9.30–20 Uhr.

18 Das **Café Nyatapola**①-② (auch Nyatapola Restaurant genannt) am Taumadhi Tol ist schon wegen der Aussicht vom Obergeschoss einen Besuch wert. Es werden westliche und einheimische Gerichte gereicht. Geöffnet 8–19 Uhr.

■ Bhaktapurs Spezialität ist der **„Bhaktapur Curd"**① oder auf Newari **Juju** oder **Juju-dhau** (wörtlich „Königs-Joghurt"), der angeblich beste Joghurt weit und breit. Dieser wird in Tongefäßen aufgetischt. Das Geheimnis seines Geschmacks soll in der besseren Milch der Bhaktapur-Kühe und dem speziellen Herstellungsprozess liegen. Wer ihn probieren möchte, findet beispielsweise nahe der Bushaltestelle am Siddhu Pokhri bzw. am Haltepunkt der Taxis am Tor zum Durbar Square einige Läden. Was manchen Leuten nicht gefallen könnte, ist die Tatsache, dass der Joghurt zumeist gezuckert ist.

Anreise

Die Anfahrt nach Bhaktapur lässt sich gut mit dem Besuch von Thimi (s.u.) kombinieren.

- Die Strecke von Kathmandu nach Bhaktapur (ca. 16 km ab Thamel oder 15 km ab der New Road) ist theoretisch zwar gut **mit dem Fahrrad** zu bewältigen, der starke Verkehr und die dichten Abgasschwaden auf der Strecke mindern allerdings die Freude. Man kann sich die Fahrt verschönern, indem man bei Thimi links (nördlich) von der Hauptstraße abzweigt und dann vom Zentrum von Thimi auf einer parallel zur Hauptstraße verlaufenden ruhigen Landstraße weiterfährt. 9,1 Kilometer der Straße nach Bhaktapur verlaufen in Form einer vierspurigen Schnellstraße, die beste und modernste Straße im Kathmandu Valley. Das Vorzeigestück wurde 2011 mit japanischer Hilfe fertiggestellt und verkürzt die Fahrzeit von Autos und Bussen erheblich.
- Ab der City Bus Station (Old Bus Station) in Kathmandu fahren **Minibusse** der Linien 7 und 9 (ca. 50 Rs., Fahrzeit ca. 40 Min.). Die Busse halten am Siddha Pokhari, ca. 5 Min. Fußweg westlich des Durbar Square. Weitere **Busse** fahren von der Bagh Basar Bus Station ab (etwas nördlich der City Bus Station) und kosten ebenfalls ca. 50 Rs. Auch sie halten am Siddha Pokhari. Busse von Nagarkot kommen am Kamal Binayak an, 5 Min. Fußweg vom Tachapal Tol entfernt. Die grünen Busse von Sajha Yatayat fahren vom Bushalteplatz bei Swayambhunath für 25 Rs. bis Surya Binayak (s.o).
- **Taxis** ab Thamel/Kathmandu würden per Taxameter nicht mehr als 700 Rs. kosten, nur klappt das bei den Fahrern nicht mit dem Taxameter. Um den Preis muss hart gefeilscht werden. Wenn man die einfache Fahrt für 1000 Rs. bekommt, ist man gut bedient. Bei einem Tagesbesuch ist es günstiger, ein Taxi für Hin- und Rückfahrt plus Wartezeit anzuheuern. Ein 3- bis 4-stündiges Besuchsprogramm, bei dem man das Wichtigste sehen und eine Mahlzeit einnehmen kann, sollte ca. 2000 Rs. kosten. Taxis vom Flughafen in Kathmandu kosten am Taxischalter 1200 Rs.; evtl. kann man mit den Fahrern vor dem Flughafengebäude einen besseren Preis aushandeln.
- **Pre-paid-Taxis** ab dem Flughafen kosten bis zum Durbar Square 1200 Rs.

Ausflüge in die Umgebung

Von Bhaktapur lassen sich vielfältige Ausflüge **in den östlichen Teil des Kathmandu Valley** unternehmen. Einzelheiten zu den Reisezielen und zur Anreise sind den folgenden Kapiteln zu entnehmen.

Einen Ausflug lohnt das 4 km nördlich gelegene **Changu,** wo sich der älteste Tempel des Kathmandu-Tales, der Changu Narayan, befindet (siehe Seite 184).

Der malerische Bergort **Nagarkot** (20 km nordwestlich) bietet hervorragende Ausblicke auf die umliegende Bergwelt und kann als Ausgangspunkt für Trekking-Touren dienen.

Über das wenig sehenswerte Banepa erreicht man **Panauti** (ca. 15 km südöstlich) am Zusammenfluss von Roshi Khola und Punyamati, das nur zu religiösen Festen aus seinem Dämmerschlaf zu erwachen scheint.

Auch **Dhulikel** (14 km östlich) bietet Naturschönheit im Überfluss. 10 km weiter Richtung Süden befindet sich in **Namobuddha** eine der bedeutendsten Stupas des ganzen Landes.

Thimi – Bhaktapur – Changu Narayan

Thimi

Mit ca. **85.000 Einwohnern** ist Thimi die **viertgrößte Stadt des Kathmandu Valley.** Sie erstreckt sich zwischen der alten und der neuen Kathmandu-Bhaktapur-Straße ca. 12 km östlich von Kathmandu und 3,5 km westlich von Bhaktapur. Der Ortsname stammt vom Newari-Begriff Chhemi für „fähige Leute" und wurde von den Bhaktapur-Königen geprägt, die in den Bewohnern willige Kämpfer gegen die Dynastien von Kathmandu und Patan fanden.

Heute werden die Fähigkeiten ausschließlich für friedliche Zwecke genutzt – Thimi gilt als das **Zentrum des Töpferhandwerks,** als die „Stadt der Töpfer". Das so beschauliche Handwerk hat eine lange Tradition in dem Ort und wurde schon von Reisenden vergangener Jahrhunderte erwähnt. Hergestellt werden Wasser- und Kochgefäße sowie Zierobjekte (kleine Elefantenfiguren) und Ähnliches und Behälter für Rakshi, den Reiswein, dem so gerne zugesprochen wird. Oft spielt sich der gesamte Herstellungsprozess mitten auf der Straße ab, wo die fertigen Produkte auch zum Trocknen in die Sonne gestellt werden. Viele der Töpfer sind in den letzten Jahren auf elektrisch betriebene Töpferdrehscheiben und Kerosin-Brennöfen umgestiegen. Wer in den Gassen etwas herumstöbert, wird aber auch noch einige Töpfer finden, die nach althergebrachter Methode arbeiten.

Zudem werden in Thimi die **Papiermaché-Masken** gefertigt, die in Kathmandu und Bhaktapur zu kaufen sind.

Die rustikal wirkende Hauptstraße des Ortes verläuft in Nord-Süd-Richtung, im rechten Winkel zu den beiden Straßen nach Bhaktapur. Am südlichsten Platz an der Hauptstraße steht Thimis wichtigster Tempel, der **Balkumari-Tempel** aus dem 16. Jh. Er ist Balkumari, einer von Bhairavs Shaktis oder weiblichen Gegenstücken, geweiht. Der Tempel bildet den Mittelpunkt der Neujahrsfeiern des Ortes (April/Mai), wenn 32 festlich geschmückte Khat, eine Art Sänften, um ihn herum getragen werden. Zum heiß erwarteten Höhepunkt gestaltet sich die Ankunft eines ganz besonderen Khat, auf dem sich eine verehrte Ganesh-Figur aus dem Nachbardorf Nagadish (auch Nade genannt) befindet.

In Thimi findet sich weiterhin ein **Mahadev-Tempel** aus dem 15. und ein **Narayan-Tempel** aus dem 16. Jh.

Direkt nördlich an Thimi schließt sich **Nagadish** an, wo ein Weg durch einen Torbogen zum **Ganesh Dyochhen** führt (*dyochhen* = „Gotteshaus"). Nahebei steht der in der lokalen Tradition wichtige **Ganesh-Tempel,** über dem sich ein dreigeschossiges Dach erhebt.

Zwei oder drei Tage nach dem nepalesischen Neujahr (13./14. April) findet im Ort eine Art **Trance-Fest** statt, zu dem sich die Teilnehmer Backen, Zungen und andere Körperteile mit Nägeln oder sonstigen Folterinstrumenten durchstechen.

Etwas nördlich von Thimi liegt das Dorf **Bhode** mit seinem **Mahalakshmi-Tempel** aus dem 17. Jh. Die Legende be-

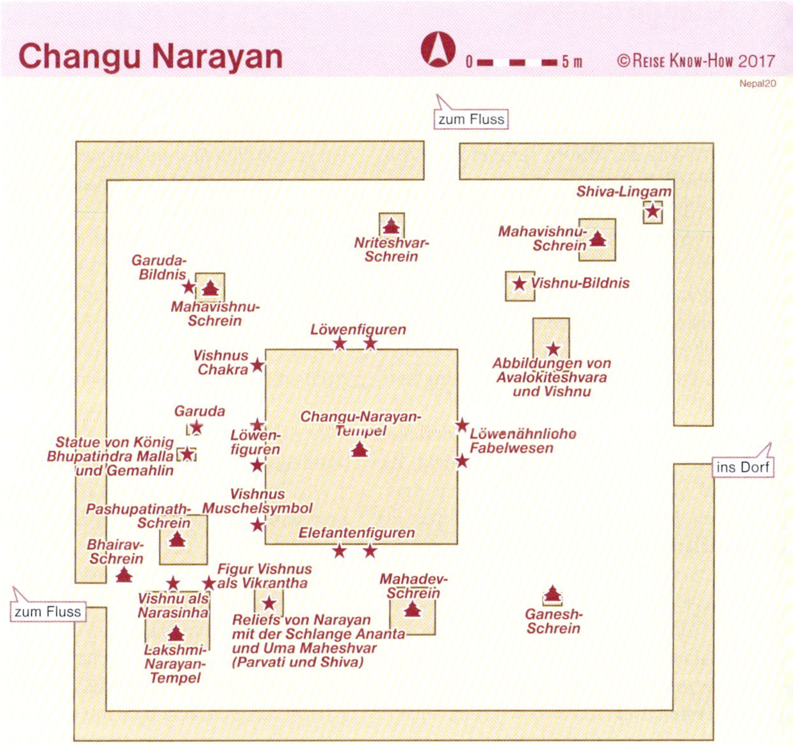

sagt, dass Bode 1512 gegründet wurde, nachdem Mahalakshmi, der schon ein Schrein an der Stelle des heutigen Dorfes geweiht war, dem König von Bhaktapur im Traum erschienen war.

Anreise

- Ab der City Bus Station in Kathmandu mit jedem beliebigen Bus auf der Strecke nach Bhaktapur. Einige **Busse** fahren nur bis Thimi.
- Mit dem **Taxi** für ca. 500–600 Rs., es macht aber kaum Sinn, den Ort für sich alleine zu besuchen, sondern nur in einer Tour inklusive Bhaktapur.

Bhaktapur

Bhaktapur bietet so viele Sehenswürdigkeiten – und Atmosphäre –, dass sich auch ein mehrtägiger Aufenthalt lohnt. Alle Informationen zur Stadt finden sich im entsprechenden Kapitel (siehe oben).

Changu Narayan

Etwa 4 km nördlich von Bhaktapur findet sich auf einem Hügel (1677 m) das **Newar-Dorf Changu,** an dessen höchster Stelle der **älteste Tempel des Kathmandu Valley** steht, der Changu Narayan, Teil des UNESCO-Weltkulturerbes. Die Strecke von Bhaktapur nach Changu Narayan gehört sicher zu den schönsten im Tal.

Fahrzeuge müssen an einem Parkplatz halten, von dem es in wenigen Minuten **zu Fuß** über eine Gasse **hoch zum Tempel** geht. Dabei passiert man alte traditionelle Backsteinhäuser, vor denen man möglicherweise Frauen sieht, die auf althergebrachte Weise Wolle spinnen. Mit Sicherheit sehen wird man die vielen Souvenirshops, die sich in den letzten Jahren entlang des Weges angesiedelt haben.

Der ursprüngliche Tempelbau geht wahrscheinlich auf König *Hari Datta Varma* und das Jahr 325 zurück. Die **Legende** besagt, dass der Garuda einst in einen mörderischen Kampf mit dem Schlangengott Takshaka Naga verwickelt war, der alles attackierte, was ihm in den Weg kam. Als das Wasser aus dem Kathmandu-Tal abgelaufen war, verlor er seinen angestammten Wohnort und rächte sich in blinder Wut. Nach dem Kampf, in den auch andere Götter verwickelt wurden, schlossen die beiden Frieden, der Schlangengott wickelte sich um den Hals des Garuda, und einträchtig flog das Gespann zum Hügel von Changu.

Dem Hörensagen nach wird die im Changu-Narayan-Tempel aufbewahrte **Narayan-Figur** gelegentlich nass von „Schweiß", was bedeutet, dass die beiden wieder miteinander kämpfen! In früheren Zeiten wischten die Priester diesen „Schweiß" mit einem Tuch ab, das sie danach dem König schenkten. Heute gilt ein derartiges Tuch als sicherer Schutz gegen Schlangenbisse und wird in Streifen geschnitten und am Körper getragen – falls man gute Beziehungen zum Priester hat und eines bekommt.

Unter der Schirmherrschaft von *Ganga Rani,* der Frau von König *Shiva Sinha Malla,* wurde der Tempel Ende des 16., Anfang des 17. Jh. **restauriert.** 1702 bei einem Brand beschädigt, wurde er danach in seiner heutigen Form wiederhergestellt. Einige Kupferinschriften, die von König *Bhaskar Malla* angebracht wurden, stammen aus dem Jahr 1708.

Der Tempel liegt in einem Hof umgeben von einigen kleineren Schreinen und Figuren. Vor der Haupttür steht der **Garuda** aus dem 5. Jh., der sich seinen neu gewonnenen Freund, den **Schlangengott Takshaka Naga,** um den Hals gewunden hat. Ungewöhnlicherweise weist der Garuda menschliche Züge auf. Gleich daneben sind Statuen von König *Bhupatindra* und seiner Frau zu sehen, die sich als großzügige Gönner dem Tempel gegenüber hervorgetan hatten.

Mehrere Figuren stellen Vishnu in seinen verschiedenen Manifestationen dar, so z.B. eine **Vishnu-Trivikrama-Statue** aus dem 8. Jh., die einen „Schreitenden Vishnu" abbildet. Die Mythologie erzählt, dass Vishnu einst in Zwergen-Form mit dem Dämonen Bali zusammengetroffen war, der ihm so viel Land versprach, wie er in drei Schritten erlaufen konnte (*tri* = „drei", *vikrama* =

⊡ Landschaft zwischen Bhaktapur und Nagarkot gegen Ende der Regenzeit

„Schritt"). Darauf wuchs Vishnu unversehens zu einem Giganten und schritt mit drei Schritten Unterwelt, Erde und Himmel ab und ließ so keinen Zweifel, wer der Herr des Universums war.

Die **Vishvarupa-Figur** zeigt Vishnu als Beherrscher der Welt (*vishva* = „Welt", *rupa* = „Form"), stehend und von seinen Göttinnen und anderen Figuren umgeben. Unter ihm ist ein schlafender Vishnu zu sehen, der an den Budhanilakantha erinnert.

Nicht fehlen darf auch eine **Narasinha-Figur,** Vishnu halb Mensch, halb Löwe (*nara* = „Mann", *sinha* = „Löwe"), die gerade nach allen Regeln der Kunst einen Dämonen zerpflückt.

In der Nordwestecke des Hofes steht eine Statue von **Vishnu,** wie er **auf dem Garuda** reitet und dabei die Zeichen seiner Macht in Händen schwingt. Dieses Abbild ist auch auf der nepalesischen 10-Rupien-Note zu sehen – ein wohl untrügerisches Indiz für die Bedeutung des Tempels.

Der attraktivste Teil der Anlage ist die **Haupttür an der Westseite,** die von zwei steinernen Löwen bewacht wird. Die Tür und auch die benachbarten Fenster sind mit detailliert gearbeiteten Kupferplatten verziert, über der Tür befindet sich eine filigran ausgeführte Torana mit Vishnu in der Mitte und zwei seiner Göttinnen an den Seiten. Die goldkupferne Pracht dieser Fassade stellt eines der schönsten Architektur-Fotomotive im Tal dar.

Das Gebäude ist mit einem doppelstöckigen Dach bedeckt, von dem der untere Teil durch geschnitzte Streben gestützt wird. Sie zeigen die **Dasavatar Vishnus,** d.h. die zehn Inkarnationen Vishnus (*das* = „zehn", *avatar* = „göttliche Inkarnation").

ktm040 rk

Gipfelpanorama von Nagarkot

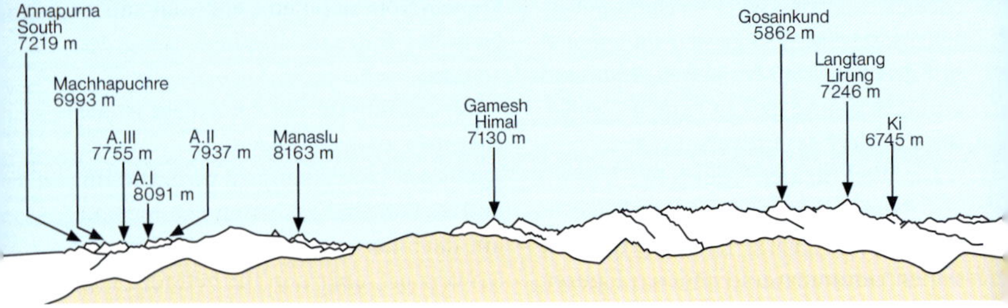

Der **Eintritt** kostet 100 Rs. Wer im Ort zu wohnen gedenkt, braucht die Gebühr nur einmal zu bezahlen. Das Kassenhaus befindet sich leider schon am Eingang des Dorfes, sodass man den Eintritt theoretisch auch bezahlen muss, wenn man den Tempel nicht besucht. Hinter der Kasse führt ein aufsteigender Weg durch das Dorf, vorbei an zahlreichen Souvenirgeschäften, zum Tempel.

Der zentrale Tempel der Anlage überstand das Erdbeben von 2015 ohne großen Schaden, einige umliegende Gebäude stürzten jedoch ein.

Unterkunft/ Essen und Trinken

Das eine oder andere Guest House wurde beim Erdbeben zerstört, ebenso wie viele Privathäuser.

■ An der Nordwestseite des Tempels liegt das **Star View Guest House**①-②, das tatsächlich ausgezeichnete Ausblicke bietet, je nach Zimmer in unterschiedliche Himmelsrichtungen. Es gibt nur 6 Zimmer, teils mit, teils ohne eigenes Bad und in unterschiedlicher Ausstattung. Zimmer ohne eigenes Bad zu 10 US$, mit Bad 12 US$, dazu je ein Zimmer zu 20 und zu 25 US$ mit komfortablerer Ausstattung und noch besserem Ausblick. Das Guest House arbeitet mit einer NGO zusammen, die erdbebengeschädigten Einwohnern von Changu Narayan unter die Arme greift. Tel. 01-5141181, www.starviewnepal.com.

■ **Village Villa Chambre d'Hote**①-② befindet sich nördlich des Tempels, an einer der Straßen, die von Kathmandu herführen. Auch von diesem Haus, unter der Leitung der Familie *Dhruba,* wird man vom Ausblick – von den Zimmern oder der Dachterrasse – nicht enttäuscht. Dazu ist die Familie so nett, wie man es von den meisten Nepalesen gewohnt ist, und „Familienanschluss" ist garantiert. Zimmer ohne eigenes Bad für eine Einzelperson mit Frühstück 1000 Rs., für 2 Personen 1700 Rs., mobil: 98-41480637, Facebook: changunarayanvillagevilla.

Anreise

■ **Per Bus ab Kathmandu** ist Umsteigen nötig. Man nehme einen Bus vom City Bus Stand in Kathmandu Richtung Bhaktapur und steige am „Tourist Bus Park" ca. 1 km westlich des Durbar Square aus. Von dort gehe man die Nagarkot Road, an der sich die Bushaltestelle befindet, ein paar Minuten weiter bis zum Dekocha Bus Stop an der Kreuzung Nagarkot Rd./Changu Narayan Rd. Von hier fahren Busse über die Changu Narayan Rd. in nördliche Richtung zum Tempel.

■ Wer **von Bhaktapur aus nach Changu Narayan** will, sollte sich gleich zum Dekocha Bus Stop begeben.

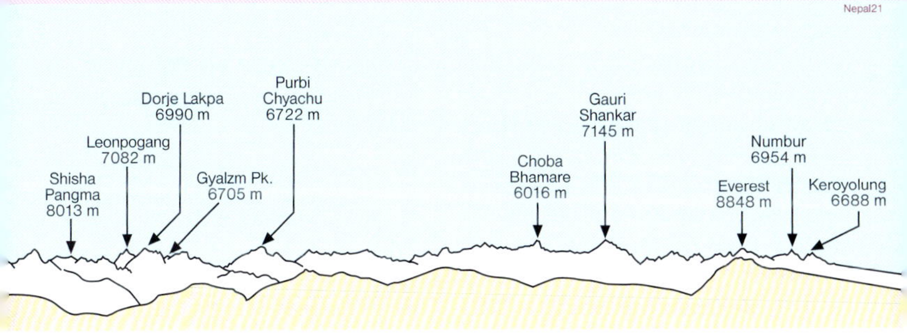

- Die Straße ist asphaltiert, hat aber eine starke Steigung, sodass **Fahrradfahrer** auf ein Mountainbike zurückgreifen sollten. Zurück geht's naturgemäß um so leichter.
- **Taxis ab Kathmandu** sollten ca. 2000 Rs. für Hin- und Rückfahrt plus einstündigem Aufenthalt kosten. Fahrzeuge können nur bis zu dem eingangs erwähnten Platz am Dorfanfang vor dem Kassenhaus fahren, von dort sind es ca. 3 Min. zu Fuß zum Tempel.

Nagarkot

Der winzige Ort Nagarkot, der 20 km nordöstlich von Bhaktapur und 35 km östlich von Kathmandu liegt, bietet von allen Berggipfeln rund um das Kathmandu Valley die **faszinierendsten Ausblicke:** Das Blickfeld erstreckt sich vom Dhaulagiri im Westen bis zum Everest und Kanchenjunga im Osten, außerdem sind die Sonnenaufgänge ein Erlebnis. Nagarkot, auf einer Höhe von 2168 m gelegen, noch unter den Gipfeln von Shivapuri und Pulchowki, besitzt eine gute touristische Infrastruktur. Die besten Monate für einen Besuch sind Oktober bis März, am allerbesten November bis Februar. Wer ausspannen oder wandern will, ist hier genau richtig. Man kann es durchaus eine längere Zeit in Nagarkot aushalten. Für manche mag das Haschisch bzw. Gras eine Attraktion sein, denn **Hanf** wächst hier an vielen Stellen wild, auch im Garten so mancher Guest Houses. In den heißen Monaten April und Mai hat man hier zwar keine gute Aussicht mehr, denn die Berge verschwinden meist hinter Wolken, dafür sind die Temperaturen etwas niedriger als in Kathmandu (ca. 5–6 Grad im Durchschnitt). In der Regenzeit ist der Aufenthalt nicht sonderlich ratsam, denn die Niederschläge – am stärksten in August – sind beinah doppelt so hoch wie in Kathmandu. Im Dezember und Januar kann es empfindlich kalt werden, mit (Nacht-)Temperaturen oft nur minimal über dem Gefrierpunkt. Manchmal schneit es sogar, so wie 2011, und zahlreiche Bewohner des Kathmandu Valley reisten an, um das weiße Wunder mitzuerleben.

Der **Ort Nagarkot** zieht sich einige Kilometer weit auseinander, allein schon das Hin- und Herlaufen zwischen manchen Unterkünften kann ein Wandererlebnis sein. Am Ende der Hauptstraße, oben auf dem Gipfel, befindet sich ein

Armeequartier, das in den letzten Jahren immer mehr Land eingenommen hat. Dort oben gibt es nur wenige Häuser und Unterkünfte. Von einem kleinen **Aussichtsturm** nahe dem Armeegelände (man beachte die Ausschilderung) ergeben sich exzellente Ausblicke in luftiger Höhe.

Das **„Zentrum"** von Nagarkot befindet sich etwa 1 km vor dem Armeelager. Links an der Hauptstraße (aus Kathmandu kommend) ist eine Ansammlung von Häusern zu sehen; dort zweigt eine Straße weiter nach links ab, die zur größten Konzentration an Unterkünften führt.

Unterkunft/Essen

Nagarkot ist der Ort im Kathmandu Valley, der außer Kathmandu am besten mit Unterkünften versorgt ist. Bei Besuchen in der kalten Jahreszeit (Nov. bis Febr.) empfiehlt sich auf jeden Fall ein Guest House mit heißem Wasser. Beim Einchecken sollte man gleich antesten, ob es auch tatsächlich heiß ist. Es sollten ausreichend Decken vom Guest House gestellt werden, trotzdem kann ein zusätzlicher Schlafsack nicht schaden. Wegen möglicher Stromausfälle (oder load-shedding) und allgemeiner Finsterkeit nachts ist die **Mitnahme einer Taschenlampe** zu empfehlen.

Außerhalb der Hauptsaison von November bis Februar kann man die Preise gut herunterhandeln, in den kleineren Guest Houses oder Hotels etwa um die Hälfte. Selbst in der Hauptsaison kann man es mit **Handeln** versuchen. Insgesamt stehen etwa zwei Dutzend Unterkünfte zur Auswahl, die auch fast alle sehr gute Ausblicke bieten – oft direkt vom Bett aus. Praktisch alle Häuser verfügen auch über ein **Restaurant.** Die Unterkünfte befinden sich zumeist ein paar hundert Meter von der Hauptstraße, die den Berg hinaufführt, zurückgesetzt. Einige Hinweisschilder weisen den Weg, der von dem bescheidenen „Zentrum" von Nagarkot links abzweigt.

Im zentraleren Bereich von Nagarkot

Von der Bushaltestelle zu den Unterkünften ist es zumeist ein Fußweg von 10 bis 15 Min. Man achte auf Hinweisschilder der Unterkünfte.

Mein Tipp: Preiswert und wunderbar ruhig gelegen ist das **Hotel at the End of the Universe**①-②, von dessen Zugang es noch ein kurzer, aber eventuell pusteraubender Aufstieg zur Rezeption ist. Die erhöhte Lage belohnt allerdings auch mit besten Aussichten auf die Umgebung. Als Unterkunft stehen „Zelte" zur Verfügung, genauer gesagt, kleine Triangel-förmige Holzhütten mit oder ohne eigenes Bad, dazu etwas großzügiger angelegte Zimmer, ebenfalls mit oder ohne eigenes Bad. Luxus wird nicht geboten, dafür rustikale Schlichtheit und Gemütlichkeit. Das angeschlossene Restaurant ist preiswert und gut, mit kostenlosem WiFi (allerdings kein WiFi in den Zimmern). Der Strom wird vor Mitternacht abgeschaltet, eine Taschenlampe sollte folglich mit im Gepäck sein. Hütten/Zimmer von 11 bis 23 US$. Die Anlage wurde durch das letzte Erdbeben schwer beschädigt, eine Renovierung ist schon erfolgt, aber weitere Änderungen/Neuerungen sind möglich. Tel. 01-6226500, 01-6680011. www.endoftheuniverse.com.np.

Das **Hotel Galaxy View Tower**② hat Einzelzimmer mit Bad (h. + k. Wasser) zu offiziell 25 US$, Doppelzimmer zu 30 US$, oft werden die Preise aber gesenkt, dann ist das Haus sein Geld wert. Die im Obergeschoss gelegenen Räume sind den unteren vorzuziehen. Eine Renovierung 2016/17 hat einige Alterungserscheinungen ausgebügelt, trotzdem ist dies nicht die beste Wahl am Ort. Man schaue sich das Haus besser zuerst an. Kostenloses WiFi. Tel. 01-668 0122.

■ **Peaceful Cottage & Café Du Mont**①-② hat spartanische Zimmer ohne eigenes Bad zu 8 US$ sowie bessere mit Bad und heißem Wasser zu 20 und 25 US$; für 45 US$ gibt es Zimmer mit 360-Grad-Panoramablick, und Frühstück ist auch im Preis inbegriffen. Jeweils + 13 % Steuer. Von dem im Obergeschoss gelegenen Café du Mont bietet sich ebenfalls ein ausgezeichneter Panoramablick, dazu gibt es gutes Essen. Sehr empfehlenswert. Kostenloses WiFi. Tel. 01-6680077, 01-6680056, www.peacefulcottage.com.np.

■ Das große **Hotel Viewpoint**②-③ hat bequeme Zimmer (Bad, h. + k. Wasser), Einzel 24 US$, Doppel 30 US$ und 55/65 US$, dazu ein Restaurant mit loderndem Kaminfeuer und spektakuläre Ausblicke. Tel. 6680123, 01-6680125, www.hotelviewpoint.com.np.

■ Etwa 100 m entfernt liegt das **Hotel Country Villa**③-④. Das Haus macht von außen nicht viel her, die Zimmer (mit Bad) sind aber sehr ordentlich und komfortabel, dazu bietet sich ein herrlicher Ausblick aus den verschiedenen Zimmern (Bad, h. + k. Wasser, Heizung, TV) – und sie haben einen Balkon, von dem sich die Aussicht noch besser genießen lässt. Mit Spa, Sauna, Jacuzzi, Meditationsraum und einem sehr guten, wenn auch teuren Restaurant. Einzelzimmer kosten ab 75 US$, Doppelzimmer ab 83 US$, die Suite 119 US$; + 13 % Steuer und 10 % Service Charge. Das WiFi im Haus ist kostenlos. Tel. 01-6680128, 01-6213053, www.hotelcountryvilla.com.

■ **The Fort Resort**③-④ ist ein im Newari-Stil erbautes Hotel, das hauptsächlich von Reisegruppen angesteuert wird. Das Resort steht exponiert auf einem Hügel, die Aussicht aus den nach vorne gelegenen Zimmern ist ausgezeichnet. Einzel mit Bad (h. + k. Wasser, Heizung, Safe) zu 70 US$, Doppel 90 US$, dazu geräumige, gemütliche Cottages zu 80/100 US$; jeweils + 13 % Steuer und 10 % Service Charge. Es lohnt sich, bei Internet-Agenturen nach günstigeren Preisen Ausschau zu halten. Tel. 01-4432 960, 01-6680069, 01-6680149, www.fortretreat.com.

■ Sehr beliebt ist das **Nagarkot Farmhouse** ②-③, das in 1900 m Höhe am Nordrand Nagarkots liegt, ca. 2 km von der Ortsmitte entfernt. Das Haus ist ein Tochterunternehmen des Hotel Vajra in Kathmandu, was schon Gutes verspricht. Die Zimmer sind sehr rustikal, aber gepflegt und erinnern an den Stil des Vajra. Die Lage ist ausgezeichnet, man genießt hier beste Panoramablicke. Umgeben ist das Farmhouse, das einmal ein Privatwohnsitz war, von unzähligen Obstbäumen und allgemein ziemlich viel Grün. Angeschlossen sind ein hervorragendes Restaurant mit gemütlichem Kaminfeuer und ein Yoga- und Meditationsraum. Zimmer ohne Bad zu 30/40 US$ (Einzel/Doppel), mit Bad (h. + k. Wasser) 35/50 US$. Alle Preise beinhalten drei Mahlzeiten. In den Wintermonaten werden die Zimmer mit einem elektrischen Heizkörper ausgestattet. Tel. 01-620 2022, www.nagarkotfarmhouse.com. Kontakt auch über das Hotel Vajra in Kathmandu, Tel. 01-4271545, www.hotelvajra.com.

■ Das **Hotel Chautari Paradise Inn**③-④, unterhalb dem Fort Resort gelegen, bietet komfortable, große Zimmer mit Balkon, Bad (h. + k. Wasser und TV). WiFi ist kostenpflichtig. Lage und Ausblick sind sehr gut. Mit Bar und Restaurant, das nepalesische, westliche und chinesische Küche bietet. EZ/DZ zu 50/65 und 65/75 US$, die Suite zu 120 US$. Über Agenturen in Kathmandu erhält man u.U. bessere Preise. Die Buchungsseite des Hotels funktioniert nicht immer. Tel. 01-6680075, 01-6680055, www.paradiseinn.com.np.

■ Das **Tea House Inn**② befindet sich wenige hundert Meter nördlich des kleinen Ortszentrums an der Straße in Richtung Armeelager (linke Straßenseite von Kathmandu aus kommend). Das Haus bietet zehn relativ einfache, aber sehr komfortable und saubere Zimmer mit Bad (h. + k. Wasser) zu sehr vernünftigem Preis: Einzel 20 US$, Doppel 25 US$, jeweils + 13 % Steuer. Angeschlossen ist ein gemütliches Restaurant, das auch eine Veranda hat, von der man den kühlen Bergwind genießen kann; gutes Essen, sehr beliebt sind die Chicken Momos. Mit Bar und Kinderspielplatz. Benutzen kann man zudem Swimmingpool, Spa und Massage-Raum im teuren Hotel Club Himalaya, das derselben Hotelgruppe angehört (s.u.). Insgesamt sehr empfehlenswert. Tel. 01-680080, 01-680083, 01-680047, ambassador@ambassador.com.np, www.acehotelsnepal.com/teahouse.

Am Armeequartier

Die Straße, die zum Gipfel führt, wird jäh durch einen Schlagbaum versperrt, denn nahebei befindet sich ein Militärlager. Die Umgebung hier ist ruhiger als im Zentrum, es gibt aber nur wenige Unterkünfte.

■ Auf einer Anhöhe kurz vor der Zufahrt zum Armeequartier steht das große **Club Himalaya**④. Das von außen etwas klobig anmutende Hotel umfasst einen im Inneren des Gebäudes angelegten Swimmingpool, Spa, Jacuzzi und ein Restaurant mit nepalesischer, chinesischer und westlicher Küche. Die Zimmer haben Balkon, TV, Safe, A.C./Heizung und Bad (h. + k. Wasser). Preise ab 85 US$ (Einzel) und 110 US$ (Doppel), inkl. Frühstück. Das Hotel ist insgesamt eine wunderbare Wohnmöglichkeit, denn die Ausblicke sind – im Winter zumindest – absolut fantastisch. Dies ist auch einer der besten Orte, den Sonnenaufgang zu beobachten. Die Lage ist ziemlich unschlagbar. In der wärmeren Jahreszeit kann allerdings auch die günstige Hügellage nichts an dem oft verhangenen Himmel ändern. Insgesamt aber sehr empfehlenswert. Aufgrund der exponierten Lage des Hotels und des starken Windes kann es gelegentlich empfindlich kühl werden. Nicht umsonst lautet die Adresse: Windy Hills, Nagarkot, Tel. (wie beim Tea House Inn) Tel. 01-680080, 01-680083, 01-6680046, www.clubhimalaya.com.

Anreise

■ **Ab Bhaktapur** fahren täglich einige wenige, nicht selten sehr überfüllte **Busse.** Abfahrt von der Kamal Binayak Busstation im Nordosten von Bhaktapur. Kostenpunkt etwa 40 Rs., Fahrzeit ca. 1–1½ Std.

Ab Kathmandu City Bus Park (Old Bus Park/Ratna Park) fahren nur wenige Busse, die folglich auch meist überfüllt sind, zu ca. 70 Rs.

■ **Taxis** nach Nagarkot fahren zu mindestens 1000 Rs. einfach, ab Kathmandu ab ca. 3000–3500 Rs. Hin- und Rückfahrt sollten bei einer Stunde Aufenthalt (genug für einen der Nagarkot-Sonnenaufgänge) ab Bhaktapur ca. 1500 Rs. kosten, ab Kathmandu einfach ca. 3000 Rs.

■ Ein **Touristenbus** sollte täglich um 13.30 Uhr ab dem Shorakhutee Tourist Bus Park im Stadtteil Naya Bazar in Kathmandu fahren. Kostenpunkt 400 Rs. Die genaue Abfahrtszeit erhält man in örtlichen Reisebüros, wo auch die Buchung vorgenommen werden kann.

■ Das **Hotel at the End of the Universe** in Nagarkot bietet Hin- und Rückfahrten inklusive einer Übernachtung im Hotel plus Abendessen und Frühstück zu 1800 Rs. plus 10 % Service Charge und 13 % Steuer. Wenn man nur eine Nacht bleiben will, ist das vielleicht die beste und einfachste Methode. Abfahrt vom Flughafen. Mindestpassagierzahl vier Personen. Buchungen und Infos: Tel. 01-6226500, 01-6680011, www.endoftheuniverse.com.np.

Trekking-Routen ab Nagarkot

Nagarkot – Bhaktapur (ca. 2½ Std.)

Der 15 km lange Abstieg nach Bhaktapur ist leicht über die relativ gut ausgebaute Straße zu bewerkstelligen. Der (spärliche) Verkehr trägt aber nicht zu jedermanns Wandervergnügen bei. Zwischen den Serpentinen, in denen sich die Straße runterschlängelt, bieten sich Abkürzungspfade an, die die Route interes-

Nagarkot Trekking

0 — 2 km

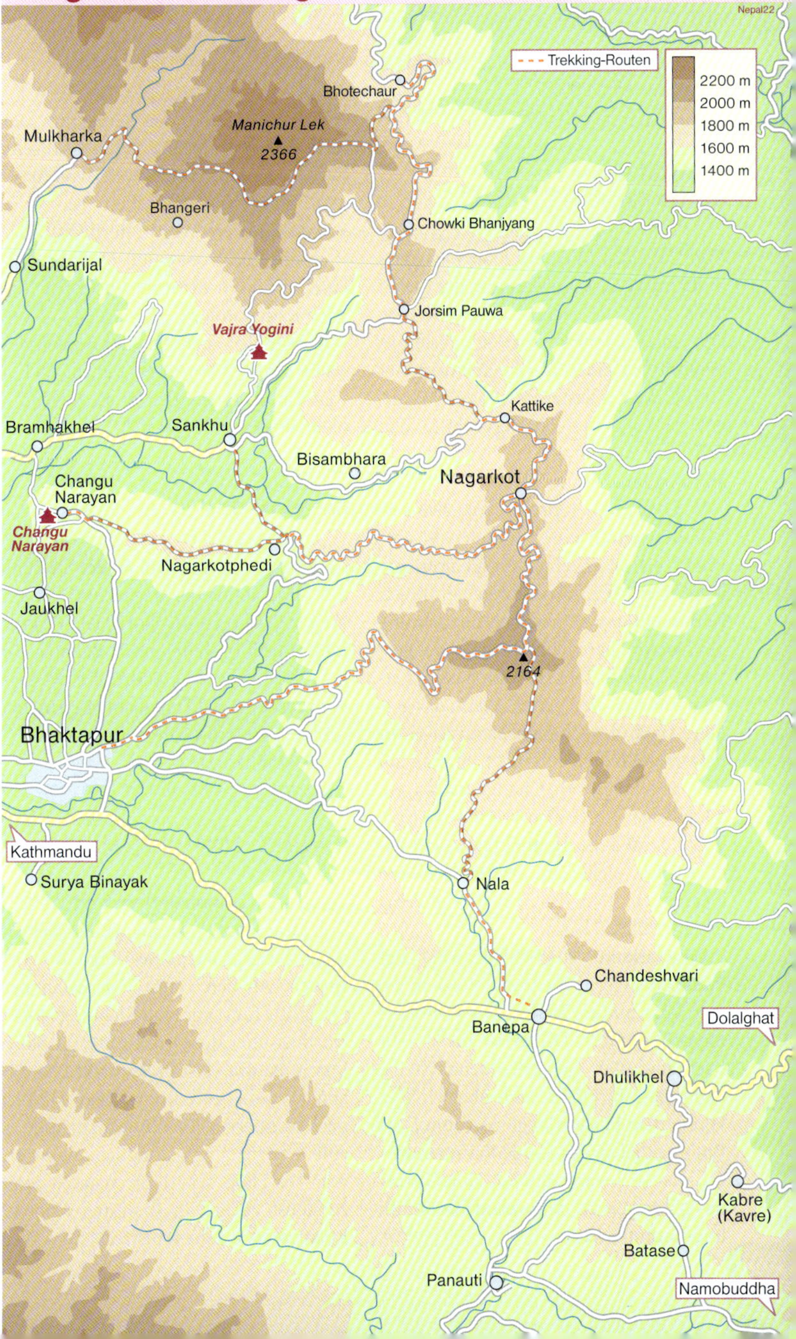

santer machen. Der Aufstieg ab Bhaktapur dauert gut 4 Std.

Nagarkot – Changu Narayan (3½–4 Std.)

Von Nagarkot führt ein Pfad westwärts in Richtung Changu Narayan, der mehrmals die Straße nach Bhaktapur kreuzt. Der interessanteste Streckenabschnitt beginnt bei einer Haarnadelkurve der Straße, die am besten per Bus ab Nagarkot zu erreichen ist. Man bitte den Schaffner, am Weg nach Changu Narayan zu halten.

Von der Kurve führt der Weg 20 bis 30 Minuten durch einen Pinienwald aufwärts, bis er an einen Bergkamm gelangt. Der Weg führt nun genau diesen Kamm entlang gemächlich in Richtung des Dorfes Changu und bietet dabei hervorragende Ausblicke. Man passiert einige winzige Ortschaften. Wenn das goldene Dach des Changu-Narayan-Tempels über Changu auftaucht, ist man am Ziel angelangt. Ab Changu ist es ein 4 km langer Abstieg über eine gut ausgebaute Straße nach Bhaktapur, möglicherweise steht am Halteplatz von Changu ein Taxi, das man für die Fahrt dorthin mieten kann.

Eine andere Möglichkeit wäre der Weitermarsch in Richtung Norden, wo man kurz hinter Changu den Manohra-Fluss überquert. Dieser ist meist sehr flach, und über die vorhandenen Steine kann man ihn problemlos überwinden. Hinter dem Fluss gelangt man zum Dorf Brahmakhel an der Straße Kathmandu – Sankhu. Westwärts führt sie zum Gokarna-Wildreservat, dann nach Bodhnath und Kathmandu.

Nagarkot – Sankhu (ca. 2½ Std.)

Auf dem Weg über den Bergkamm, der nach Changu führt, ist an der Nordseite der Ort Sankhu zu sehen, der von üppigem Ackerland umgeben ist. Vom Kamm führt ein Weg in nordwestlicher Richtung nach Sankhu (12 km). Ab Sankhu fahren mehrere Busse pro Tag nach Kathmandu.

Es böte sich aber auch der Besuch des Vajra-Yogini-Tempels an, der ca. 1,5 km weiter nordwärts – der Straße folgend – oben auf einem Hügel steht.

Nagarkot – Banepa (ca. 2 Std.)

Von dem Aussichtsturm an der Südseite des Bergkamms bei Nagarkot führt ein Weg steil bergab ins Dorf Nala (7 km) und von dort weiter nach Banepa (10 km), von wo sich zahlreiche weitere Wander- oder Fahrmöglichkeiten bieten (unter anderem nach Kathmandu, Panauti, Dhulikhel).

Nagarkot – Sundarijal (1 bis 2 Tage)

Diese weit kompliziertere und längere Trekking-Route nimmt einen harten oder zwei gemächliche Tage in Anspruch. Ab den Guest Houses in der Ortsmitte führt ein Pfad Richtung Nord-Nordost über die Orte Kattike (1 Std.), Jorsim Pauwa (1 Std.), Chowki Bhanjyang (1 Std.) und Bhotechaur (1 Std.) nach Sundarijal. In Bhotechaur gibt es eine Übernachtungsmöglichkeit in einem Tea-Shop. Von Bhotechaur ist dann zunächst zurück in Richtung Chowki Bhanjyang zu gehen, bis rechts ein Weg abzweigt, der über einen Bergkamm führt. Dieser schlängelt sich weiter nach Mulkharka und von dort entlang des Staudamms oberhalb von Sundarijal hinab in den Ort. Von dort fahren Busse nach Kathmandu.

Ein weiterer Trekking-Tag zum Kloster Nage Gumba auf dem Shivapuri Hill böte sich an. Trekking-Touren nach Sundarijal und zum Shivapuri Hill werden von vielen Trekking-Veranstaltern angeboten, auch in umgekehrter Richtung.

Sanga – Banepa – Nala – Panauti

Sanga

Im Bereich der Ortschaft Sanga, ziemlich genau auf halber Strecke zwischen Bhaktapur und Banepa, wurde 2010 eine knapp **33 m hohe Shiva-Statue, Kailashnath Mahadev,** eingeweiht. Genauer gesagt misst sie **108 Fuß** – 108 ist eine heilige Zahl im Hinduismus. Damit wird sie gelegentlich als höchste Shiva-Staue der Welt bezeichnet; allerdings gibt es eine Shiva-Statue in Murdeshvara, Indien, die 37 m in den Himmel ragt. Vielleicht sollte sich Shiva mal selbst melden und schlichten. Gestiftet wurde der Bau von einem wohlhabenden, in Kathmandu lebenden indischen Geschäftsmann. Die Baukosten betrugen angeblich **120 Mio. Rupien.**

Von Bhaktapur aus kommend zweigt im Bereich der Ortschaft Sanga links eine holprige Straße in Richtung der Statue ab. Dort gelangt man zunächst zu einer ayurvedischen Klinik, deren Gelände man passieren und so zur Statue gelangen könnte. Klugerweise werden dafür 100 Rs. Eintritt verlangt. Alternativ kann man links an der Klinik ein paar hundert Meter weiter fahren und kommt so kostenlos in die Nähe der Statue. Vom Parkplatz sind dann noch ein einige Stufen hoch zur Statue zu laufen. Die Gesamtentfernung ab der Hauptstraße beträgt ca. 800 m.

Der Kailashnath Mahadev steht **an einen Berg gebaut** und von der Hauptstraße aus ist die Figur – stehend und mit dem Shiva-üblichen Dreizack ausgestattet – **schon aus weiter Entfernung zu sehen.** Allzu kunstvoll oder schön sieht sie nicht aus, aber immerhin soll sie erbeben- und sturmfest sein.

Anreise

- **Taxis** ab Kathmandu (ca. 21 km) sollten für Hin- und Rückfahrt ca. 2500 Rs. kosten. Für die Statue alleine sollte man aber eh nicht hierhin fahren, Panauti (s.u.) müsste auf jeden Fall mit auf dem Programm stehen.

Banepa

Banepa eignet sich als **Zwischenstation für Ausflüge** in den südöstlichen Teil des Kathmandu Valley. Der Ort selbst, 26 km östlich von Kathmandu, erscheint als einer der am wenigsten einladendsten Orte des Kathmandu Valley. Das Ortszentrum ist hässlich und ein wenig chaotisch, letztlich nichts als eine große, verkehrsreiche und laute Kreuzung, in deren Mitte eine Statue von Ex-König *Tribhuvan* steht und Richtung Kathman-

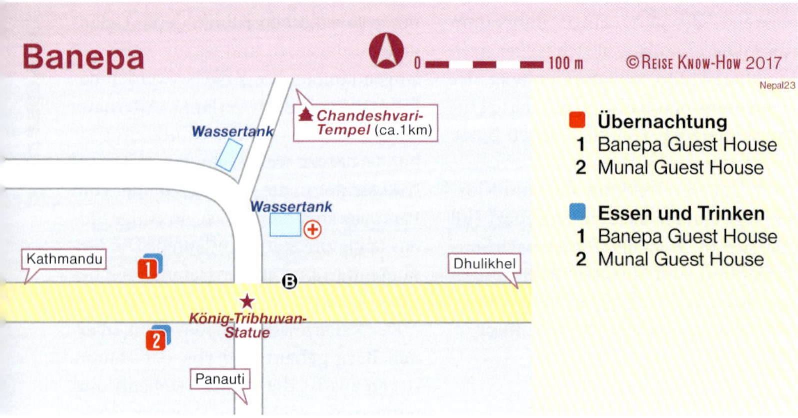

du blickt – als wolle er nur schnell fort von hier. An der Ostseite der Kreuzung hat sich ein mehr oder weniger improvisierter Bushalteplatz entwickelt, an dem sich Mensch und Tier drängen. Im Monsun, wenn der Boden zu Morast aufweicht, wird der Ort auch nicht anheimelnder. Banepas einziges Ruhmesblatt ist die Tatsache, dass *Edmund Hillary* seine Everest-Expedition 1953 von hier aus organisierte. Der Ort ist heute eines der wichtigsten Handelszentren des Kathmandu-Tals.

Begibt man sich in die **Seitengassen** nördlich der Kreuzung, bietet sich schon ein besseres Bild: Typische alte Newar-Häuser, Wassertanks und zwei Vishnu-Tempel aus dem 16. Jh., die in den 1980er Jahren renoviert wurden, sind zu sehen.

Die Straße, die nordwärts von der Kreuzung abzweigt, führt – an zwei Wassertanks vorbei – zum winzigen Ort Chandeshvari und seinem **Chandeshvari-Tempel** (ca. 1,5 km). An dieser Straße begannen alle frühen Everest-Expeditionen ihren langen Marsch. Der Chandeshvari-Tempel stammt aus dem 17. Jh. und wurde zu Ehren von Parvati gebaut, die der Legende nach den Dämonen Chand vernichtet haben soll. Chand hatte die Gegend terrorisiert, worauf die Bewohner die Göttin um Hilfe riefen. Chandeshvari bedeutet so viel wie „Beherrscherin des Chand".

Der Tempel hat ein dreigeschossiges Dach und einige kunstvolle Schnitzereien. Das auffallendste Merkmal aber ist ein wundervoll buntes **Wandgemälde**

› Religiöse Exstase: Das Wandgemälde am Chandeshvari-Tempel in Banepa kann in der Tat verzücken

an der Westseite des Tempels (rechts vom Tempeleingang), das den furchterregenden Bhairav darstellt – ein beliebtes Fotomotiv, vor dem sich die Touristen in Stellung bringen. Das Gemälde ist im Gegensatz zum Tempel nicht alt und wird alle paar Jahre neu angebracht, zuletzt 2008, als auch der gesamte Tempel einer gründlichen Renovierung unterzogen wurde.

Hinter dem Tempel plätschert ein kleiner Fluss, an dessen Ufer **Leichenverbrennungen** stattfinden. Die Verbrennungen an diesem Ort sollen den Toten ein besonders günstiges Schicksal in der Nachwelt bescheren.

Beim **Erdbeben von 2015** blieb der Haupttempel unversehrt, zu Schäden kam es nur an einem dem Eingang vorgelagerten Nebenschrein.

Unterkunft/Essen

Es werden nur wenige Leute den Wunsch verspüren, in Banepa zu übernachten. Die nahen Orte Dhulikhel und Panauti sind allemal vorzuziehen. Falls unbedingt notwendig, so stehen nahe der großen Kreuzung einige einfache Unterkünfte zur Verfügung, etwa das **1 Banepa Guest House**① oder das **2 Munal Guest House**①, Zimmer ohne eigenes Bad ab ca. 300 Rs. Beide verfügen über ein Restaurant mit einfachen Gerichten.

Anreise

■ **Busse** fahren ca. alle 15 Min. ab der City Bus Station (Old Bus Station/Ratna Park) in Kathmandu (Linien 11/12, Fahrzeit 1½ bis 2 Std.). Ab Banepa gibt es alle möglichen Verbindungen zur Weiterfahrt, so u.a. nach Panauti, Dhulikhel und Panchkhal.

ktm256 rk

ktm239 rk

■ **Taxis** ab Kathmandu kosten ca. 2500 Rs. für die einfache Fahrt, 3000–3500 Rs. für Hin- und Rückfahrt.

Nala

Das altertümliche Nala befindet sich ca. 3 km nordwestlich von Banepa und ist ganz auf **Landwirtschaft** eingestellt – an jeder Ecke werden Säcke mit Kartoffeln gelagert, Zwiebeln gewogen oder Gemüse verladen. Ein Großteil der in Kathmandu getrunkenen **Milch** stammt von hier, genauer gesagt aus dem nördlich gelegenen Dorf **Tusal.** Dort wurde mit Hilfe der Regierung der Schweiz eine Milchfarm eingerichtet.

Nala bietet dem Besucher einige verwinkelte alte Gassen und zwei sehenswerte Tempel. An der höchsten Stelle des Ortes steht der **Bhagvati-Tempel,** dessen Entstehungsjahr ungewiss ist. 1647, zur Regierungszeit von König *Jagat Prakash Malla* von Bhaktapur, wurde er erneuert. Der Tempel ist einer der wenigen viergeschossigen Tempel im Kathmandu Valley; am zweiten und dritten Stockwerk sind horizontale Streben ange-

Diese alte Dame in Banepa scheint das Erdbeben halbwegs gut überstanden zu haben und hat sogar noch ein Lächeln für die Kamera übrig

bracht, an die Haushaltsutensilien und andere Opfergaben für die Göttin Bhagvati gehängt wurden. Am Eingang stehen zwei Steinlöwen, auf einigen Säulen sind Löwen- und Pfauenfiguren zu sehen.

Am Ortsrand steht der buddhistische **Lokeshvara-Tempel,** der von einem Hof umgeben wird. Vor dem Tempel befindet sich ein kleiner Wassertank. Der Tempel beherbergt eine Statue von Lokeshvara. Sein Gesicht ist weiß bemalt, auf dem Kopf trägt er eine Krone mit Federschmuck.

Anreise

- **Busse** fahren nur bis Banepa, von dort ist es ein gemächlicher halbstündiger Fußweg. Die Straße nach Nala zweigt an der Westseite von Banepa ab, gleich neben einem Polizeiposten, an dem die aus Richtung Kathmandu kommenden Fahrzeuge kontrolliert werden. Der Polizeiposten befindet sich einige hundert Meter westlich der großen Kreuzung in Banepa.
- **Taxis** aus Kathmandu kosten ab ca. 2500 Rs. für Hin- und Rückfahrt plus eine Stunde Aufenthalt.

Panauti

Banepa (s.o.) ist meist nur Zwischenstation auf dem Weg nach Panauti, das sich ca. 6 km südlich der großen Kreuzung in Banepa befindet. Auf der Strecke passiert man so manches bäuerliche Idyll; zu beiden Seiten der Straße erstrecken sich fruchtbare Felder.

Panauti (ca. 30.000 Einwohner) ist eine altertümlich wirkende Kleinstadt, gelegen **am Zusammenfluss von Roshi Khola und Punyamati Khola.** Solchen Zusammenflüssen wird oft mystische oder religiöse Bedeutung zugeschrieben, und so ist es nicht verwunderlich, hier umfangreiche Tempelanlagen vorzufinden. Der Legende nach soll noch ein dritter, unterirdischer Fluss dazutreffen, was die Heiligkeit des Ortes noch erhöht. Das indische Gegenstück dazu wäre Prayag oder Allahabad am Zusammenfluss von Ganges, Yamuna und (dem mystischen, unterirdischen) Saraswati.

Panauti soll schon vor über 1400 Jahren gegründet worden sein, und aufgrund seiner Lage an einer wichtigen Handelsroute war es einmal eine blühende Handelsstadt. Heute ist es nur noch ein schläfriger, kleiner Ort, der hauptsächlich von der Landwirtschaft lebt. Für Touristen aber ist Panauti einer der besuchenswertesten Orte im Kathmandu Valley: Die Tempelanlagen und die sie umgebende Natur mit den beiden Flüssen ergänzen sich zu einem sehr **romantischen, pittoresken Bild,** und die Stadt selber wirkt teilweise, als wäre die Zeit stehen geblieben. Die Bevölkerung ist freundlich und hilfsbereit. Trotzdem sind Touristen, die länger als zu einem Tagesausflug bleiben, selten.

Panautis romantischer Schlummer wird nur aus Anlass seiner regelmäßigen **religiösen Feste** unterbrochen. Zu Magh Sankranti, dem ersten Tag des Monats Magh (13. Januar), finden sich die Gläubigen zum rituellen Bad am Treffpunkt der beiden Flüsse ein, das alle Sünden des vergangenen Jahres hinwegwaschen soll. Der Name des Festes, **Punyamati,** bedeutet „Ort der Tugend". Alle zwölf Jahre wird das Fest besonders ausgiebig gefeiert, dann dauert es einen ganzen Monat, und es finden sich Abertausende von Pilgern aus der gesamten Umgebung ein – das nächste Mal 2022. Wer zu der Zeit im Kathmandu Valley weilt, sollte es sich auf keinen Fall entgehen lassen.

Am Ende der Regenzeit werden die Götterfiguren der lokalen Tempel in einer Prozession durch die Straßen des Ortes gezogen, und im November/Dezember huldigt man Shiva in seiner Form als Dhaneshvar Mahadev, wörtlich „Großer Gott des Reises". *Dhan* (sprich Dhaan) ist Sanskrit/Nepali für Reis, so wie er vom Feld weg geerntet wird (gekochter Reis ist *Bhat*). Eine Ähnlichkeit besteht aber auch zur Vokabel *dhan*, gesprochen mit kurzem a, die „Reichtum" bedeutet – **Reis und Reichtum** liegen in Nepal nicht weit auseinander.

Im Jahr 2008 wurde Panauti von einer Tragödie heimgesucht: In Nordindien stürzte ein Bus mit nepalesischen Pilgern in eine Schlucht, 36 Pilger kamen ums Leben, 17 von ihnen stammten aus Panauti.

Sehenswertes

Mitten im Ort steht der **Indreshvar-Mahadev-Tempel,** einer der ältesten Tempel des Kathmandu Valley. Der ursprüngliche Bau geht auf das Jahr 1294 zurück, im 15. Jh. wurde er in seine heutige Form „gebracht". In den 1990er Jahren waren Teile seines dreigeschossigen Daches herausgebrochen, der Schaden ist inzwischen behoben. Im Allerheiligsten wird ein Shiva-Lingam aufbewahrt, um den sich eine **pikante Legende** rankt. So soll einst *Ahilya,* die Frau eines Weisen, von Indra verführt worden sein, der zum Zweck der Täuschung die Gestalt ihres Mannes angenommen hatte. Als der Weise davon erfuhr, rächte er sich auf eine ganz und gar originelle Art: Er verwünschte Indra und ließ auf dessen Körper zahlreiche Yonis oder weibliche Geschlechtsorgane erscheinen. Indra, einigermaßen verstört, tat daraufhin zusammen mit seiner Frau Indrayani in Panauti Buße. Nach einigen Jahren erbarmte sich die Göttin Parvati und verwandelte Indrayani in einen Fluss, der unterirdisch in den Zusammenfluss von Roshi Khola und Punyamati Khola einfließen sollte. Nach einigen weiteren Jahren wähnte Shiva die Zeit gekommen, um Indra aus seiner ungewöhnlichen Lage zu befreien. Er erschien in Panauti in Form des o.g. Lingam, und als Indra wenig später im Fluss badete, verschwanden die Yonis von seinem Körper. Um den Lingam wurde der Tempel gebaut, der die Ereignisse widerspiegelt.

Um den Tempel herum befinden sich einige weitere Lingams sowie ein Schrein, der *Ahilya* gewidmet ist, dem Opfer von Indras Verführungskünsten. An der Seite zum Punyamata Khola hin steht ein interessanter **Bhairav-Tempel,** aus dessen oberen drei Fenstern hölzerne Menschenfiguren herausschauen, was sehr stark an den Shiva-Parvati-Tempel auf Kathmandus Durbar Square erinnert.

Direkt am Treffpunkt der beiden heiligen Flüsse steht ein **Krishna-Narayan-Tempel** unbekannten Datums. An den Flussufern befinden sich die an segensreichen Ufern so unabkömmlichen Kremations-Ghats. Die Stelle hier ist sehr malerisch und ein guter Ort für einige Momente der Ruhe.

Auf der anderen Seite des Roshi Khola, gegenüber dem Krishna-Narayan-Tempel, befindet sich der kleine **Brah-**

mayani-Tempel, der Brahmayani geweiht ist, der Schutzpatronin von Panauti. In den 1980er Jahren wurde er ausgiebig restauriert, nachdem er fast völlig verfallen war. Bei den Arbeiten mussten besondere Vorsichtsmaßnahmen getroffen werden, um die Göttin nicht zu erzürnen.

Die **beste Aussicht** sowohl auf den Tempel als auch auf den ganzen Ort ergibt sich von einem Hügel, der steil hinter dem Tempel ansteigt. Dieser ist leicht zu besteigen, und von oben sieht man das zwischen den Flüssen eingepferchte Panauti mit den zahlreichen Tempeldächern, die sich in die Höhe recken. Von Panauti führt eine Hängebrücke über den Roshi Khola, gleich dahinter liegt der Hügel. Die Uferanlagen dienen vielen Einwohnern Panautis als Treffpunkt – Kindern, die im Fluss plantschen, ebenso wie älteren Herren, die über Politik disputieren.

Unterkunft

- Gegenüber dem Eingang zum Indreshvar-Mahadev-Tempel befindet sich das kleine V **Ananda Garden Café & Guest House**① (Tel. 01-6211924). Die Zimmer in dem 200 Jahre alten Newar-Haus sind entsprechend einfach (ohne eigenes Bad), klein und haben eine sehr niedrige Decke. Zum Schlafen dienen Matten. Enge Holztreppen führen zu den Zimmern empor. Der nette Besitzer des Hauses spricht ein wenig deutsch. Der Zimmerpreis für die nur 2 Zimmer im Obergeschoss ist Verhandlungssache, liegt aber im ganz unteren Bereich. Das Essen im Café ist vegetarisch, aber nicht vegan (mit Eierspeisen), geöffnet 8–20 Uhr.
- Im neueren Stadtteil nahe dem Busbahnhof, ca. ¼ km südlich davon an der Hauptstraße, steht das **Hotel Panauti**②. Es hat einen angenehmen Garten, ein Dachrestaurant und ordentliche, saubere Zimmer mit Bad (h. + k. Wasser) zu 17,25 US$ (Einzel) und 26,45 US$, dazu 10 % Service Charge. Kostenloses WiFi. Tel. 011-440055, Facebook: Panauti Hotel Panauti.
- **Paunauti Community Homestay**①-② ist ein Zusammenschluss von insgesamt 17 Familien, die Gäste bei sich zu Hause aufnehmen. Ausstattung und Preise der Unterkünfte sind dementsprechend variabel, einige der Häuser verfügen über WiFi. Der Hauptgrund, in einer dieser Unterkünfte zu wohnen, ist sicher der Einblick ins nepalesische Kleinstadt- oder Dorfleben, im engen Verbund mit einer einheimischen Familie. Die preiswerteste Unterkunft kostet 14 US$. Weitere Informationen und Buchungen auf www.communityhomestay.com.
- Etwa 7 km südöstlich von Panauti und 3 km südöstlich von Khopasi steht das 9 **Balthali Village Resort**③ (Karte S. 204, Namobuddha Trek). Busse von Panauti nach Balthali kosten 5 Rs. Auf dem Weg passiert man Reis- und Kartoffelfelder. Das Dorf Balthali liegt etwa in 2400 m Höhe. Das dortige Resort hat urgemütliche Zimmer mit Bad (h. + k. Wasser), Einzel kosten 66 US$, Doppel 72 US$, jeweils inkl. Frühstück; dazu gibt es etwas teurere Angebote inkl. Halb- oder Vollverpflegung sowie teurere Deluxe-Zimmer. Insgesamt sehr empfehlenswert. Auf alle Preise 10 % Service Charge und 13 % Steuer. Das Resort ist ca. 5 km von Namobuddha entfernt (siehe folgendes Kapitel) und liegt in sehr reizvoller Natur. Tel. 011-6812171, www.balthali.com.

Anreise

- **Busse** von Banepa nach Panauti kosten ca. 20 Rs., die Strecke ist aber zur Not auch gut zu Fuß zu bewältigen. Busse von der City Bus Station in Kathmandu fahren alle 15 Min. zu ca. 80 Rs.
- **Taxis** ab Kathmandu nach Panauti kosten samt Aufenthalt und Rückfahrt ca. 3000 Rs.

Dhulikhel – Palanchowk – Namobuddha

Dhulikhel

Von der turbulenten Kreuzung in Banepa führt die Straße ostwärts nach 4 km in den Ort Dhulikhel (30 km ab Kathmandu) und dann weiter in Richtung tibetischer Grenze. Diese Straße, der Arniko Rajmarg oder **Arniko Highway,** ist die wichtigste Landverbindung nach Tibet – sofern die Grenze geöffnet ist.

Dhulikhel (1524 m), der wichtigste Ort am Ostrand des Kathmandu Valley, ist eine **angenehme kleine Newar-Stadt,** von der sich faszinierende Ausblicke auf die Region des Langtang, Helambu und nach Osten bis zum Mt. Makalu bieten. Der Ort gehört somit zu den beliebtesten im Kathmandu Valley, und kein Wunder, dass der Tourismus hier schon früh Fuß fasste. Zu den naturgegebenen **Sehenswürdigkeiten** kommen einige von Menschenhand hinzu – es gibt Wohnhäuser mit wunderschönen Schnitzereien zu sehen sowie einige Tempel. Am zentralen Platz von Dhulikhel finden sich ein Wassertank sowie ein Narayan- und ein Harisiddhi-Tempel. Etwas außerhalb, an der Strecke nach Namobuddha, stehen ein kleiner Shiva- und ein Kali-Tempel, Letzterer auf einem Hügel mit guter Aussicht. Die größte Attraktion sind jedoch die Bergpanoramablicke in der kalten Jahreszeit. Die Ortschaft selber hat nicht denselben verschrobenen Charme wie z.B. Panauti, Bhaktapur oder Bungamati.

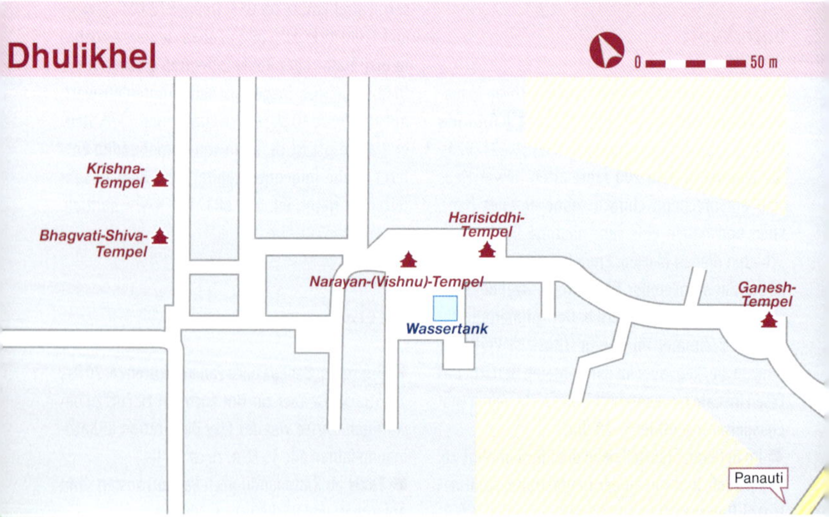

Unterkunft/Essen

Karte S. 200

1 Das **Dhulikhel Lodge Resort**③-④ wird von den Mitgliedern einer Newar-Familie betrieben, die so etwas sind wie die Tourismus-Pioniere in Dhulikhel. Ihr legendäres Guest House in der Innenstadt ist schon lange geschlossen, das neue Resort ist einige Klassen luxuriöser und teurer. Das Hauptgebäude ist an einen Hang gebaut und von einer Gartenanlage umgeben. Von den sehr komfortablen, gepflegten Zimmern (Bad, h. + k. Wasser, TV) bietet sich eine großartige Aussicht auf die Berge. Kostenloses WiFi. Einzel kosten 70 US$, Doppel 80 US$, Dreierzimmer 110 US$; jeweils + 13 % Steuer und 10 % Service Charge. Es empfiehlt sich die preiswertere Buchung über eine Internet-Agentur oder aber ein wenig Handeln im Resort – Rabatte von gut 30 % sind machbar. Tel. 011-490114, 011-490494, www.dhulikhellodgeresort.com.

2 Das **Mirabel Resort Hotel**③-④ ist eine der jüngeren Unterkünfte am Ort, eine ausgedehnte Hotelanlage, die ein wenig den Charakter einer Feriensiedlung aufweist. Mit Spa, Swimmingpool und Fitnessraum. Die Zimmer (Bad, h. + k. Wasser, TV, kostenloses WiFi) sind komfortabel genug, jedoch für den Standard etwas überteuert, das Restaurant ebenso. EZ mit guter Bergaussicht zu 75 US$, DZ 100 US$, kleinere „Budget"-Zimmer ohne Aussicht zu 50/70 US$; dazu die meist üblichen Zuschläge von insgesamt 23 %. Bessere Angebote gibt es über Buchungsportale, und dann lohnt es hier vielleicht. Tel. 011-490972–5, www.mirabelresorthotel.com.

Karte Seite 204

1 Das **Hotel Himalayan Horizon**③-④ ist eine der komfortabelsten, allerdings auch älteren Unterkünfte vor Ort. Das Haus besteht aus einem alten und einem neuen Flügel, die Zimmer im neuen Flügel sind etwas größer und besser; von beiden Flügeln ergeben sich hervorragende Ausblicke, die Umgebung ist ruhig und erholsam. Die Zimmer (Bad, h. + k. Wasser, TV, kostenloses WiFi) könnten an manchen Stellen jedoch eine Renovierung ge-

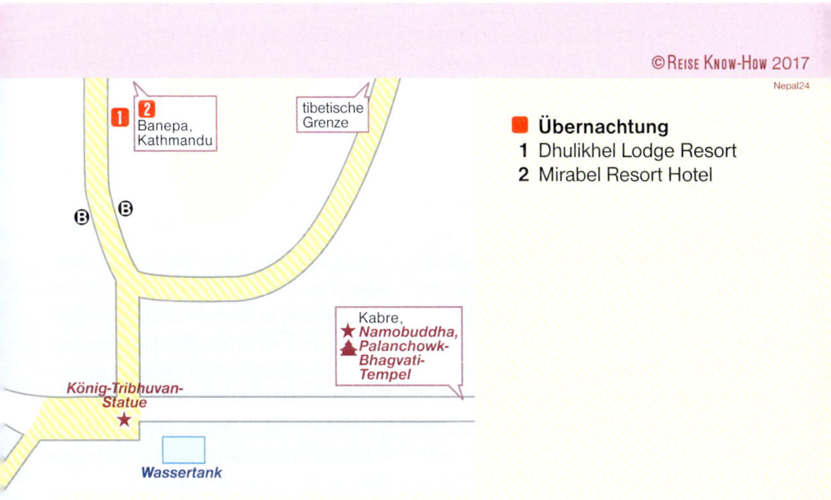

brauchen. Kostenpunkt je nach Ausstattung EZ 71/85 US$ oder 85/88 US$ ohne Frühstück, ca. 9 US$/Pers. zusätzlich mit Frühstück. Ein Extrabett kostet 43 bzw 44 US$ je nach Zimmer + 13 % Steuer und 10 % Service Charge. P.O. Box 1583, Kathmandu, Tel. 01-4225092, 01-490260, www.himalayanhorizon.com.

Mein Tipp: Das beliebte *Gaia Restaurant* in Kathmandu (s. S. 90) hat mit dem 7 **Gaia Holiday Home**②-③ einen Ableger in Dhulikhel sprießen lassen. Die Lage ist großartig und ruhig und belohnt zudem mit fabelhaften Ausblicken. Komfortable Zimmer mit Bad (h.+ k. Wasser), TV und kostenlosem WiFi. Dies ist wohl die beste Mittelklasse-Unterkunft in Dhulikhel. Mit Abhol-Service vom Flughafen oder anderswo in Kathmandu. EZ/DZ/Dreierzimmer zu 30/40/45 US$, bzw. 5 US$/Pers. mehr, wenn Frühstück mit dabei sein soll. Jeweils plus den üblichen Steuern von 23 %. Resort Marga, Dhulikhel 45200, Tel. 011-490855, www.gaiaholiday home.com. Das Stadtbüro befindet sich im *Gaia Restaurant* in Kathmandu, Tel. 4261633.

Mein Tipp: 6 **The Dwarika's Resort**⑤ ist ein Schwesterhotel des preisgekrönten Dwarika's Hotels in Kathmandu und auch dieses enttäuscht in keiner Weise – im Gegenteil. Die Anlage besteht aus opulenten Villen, die im traditionellen Stil erbaut sind, gleichzeitig jeden modernen Luxus aufweisen; dazu kommt die unglaubliche Lage, von der aus sich traumhafte Ausblicke auf die Berge genießen lassen. Der perfekte Service des allzeit dienstbaren Personals rundet das Bild ab. Dies ist wohl die beste, erholsamste Unterkunft, die man sich im Kathmandu Valley gönnen kann. Mit Infinity Pool und daran gelegenem Restaurant, zwei weiteren Restaurants (darunter ein Zen-inspiriertes japanisches V Restaurant) und eine Bar. Es werden Workshops abgehalten (z.B. in Töpferei, Malerei u.Ä.) sowie Yoga- und Meditationskurse. Derzeit kosten die Villen je nach Ausstattung 410/610/2000 US$, plus 13 % Steuer und 10 % Service Charge; dabei sind sowohl Frühstück als auch wahlweise Mittag- oder Abendessen eingeschlossen. Man kann sich gegen Gebühr vom Flughafen oder anderswo abholen lassen. Kontaktdetails: Dhulikhel, Kavre, Tel. 011-490612, oder im Stadtbüro von The Dwarika's Group, Battisputali, Kathmandu, Tel. 01-447 9488; www.dwarikas-dhu likhel.com.

8 Vom Gartenlokal des **Dhulikhel Mountain Resort**④-⑤ am Arniko Highway öffnen sich wunderbare Himalaya-Ansichten. Die 43 Zimmer (Bad, h. + k. Wasser, TV, kostenloses WiFi) sind in mehreren, gut über die Anlage verteilten, großen Bungalows untergebracht. Mit Spa. Einzel 133 US$, Doppel 156 US$, jeweils + 13 % Steuer und 10 % Service Charge. Bei Internet-Agenturen werden oft günstigere Preise angeboten, dann lohnt sich das Haus. Khawa, Dhulikhel, Tel. 011-490660, 011-490664, www.dhulikhelmountainresort.com.

5 Etwas außerhalb von Dhulikhel, an der Strecke nach Namobuddha, und ca. 2 km vor Kabre liegt die **Panorama View Lodge**①-② hoch auf einem Hügel (ca. 1700 m), einem der besten Aussichtspunkte der ganzen Umgebung. Man sieht die Berge Machhapuchre, Annapurna, Mt. Manaslu, Lantang, Gauri Shankar und einige weitere Gipfel sowie faszinierende Sonnenauf- und Sonnenuntergänge. Das Haus steht weithin allein und verlassen da, und so bietet dieser Ort ein hohes Maß an Ruhe und Entspannung. Leider waren die über zwei Etagen verteilten Zimmer (ohne eigenes Bad) zuletzt nicht in sonderlich gutem Zustand. Eine angekündigte Renovierung sollte mittlerweile für Verbesserung gesorgt haben. Preis ab 12 US$. Tel. 011-680786, mobil: 97-5157361.

4 Am östlichen Ortsende – auf dem Weg in Richtung Namobuddha-Trek – findet sich das **Nawaranga Restaurant & Guest House**① (Sanjibani Bazar, Dhulikhel Rd., Tel. 011-490226). Von der Busstation weisen Schilder den Weg zu diesem „Veteran" der Tourismus-Szene in Dhulikhel (eröffnet 1969). Es ist eine Backpacker-Unterkunft der alten Schule, mit einfachen Zimmern zu 600 Rs. ohne eigenes Bad und 800/1200 Rs. mit Bad. Kostenloses WiFi. Lobenswert ist das leckere Essen im Restaurant.

Anreise

■ **Busse** fahren regelmäßig ab Banepa und etwa alle 15 Min. ab der City Bus Station (Old Bus Station) in Kathmandu (Linien 11 und 12, Fahrzeit ab Kathmandu ca. 2–2½ Std., Preis ca. 80 Rs.).

■ **Taxis** ab Kathmandu sollten für eine einfache Fahrt ab ca. 2000 Rs. kosten, für Hin- und Rückfahrt plus zweistündigem Aufenthalt etwa 3000 Rs. **Prepaid-Taxis** ab dem Flughafen kosten einfach 2700 Rs.

■ **Reisebüros in Kathmandu** bieten oft Fahrten in bequemen Touristenbussen nach Dhulikhel an (ca. 500–600 Rs.).

Palanchowk

Eines der wichtigsten Heiligtümer der Umgebung von Dhulikhel ist der **Palanchowk-Bhagvati-Tempel** im Dorf Palanchowk (1563 m). Er ist einer Form von Kali geweiht, der Göttin Bhagvati. Zwar ist der Tempel selber kaum sehenswert, die Figur der Göttin – knapp 1 m hoch – ist jedoch eine der wichtigsten Götterfiguren im Kathmandu Valley. Sie hat 16 Arme, ist mit Schmuck behangen und mit rotem Pulver bestäubt. Dienstags und samstags werden der Göttin Tieropfer dargebracht, und zum Fest Dasain stehen die Gläubigen Schlange, um ihr ein Blutopfer darzubringen.

Vom Tempel hat man eine gute Aussicht, und gleich nebenan befindet sich das Dorf Palanchowk, einer der typischen, verschlafenen kleinen Orte im Tal.

Anreise

Palanchowk liegt etwa 27 km von Dhulikhel entfernt bzw. 23 km vom Dhulikhel Mountain Resort. Vom Resort folge man dem Arniko Highway bis zur kleinen Ortschaft **Lamidhara** (ca. 13 km), wo eine Straße rechts Richtung Palanchowk abzweigt (ca. 10 km). Ab Lamidhara steigt der Weg steil an mit zunehmend guter Aussicht. Kurz nach Lamidhara ist ein Militärposten zu passieren.

■ **Busse** fahren nur ab Banepa und auch nicht sehr häufig. Dienstag und Samstag morgens gibt es mehr Verbindungen als sonst. Die Busse fahren über Dhulikhel und Lamidhara; Fahrzeit ca. 1½ Std.

■ Weitaus günstiger jedoch ist die Anfahrt mit dem **Taxi.** Hin- und Rückfahrt ab Kathmandu samt einstündigem Aufenthalt sollten ca. 5000–6000 Rs. kosten, dasselbe ab Dhulikhel etwa 2500 Rs.

Namobuddha

Etwa 10 km südöstlich von Dhulikhel befindet sich die **Stupa** von Namobuddha, der **viertheiligste buddhistische Ort Nepals** (die ersten drei sind Lumbini, Swayambhunath und Bodhnath). Namobuddha heißt auf Newari, das die meisten Leute hier sprechen, **Namra Bhagvan** (sprich Bhagwaan). Über die Ursprünge der Stupa ist wenig bekannt, dafür kann von zwei Legenden berichtet werden.

Die **bekanntere Legende** erzählt von einem Jäger, der auf dem Hügel der späteren Stupa einst eine Tigerin erlegte, woraufhin deren Nachwuchs zu verhungern drohte. Aus Mitgefühl für die leidenden Kreaturen opferte sich der Buddha und bot ihnen sein eigenes Fleisch dar. Ein Steinrelief an der Stupa zeigt Buddha, der seine Hände den Tigern zum Fraß hinhält.

Die **andere Legende** besagt, dass ein Prinz einst auf eine kranke Tigerin und ihre Jungen traf. Die Tigerin bat den Prinzen um Hilfe, woraufhin dieser Stü-

Namobuddha-Trek

0 — 2 km ©Reise Know-How 2017

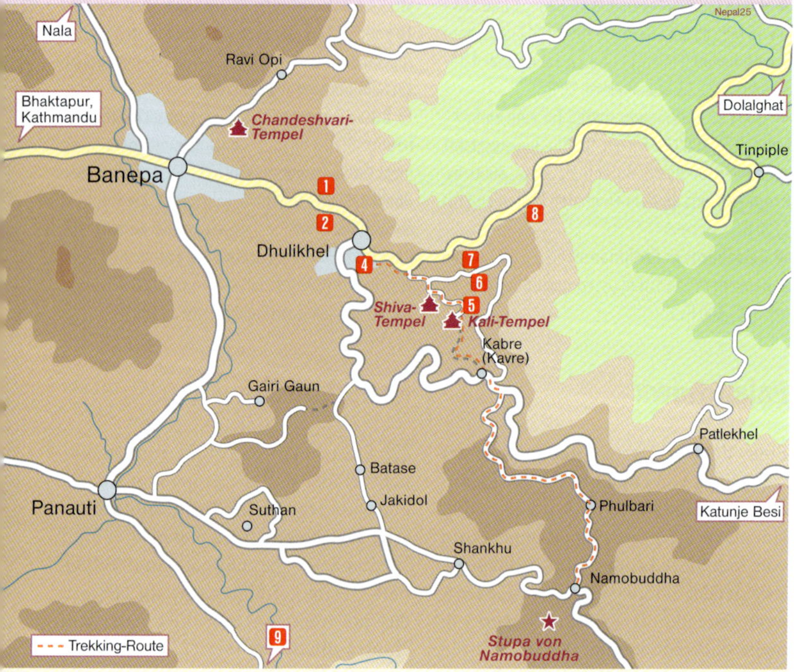

m über NN: 1800, 1600, 1400, 1200, 1000

Übernachtung

1 Hotel Himalayan Horizon
2 Hotel Arniko
4 Nawaranga Restaurant & Guest House
5 Panorama View Lodge
6 The Dwarika's Resort
7 Gaia Holiday Home
8 Dhulikhel Mountain Resort
9 Balthali Village Resort

cke aus seinem Körper schnitt und sie den Jungen zu fressen gab. Als deren Hunger gestillt war, griff die Tigerin den Prinzen an, was dieser nicht verstand, schließlich hatte er ihre Jungen doch vor dem Hungertod bewahrt. Die Tigerin erklärte ihm, dass er als Märtyrer sterben und dafür als Buddha wiedergeboren würde.

Der Name der Stupa ist Sanskrit für **„Heil dem Buddha"**, und wie üblich sind oben die allsehenden Augen des Buddha angebracht. Um die Stupa herum stehen einige kleinere Chaityas, und unzählige bunte Gebetsfahnen flattern im Wind. An einer Seite der Stupa steht ein kleines Klostergebäude, von dem Stufen auf einen Hügel führen. Dort sind zwei Stupas zu sehen, die Vater und Mutter des aufopferungsvollen Prinzen repräsentieren.

Links neben der Stupa führt ein Weg zum **Gandar Madan Hill,** auf dem sich ein tibetisches Kloster befindet, **Thrangu Tashi Choeling.** Das Kloster betreibt auch ein Meditationszentrum und eine kleine Unterkunft, das Thrangu Guest House (Tel. 011-663106).

Trek nach Namobuddha (ca. 3 Std.)

Von Dhulikhel führt eine **sehr schlechte, mit Schlaglöchern übersäte Straße** nach Namobuddha, die kaum für normale Fahrzeuge geeignet ist, eher für Jeeps. Die sicherste Art, dorthin zu gelangen, ist also zu Fuß. In der Regenzeit kann aber auch das unangenehm werden, denn die Straße wird schnell zur Schlammpiste.

Der **Fußweg** führt 2 km nach Dhulikhel an der Panorama View Lodge, am Shiva- und am Kali-Tempel, die auf zwei Hügeln stehen, vorbei. Nach weiteren 2 km erreicht man das Dorf **Kabre (Kavre).** Statt der Straße weiter zu folgen, kann man eine Abkürzung nehmen, die gleich hinter der Panorama View Lodge ihren Anfang nimmt und am Rande eines Bergrückens durch ein kleines Dorf hindurch ebenfalls nach Kabre führt. Dieser Weg ist kürzer und interessanter, aber auch etwas abenteuerlicher als der die Straße entlang. Von Kabre folgt man wieder der Straße und passiert gleich hinter dem Ort ein paar Pinienwälder und gelangt schließlich nach **Phulbari.** Bis Namobuddha sind es dann noch etwa 2 km, wobei es einige Male auf- und abgeht.

Eine weitere, etwa gleich lange Anmarschmöglichkeit bietet sich ab Panauti (über den Ort Batase).

Unterkunft

9 Ca. 5 km südwestlich von Namobuddha liegt das **Balthali Village Resort** (siehe dazu Kapitel „Unterkunft" bei Panauti).

Lubhu

Diese Tour sei nur Leuten empfohlen, die nach dem Besuch der touristischen Highlights **alltägliches ländliches Leben** fernab der Tourismuspfade erleben wollen. Nach dem obligatorischen Besuch in Patan könnte man die südöstlich von Patan von der Ring Road abgehende Straße nach Lubhu nehmen (ab der Ring Road ca. 5 km). Auf dem Weg passiert man manche ländliche Idylle.

Lubhu selber ist eine verschlafene Kleinstadt mit weniger als 10.000 Einwohnern. Sie liegt um das Ende der aus Richtung Norden kommenden Straße herum; südlich des Ortsendes verläuft die Straße nur noch als Trampelpfad weiter. „Lubhu" ist Newari für **„Goldener Essensteller"** – der Name rührt daher, dass angeblich vor über 600 Jahren eine Königin ihr goldenes Essbesteck verkaufte, um mit dem Erlös die Stadt zu gründen.

Es gibt einige Tempel zu sehen, vor allem einen **Mahalakshmi-Tempel,** der ein dreigeschössiges Dach aufweist und um den herum einmal im Jahr ein religiöses Fest stattfindet, die **Maha-**

lakhsmi-Bhairav Jatra (etwa Juni). Die Göttin Mahalakshmi ist die Schutzpatronin des Ortes und gilt als Mutter des furchterregenden Bhairav. Das Fest soll Wohlstand und Glück über den „Goldenen Essensteller“ bringen.

Beim **Erdbeben von 2015** kam es zu erheblicher Zerstörung im Ort, der Tempel aber blieb unversehrt.

Anreise

- Entlang der Straße zwischen der Ring Road und Lubhu pendeln **Sammeltaxis. Taxis** ab Kathmandu dürften ab ca. 1500 Rs. für Hin- und Rückfahrt samt einstündigem Aufenthalt kosten. Der Ort alleine ist – außer zu dem genannten Fest – den Weg von Kathmandu nicht wert.
- Ideal ist die Anfahrt **mit dem Fahrrad,** denn die Strecke weist kaum Steigungen auf.

Bishankhu Narayan – Godavari – Pulchowki

An der Südseite von Patan zweigt von der Ring Road eine Straße in Richtung Harisiddhi und Godavari ab. Die folgende Strecke kann theoretisch mit der Besichtigung von Patan verbunden werden. Aufgrund der zahlreichen Sehenswürdigkeiten in Patan und der Länge der Strecke ist das aber recht unpraktikabel. Deshalb sollte man sich für diese Tour einen separaten Tag reservieren.

Bishankhu Narayan

Etwa 3 km südöstlich der Abzweigung in Richtung Godavari erreicht man das Dorf **Harisiddhi** mit seinem Harisiddhi-Bhawani-Tempel. Ca. 2 km weiter liegt das noch kleinere **Baregaon.**

Von Baregaon zweigt eine Straße in Richtung eines größeren Hügels ab. Bald passiert sie einen kleinen Fluss und man erreicht einen kleinen Dorfplatz unmittelbar neben besagtem Hügel. Hier wiederum zweigt links eine Straße ab, und man gelangt nach gut 1 km zu einem wichtigen Schrein, dem **Bishankhu Narayan.** Eine steile Treppe führt zu einer an einen Felsen gebauten Plattform. Im Felsen befindet sich eine etwa mannsbreite Spalte, in der sich eine Narayan-Figur versteckt zu haben scheint – es handelt sich um Bishankhu Narayan, „Der versteckte Narayan“.

Einer etwas wirren **Legende** nach soll sich einst Shiva (nicht Narayan/ Vishnu) versteckt haben, der den Dämonen Bhasmasur fürchtete, welcher durch seine Berührung alles zu Asche verwandelte (Sanskrit: *bhasma* = „Asche“). Diese Fähigkeit hatte Shiva ihm zuvor selbst beigebracht. Um dem Dämonen den Garaus zu machen, stellte Vishnu ihm eine Falle und ließ ihn seine Stirn berühren. Darauf zerfiel der Dämon selbst zu Asche. Daraus soll dann der Hügel entstanden sein, der sich hinter der Felsspalte erhebt. Die Spalte ist durch ein grobmaschiges Eisengitter vor Normalsterblichen abgesperrt; nur einem Priester ist der Zutritt erlaubt, der dort morgens Pujas abhält. Von der Plattform und dem Hügel öffnen sich wunderbare Ausblicke auf die Umgebung. Touristen verirren sich dennoch kaum hierher.

Anreise

- Am besten **mit dem Fahrrad:** Die Strecke ist ab Kathmandu ca. 15 km lang und leicht befahrbar. Bis Baregaon gibt es noch einigen Verkehr, danach sehr wenig.
- Die Hin- und Rückfahrt per **Taxi** ab Kathmandu plus eine Stunde Aufenthalt sollte um 1500 Rs. kosten.

Godavari

Etwa 3 km weiter südöstlich befindet sich das kleine, verstreute Godavari (sprich etwa Godaawri). Hinter dem Ort macht die Straße eine Linksabbiegung und führt zu den **Botanical Gardens.** Dieser Botanische Garten ist ein beliebtes Ausflugsziel der Einheimischen, unbedingt gesehen haben muss man ihn aber nicht. Zu betrachten sind ein paar Blumenbeete, verschiedene Baumsorten (meist ohne Beschreibung) und etwas Wildwuchs, außerdem bieten sich einige Gelegenheiten zum Ausruhen. Geöffnet täglich 9–17 Uhr.

Folgt man der Straße, die zum Botanischen Garten führt, weiter nach Osten, anstelle von dort zum Garten zu fahren, erreicht man nach ca. 100 m **Godavari Kunda,** eine heilige Quelle. Alle zwölf Jahre versammeln sich hier Tausende von Gläubigen zur **Godavari Mela,** einem religiösen Fest samt rituellem Bad, das genau so viel Verdienst einbringen soll wie die Gabe von sechs Millionen Kühen an Brahmanen! Die nächste Gelegenheit dazu ergibt sich im Jahr 2027.

Unterkunft

- Das **Godavari Village Resort** war einst eine fabelhafte Hotelanlage, wurde durch das Erdbeben aber weitgehend zerstört. Danach stand es zum Verkauf an. Man informiere sich vor Ort, wie es um die Anlage steht.
- In Godavari finden sich zudem einige Hotels, deren **Zimmer stundenweise** für sexuelle Eskapaden angemietet werden können. Wenn ein Hotel hier etwas anrüchig wirkt, ist es das wahrscheinlich auch!

Anreise

- Um **mit dem Fahrrad** zu fahren, ist die Entfernung schon ganz ordentlich: 22 km ab Kathmandu. Machbar ist es trotzdem.
- Ab Lagankhel in Patan fahren **Busse** für ca. 15 Rs. nach Godavari, Fahrzeit ca. 1 Std.
- **Taxis** ab Kathmandu und zurück samt einer Stunde Aufenthalt kosten ab ca. 2000 Rs.

Pulchowki

Noch vor dem Botanischen Garten zweigt von der Hauptstraße südlich eine nicht asphaltierte Straße ab, die fast unmittelbar danach am St. Xavier's College vorbeiführt. Ca. 300 m weiter südlich befindet sich gegenüber einem Marmor-Steinbruch der **Schrein der Göttin Pulchowki Mai,** der Schutzpatronin von Pulchowki.

Folgt man der Straße weiter, so führt sie über zahlreiche Serpentinen hoch zum **Gipfel von Pulchowki,** dem **mit 2762 m höchsten Punkt im Kathmandu Valley** – die Aussicht ist atemberaubend! Es breitet sich dichter Wald aus, im Frühjahr erblühen unzählige Blumen, darunter roter und weißer Rhododendron und Orchideen. Pulchowki bedeutet **„Ort der Blumen"** (von Nepali *phuul* = „Blumen"), insgesamt wachsen hier mindestens 571 Arten; dazu gibt es 300 Arten Schmetterlinge und 254 Vogelarten. Insgesamt ist dies ein fantastisches Gebiet für Tier- und Pflanzenliebhaber.

In der Regenzeit sind die oberen Gefilde des Berges meist wolkenverhangen und möglicherweise regnet es, während unten im Tal hell die Sonne scheint. **Auf dem Gipfel** finden sich ein Schrein der Pulchowki Mai, ein Shiva-Schrein und eine kleine Stupa. „Störenfriede" sind ein benachbarter Fernmeldeturm und etliche TV- und Radiosendeanlagen. Die Sicht ins Tal aber ist – an einem klaren Tag – die Anfahrt allemal wert.

Anreise

- **Mit einem Mountainbike und exzellenter Kondition!** Ab Kathmandu sind es ca. 27 km, und es geht steil bergauf.
- Hin- und Rückfahrt mit dem **Taxi** ab Kathmandu plus einstündiger Aufenthalt kosten ca. 2500 Rs. Starke Steigungen sind den Taxifahrern immer ein Vorwand, überdurchschnittlich hohe Preise zu veranschlagen.

▷ Das kleine Waldstück am Vajra-Varahi-Tempel bildet einen markanten Farbkontrast zu den rot gekleideten Besucherinnen

Vajra Varahi – Tika Bhairav – Lele

Auch für diese Tour sollte man einen Tag extra einplanen, ohne Patan zu besichtigen, das zwar auf dem Weg liegt, aber auch alleine schon einen ganzen Tag in Anspruch nehmen dürfte.

Leider ist die Strecke, trotz ihrer Sehenswürdigkeiten und Naturschönheit, in den letzten Jahren zu einem **ökologischen Alptraum** geworden: Im Bereich von Lele befinden sich **Steinbrüche,** und schwer beladene Lastwagen zwängen sich im Halbminutentakt durch die enge Hauptstraße, wirbeln jede Menge Staub auf, verpesten die Luft und machen einen Höllenlärm. Derzeit ist dies die vielleicht unangenehmste Strecke im ganzen Kathmandu Valley. Der Besucher sei vorgewarnt. Die Menschen, die an dieser Strecke wohnen, verdienen Mitgefühl. Man sollte sich vor Ort erkundigen, wie sich die Situation aktuell darstellt.

Vajra Varahi (Bajra Barahi)

Am Südende von Patan führt eine Straße von der Ring Road in südliche Richtung. Nach ca. 3 km ist **Sunagathi** erreicht. Hier stehen zwei Tempel: einer für Vringeshvar Mahadev (Shiva) und ein Jagannath-(Vishnu-)Tempel.

Etwa 2 km weiter südlich passiert man das Dorf **Thecho,** in dem ein Balkuma-

ktm043 rk

ri-Tempel sowie ein Brahmayani-Tempel besichtigt werden können.

1 km weiter südlich liegt **Chapagaon.** Der Ort zeichnet sich durch ein ausgeklügeltes System von Abwässerkanälen aus, die zum Teil unterirdisch verlaufen. Hier gibt es einige kleine Tempel zu sehen, das wichtigste Heiligtum befindet sich jedoch ca. 500 m östlich von Chapagaon: In der Ortsmitte zweigt eine Straße Richtung Osten ab und führt zum **Vajra-Varahi-Tempel,** der einer tantrischen weiblichen Gottheit geweiht ist. Fotografieren ist hier offiziell verboten, es scheint sich aber niemand darum zu kümmern. Der Tempel stammt aus dem Jahr 1665 und ist von einem kleinen umzäunten Waldstück umgeben. Der lokalen Überlieferung gemäß kann niemand auch nur einen Stein oder sonst irgendetwas aus dem Wald ungestraft hinausnehmen – ihm würde das Haus über dem Kopf abbrennen oder sonst ein Unheil widerfahren. Eine andere Legende spielt auf die Tatsache an, dass Tempel oben auf dem Dach keine Tempelspitze *(gajur)* besitzen. Angeblich hatte der Priester des Tempels in der Nacht vor der geplanten Aufsetzung der Tempelspitze einen Traum, dass derjenige, der sie anzubringen versuchte, sterben oder eine „Hitzeverletzung" erleiden würde. Also ließ man vom Plan ab. Der Wald ist der Lebensraum von Heerscharen von Zikaden, die mit ihrem Zirzen einen beachtlichen Lärm verursachen. Es klingt wie das hohe Summen von einigen Dutzend Hochspannungskabeln.

Anreise

- Die Anreise **mit dem Fahrrad** ist kein Problem, es sind ca. 14 km ab Kathmandu zu radeln.

- **Busse** fahren ab Lagankhel in Patan, Fahrzeit 1 bis 1½ Std.
- Zwischen der Ring Road und Chapagaon pendeln auch **Sammeltaxis.** Es ist jedoch nicht garantiert, dass man eins ohne lange Wartezeit antrifft.
- **Taxis** ab Kathmandu kosten für Hin- und Rückfahrt mit einer Stunde Aufenthalt ab ca. 1500–1800 Rs.

Tika Bhairav

Südlich von Chapagaon wird die Landschaft zunehmend hügeliger und spürbar idyllischer. Von der Hauptstraße zweigt eine kleinere Straße ab und führt um einen Hügel herum vorbei am **Anandaban Leprosy Hospital** ins Dorf Tika Bhairav. Das Lepra-Krankenhaus ist eine Außenstelle des Patan Hospital. Anandaban heißt „Wald der Glückseligkeit".

Tika Bhairav ist nach einem **Shiva-Schrein** benannt, der den Gott in seiner schrecklichen Form als Bhairav darstellt. Das Bildnis ist ein buntes Wandgemälde in einer Art Unterstand, gelegen am Zusammenfluss zweier kleiner Flüsse. Der Schrein ist zwar nicht sonderlich spektakulär, die umliegende **Landschaft** allein aber ist den weiten Weg vielleicht schon wert – wenn man von dem eingangs erwähnten Lkw-Horror absieht. Um den Zusammenfluss erheben sich einige Hügel, von denen man eine herrliche Aussicht genießt – unten spielen Kinder, Bauern bestellen ihre Felder.

Anreise

- **Radfahrer** sollten sich am besten auf ein Mountainbike schwingen, es geht vor Tika Bhairav einige Male stark bergauf, kurz vor dem Ort dann einmal stark bergab. Ab Kathmandu ist eine Strecke von ca. 19 km zu bewältigen.
- **Taxis** ab Kathmandu kosten ca. 2000–2500 Rs. für Hin-/Rückfahrt plus 2 Std. Aufenthalt.

Lele

Lele (sprich etwa: Lilli) liegt ca. 1,5 km östlich von Tika Bhairav am Ende der Hauptstraße. Der Ort war einmal himmlisch ruhig, durch die zuvor erwähnten **Steinbrüche** aber hat sich die Situation dramatisch verändert. Bis man bis Lele vorgedrungen ist, ist man durch die vielen luftverpestenden Lastwagen auf der Strecke wahrscheinlich schon einem Lungen- und Nervenkollaps nahe. In der Regenzeit verwandelt sich die Straße durch die schweren Laster zudem teilweise in eine Schlammpiste. Der Boden ist an einigen Stellen so aufgewühlt, dass normale Fahrzeuge im Schlamm stecken bleiben. Schade um diesen im Grunde so wunderbaren Ort.

Am Ostende von Lele, das sich an einer einzigen Straße ausbreitet, befinden sich einige sehenswerte kleine Tempel, so ein **Muktinath-Tempel** aus dem Jahr 1668 und, weiter außerhalb, ein **Tileshvar-Mahadev-Tempel** aus dem 16. Jh.

Anreise

- **Mit dem Mountainbike** gut machbar. Ab Kathmandu sind es bei direkter Fahrt über die Hauptstraße ca. 19 km, mit Umweg über Tika Bhairav ca. 21 km.
- Für die Hin- und Rückfahrt mit **Taxi** plus einen angemessenen Aufenthalt von 2 Std. ist mit mindestens 2500 Rs. zu rechnen.

Khokna – Bungamati

Khokna

Überquert man am Südende der tibetischen Flüchtlingssiedlung in Jawalakhel, Patan, die Ring Road, so führt dort eine nicht asphaltierte Straße nach Süden in Richtung Khokna und Bungamati (10 bzw. 11 km ab Kathmandu). Die kleinen Newar-Orte sind im 16. Jh. entstanden und liegen so eng beieinander, dass sie gelegentlich als Zwillingsstädte bezeichnet werden.

Khokna (etwa 12.000 Einwohner) besteht in erster Linie aus den typischen **Backsteinhäusern der Newar,** die sich scheinbar der Erdfarbe anzupassen versuchen. Der Ort wird von kleinen Gassen durchzogen, allerdings sind nur wenige davon mit dem Auto passierbar. Vorsicht, die zahlreichen Hühner und Enten haben in jedem Fall Vorfahrtsrecht! Vor vielen Häusern kann man Frauen beim Spinnen von Wolle beobachten, an dessen Technik sich seit Jahrhunderten nichts geändert zu haben scheint.

Daneben ist Khokna für das hier produzierte **Senföl** bekannt. Dessen Herstellung liegt vornehmlich in den Händen der Manandhar-Kaste und ist ebenso einfach wie effizient: Eine Gruppe schweißbedeckter Männer dreht ein schweres Rad, das über eine Mechanik zwei mächtige Holzblöcke zusammendrückt, zwischen denen die Senfkörner – die in aus Bambus geflochtenen Behältnissen stecken – zerquetscht werden.

Die Hauptstraße des Ortes ist überraschend breit ausgebaut. An ihr liegt ein **Rudrayani-Tempel,** welcher der Schutzpatronin des Ortes geweiht ist. Die Straße war ursprünglich sehr schmal, wurde aber nach dem Erdbeben von 1934, das Khokna stark in Mitleidenschaft gezogen hatte, in verbreiteter Form wiederhergestellt.

Anreise

- Mit dem **Bus** ab Jawalakhel in Patan für ca. 20 Rs., Fahrzeit ca. ½ Std.
- **Taxis** ab Kathmandu für Hin- und Rückfahrt plus 2 Std. Aufenthalt (in denen auch das benachbarte Bungamati zu Fuß besucht werden kann) zu ca. 1200–1500 Rs.
- Ideal ist das **Fahrrad;** die Strecke bietet nur in der heißen Zeit vor dem Monsun Probleme, wenn von vorbeifahrenden Wagen kiloweise Staub aufgewirbelt wird.

Bungamati

Direkt südöstlich an Khokna schließt sich Bungamati (ca. 5000 Einw.) an, das querfeldein oder über die Hauptstraße erreicht werden kann. Diese **„Stadt der Bauern"** (so die Übersetzung aus dem Newari) wurde 1593 von König *Narendra Deva* gegründet. „Stadt" kann man den Ort aber kaum nennen, denn beim letzten Zensus im Jahr 2011 wurden knapp 6000 Einwohner gezählt. In dem äußerst charmanten und ursprünglichen Ort kann man sich gut ausmalen, wie wohl Kathmandu noch vor ein oder zwei Jahrhunderten ausgesehen haben mag.

Bis 2015 stand auf einem rechteckigem Platz der **Rato-Machhendranath-**

Tempel und bildete den Mittelpunkt Bungamatis; durch das Erdbeben wurde dieser vollkommen zerstört. 2017 waren zaghafte Arbeiten zu einem Neubau im Gange, diese werden sicher noch eine Weile andauern. Glücklicherweise wurde die Figur des Gottes Rato Machhendranath aus der Ruine geborgen, sodass diese irgendwann in dem neuen Tempel untergebracht werden kann. Was allerdings aus dem großen, alle 12 Jahre stattfindenden **Rato Machhendranath Festival** werden soll, bei dem dieser Tempel eine wichtige Rolle spielte (s. Kapitel „Feste und Feiertage"), ist derzeit noch ungewiss. Aber bis dahin ist ja auch noch reichlich Zeit.

An der Südwestecke des Platzes steht ein kleiner, aber sehr verehrter **Bhairav-Tempel,** dessen Allerheiligstes sich im Obergeschoss befindet. Beim Erdbeben blieb der Tempel unversehrt.

Zwischen Bungamati und Khokna erhebt sich auf einer Anhöhe der **Karya-Vinayak-Tempel,** der Ganesh gewidmet ist. Der Gott ist hier etwas unspektakulär nur durch einen etwas abgeschliffenen Stein repräsentiert, um den ein kleiner Schrein errichtet ist. Die um diesen herum angelegten Tempelanlagen sind nicht sonderlich interessant, es bietet sich jedoch eine gute Aussicht auf das Umfeld.

Auf der anderen Seite des Bagmati-Flusses erhebt sich weithin sichtbar der **Chandragiri,** der „Berg des Mondgottes". Dieser ist mit 2551 m Höhe die dritthöchste Erhebung am Rand des Kathmandu Valley, und der am Berg gelegene dichte Wald gehört zu den fauna- und florareichsten Gebieten im Tal. Der Berg wird gerne von Trekkern angesteuert, mittlerweile kann man aber auch ganz bequem zum Gipfel gelangen. Siehe dazu Kapitel „Thankot".

In Bungamati arbeiten zahlreiche kleine **Holzschnitzbetriebe,** in denen Masken, Figuren und andere Souvenirs hergestellt werden, die in Touristenvierteln wie beispielsweise Thamel verkauft werden. Zahlreiche Frauen finden durch das Weben von Stoffen oder Nähen von Kleidung ein Auskommen. Da nach dem Erdbeben ausländische Besucher Bungamati weitgehend fern bleiben, ist der Direktverkauf vor Ort jedoch so gut wie versiegt.

Anreise

- **Busse** ab Jawlakhel in Patan kosten ca. 25 Rs.; Fahrzeit ca. ½ Std.
- **Taxis** kosten etwa genauso viel oder vielleicht ein paar Rupien mehr als nach Khokna, da die Strecke ca. 1 km länger ist. Kaum jemand wird nur einen der beiden Orte besuchen wollen. Bei der Anfahrt über die Hauptstraße, die etwas höher liegt als Bungamati, bieten sich kurz vor Erreichen der Abzweigung zum Ort hervorragende Ausblicke: Man sieht, wie der Rato-Machhendranath-Tempel sich mit seiner Shikhara-Spitze majestätisch über den Ort erhebt. Auf dem Bergkamm zwischen Khokna und Bungamati findet sich das eine oder andere kleine Gartenrestaurant, von denen sich die Aussicht genießen lässt. Der Ausblick ist etwas erschwert, da sich die Restaurants auf der den Städten abgewandten Seite der Straße befinden. Großartiges Essen gibt es nicht, es lohnt aber eine kurze Pause bei Tee oder Kaffee.

Kirtipur

Kirtipur, die „Ruhmreiche Stadt", liegt 9 km südwestlich von Kathmandu-Mitte auf einem steil ansteigenden Zwillingshügel, zwischen dessen Spitzen sich ein kleines Plateau ausbreitet. **65.000 Menschen** leben in der Stadt, sie gehören hauptsächlich den Newar an. Kirtipur macht heutzutage einen etwas verlassenen, von der Welt vergessenen Eindruck, der über ihre historische Bedeutung beinahe hinwegtäuschen könnte. Die alten, verwinkelten Gassen, in denen kaum ein modernes Verkehrsmittel Platz hat, wecken Assoziationen an das Hochmittelalter. Es ist eine Stadt mit viel altertümlicher Atmosphäre, und mit viel Ruhe. Wer einen **typischen Newar-Ort** besuchen möchte, ist hier an der richtigen Stelle, ebenso alle, denen Patan oder Bhaktapur zu sehr vom Tourismus geprägt erscheinen.

Geschichte

Kirtipur wurde zwischen 1099 und 1126 unter **König Shiva Deva** gegründet. Im 15. Jh., zur Zeit der Malla-Könige, entwickelte es sich zu einer florierenden Siedlung. Als das Kathmandu-Tal 1482 in drei Reiche unterteilt wurde, geriet der Ort unter die Herrschaft von Patan.

Die strategisch günstige Lage und einige wehrhafte Bauten machten Kirtipur zu einer **fast uneinnehmbaren Festung** – fast. Zweimal war die Gurkha-Armee unter *Prithvi Narayan Shah* gegen diese Festung angerannt, 1755 und 1764, und beide Male wurde sie wieder zurückgeschlagen. *Prithvi Narayan Shah* ließ die Stadt 1766/67 jedoch erneut belagern, und dieses Mal gelang ihm die Eroberung. Aus Rache für die vorangegangenen verlorenen Schlachten und dafür, dass sein Bruder bei der zweiten Belagerung ein Auge verloren hatte, ließ der König allen männlichen Bewohnern die Nase abschneiden – damals eine gängige Methode der Bestrafung, auch bei Verbrechern. Nur Musikanten, die Blasinstrumente spielten, ließ der König ungeschoren. Damit hatte er seinen Feingeist bewiesen und konnte sich nun der weiteren Eroberung des Kathmandu-Tals widmen.

Als in den 1950er Jahren vor Ort die **Tribhuvan-Universität** gebaut werden sollte, gab es Widerstand. Für das Großprojekt mussten zahlreiche Händler aus der Shreshta-Kaste sowie Jaypus, Bauern, aus ihren angestammten Lebensräumen vertrieben werden – das traditionelle Gefüge des Ortes ging teilweise verloren. 1959 wurde die Universität eröffnet.

Sehenswertes

Im zentralen Bereich der Stadt können wegen der engen, holprigen und zudem stark an- oder absteigenden Gassen keine Fahrzeuge verkehren. **Alle Wege** müssen daher **zu Fuß** zurückgelegt werden.

Nagar Mandap (Shri Kirti Vihar)

Nähert man sich Kirtipur über die Straße aus Richtung Kathmandu, so fällt schon einige hundert Meter vor der Stadt, zur linken Seite, ein ungewöhnliches Gebäude mit einem rot-grünen Dach ins Auge. Dieses hebt sich auffallend von der Masse der typischen backsteinbraunen Newar-Häuser ab. Das Gebäude gehört zum Nagar Mandap oder Shri Kirti Vihar, einem **buddhistischen Tempel der Hinayana-Tradition** („Kleines Fahrzeug“) und wurde im typischen Thai-Stil errichtet. Der Bau wurde von der thailändischen Botschaft in Kathmandu finanziert. Gelegentlich verrichten hier thailändische Mönche ihren Dienst, die sogar von ihrer Botschaft mit Heimatküche versorgt werden. Im Inneren des Gebäudes – die korrekte Thai-Bezeichnung wäre Viharn – befindet sich ein aufwendig angelegter Gebetsschrein.

Der neue Thai-Tempel ist nur Teil einer größeren Tempelanlage aus dem Jahr 1975. Die Gebäude geben nicht viel her, der Tempel aber ist im Besitz von **Miniaturnachbildungen der vier heiligen Orte des Buddhimus:** Lumbini (Geburtsort Buddhas), Bodh Gaya (Ort seiner Erleuchtung), Sarnath (Ort seiner ersten Predigt) und Kushinagar (Ort des Hinüberwechselns ins Nirvana). Bis auf Lumbini befinden sich diese Orte in Indien. Man kann einen der anwesenden Priester bitte, einen Blick auf die Nachbildungen werfen zu dürfen.

Chilanchu-Stupa

Die Chilanchu-Stupa steht auf dem **höchsten Punkt Kirtipurs** und geht der lokalen Überlieferung nach auf König *Ashoka* zurück, was jedoch historisch nicht belegt werden kann. Das exakte Alter der Stupa ist unbekannt, eine Inschrift deutet lediglich darauf hin, dass sie im Jahr 816 von einem gewissen *Jagatpal Sarna* aus Patan renoviert wurde. Dennoch ist die Stupa das **älteste erhaltene Bauwerk Kirtipurs.** Sie ist 10 m hoch, auf einem quadratischen Sockel aufgebaut und weist eine starke Ähnlichkeit zur Stupa von Swayambhunath auf. Die vier umgebenden, kleineren Stupas stammen aus dem 16. Jh.

Am Westrand des Geländes steht der 1514 erbaut **Jagatpal Vihara,** der nach seinem Erbauer, *Mahapatra Jagatpal Varma,* benannt wurde.

Bagh-Bhairav-Tempel

Kirtipurs **wichtigste religiöse Stätte** ist der Bagh-Bhairav-Tempel, der dem Schutzpatron der Stadt geweiht ist, einem zornigen Bhairav in Tigergestalt (*bagh* = „Tiger"). Die Entstehung des Tempels wird mit mehreren **Legenden** in Verbindung gebracht.

Eine davon besagt, dass einst ein mörderischer Tiger die Bevölkerung von Kirtipur in Angst und Schrecken versetzte und bei jeder Gelegenheit Vieh riss. Um die Bestie zu beschwichtigen, ließ der König ein Tigerbildnis anfertigen, das daraufhin als eine Manifestation Bhairavs, des Gottes der Zerstörung, betrachtet wurde.

Eine andere Legende erzählt von einem Hirtenjungen, der eines Tages seine Schafe hütete und auf die Idee kam, aus Erde einen Tiger zu formen. Als Zunge steckte er ihm ein Blatt ins Maul. Als der Junge sein Spiel unterbrach, merkte er, dass seine Schafe verschwunden waren. Verzweifelt suchte er das Weidegelände nach den Tieren ab, doch vergebens. Er kehrte zu seiner Tigerfigur zurück und sah mit Schrecken, wie sie plötzlich vom Geist eines übernatürlichen Tigers ergriffen war und drohend ihr Maul öffnete. Das Blatt, das als Zunge gedient hatte, fehlte jedoch. Nachdem die Geschichte die Runde gemacht hatte, baute die Bevölkerung einen Tempel um die Figur herum und verehrte sie als eine Form des Bhairav. Bis heute ist sie ohne Zunge, wurde aber mit einer Silberschicht überzogen. Die Newar nennen die Figur, die von Hindus und Buddhisten gleichermaßen verehrt wird, Ajudya oder „Großvatergott".

Der Tempel wurde wahrscheinlich zwischen 1099 und 1126 gebaut, hat ein dreigeschossiges Dach und ist von einem ausgedehnten Hof umgeben. Die beiden Untergeschosse des Daches sind mit Ziegeln gedeckt, das oberste ist kupferbesetzt. An der Vorderseite sind **Waffen** angebracht – vornehmlich Schwerter und Schilde –, die die besiegten Kirtipur-Soldaten *Prithvi Narayan Shah* überreicht haben sollen. An den Dachstreben sind einige erotische Schnitzereien zu sehen. Um den Tempel herum stehen kleinere Schreine, zum Teil mit aufgesetztem Shikhara-Turm, sowie einige Steinskulpturen, die bis ins 12. Jh. zurückgehen.

Uma-Maheshvar-Tempel

Kirtipurs zweitwichtigster Tempel ist der Uma-Maheshvar-Tempel aus dem Jahr 1673, an einer der höchsten Stellen der

Stadt gelegen. In ihm werden Shiva (Maheshvar) und Parvati (Uma) verehrt, und so wird die Stätte auch häufig **Bhawani-Shankar-Tempel** genannt, was wiederum nur ein anderer Name für das Götterpaar ist.

Trotz dessen Schutzes haben es die Naturgewalten nicht immer gut mit dem Bau gemeint, und gar mehrere Male blies der Wind das Dach hinweg. Die Stelle, an der der Tempel steht, ist in besonderem Maße dem Wind ausgesetzt. So waren mehrmals Restaurierungen notwendig.

Vor dem Eingang steht ein kleiner Lakshmi-Narayan-Schrein. Das Gebäude besteht aus Ziegelstein und Holz und wird von einem dreigeschossigen Ziegeldach bedeckt. Links am Tempel hängt eine Glocke, 1895 in England gegossen. Im Inneren befindet sich eine kunstvoll geformte Skulptur des Götterpaares, die wiederum von weiteren Shiva-, Parvati- und Vishnu-Figuren umgeben ist.

Unterkunft

2 Das **Kirtipur Hillside Hotel & Resort**② befindet sich etwa auf halbem Wege zwischen dem Busbahnhof und der Chilanchu-Stupa. Vom Busbahnhof ist es etwa ein 10-minütiger, aufsteigender Fußweg. Das Resort hat einfache, aber sehr saubere Zimmer mit gutem Blick über das Tal – es bietet sich durchaus als empfehlenswerte, ruhige Wohnalternative zum turbulenten Kathmandu an. Die Preise sind abhängig davon, ob die Zimmer nach vorne hinaus liegen (sehr guter Berg-Ausblick) oder nach hinten in den Hof hinaus. Einzel mit Bad vorne zu 20 US$ und Doppel 30 US$ bzw. hinten hinaus 15/25; + 13 % Steuer. Ein schmuckes Dachrestaurant ist angeschlossen. Tel. 01-4334010, 01-4330 908, www.kirtipurhillside.com.

Mein Tipp: Im Dorf *Langol* südwestlich von Kirtipur befindet sich 1 **Nepal Homestay**②-③, ein Privathaus, dessen gastliche, liebenswerte Besitzer einige saubere, kleine Zimmer (Bad, kostenloses WiFi) vermieten. Einzel kosten 25 US$, Doppel 40 US$ inkl. Frühstück und Abendessen. Angeboten werden auch Meditationskurse, Hiking- und Besichtigungstouren. Langol ist eine halbe Stunde Fußweg von Kirtipur entfernt, bei Buchung kann man sich aber auch in Kirtipur abholen lassen. Der Aufenthalt lohnt, denn wohl kein Gast verlässt das Haus, ohne die Gastfreundschaft der Besitzer aufs Höchste zu loben. mobil: 98-41435773. www.familyhomestaynepal.com.

Essen

3 Gutes nepalesisches und indisches Essen kredenzt das gemütliche kleine **Ka:shi Cafe & Bar.** Dazu gibt's Kaffee, Tee, Bier etc., serviert von nettem Personal. An Wochenenden abends oft mit Live-Musik. Tel. 01-4333636, geöffnet 10–21.30 Uhr.

Anreise

- Ab Kathmandu ist die Strecke (9 km ab der New Road) gut **mit dem Fahrrad** zu bewältigen, auch wenn die letzten Meter den steilen Berg hoch wohl geschoben werden müssen. In der Stadt selber ist es besser zu laufen, da die meisten Straßen sehr holprig sind, und viele der engen Gassen steil an- oder absteigen und für Räder gänzlich unpassierbar sind. Das weitgehende Fehlen von Fahrzeugen in Kirtipur macht das Gehen zu einem stressfreien Erlebnis.
- **Busse** der Linie 21 fahren ab der Old Bus (City Bus) Station in Kathmandu und halten an der Tribhuvan-Universität, von der es noch einige Minuten Fußweg in die Stadt sind.
- **Taxis** ab der Innenstadt von Kathmandu kosten für die einfache Fahrt ca. 800 Rs., hin und zurück

mit zweistündigem Aufenthalt ca. 1200 Rs. Die Taxis halten meist im Osten der Stadt, an einer noch relativ breiten Straße, die von den örtlichen Bauersfrauen auch als Dreschplatz benutzt wird. Ab dort wird die Straße Richtung Ortsmitte für Autos zunehmend unpassierbar. Zu Fuß sind es noch 3 oder 4 Minuten zum Bagh-Bhairav-Tempel.

- **Prepaid-Taxis** ab Flughafen kosten 1300 Rs.

Chobar – Pharping – Dakshinkali

Chobar (Chobhar)

Nach der Besichtigung von Kirtipur empfiehlt sich der Besuch des 2 km weiter südöstlich gelegenen kleinen Ortes Chobar und nachfolgend der Besuch von Dakshinkakli. Chobar liegt in pittoresker Umgebung auf einem Hügel, von dem man den Bagmati überblickt. Beim **Erdbeben von 2015** hat Chobar enorme Schäden hinnehmen müssen. Die Hauptsehenswürdigkeit ist der buddhistische **Adinath-Tempel,** der Buddha in seiner Manifestation als Lokeshvar, dem „Herrn der Welt", gewidmet ist (*Adinath* bedeutet „Der Ur-Gott"). Der Tempel wurde im 15. Jh. gebaut und 1640 erneuert. Das auffälligste Merkmal sind die zahllosen Küchenutensilien, die an verschiedenen Stellen angebracht sind – Töpfe, Pfannen, Besteck, Werkzeug, Spiegel, Besen und sonstige Dinge des nepalesischen Durchschnittshaushalts. Für diese Gaben gibt es mehrere Gründe: So wollen frisch verheiratete Paare dadurch um eine glückliche Ehe bitten, andere Gläubige um die Erfüllung eines Wunsches. Einer dritten Variante gemäß werden die Utensilien dem Gott gestiftet, damit er sie dem Spender im nächsten Leben zurückgeben möge! Im Allerheiligsten wird eine Rato-Machhendranath-Figur aufbewahrt. Zum **Fest Chaitra Ashtami** am 8. Tag des Monats Chaitra (März/April) wird die Figur in einer Prozession zum Bagmati getragen und dort gebadet.

Etwas weiter südlich am Fluss befindet sich die **Chobar-Schlucht (Chobar Gorge),** die der Heilige Majushri einst in die Felsen geschnitten haben soll, um das Wasser im Kathmandu-Tal abfließen zu lassen. Mit dem Wasser flossen auch die im See lebenden Schlangen ab, mit Ausnahme von Karkotak, dem König der Schlangen: Manjushri ließ ihn dort weiterleben und machte ihn zum Herren allen Reichtums im Kathmandu Valley. Dazu richtete er ihm den **Taudaha-See** ein (etwa 1,5 km südwestlich der Schlucht), in dem er bis heute – ein paar Tausend Jahre alt und quicklebendig – seine Schätze hütet.

Direkt südlich der Schlucht steht ein wichtiger Tempel, der **Jal Vinayak.** Jal ist Sankskrit/Nepali für „Wasser" – schließlich floss ja hier das Wasser des Tals ab – Vinayak ein anderer Name für Ganesh. Die Einheimischen halten hier gerne Picknicks ab, und gelegentlich finden sich ganze Hochzeitsgesellschaften ein. Dem im Tempel wohnenden Ganesh wird die Fähigkeit zugesprochen, Charakterstärke zu verleihen, und so bitten hier viele Gläubige um dieses edle Gut. Der Tempel, direkt an den Bagmati gebaut, stammt aus dem Jahr 1602, wahrscheinlich hat sich hier aber schon zuvor etwas Ähnliches befunden. Am Sockel des Tempels ist ein Bildnis des göttlichen Paares Shiva und Parvati zu sehen, das aus dem 12. Jh. stammt.

Am Nordwestrand von Chobar findet sich der **Whoopee Land Amusement and Water Park,** ein Wasserpark, der natürlich am ehesten Kinder beglücken dürfte. Es gibt Wasserrutschen und sonstigen Wasserspaß. Geöffnet von 10 bis 17.30 Uhr, Eintritt 650 Rs. bzw. 350 Rs. für Kinder bis einer Größe von 1,20 m. Dazu günstigere Wochenendtarife. Weitere Infos siehe www.whoopeeland.com.

Unterkunft

- Das **Chobhar Le Village Resort** ist ein rustikales, 200 Jahre altes Newar-Haus auf einem Hügel, das gründlich restauriert worden ist. Die (nur drei) Zimmer wirken sehr urig – ein bisschen wie gemütlich eingerichtete Dachböden. Sie sind aber mit einem modernen Bad ausgestattet. Derzeit ist das Resort allerdings geschlossen, da ein ortsansässiger Nepalese das Haus für sich beansprucht und mit dem (wohl eigentlichen) französischen Besitzer im Rechtsstreit liegt. So kann es ausländischen Investoren ergehen.
- Es finden sich noch einige kleine Hotels in der Gegend, die gerne von jungen Paaren zum Verbringen einiger romantischer Stunden aufgesucht werden. Für längere Aufenthalte eignet sich obiges Resort besser.

Anreise

- Chobar liegt an der Straße nach Pharping und Dakshinkali und alle **Busse,** die dorthin fahren, kommen hier vorbei (s.u.).
- Der Preis für ein **Taxi** richtet sich danach, ob nur der Adinath-Tempel oder auch die Schlucht mit dem Jal-Vinayak-Tempel besucht wird. Für beide Sehenswürdigkeiten plus insgesamt 2 Std. Aufenthalt ist mit ca. 1500 Rs. zu rechnen.
- Kein Problem ist der Anmarsch **zu Fuß** ab Kirtipur (gut 3 km bis zur Schlucht), der Weg führt über die Dörfer Panga und Nagaon.

Pharping

Der kleine Ort Pharping befindet sich ca. 9 km südlich von Chobar an der Straße, die weiter nach Dakshinkali führt. Bei der Fahrt taucht kurz nach dem Taudaha-See an der rechten Seite der **Champadevi-Berg** (2279 m) auf. Auf seinem Gipfel soll einst ein markanter Baum gestanden haben, der bevorzugt zum Aufknüpfen von Verbrechern genutzt wurde.

Kurz vor Pharping, im Bereich des Dorfes Dollu, sieht man links abseits der Straße, einen imposantes, 2009 eröffnetes tibetisches Kloster, das **Neydo Tashi Choeling.** Von der Hauptstraße zweigt eine unasphaltierte Straße dorthin ab. Falls der Haupteingang verschlossen sein sollte, kann man um das Gebäude herum gehen und kommt durch einen kleinen Nebeneingang hinein. Im Kloster wohnen über 100 sehr freundliche buddhistische Mönche und Nonnen, von denen die meisten aus Himachal Pradesh in Indien stammen. Auf dem Klostergelände sieht man einige kleine **Stupas** als auch überdimensionale, bunte **Gebetsmühlen.** Der augenfällige Mit-

Falls das Haupttor des Neydo Tashi Choeling verschlossen sein sollte, weisen die freundlichen Mönche einem den Weg zu einem kleinen Nebeneingang

telpunkt des Hauptgebetsraums ist eine **15 m hohe goldene Buddhafigur.** Die Entfernung ab der Hauptstraße beträgt ca. 300 m. Angeschlossen ist auch ein Guest House (s.u.).

Kurz vor dem Ortsanfang von Pharping befindet sich an der rechten Straßenseite der **Shekh-Narayan-Tempel** aus dem 17. Jh. Dazu gehören auch die direkt an der Straße gelegenen Teiche, in denen Pharpings Hausfrauen gerne ihre Familienwäsche reinigen. Das Wasser ist außergewöhnlich klar, und in einem der Teiche sieht man ein **Steinrelief von Surya,** dem Sonnengott, das um das 12./13. Jh. entstanden sein muss. An den Teichen führt eine Treppe hoch zu einem Felsen, wo sich das Hauptheiligtum befindet, das Vishnu (Narayan) geweiht ist. Ein Relief zeigt den Gott in seiner Form als Zwerg Vamana, der später zum Riesen wurde und in drei gewaltigen Schritten die Erde abmaß.

An der Westseite von Pharping steht auf einem Hügel der buddhistische **Vajra-Yogini-Tempel,** ebenfalls aus dem 17. Jh. Irgendeine Art von Heiligtum muss sich aber auch hier schon vorher befunden haben, denn im 11. Jh. lebte an dieser Stelle der Weise *Pham-Thing-Pam,* ein Schüler des tibetischen Yogis *Narepa. Pham-Thing-Pam* wurde von seinem Lehrer in diverse Tantra-Techniken eingeführt, und auch zwei seiner Brüder widmeten sich hier tantrischen Studien. Der Ort wurde somit bald zu einer **buddhistischen Pilgerstätte.**

Der Tempel beherbergt eine **Figur der tantrischen Göttin Vajra Yogini,** der auch ein gleichnamiger Tempel bei Sankhu geweiht ist. Die Figur ist rot, eine ihrer Füße ruht auf Maheshvar, während

ktm163 rk

der andere in die Luft zeigt. Dabei führt sie einen Becher in Form eines Totenschädels an ihre Lippen, und die andere Hand schwingt ein Messer – eine Göttin, mit der man sich besser nicht anlegt!

Ein von Hindus und Buddhisten gleichermaßen verehrtes Heiligtum befindet sich etwas weiter südwestlich. Die kleine **Gorakhnath-Höhle** ist nach dem Hindu-Heiligen Gorakhnath benannt, dessen angebliche Hand- und Fußabdrücke am Eingang zu sehen sind. Die buddhistischen Tibeter nennen sie **Asura-Höhle,** nach dem Dämon (*asura* = „Dämon"), der hier vom Boddhisattva Padmasambhava besiegt worden war. Um die Höhle sind Klostergebäude entstanden, aus denen nicht selten die sonore und faszinierende Musik tibetischer Instrumente tönt. Vom Hügel hinter den Gebäuden, wo auch eine Stupa zu finden ist, hat man einen hervorragenden Ausblick auf Pharping und das Kathmandu Valley, an klaren Tagen sogar bis zum Himalaya.

Unterkunft

Mein Tipp: Das **Neydo Tashi Choeling Guest House**③ ist vielleicht die Unterkunft der Wahl in dieser Gegend, zumindest ist sie mit ihrer Lage am Kloster sicher die kulturell interessanteste Unterbringungsmöglichkeit, und die nette Mönchsbelegschaft trägt sicher auch zu einem Wohlfühlaufenthalt bei. Die Zimmer des Guest House sind groß und sauber und haben Bad und Balkon. Kostenpunkt Einzel 60 US$, Doppel 70 US$ inklusive Frühstück. Weitere Mahlzeiten sind im Restaurant des Hauses erhältlich, und auch auf lukullische Sonderwünsche (vegetarisch oder nicht-vegetarisch) wird eingegangen. Geboten werden außerdem Yoga- und Meditationskurse. Tel. 01-6924606, www.neydohotel.com.

- Das schon etwas ältere **Himalayan Height Resort**④-⑤ befindet sich einige Kilometer vor Pharping. Um hinzukommen, bedarf es eines etwa 2 km langen Treks von der Hauptstraße aus. An der Abzweigung von der Hauptstraße befindet sich ein Parkplatz, an dem man sein Fahrzeug abstellen und sich von einem Jeep des Unternehmens abholen lassen kann. Das Resort liegt in einem Pinienwald und bietet beinahe Rundum-Ausblicke auf das Kathmandu Valley. Dazu werden Yoga-Kurse und Wanderungen angeboten. Komfortable Zimmer in Bungalows mit Bad, Balkon, TV und kostenlosem WiFi zu 99 US$ (Einzel) und 149 US$ + 13 % Steuer und 10 % Service Charge. Insgesamt sehr empfehlenswert. Stadtbüro Tel. 01-4371397, 01-4371537, www.everestlodges.com.
- Ca. 2 km von Pharping entfernt, in Dollu, liegt das **New Dakshinkali Village Resort**③ mit Cottages in einer Gartenanlage samt nicht immer sauberem Pool. Zimmer ab 50 US$. Tel. 01-4710072.

Anreise

- Von der Old Bus (City Bus) Station in Kathmandu fahren alle halbe Stunde **Busse** der Linie 22; Fahrzeit ca. 1½ Std. Dienstags, samstags und an Feiertagen sind die Busse in der Regel hoffnungslos überfüllt, da das Endziel der Busse der Dakshinkali-Tempel ist (s.u.).
- **Taxis** ab Kathmandu kosten einfach ca. 1800 Rs. Hin- und Rückfahrt mit 2 Std. Aufenthalt, in denen alles besichtigt werden kann, zu ca. 2500 Rs.
- **Prepaid Taxis** ab Flughafen kosten 2350 Rs.

Dakshinkali

Der Tempel der Dakshinkali befindet sich in einer Schlucht zwischen zwei Felshügeln, am Zusammenfluss von zwei Flüssen. Das Gelände ist von Wald umgeben, und nicht wenige Besucher glauben, etwas „Unheimliches“ in der Atmosphäre zu verspüren. Ganz abwegig wäre es nicht: Der Dakshinkali-Tempel ist der **Austragungsort eines blutigen Opferrituals,** bei dem für die Göttin Kali unkastrierte männliche Haustiere geschlachtet werden. Eine Steinfigur zeigt die Göttin, wie sie auf einem männlichen Wesen herumtrampelt. Die meisten Schlachtopfer sind glücklicherweise nur Gockel, obwohl einige ältere Einwohner sich daran erinnern wollen, dass noch vor Jahrzehnten hier noch legale Men- schenopfer stattgefunden haben sollen. Auch heute noch soll es gelegentlich Menschenopfer in Nepal geben, in zahlreichen Dörfern kursieren Geschichten von urplötzlich verschwundenen Kindern, die nie wieder gesehen wurden.

Die meisten **Pilger** in Dakshinkali finden sich Samstag morgens ein, dann stehen Hunderte von Familien Schlange – einen Gockel unter dem Arm oder eine Ziege im Schlepptau – und warten, bis ihre Opfergabe an der Reihe ist. Die meisten bringen Hühner, denn nicht jeder kann sicht Teureres leisten. Ein Priester schneidet den Tieren die Kehle durch und lässt das Blut auf eine Kali-Figur träufeln. Der unmittelbare Opferbereich ist für Ausländer nicht zu betreten, aber auch von außen bekommt man einen guten Eindruck vom Geschehen. Zudem ist das Fotografieren des blutigen Rituals nicht (mehr) erlaubt. Man kann die Reihen mit Pilgern fotografieren, die mit ihren Opfertieren am Schrein anstehen, aber auch das ist manchen nicht so ganz recht. Der zweitwichtigste Opfertag ist der Dienstag, an dem verständlicherweise weniger Pilger eintreffen als am arbeitsfreien Samstag.

Nach dem Opfer treten die Familien mit ihren toten Tieren den Heimweg an, um sie danach festlich zu verspeisen. Sie gelten nun als **Prasad,** d.h. als **„Geheiligte Speise“,** da ja die Göttin davon gekostet und das Tier dadurch gesegnet hat. Manche Pilger veranstalten gleich ein Picknick in dem umliegenden Waldgelände und verzehren die Opfergabe an Ort und Stelle.

Am blutrünstigsten geht es alljährlich im Oktober an dem der Kali geweihten **Dasain-Fest** zu, wenn auch größere Tiere wie Schafe, Schweine und Büffel geopfert werden.

Unterkunft

- Das **Dakchhinkali Village Inn**②-③ liegt günstig gleich am Eingang zum Tempelbereich, hat nette, komfortable Bungalows mit Bad und einen hübschen Garten. Im angeschlossenen Restaurant wird nepalesisches, indisches und chinesisches Essen serviert. Einzel 30 US$, Doppel 40 US$ plus 10 % Service Charge und 13 % Steuer; in der Nebensaison gibt es Rabatte. Tel. 01-4710053, 01-4710587, www.dakchhinkali.com.
- Darüber hinaus gibt es ein paar sehr einfache Zimmer im **Dakshinkali Fast Food & Lodge**①, gelegen nahe dem Eingang. Ab ca. 500 Rs. Tel. 01-4710041.

Anreise

- **Busse** ab der Old Bus (City Bus) Station in Kathmandu (Linie 22) fahren etwa jede halbe Stunde direkt. Dienstags und samstags sowie an anderen wichtigen Opfertagen im Hindu-Kalender fahren auch **Minibusse,** die sofort starten, wenn genug Passagiere an Bord sind (meist sind es mehr als genug ...).

■ Für **Taxis** ab Kathmandu veranschlage man ca. 2000 Rs. für die einfache Fahrt; hin und zurück inkl. 2 Std. Aufenthalt ca. 2500 Rs. Am Parkplatz vor dem Tempelgelände ist eine geringe Parkgebühr zu zahlen. Einfache Fahrten sollten am besten nur samstags und dienstags unternommen werden, da dann am ehesten Taxis für die Rückfahrt zu finden sind.

■ **Mit dem Fahrrad** ist es eine interessante Strecke (21 km ab Kathmandu), die jedoch kontinuierlich bergauf führt. Ein Mountainbike und recht gute Kondition sind Voraussetzung.

Thankot – Mata Tirtha

Thankot, rund 12 km westlich von Kathmandu am **Prithvi Highway** gelegen, ist der **westlichste Ort des Kathmandu Valley.** Kurz dahinter überquert die Straße einige schwindelerregende Bergpässe und führt dann – etwas weniger abenteuerlich – weiter nach Pokhara. Thankot wurde in der Malla-Epoche begründet, unter *Prithvi Narayan Shah* wurde hier ein Militärlager angelegt. Der Ortsname bedeutet deshalb übersetzt etwa „Militärische Festung".

Am zentralen Platz von Thankot steht der zweigeschossige **Mahalakshmi-Tempel,** der an seinen Streben erotische Schnitzereien aufweist. Er ist Mahalakshmi, der Göttin des Wohlstands, geweiht, und jedes Jahr nach der Ernte im November wird ihr in einem ausgedehnten Fest gehuldigt. Dazu wird die Figur der Göttin unter allerlei Frohsinn und Ausgelassenheit in einer Prozession auf ihrer Khat oder Sänfte durch den Ort getragen. Begleitet wird sie von einer Ganesh-Figur, die auf einer separaten Sänfte thront. Mit den Feierlichkeiten wird um Mahalakshmis Segen für die eingefahrene Ernte gebeten, die sie beschützen möge. Gleichzeitig erhofft man sich eine günstige Ernte im folgenden Jahr.

Außer diesem Tempel gibt es in Thankot selber nicht viel zu sehen. Die ländliche und waldreiche Umgebung lädt aber zu **Wanderungen** ein. Direkt neben dem Polizeiposten zweigt links (von Kathmandu kommend) ein Weg ab und führt über eine kleine Ansiedlung durch einige malerische Felder. Etwa 2 km östlich von Thankot zweigt von der Hauptstraße ein Weg in Richtung Süden ab, der – leicht ansteigend – durch dörfliche Ansiedlungen und Felder führt. Nach einer halben Stunde erreicht man am Fuße eines Berges das **Mata Tirtha,** wörtlich „Mutter-Heiligtum", ein aus Bergbächen gespeistes kleines Wasserbassin, in dem der Betrachter – so die Überlieferung – das Antlitz seiner verstorbenen Mutter erblicken kann.

Zur Zeit der legendären Gopala-Dynastie (*Gopala* – „Kuhhirte") vor etwa 2500 Jahren war der **Überlieferung** zufolge ein Kuhhirte, tief erschüttert vom plötzlichen Tod seiner Mutter, zu dieser Stelle gepilgert. Am Rand des Beckens betete er zum Geist seiner Mutter und opferte ihm eine Kugel aus gekochtem Reis. Plötzlich zeigte sich daraufhin auf der Wasseroberfläche das Gesicht seiner Mutter, und eine Hand tauchte aus dem Wasser, die nach der Opfergabe griff.

Seither wird hier im April oder Mai die sogenannte **Mata Tirtha Puja** abgehalten, eine Art Muttertag, an dem man den Seelen der verstorbenen Mütter huldigt. Dazu finden sich Hunderte oder gar Tausende von Pilgern ein, die zuvor in einem nahe gelegenen größeren Wasserbecken rituelle Bäder vollziehen. Das Fest wird deshalb auch *Mata Tirtha Snan* genannt, das „Bad am Mutter-Heiligtum".

Die Muttervisionen soll es heute allerdings aufgrund eines **Unglücks** kaum noch geben: Ein Mädchen hatte sich beim Anblick ihrer Mutter in das Becken gestürzt und war ertrunken. Daraufhin stellten die Mütter ihr posthumes Erscheinen ein.

An der Straße nach Pokhara, etwas westlich des Ortszentrums von Thankot, befindet sich der **Tribhuvan Memorial Park,** dessen Mittelpunkt eine Statue von König *Tribhuvan* bildet.

Anreise

- **Busse** nach Thankot fahren ab der City Bus Station in Kathmandu zu ca. 40 Rs.
- Alle Busse, die das Kathmandu Valley in westlicher Richtung verlassen, müssen in Thankot an dem **Polizeiposten** halten, also alle Busse nach Pokhara, Gorkha, Mugling usw. Bei den Touristenbussen **nach Pokhara** kann man den Schaffner bitten, als Stehpassagier die wenigen Kilometer mitgenommen zu werden. Die Schaffner haben meist nichts dagegen, sich einige Rupien in die eigene Tasche dazuzuverdienen, das machen sie mit einheimischen Passagieren auch so. Zur Rückfahrt frage man einfach bei jedem beliebigen Bus, der am Polizeiposten hält und weiter in Richtung Kathmandu fährt.
- **Taxis** ab Kathmandu kosten ca. 1000 Rs. einfach, die Hin- und Rückfahrt mit 1 Std. Aufenthalt ca. 1800 Rs.

Chandragiri

2016 wurde die **Thankot-Chandragiri Cable Car** in Betrieb genommen, eine Seilbahn, die von Thankot auf den 2551 m hohen Berg Chandragiri führt (siehe Karte Umschlag hinten). Oben erwarten den Besucher neben einer grandiosen Aussicht dann ein paar Beschäftigungsmöglichkeiten; so kann man einen Tempel besuchen, Souvenirs einkaufen oder sich an Essen und Trinken schadlos halten. Für Kinder gibt es Spielmöglichkeiten. Das ganze ist also quasi ein **Amüsierpark** – ganz nett, aber für Ausländer ist sicher die Aussicht das Ausschlaggebende. Chandragiri kann auch auf Hiking-Touren besucht werden, die Gegend um Chandragiri ist eine der besten Hiking-Regionen des Kathmandu Valley, gesegnet mit viel satter Natur. Von Mata Thirtha aus rechne man für den Aufstieg mit ca. 7 Std. Mit der Seilbahn kann man dann bequem zurückfahren.

- Hin- und Rückfahrt mit der Seilbahn kostet für Ausländer einfach 13 US$, hin und zurück 22 US$. In Betrieb ist sie von 8 bis 17 Uhr. An Wochenenden und Feiertagen ist der Andrang riesig, diese Tage sind also besser zu meiden. Infos bei **Chandragiri Hills Ltd.,** Tel. 01-4312515, 01-4311719, www.chandragirihills.com.

www.fotolia.de ©Shariff Che'Lah

4 Pokhara

Ein nur 45-minütiger Flug oder eine 6- bis 8-stündige, manchmal etwas abenteuerliche Bus- oder Taxifahrt bringt einen ins malerische Pokhara, das zweitwichtigste Touristenziel des Landes.

< Grasender Büffel am Fewa Lake

POKHARA

ktm180 rk

Pokhara ist ein beschaulicher Gegenpol zu Kathmandu, ein weit ausgestreckter Ort, eingebettet in eine bezaubernde Berglandschaft. Wem Kathmandu zu hektisch ist, der findet hier die **perfekte Alternative.** Die Ausblicke auf die umliegenden Berge sind – in den Wintermonaten – spektakulär, und wenn es in Kathmandu winterlich kalt ist, so bietet das Klima in Pokhara immer ein paar wohltuende Grade mehr.

NICHT VERPASSEN!

- **Fewa Lake** – Der pittoreske Fewa Lake ist das touristische Zentrum Pokharas, mit zahllosen Unterkünften und Restaurants, und die umgebende Landschaft sorgt nicht nur für äußerst reizvolle Anblicke und zahlreiche Wandermöglichkeiten | **237**
- **Sarangkot** – ein kleiner Ort in den Bergen bei Pokhara, mit wunderbaren Ausblicken auf den Fewa Lake und den kolossalen Himalaya, insbesondere den so markant geformten Machhapuchre oder „Fishtail Mountain" | **238**
- **Rupa Tal** und **Begnas Tal** – zwei landschaftlich wunderschön gelegene Seen, nur eine kurze Taxifahrt von Pokhara entfernt | **238**

Diese Tipps erkennt man an der gelben Hinterlegung.

> Dieser Herr hat's gut:
Das Panorama des Annapurna-Massivs mit dem heiligen Machhapuchre ist für ihn beinahe ein alltäglicher Anblick – zumindest in der kühlen und klaren Jahreszeit

Überblick

Vorbemerkung: Pokhara, 200 km westlich von Kathmandu gelegen, gehört zwar nicht zu dem in diesem Buch besprochenen Gebiet, soll aber trotzdem in Grundzügen vorgestellt werden, da es sich nach Kathmandu (Valley) um das zweitwichtigste touristische Zentrum Nepals handelt.

Pokhara, der perfekte Gegensatz zur turbulenten Metropole Kathmandu, ist eine flächenmäßig weit ausgedehnte Stadt mit ca. **200.000 Einwohnern,** eingebettet in ein fruchtbares Tal, gelegen auf einer Höhe von 940 m.ü.M. Von der Hek-

Pokhara Umgebung

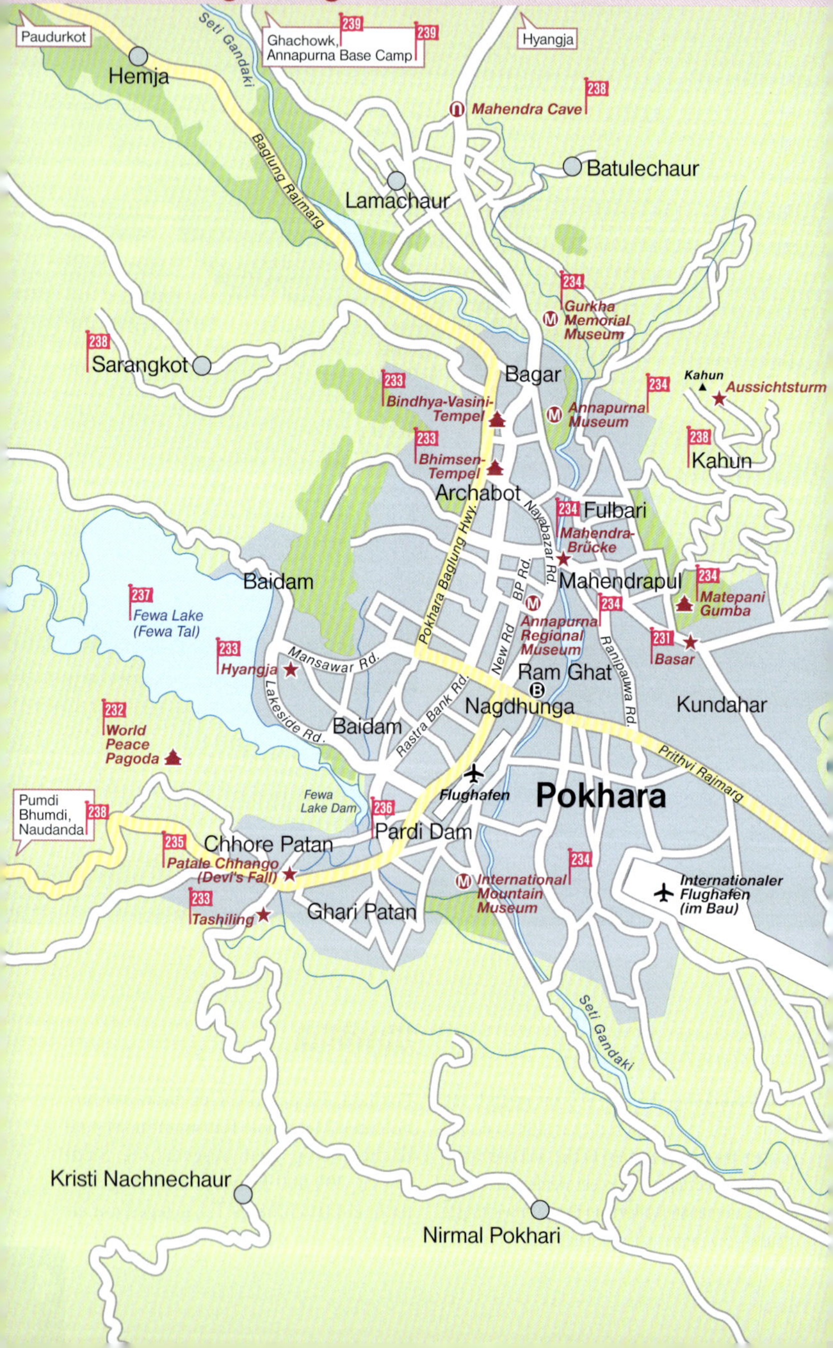

0
2 km
©Reise Know-How 2017
Nepal29
Parche
Kuna Dhav
Kalika
Aarva Bijaya
Bagarbot
Sunpandali
Paddy Field
Aarva
Paddy Field
Rakhi Danda
Majhthana
Khaste Lake
Gude
Lake
Archale
Prithvi Hwy.
Dipang Lake
Arghaun
Rithepani
Jungle
Begnas Lake
(Begnas Tal)
Lake Rd.
Lekhnath
Bhandardhik
146
Shitala Mai Tempel,
Dulegauda
Bagmara
Dhungepatan
Rupa
Lake
(Rupa
Tal)

www.fotolia.de ©Andrey_Khrobostov

Sehenswertes

World Peace Pagoda (Pokhara Shanti Stupa)

Die weiße World Peace Pagoda von Pokhara ist eine von 80 **Friedens-Pagoden** weltweit, deren Bau auf die Initiative einer buddhistischen japanischen Sekte zurückgeht. Die Pagode von Pokhara steht weithin sichtbar auf einem Berg an der Südwestseite des Fewa Lake gelegen. Von der Fish Tail Lodge liegt die Pagoda exakt in westlicher Richtung auf der anderen Seite des Sees. Wer zur Stupa hinaufläuft, bzw. -fährt, wird dort mit großartigen Ausblicken auf den Fewa Lake belohnt – ganz abgesehen von einem erquickenden Wanderlebnis in friedvoller Natur. Gehzeit ab dem südlichen Ende des Fewa Lake ca. 1 Std., bzw. ca. 2 Std. von der touristischen Ostseite des Sees. Wer per Taxi hinauffährt, braucht nur einige Minuten Fußweg vom Parkplatz aus. Nepal besitzt übrigens eine zweite Peace Pagoda, und zwar in **Lumbini,** dem Geburtsort des Buddha.

⌃ Kamera nicht vergessen: Der strahlend blaue Himmel über Pokhara bildet den perfekten Hintergrund für die fotogene weiße Peace Pagoda

Bindhya-Vasini-Tempel

Pokharas bekanntester Tempel befindet sich am Nordrand der Stadt auf einem kleinen Hügel und ist der Göttin *Durga* in ihrer Form als *Bindhya Vasini* geweiht. Bindhya Vasini oder *Vindhyavasini* ist eine gutwillige Manifestation der ansonsten furchterregenden *Durga*. Die Figur der Göttin ist gänzlich aus Shalagrama gefertigt, einem Ammonit-Fossil aus der Jura-Periode (vor über 100 Mio. Jahren). Zu wichtigen Festen wie **Dasain** (s. Kapitel „Feste und Feiertage") u.a. stehen tausende von Gläubige in langen Warteschlangen an, um einen Anblick der Figur zu erheischen.

Der Legende nach brachte der König von Kaski die Figur von den Vindhyachal-Bergen (auch: *Vindhya Range*) in West-Zentralindien nach Pokhara. Der König war auf dem Weg nach Kaskikot, wo er die Figur in einem Tempel unterzubringen gedachte. Pokhara war lediglich ein Haltepunkt auf der Reise. Als der König nach einer Rast zur Weiterreise aufbrach, ließ sich die Figur nicht mehr vom Fleck rühren. Der König nahm dies als Entscheidung der Göttin, an dieser Stelle zu bleiben, und ließ ihr hier einen Tempel erbauen. 1948 machte der Tempel Lokalgeschichte, als sich während eines Feueropfers das Feuer plötzlich nicht mehr kontrollieren ließ und schließlich weite Teile des angrenzenden Stadtteiles in Schutt und Asche legte.

Der Tempel beherbergt außer der Bindhya-Figur noch andere Götterstatuen. Die um das Hauptgebäude liegenden Nebenbauten werden oft von Sadhus als Aufenthaltsort genutzt. Wer die Sadhus fotografiert, wird um einen Obolus gebeten werden.

Bhimsen-Tempel

Der über 200 Jahre alte kleine Bhimsen-Tempel steht im Basar-Viertel und ist im typischen Kathmandu-Stil gehalten. Der Baustil als auch die Tatsache, dass Bhimsen von den Newar als **Gott des Handels** verehrt wird, lässt darauf schließen, dass ihn Newar-Handwerker aus Kathmandu erbauten. Der Tempel ist zweigeschossig und weist an seinen Dachstreben einige erotische Schnitzereien auf.

Tibetische Siedlungen

In und um Pokhara finden sich mehrere Siedlungen von Tibetanern, von denen die jüngeren in den meisten Fällen aber schon in Nepal geboren sind. Etwa 3 km südwestlich des Flughafens liegt die Ansiedlung **Tashiling,** wo in guter alter Tradition **Teppiche gewebt** werden. Veräußerst werden diese im Tashiling Handicraft Centre (Chhore Patan, nahe Devis Fall).

Eine größere Siedlung befindet sich bei **Hyangja** im **Kaski-Distrikt** (ca. 2 Std. Fußweg nordöstlich von Pokhara), wo die Bewohner mit Schweizer Hilfe einige Handwerkstätten aufgebaut haben. Es werden Teppiche und andere Handwerksartikel hergestellt. Viele Tibeter verkaufen ihre Waren vom Fahrrad aus am Fewa Lake und fallen dabei durch ihre scheinbar nimmermüde gute Laune auf!

Das Tourunternehmen *The Tibetan Encounter* bietet Tagesausflüge zu tibetischen Siedlungen, vor allem Tashiling, sowie Sarangkot und anderen Zielen in der Umgebung von Pokhara an (siehe www.tibetan-encounter.com).

Matepani Gumba

Dieses relativ junge buddhistische Kloster befindet sich ca. 3 km östlich von Mahedrapul auf einem kleinen waldbewachsenen Hügel, von dem sich ein guter Ausblick auf Pokhara ergibt. Die architektonisch gelungene Anlage, in der den ganzen Tag lang der Klang von Mantras und Gebeten zu hören ist, weist neben interessanten Wandgemälden und kleineren Statuen ein paar riesige Buddha-Figuren auf.

Museen

Pokhara verfügt über vier Museen. Das **Annapurna Natural History Museum** oder Annapurna Regional Museum befindet sich auf dem Gelände der Prithvi Narayan University und beherbergt eine eindrucksvolle Sammlung von Vögeln, Schmetterlingen, Insekten sowie Edel- und Halbedelsteinen. Geöffnet So–Do 10.30–13 und 13.30–17 Uhr (im Winter 16 Uhr), Fr 10–13 und 13.30–15 Uhr. Im Winter erfolgt die Mittagspause eine halbe Std. später. Tel. 061-541006, www.pncampus.edu.np/museum.php.

Das über drei Stockwerke ausgedehnte **Gurkha Memorial Museum,** gelegen nördlich der K.I. Singh Bridge, nordöstlich des Fewa Lake, zelebriert die Geschichte der legendären **Gurkha-Soldaten,** die in der britischen Armee und anderswo ihren Dienst taten. Ausgestellt sind Uniformen, Waffen, Abzeichen und Auszeichnungen, Fotos, Regimentsflaggen u.a. In einem Geschäft können die legendären **Khukris,** die bekannten Messer der Gurkhas, gekauft werden (siehe dazu auch S. 255). Geöffnet tägl. von 8.40 bis 16 Uhr; Eintritt 150 Rs., fürs Fotografieren 10 Rs. extra. Tel. 061-441762/3, www.gurkhamuseum.org.np.

Das **International Mountain Museum** oder IMM (www.internationalmountainmuseum.org) bietet Informationen zu allen 14 der Achttausender-Berge, den Bewohnern ihrer Regionen sowie ihrer Flora und Fauna. Gelegen ist das Museum in Ghari Patan, südöstlich des Flughafens und etwas nordöstlich des Shangri-La Village Hotels. Geöffnet tägl. 9–17 Uhr, Eintritt 400 Rs.

Mahendrapul und Seti-Gandaki-Fluss

Die Mahendrapul (*pul* = „Brücke"), im Basar-Viertel, überquert den Seti Gandaki, der ansonsten zum Teil unterirdisch verläuft. Unter der Brücke fließt er durch eine tiefe, schmale Schlucht in Richtung Süden. Auf Höhe des Flughafens passiert er eine weitere, aber gewaltigere Schlucht, über die ebenfalls eine Brücke gebaut ist. Von hier schaut man auf den in ca. 30 m Tiefe beängstigend dahinströmenden Fluss. Das Wasser des Seti Gandaki ist häufig weißlich-aufgeschäumt, was an Kalksteinablagerungen liegt, die er so rasant mit sich reißt. *Seti* bedeutet dementsprechend „weiß".

▷ Statue von Prithvi Narayan, dem „Vater der Nation"

Devis Fall (Devi's Fall / Patale Chhango)

Der Devis Fall befindet sich ca. 2,5 km südwestlich des Flughafens am Siddharta Highway und südlich des Fewa Lake.

Eigentlich weiß niemand genau, wer hier in den Tod gestürzt ist – verschiedenen Erzählungen zufolge war es eine Mrs. Devis, eine Mrs. Devi, ein Mr. David oder jemand mit ähnlich klingendem Namen. Dementsprechend viele Namensvarianten gibt es für diesen Ort. Einig scheint man sich nur über das Jahr zu sein: 1961. Der Devis Fall – einigen wir uns einmal auf diesen Namen – wird vom **Pardi Khola** gespeist, der dem Fewa Lake entspringt, teilweise unterirdisch weiterfließt und sich schließlich in einen **Wasserfall** ergießt. Teile der unterirdischen Strecke weisen Öffnungen auf, unter denen das Wasser recht ungestüm herumgluckert. Einer Überlieferung nach badete ein europäisches Touristenpaar in dem Fluss, als die Frau von den Fluten mitgerissen und in die Tiefe gezogen wurde. Ihr Freund versuchte, sie zu retten, doch vergebens. Den verschiedenen Versionen zufolge kam er dabei selber um bzw. konnte sich noch mit letzter Kraft retten.

Der Devis Fall wird heute als Sehenswürdigkeit vermarktet, wer davon fernbleibt, hat aber auch nichts verpasst. Nahebei, hinter einem Absperrgitter, das auf keinen Fall überschritten werden sollte, liegt gefährliches Terrain: Im Boden befinden sich zahlreiche, von Gras überwucherte **größere Löcher** und unter diesen brodelt der **unterirdische Fluss.** Durch das sich darüber ausbreitende Gras sind die Löcher oft nicht zu erkennen. Wer hineinfällt, ist unrettbar verloren.

ktm103 rk

Wichtige Stadtteile

Basar/Mahendrapul

Der geschäftsorientierte Stadtkern von Pokhara ist nicht anziehender als der vergleichbarer Städte, und so lohnt sich die Fahrt hierhin nur zum **Einkaufen** oder für den Gang zur Post. Das G.P.O. oder Hauptpostamt befindet sich an der Ecke Chiple Dhunga/Mahendrapul. Das Viertel darum wird so auch *Mahendrapul* genannt, nach der Brücke, die nahebei über den Seti-Gandaki-Fluss führt (s.o.). Ein wenig mehr Atmosphäre bieten die nördlich an den Basar angrenzenden Stadtteile, in denen noch viele alte Häuser zu sehen sind.

Pardi Dam

Hier beginnt das reizvolle, **malerische Pokhara:** Das Gebiet um den Pardi-Staudamm ist eine ruhige Wohngegend am Südende des Fewa Lake, in der sich zahlreiche pensionierte Gurkha-Soldaten angesiedelt haben. Von den Dachterrassen, die die Guest Houses obligatorisch bieten, ergeben sich hervorragende Ausblicke auf die Berge. Das Wohnen hier sei denjenigen empfohlen,

die zwar touristischen Komfort, aber kein touristisches Treiben wie in Baidam wünschen.

Baidam/Fewa Lake

Die Ostseite des Fewa Lake ist Pokharas **touristisches Zentrum** mit Dutzenden von Hotels und Restaurants, die dicht beieinander liegen. Dazwischen finden sich zahlreiche Fahrradverleiher und einige kleine Buchläden. Dieser „Tourismus-Gürtel" erstreckt sich über eine Länge von ca. 3 km, die meisten touristischen Einrichtungen befinden sich direkt an der Straße, die am Seeufer entlangführt. Trotz allem Trubel ist dies immer noch die **schönste Gegend von Pokhara,** die Aussicht auf die Berge ist überwältigend (Oktober bis März!), und der See bietet sich für ausgedehnte Ruderausflüge an. In der Regenzeit sollte man vorsichtig sein: Wenn der Regen hereinbricht, kann es auf dem See sehr stürmisch werden, und es bilden sich gefährliche Strudel. Etwa auf halber Höhe des Sees befindet sich der Royal Palace, ein alter Königspalast, der sich allerdings nur durch eine hässliche graue Mauer auszeichnet.

ktm102 ms

Der **Fewa Lake** ist ca. 4 km^2 groß und wird vom Harpa Khola gespeist. Seine Entstehung wird von einer Legende beschrieben: Eines Tages besuchte ein Gott unverhofft ein Dorf, das sich an der Stelle des heutigen Sees befand. Um die Bewohner auf die Probe zu stellen, hatte er sich eine Verkleidung zugelegt und zog nun von Tür zu Tür und bat um Speise und Obdach. Niemand gewährte es ihm, bis er schließlich auf ein gastfreundliches Ehepaar traf, das ihn zu sich einlud. Am nächsten Morgen brach der Gott auf und riet dem Ehepaar, das so hartherzige Dorf zu verlassen und sich in die Berge zu begeben. Als die beiden in sicherer Entfernung waren, ließ der Gott eine Flut über das Dorf hereinbrechen, das so von der Landkarte verschwand – und der Fewa Lake war entstanden.

☐ Pokhara und Umgebung: ein landschaftliches Highlight

Ausflüge in die Umgebung

Mahendra Cave (Mahendra Gufa)

Etwa 7 km nördlich von Pokhara liegt in der Ortschaft **Batulechaur** die Mahendra Cave, eine gut begehbare Kalksteinhöhle. Der lokale Name lautete ursprünglich Chamero Odar, „Fledermaushöhle“, nach einem Besuch Königs *Mahendras* wurde sie jedoch ihm zu Ehren umbenannt. In der Höhle befinden sich einige Stalaktiten und Stalagmiten, ohne Taschenlampe kann man aber nicht viel sehen.

Sarangkot

Der Ausflug nach Sarangkot ist wahr-scheinlich der meistabsolvierte, denn die Gegend ist wunderschön, und von dem Ort (1592 m) hat man eine **gute Aussicht** auf den Fewa Lake und den Himalaya, besonders bei Sonnenaufgang. Sarangkot liegt ca. 9 km westlich von Pokhara, eine nicht asphaltierte, halbwegs gute Straße windet sich den Berg hinauf, endet jedoch schon vor dem Gipfel. Dieser ist dann noch einige hundert Meter Fußweg entfernt.

In Sarangkot ist die **Unterkaste der Chetri** beheimatet, der Lamichhane Thapa, die mittlerweile aber über das ganze Land verteilt leben. Einmal im Jahr kommen sie hier zur **Kulian Puja** zusammen, einem „Ahnenfest“, und zelebrieren ihre gemeinsame Herkunft. Im Ort finden sich noch einige Überreste einer Festung aus dem 18. Jahrhundert.

Wer nicht schon frühmorgens in Pokhara aufbrechen will, um den Sonnenaufgang in Sarangkot zu erleben, findet einige einfache **Lodges** zur Übernachtung: Didi Lodge, New Tourist Lodge, Restaurant Sarangkot, Trekking Lodge, View Top Restaurant & Lodge etc. Wer hier nicht übernachtet, sollte zumindest relativ früh erscheinen (am besten vor 9 Uhr), weil am späteren Morgen oft Wolken aufziehen und es in der Regel keine Fernsicht mehr gibt.

Kahun Danda

Etwa 4 km nordöstlich des Basar-Viertels findet sich dieser 1560 m hohe **Bergrücken** (= *danda*), auf dem ein Aussichtsturm errichtet wurde. Der Fußweg dorthin ist eine gute Möglichkeit für potenzielle Trekker, sich ein wenig warm zu laufen.

Rupa Tal und Begnas Tal

Diese beiden **Seen** (= *tal*) 17 km östlich von Pokhara sind nach dem Fewa Lake die größten Seen des Tales. Von Touristen werden sie aber kaum besucht, eher von einheimischen Ausflüglern. Am Begnas-Tal können Boote ausgeliehen werden, und die reizvolle Umgebung beider Seen eignet sich vorzüglich für Wanderungen.

Trekking in der Umgebung

Naudanda

Naudanda befindet sich in 1463 m Höhe auf dem Rücken des Kaski-Massivs, und der Weg dorthin bildet die erste

Etappe auf dem **Jomson-Muktinath-Trek.** Ab dem Shining Hospital am Nordrand Pokharas fahren Jeeps nach **Suikhet,** von wo man Naudanda in ca. 3 Std. erreicht. Wer den ganzen Weg trekken will, geht vom Shining Hospital über die tibetische Siedlung Hyangja nach Suikhet (ca. 2 Std.) und dann nach Naudanda; Gesamtzeit also ca. 5 Std. Im Ort finden sich einfache Herbergen und Restaurants sowie ein Markt. Seit dem Bau der Pokhara-Baglung-Straße ist Naudanda auch mit einem Fahrzeug zu erreichen.

Trekken ohne Guide

... ist in Nepal möglich, außer in bestimmten Gebieten *(restricted areas)*. Diese sind: **Manaslu, Stum Valley (Gorkha), Kanchenjunga Base Camp, Makalu Base Camp, Upper Mustang** und **Upper Dolpo.** In diesen Fällen wende man sich an eine Trekking-Agentur, die auch die nötige Genehmigung (permit) einholen kann. Je nach Region können die Genehmigungen recht kostspielig sein (bis zu 500 US$).

Ghachowk

Ebenfalls in Hyangja beginnt der **2-Tage-Trek** (hin und zurück) nach Ghachowk (1341 m), eine der ältesten Siedlungen der Pokhara-Region, von wo man den Machhapuchre aus der Nähe betrachten kann. Entfernung ab Pokhara ca. 24 km. Von Hyangja führt die Route über Mardi Lahanchowk, Listi Khola, Tallo Ghachowk („Unteres Ghachowk") nach Uppalo Ghachowk („Oberes Ghachowk").

Annapurna Base Camp

Von Suikhet (s.o.) führt die Route zum Ort **Dhampus** auf dem gegenüber gelegenen Bergkamm. Von dort aus sind es vier Tage bis **Chamrong** (2000 m), über Landrung und Gandrung. Von Chamrong sind es weitere zwei bis drei Tage. In Chamrong bietet sich die letzte Möglichkeit, Proviant einzukaufen – zwar gibt es am Base Camp Teehäuser, es besteht jedoch keine Gewähr, dass sie auch geöffnet sind! Der Eintritt zu dem Gebiet (Annapurna Conservation Area) kostet für Erwachsene 2000 Rs.; Kinder bis zu 10 Jahren kommen kostenlos hinein. Zu zahlen ist die Summe beim ACAP Tourist Service Center in Bhrikuti Mandap in Kathmandu, in dessen Filiale in Pardi, Pokhara, oder – am einfachsten – an den Zugangswegen zu der Region.

Flüge ab Pokhara (Preise in US$)

Bharatpur	43
Bhairawa	53
Dolpa	116
Jomson	90
Manang	113

ktm140 rk

5 Praktische Tipps A–Z

< Goldene Tür mit darüber gelegener Torana im Mul Chowk, Patan

An- und Rückreise

Mit dem Flugzeug

Seit die Lufthansa ihre Direktflüge von Frankfurt nach Kathmandu und Austrian Airlines ihre Direktflüge von Wien nach Kathmandu in den Jahren des Maoisten-Konflikts eingestellt haben, gibt es **keine direkte Flugverbindung** von den deutschsprachigen Ländern nach Nepal mehr. Reisende müssen über andere Transitorte einreisen.

Günstig aus dem deutschsprachigen Raum sind die **Umsteigeverbindungen** mit Turkish Airlines ab einer Vielzahl deutscher Flughäfen über Istanbul nach Kathmandu. Etihad Airways von Frankfurt, Düsseldorf und München über Abu Dhabi nach Kathmandu bzw. mit Etihad von Zürich über Abu Dhabi sind ebenfalls empfehlenswert. Ähnlich geht es mit Qatar Airways von Frankfurt, München, Berlin, Zürich und Wien über Doha nach Kathmandu. Eine andere Möglichkeit bietet sich über Delhi, das von Air India (ab Frankfurt), der Lufthansa (ab Frankfurt und München) sowie der Swiss (ab Zürich) angeflogen wird. Ferner fliegt Oman Air ab Frankfurt und München via Muscat nach Kathmandu. Von Delhi gelangt man mit Jet Airways, IndiGo oder (als direkte Umsteigeverbindung) mit Air India weiter nach Kathmandu. Beim **Umsteigen** in einem der o.g. arabischen Transitorte ist mit einer Gesamtreisezeit von mindestens 12 Stunden zu rechnen. Von europäischen Abflugorten nach Abu Dhabi oder Doha gibt es oft mehrere Flüge täglich, sodass man sich die günstigste Verbindung heraussuchen kann.

Die Lufthansa bietet Flüge in Kombination mit der Partnergesellschaft Thai Airways an, bei denen in Bangkok umgestiegen werden muss. Auch eine Verbindung komplett mit Thai Airways ab Frankfurt, München, Zürich oder Genf via Bangkok ist möglich, allerdings verlängert sich bei dieser Variante die Reisezeit. Ab Bangkok fliegt auch Nepal Airlines nach Kathmandu, diese ist aber nur im Notfall zu erwägen. Die Gesellschaft genießt in Sachen Verlässlichkeit keinen guten Ruf.

Weitere direkte Verbindungen u.a. ab Hongkong (Cathay Pacific), Kolkata (Air India), Mumbai (Jet Airways), Singapur (Silk Air).

Flugpreise

Je nach Fluggesellschaft, Jahreszeit und Aufenthaltsdauer in Nepal bekommt man ein Economy-Ticket von Deutschland, Österreich oder der Schweiz hin und zurück nach Kathmandu **ab rund 800 Euro** (inkl. aller Steuern, Gebühren und Entgelte). Am teuersten ist es in der Hochsaison von Oktober bis März, in der die Flugpreise für einen Hin- und Rückflug weit über 1000 Euro p.P. betragen können.

Preiswertere Flüge sind mit **Jugend- und Studententickets** (je nach Airline alle jungen Leute bis 29 Jahre und Studenten bis 34 Jahre) möglich. Außerhalb der Hauptsaison gibt es einen Hin- und Rückflug von Frankfurt nach Kathmandu ab etwa 700 Euro.

Kinder unter zwei Jahren fliegen ohne Sitzplatzanspruch für 10 % des Erwachsenenpreises, ansonsten werden für ältere Kinder die regulären Preise je nach

Airline um 25 bis 50 % ermäßigt. Ab dem 12. Lebensjahr gilt der Erwachsenentarif oder ein besonderer Jugendtarif (s.o.).

Von Zeit zu Zeit bieten die Fluggesellschaften befristete **Sonderangebote** an. Dann kann man beispielsweise mit Oman Air von Frankfurt und München über Muscat und zurück für rund 650 Euro fliegen. Diese Tickets haben in der Regel eine befristete Gültigkeitsdauer und eignen sich nicht für Langzeitreisende.

In Deutschland gibt es von Frankfurt aus die häufigsten Verbindungen nach Kathmandu. Tickets für Flüge von und nach anderen deutschen Flughäfen sind oft teurer. Da kann es für Deutsche attraktiver sein, mit einem **Rail-and-Fly-Ticket** per Bahn nach Frankfurt zu reisen (entweder bereits im Flugpreis enthalten oder nur 30 bis 60 Euro extra). Man kann je nach Fluglinie auch einen preiswerten Zubringerflug der gleichen Airline von einem kleineren Flughafen in Deutschland buchen. Außerdem gibt es **Fly & Drive-Angebote,** wobei eine Fahrt vom und zum Flughafen mit einem Mietwagen im Ticketpreis inbegriffen ist.

Buchung

Für die Tickets der Linienfluggesellschaften kann man bei folgendem zuverlässigen Reisebüro meistens günstigere Preise als bei vielen anderen finden:

- **Jet-Travel,** In der Flent 7, 53773 Hennef, Tel. 02242/868606, www.jet-travel.de. Buchungsanfragen oder Onlinebuchungen auf der Webseite unter der Auswahl „Flüge".

Rückflug

Zum Rückflug von Kathmandu sollte man mindestens **2 Stunden vor dem Abflug einchecken.** Manche Airlines verlangen von ihren Passagieren, 3 Std. vorher zu erscheinen, doch wenn man dann pünktlich ist, muss man oft feststellen, dass die Schalter noch geschlossen sind. Dennoch sollte man möglichst früh erscheinen, denn die anschließenden Ausreiseformalitäten und Sicherheitskontrollen gehen erfahrungsgemäß sehr schleppend voran. Das macht aber eigentlich nichts, denn in der Abflughalle gibt es ansonsten kaum etwas zu tun. Außer einem kleinen Restaurant mit Snacks und Getränken sowie ein paar kleinen Geschäften gibt es keine Möglichkeiten des Zeitvertreibs oder Geldausgebens. Das zollfreie Angebot im Flughafen ist auf Schokolade und Ähnliches limitiert, Spirituosen gibt es nicht zu kaufen. In der Abflughalle steht kostenloses WiFi zur Verfügung; man logge sich ein in die Verbindung „TIA-WIFI-Departure".

Überlandfahrt von Indien

Die Anreise nach Nepal kann auch auf dem Landweg über Indien erfolgen. Für Ausländer, sprich alle Nationalitäten außer Nepalesen und Inder, kommen offiziell nur **sieben Grenzübergänge** in Betracht: Dhangadhi und Mahendranagar (beide in Westnepal), Jamunaha bei Nepalganj, Sunauli bei Bhairawa, Raxaul bei Birganj, Kakarbhitta in Ostnepal und Kodari (Grenze Tibet/China; der Grenz-

Mini-„Flug-Know-how“

Check-in

Bitte beachten: Ohne einen gültigen **Reisepass** kommt man nicht an Bord eines Flugzeuges nach Nepal. Zudem muss der Reisepass noch mindestens 6 Monate gültig sein und – im Falle, dass man erst im Flughafen das Visum einholt – zwei leere Seiten aufweisen. Kinder benötigen einen eigenen Reisepass.

Bei den meisten internationalen Flügen muss man zwei bis drei Stunden vor Abflug am Schalter der Fluggesellschaft eingecheckt haben. Je nach Fluggesellschaft kann man das in der Regel ab 23 Stunden vor dem Flug vorab zuhause im Internet erledigen und muss am Flughafen nur noch die ausgedruckte Bordkarte mit Barcode nach unten auf den Scanner legen und sein Gepäck an dem entsprechenden Schalter abgeben. Reist man nur mit Handgepäck, kann man je nach Fluggesellschaft nach einer kurzen Prüfung gleich durch die Schranke in den Boardingraum gehen.

Das Gepäck

Beim Packen des **Handgepäcks** sollte man darauf achten, dass man Getränke oder vergleichbare Substanzen (Gel, Parfüm, Shampoo, Creme, Zahnpasta, Suppe, Käse, Lotion, Rasierschaum, Aerosole etc.) nur in geringen Mengen bis zu jeweils 100 ml mit ins Flugzeug nehmen darf. Diese Substanzen muss man separat in einem durchsichtigen **Plastikbeutel** (z. B. Gefrierbeutel) transportieren, den man beim Durchleuchten in eine der bereit stehenden Schalen auf das Fließband legen sollte. Auch das Notebook oder Smartphone muss in eine solche Schale gelegt werden. Hat man einen Gürtel mit einer Schnalle aus Metall, empfiehlt es sich, diesen auszuziehen und ebenfalls in die Schale zu legen, da sonst in der Regel der Metalldetektor anschlägt und man vom Flughafenpersonal abgetastet werden muss.

Aus Sicherheitsgründen dürfen Nagelfeilen sowie Messer und Scheren aller Art, also auch Taschenmesser, nicht im Handgepäck untergebracht werden. Diese sollte man entweder unbedingt daheim lassen oder im aufzugebenden Gepäck verstauen, sonst werden diese Gegenstände bei der Sicherheitskontrolle einfach weggeworfen. Darüber hinaus gilt, dass leicht entzündliche Gase in Sprühdosen (Schuhspray, Campinggas, Feuerzeugfüllung), Benzinfeuerzeuge und Feuerwerkskörper etc. nicht im Koffer oder dem Handgepäck transportiert werden dürfen.

Von einen Verschließen des Gepäcks mittels eines Vorhängeschlosses wird abgeraten, da das Gepäck von dem Flughafenpersonal bei Auffälligkeiten beim Durchleuchten durchsucht werden können muss.

übergang Kodari könnte aufgrund von Erdbebenschäden noch geschlossen sein, siehe dazu Info S. 246).

Zwar können die **Einreisevisa** an den Grenzübergängen eingeholt werden, gelegentlich aber stellen sich die Beamten stur und verlangen eine „Gegenleistung“. Oder aber sie beharren darauf, dass die anfallende Visumgebühr exakt in US$ bezahlt werden muss, obwohl es nach den geltenden Regeln auch der Gegenwert in einer anderen Währung täte.

Die wichtigsten Anreisewege

Von Darjeeling: Per Kleinbahn oder Bus zum nordbengalischen Verkehrsknotenpunkt Siliguri; von dort aus per Bus zum Grenzübergang Kakarbhitta, wo sich auch ein *Tourist Information Centre* befindet. Von Kakarbhitta weiter per Bus nach Biratnagar (110 km), von wo zahlreiche Anschlussbusse zur Verfügung stehen. Die Nepal Airlines fliegt zweimal täglich von Biratnagar nach Kathmandu.

Von Kolkata (Kalkutta): Mit dem Zug zunächst nach Gorakhpur in Uttar Pradesh (ca. 20 Std.), von dort per Bus nach Sunauli/Bhairawa. Sowohl ab Sunauli als auch ab Bhairawa fahren Busse direkt nach Kathmandu. Die Nepal Airlines bietet pro Woche drei Flüge auf der Strecke Bhairawa – Kathmandu.

Von Varanasi (Benares): Per Bus zum Grenzort Raxaul, von dort mit der Rikscha über die Grenze nach Birganj. Ab Birganj fahren Direktbusse nach Kathmandu. Nepal Airlines fliegt einmal täglich ab Simra (20 km nördlich von Birganj) nach Kathmandu. Falls keine direkte Busverbindung Benares – Raxaul zu bekommen ist, dann von Benares nach Gorakhpur fahren und dort in einen Bus nach Raxaul umsteigen. Als Alternative kann die Grenze bei Sunauli/Bhairawa passiert werden, dann nach einem Bus Benares – Sunauli bzw. Gorakhpur – Sunauli Ausschau halten.

Von Patna: Mit dem Bus nach Raxaul und dann wie oben beschrieben weiter.

Von Delhi: Zahlreiche Reisebüros offerieren direkte Busfahrten nach Kathmandu, mit Grenzübertritt entweder bei Sunauli oder Raxaul. Oft muss an der nepalesischen Grenze der Bus gewechselt werden, was einem beim Kauf des Tickets möglicherweise nicht mitgeteilt wird. Nachfragen! Oft sind die Busse auch längst nicht so luxuriös wie angepriesen. Eine Alternative wäre die Bahnfahrt bis Raxaul und dann weiter per Bus.

Überlandfahrt von Tibet

Kathmandu ist über den **„Friendship Highway“** mit Tibet verbunden; der Highway endet in Lhasa. Der **Grenzposten** zwischen China/Tibet und Nepal befindet sich in **Dram** (chines. Zhangmu; 2300 m ü.N.N.), wo man auch übernachten kann. Nach Dram erreicht man nach 8 km die „Friendship Bridge“ (tibetisch *Dzadrok Zampa*) – falls keine Busse zur Verfügung stehen, muss gelaufen werden. Dann folgt der nepalesische Grenzort **Kodari** (115 km von Kathmandu entfernt). Dieser Grenzposten ist 9.30–16.30 Uhr Lhasa-Zeit geöffnet, d.h. 7.15–14.15 Uhr nepalesischer Zeit. Eine **Taxifahrt** Kathmandu – Kodari kostet ca. 6000–8000 Rs., und da der Highway recht gut ausgebaut ist, könnte man die Strecke auch in einem Tagesausflug ab Kathmandu hin- und zurückfahren.

Über den **Arniko Highway** gelangt man weiter ins Landesinnere von Nepal, bis hin nach Kathmandu. Möglich ist auch ein Abstecher zum 110 km entfernten Jiri (Abzweigung bei Baliphi am Arniko Highway, 44 km von der Grenze entfernt).

ktm058 rk

Ausrüstung

Der Umfang der Ausrüstung hängt in erster Linie vom **Reiseprogramm** und der **Jahreszeit** ab. Grundsätzlich ist an ein Paar solider Wanderschuhe zu denken, und in der Regenzeit ist natürlich eine Regenjacke und/oder ein Schirm angebracht. Alle Ausrüstungsgegenstände lassen sich in Kathmandu preiswerter als in Europa kaufen. Im Touristenviertel Thamel gibt es zahlreiche Läden, die sich auf Wander- und Trekkingausrüstungen spezialisiert haben. In der kühlen Jahreszeit von Anfang/Mitte November bis etwa Ende Februar sollten eine Jacke und ein warmer Pullover mit im Gepäck sein. Wer in höher gelegene Orte wie z.B. Nagarkot fährt, sollte gleich beides dabeihaben. Insgesamt sollte man sich aber nicht zu sehr mit Gepäck belasten, das Meiste kann man wie gesagt in Kathmandu preiswert nachkaufen.

Bitte beachten!

Aufgrund von **Erdbebenschäden** waren der Grenzübergang und der Highway nach **Kodari** bis zuletzt geschlossen. Im Juni 2017 wurde von offizieller Seite eine „baldige" Wiedereröffnung angekündigt.

Das meiste, das man auf der Reise braucht, kann man sich auch vor Ort zulegen

Medizin-Set

Für den Notfall sollte man einige Medikamente bei sich haben. Das gilt vor allem, wenn man auch in den kleineren Orten des Kathmandu Valley übernachtet, wo der nächste Arzt und die nächste (rudimentär ausgestattete) Apotheke etliche Kilometer entfernt sind. **Medikamente** können preiswert in einigen sehr gut bestückten Apotheken in der New Road in Kathmandu gekauft werden, auch solche, die in Europa der Rezeptpflicht unterliegen. Die Rezeptpflicht wird meist außer Acht gelassen. Die meisten der in Nepal erhältlichen Medikamente sind in Indien hergestellt und – obwohl ein wenig teurer als in Indien – im Vergleich zu europäischen Preisen spottbillig. Beim Kauf sollte aufs Verfalldatum geachtet werden, das jeweils auf der Packung aufgedruckt ist.

Ein Medizin-Set sollte die folgenden **Bestandteile** enthalten: Verbandszeug und Heftpflaster (möglichst in verschiedenen Größen und Formaten), Aspirin, Paracetamol, Jodtinktur und Desinfektionssalbe und ein Breitbandantibiotikum (z.B. Bactrim, Doxycyclin o.Ä.; diese Antibiotika können gegen eine Reihe von Infektionen wirksam sein, sollten aber nur im Notfall ohne medizinische Aufsicht eingenommen werden).

Außerdem: **Wasserentkeimungstabletten** (daheim in jeder Apotheke erhältlich) und zu Trekking-Touren auch **Mineralsalzlösungen** und Vitamintabletten. Die Mineralsalzlösungen sind unter verschiedenen Markennamen erhältlich (auch in Nepal) und führen dem Körper durch übermäßiges Schwitzen verlorene Mineralstoffe zu. Die internationale Bezeichnung für die Mittel ist ORS *(Oral Rehydration Salts)*. Auch bei Durchfällen werden diese, abgepackt als Pulver in Portionsbeuteln, empfohlen, da der Körper auch dann stark an Wasser verliert.

Die **Vitamintabletten** helfen, etwaigem Vitaminmangel auf einer Trekking-Tour oder in einem abgelegenen Ort bei mangelhafter Ernährung vorzubeugen. Zu warnen ist aber vor Präparaten, die allzu hohe Dosen Vitamin A und Vitamin D aufweisen, wie z.B. das in Nepal erhältliche Präparat Supradyn. Beide Vitamine können überdosiert Vergiftungen hervorrufen. Von Mitteln wie Supra-

Unangenehme „Anhängsel" bei Wanderungen: die Blutegel

Bei Wanderungen in Wäldern, vor allem in heißen und feuchten Gebieten, kann man sich leicht Blutegel einheimsen, die man oft zuerst gar nicht bemerkt. Die Egel injizieren ein **Antiblutgerinnungsmittel** in die Saugstelle, sodass die Wunde auch noch lange nach Sättigung und Abfall des Egels blutet. Später macht sich die Stelle durch lang anhaltendes **Jucken** bemerkbar.

Hat man einen Egel an sich haften, so klappt es mit dem Abreißen des gesamten Tiers zumeist nicht. Klüger ist es, eine **brennende Zigarettenspitze** oder die **Flamme eines Feuerzeugs** daran zu halten, oder **Salz** darauf zu streuen – der Egel fällt sofort ab. **Tabak** mögen die Blutsauger überhaupt nicht, und so kann man sich die exponierten Körperteile mit Tabak einreiben, und man bleibt vor Attacken verschont. **Saugwunden** sollten mit Wasser und Seife gereinigt und mit einem Pflaster abgedeckt werden.

dyn zur Prophylaxe nur eine halbe Tablette pro Tag einnehmen. Die volle Dosis ist nur bei schon eingetretenen schweren Mangelerscheinungen anzuraten.

Weiterhin ist ein zuverlässiges **Anti-Durchfallmittel** zu empfehlen, das im Notfall den Darm in Schnellzeit verschließt.

Personen, die besonders allergisch gegen Insektenstiche sind, sollten sich auch ein **Mückenschutzmittel** zulegen, das die Plagegeister für einige Stunden fernhält.

Toilettenartikel

Diese sind in Nepal oft teurer als daheim, und wer nicht auf sein spezielles Kurpflege-Shampoo verzichten möchte, sollte es lieber im Gepäck haben. Auch sind Hygieneartikel (Zahnpasta, Seife etc.) am örtlichen Einkommensniveau gemessen nicht unbedingt preiswert. Produkte, die in Nepal oder Indien hergestellt wurden, sind durchaus empfehlenswert.

Unbedingt anzuraten ist die Mitnahme eines **Sonnenschutzmittels,** da die Sonne in den Höhenlagen eine hohe Strahlungsintensität aufweist. Je nach Jahreszeit und Zielort empfehlen sich verschiedene Lichtschutzfaktoren. In Kathmandu reicht ein Mittel mit Lichtschutzfaktor 20 bis 30, bei Trekking-Touren besser 50. Sonnenschutzmittel sind z.T. auch in Kathmandu erhältlich (z.B. im Touristenviertel Thamel), allerdings meist viel teurer als zu Hause.

[>] Manchmal sogar mit Eyeliner: Viele Sadhus wissen sich sehr gut zu präsentieren

Frauen sollten sich bei Bedarf **Tampons** von zu Hause mitbringen, die bei asiatischen Frauen generell recht unpopulär und damit wenig erhältlich sind. In den kleinen Supermärkten in Thamel in Kathmandu sind sie vorrätig, in kleineren Orten im Kathmandu Valley aber möglicherweise nicht.

In Nepal gibt es die sogenannten **Moskito-Spiralen** *(moskito coils)* zu kaufen, die wie ein Räucherstäbchen abgebrannt werden, und deren Qualm die Moskitos angriffsunfähig macht. Eine Spirale brennt ca. 8 Std. lang. Da die Spiralen gesundheitsschädliche Substanzen enthalten, sollte der Raum gut belüftet werden. Wer „zur Sicherheit" zwei oder mehrere Spiralen gleichzeitig abbrennt, wacht am nächsten Morgen höchstwahrscheinlich mit einem Brummschädel auf. Sonderlich zu empfehlen sind die Spiralen nicht.

Nicht eindeutig sind die Forschungsergebnisse bei **Vitamin B1** als Moskitoabwehrmittel. Die Ausdünstungen nach Einnahme von z.B. 100 mg Vitamin B1 (bzw. in Form von hochdosierten Vitamin-B-Komplex-Tabletten), die von der Haut abgesondert werden, können Moskitos möglicherweise fernhalten. Beim Autor scheint der Trick zu wirken.

Kleidung

In der kühlen **Jahreszeit** von November bis Februar ist selbst für Kathmandu die Mitnahme von Pullover oder Jacke anzuraten, morgens und abends kann es empfindlich kalt werden. Ganz zu schweigen natürlich von den höheren Lagen. Für die warme Jahreszeit empfiehlt sich leichte Baumwollkleidung, le-

ktm153 rk

ger, aber nicht „schlampig". Für die Regenzeit von Mai bis September ist eine Regenjacke mit Kapuze eine gute Investition. Diese sollte so leicht wie möglich, luftdurchlässig und wasserabstoßend sein. In Kathmandu gibt es sie preiswert zu kaufen.

Für den Fall, dass man bei Nepalesen eingeladen wird oder der Besuch im Restaurant eines Luxushotels oder im Spielkasino ansteht, sollte **ordentliche Kleidung** vorhanden sein. Dabei muss man nicht übertreiben, eine gute Hose/Rock, Hemd/Bluse und ein paar „richtige" Schuhe – keine Gummilatschen – sind ausreichend.

Je nach geplanten Wanderaktivitäten sollte mehr oder weniger solides **Schuhwerk** vorhanden sein, zu Trekking-Touren feste Bergstiefel. Am besten, man läuft diese schon zu Hause etwas ein, um sich nicht vor Ort mit Blasen herumplagen zu müssen. Wander- und Bergschuhe kann man ebenfalls in Kathmandu kaufen oder ausleihen. In Kathmandu selber genügt ein normales Paar Leder- oder Sportschuhe. Allzu teuer brauchen sie nicht zu sein, denn besser werden die Schuhe auf Kathmandus oft nicht sehr sauberen und mit Schlaglöchern übersäten Gehwegen nicht.

Wer in billigen Unterkünften übernachtet, die nur ein Gemeinschaftsbad *(common bathroom)* haben, sollte **Gummi- oder Badelatschen** dabeihaben. Barfüßig riskiert man eine Fußpilzerkrankung.

Karten

Sehr übersichtlich, detailliert und aktuell sowie handlich ist die **Nepal-Karte** im Maßstab 1:500.000 aus dem „world papping project", die im Reise Know-How Verlag erschienen ist.

Ein langjähriger Spezialist für allgemeine, Detail- oder Spezialkarten ist **Därr's Travel Shop,** Schertlinstraße 17 in 81379 München-Obersendling, Tel. 089-282032. Gratiskataloge gibt es auf Anfrage (siehe auch www.daerr.de).

Zahlreiche **Trekking- und andere Karten** sind in Kathmandu in jedem besseren Buchladen erhältlich.

Diese Bewohnerin des Altenheims am Pashupatinath-Tempel kleidet sich in asketischem Orange, dazu passend mit heiligen Rudraksha-Ketten (s. S. 66)

ktm257 rk

Sonstiges

Bei Trekking-Touren oder im Winter beim Nächtigen in höheren Lagen (z.B. in Nagarkot) leistet ein **Schlafsack** gute Dienste. Zwar bieten so gut wie alle Unterkünfte in der kalten Jahreszeit ausreichend Decken an, ein Geruchstest lässt jedoch oft erahnen, wie oft diese seit der letzten Wäsche schon benutzt wurden …

Dringend zu empfehlen ist eine **Taschenlampe,** da selbst in Kathmandu oft der Strom ausfällt. Dies passiert häufig bei starken Regenfällen, oder aber der Stromfluss an Privatverbraucher wird von den Elektrizitätswerken bewusst gekappt, um genügend Strom für die Fabriken übrig zu haben – „load shedding" heißt diese Sparmaßnahme, die auch in anderen Teilen des indischen Subkontinents praktiziert wird. Diese Stromabschaltungen können in der heißen und trockenen Jahreszeit (April bis Mai) bis zu 12 Std./Tag andauern, aufgeteilt zumeist auf 2 x 6 Std., zu anderen Jahreszeiten ca. 2–6 Std./Tag. Nepal, ein Land mit 6000 Flüssen und Bächen, bezieht seinen Strom vornehmlich aus **Hydroenergie,** und in Zeiten, in denen die Flüsse voll Wasser sind, sind die Stromsperren kürzer oder fallen ganz weg. Die besseren Hotels verfügen über Generatoren, mit denen die stromlosen Stunden mehr oder weniger überbrückt werden. Außer in Top-Hotels muss man aber auch hier tagsüber eventuell mit ein paar Stunden ohne Elektrizität rechnen.

Kathmandu ist in **7 Sektoren** (groups) unterteilt, in denen in den relevanten Monaten bestimmte „load-shedding schedules" oder **Abschaltzeiten** gelten. An der Hotelrezeption kann man diese erfragen.

In absoluten Billigunterkünften in kleinen Orten könnte ein **Vorhängeschloss** wichtig werden, da Zimmer in solchen Unterkünften oft per Schloss verriegelt werden und das eigene Schloss immer das sicherste ist. Derartige Unterkünfte sind im Kathmandu Valley aber sehr selten, und ggf. kann man sich in Kathmandu noch ein Schloss zulegen (z.B. in der New Road und den umliegenden Geschäftsstraßen). Zum Verschließen der Gepäckstücke sollte man ein kleines **Gepäckschloss** haben.

Empfehlenswert ist zudem ein Vorrat an **Ohropax,** der vor dem z.T. nicht unerheblichen Straßenverkehr Ruhe verspricht. Selbst das Touristenviertel Thamel ist permanentem **Verkehrslärm** ausgesetzt und im entsprechenden Kapitel wird besonders auf Unterkünfte hingewiesen, die ruhig gelegen sind. Ohrstöpsel unterschiedlicher Qualität sind auch in Drogerien in Thamel erhältlich. Die billigsten halten jedoch oft nicht sehr lang, man sollte besser zu den qualitativ hochwertigeren und teureren greifen.

Autofahren

Verkehrsregeln

Verkehrsregeln? Westliche Beobachter des nepalesischen Verkehrs mögen zu dem Schluss kommen, es handele sich um eine uneingeschränkte Freistil-Version von Verkehr, in dem jeder gerade das tut, was ihm spontan einfällt. Offiziell gibt es natürlich Regeln, die im Prinzip denen in Europa gleichen. Verkehrszeichen sind (sofern vorhanden) die international üblichen. Gesondert zu erwähnen ist allerdings der im Land geltende **Linksverkehr,** genau wie in allen anderen Ländern des indischen Subkontinents. Der Verkehr in Kathmandu ist in den letzten Jahren chaotisch angewachsen; zu den Hauptstoßzeiten lässt sich eine kurze Entfernung oft schneller zu Fuß zurücklegen als mit dem Taxi.

Äußerst wichtig ist die Regel: **Kühe haben immer Vorfahrt!** Jeder nepalesische Fahrer drosselt das Tempo, wenn er am Horizont eines oder mehrere der heiligen Tiere erblickt, und gegebenenfalls hält er an. Das Verletzen oder Töten von Kühen kann grundsätzlich hohe Gefängnisstrafen einbringen, das gilt auch im Straßenverkehr. Zudem besteht das nicht unerhebliche Risiko, dass der Unglücksfahrer der Selbstjustiz der lokalen Bevölkerung zum Opfer fällt. Glücklicherweise sieht man Kühe im Kathmandu Valley weit seltener auf oder an der Straße als im benachbarten Indien. In den kleineren Orten des Tales spazieren dafür oft Hühner oder Enten über die Straßen, und wer sie überfährt, wird mit überhöhten Wiedergutmachungsforderungen des Besitzers konfrontiert werden.

Ganz allgemein ist dringend davon abzuraten, einen Pkw, Jeep etc. selbst zu steuern. Kein Europäer, der nicht für längere Zeit auf dem indischen Subkontinent gelebt hat, ist den dortigen Verkehrsverhältnissen gewachsen. Besser ist es, sich sich ein Fahrrad auszuleihen und sich damit so weit wie möglich ganz links am Straßenrand zu halten. Eine weitere Möglichkeit besteht darin, sich einem einheimischen Fahrer anzuvertrauen.

Fernstraßen

Die wichtigsten Verkehrswege in Nepal

Die einzigen Verkehrswege von Bedeutung sind die insgesamt ca. 6000 Kilometer langen Straßen des Landes, deren Zustand aber nicht selten zu wünschen übrig lässt. Minderwertige Baumaterialien und die Wucht des Monsuns lassen sie oft vorzeitig löchrig werden. Die Flüsse kommen als Verkehrswege nicht in Betracht, da sie über viele Stromschnellen führen und starken jahreszeitlichen Schwankungen ausgesetzt sind: Mancher in der Regenzeit reißender Strom wird in der heißen Jahreszeit zum gerade mal knöcheltiefen, kläglichen Rinnsal. Die wichtigsten unter den Straßenverbindungen sind die **Highways,** auf Nepali **Rajmarg,** „Königsstraßen", genannt. Mit dem brüsken Ende der Monarchie in Nepal ist es durchaus möglich, dass das „Raj" im Namen („König") irgendwann ersetzt werden wird.

Der **Prithvi Rajmarg** (190 km) führt vom Westrand Kathmandus über den Verkehrsknotenpunkt Mugling nach Pokhara. Der erste Abschnitt zwischen Kathmandu und Mugling ist oft in besserem Zustand als die Strecke von Mugling nach Pokhara.

Der **Siddharta Rajmarg** (186 km) verbindet Pokhara mit Bhairawa und der 4 km weiter südlich gelegenen Grenze zum indischen Bundesstaat Uttar Pradesh. Die Strecke führt über den interessanten Ort Tansen und ist teilweise sehr spektakulär, wenn nicht gar atemberaubend. Sie ist mit engen Haarnadelkurven ausgstattet, die auch einem Atheisten ein Stoßgebet entlocken können.

Bei Butwal am Siddharta Rajmarg zweigt der **Mahendra Rajmarg** (East-West-Highway) in östliche Richtung ab und verläuft über Narayangh-at (sehr guter Straßenzustand) nach Hetauda (auch noch sehr gut), von wo er 26 km lang – bis Amlekhganj – mit dem Tribhuvan Highway einhergeht. Ab Amlekhganj führt er weiter nach Osten über Rajbiraj nach Biratnagar und zur 6 km entfernten Grenze des indischen Bundesstaates West Bengal. Weite Streckenabschnitte westlich und östlich von Rajbiraj befinden sich allerdings in miserablem Zustand, der am besten per Jeep überwunden wird. Mit 510 km ist der Mahendra Rajmarg der längste Highway Nepals.

Der **Tribhuvan Rajmarg** (158 km) zweigt bei Naubise (26 km westlich von Kathmandu) vom Prithvi Rajmarg in südlicher Richtung ab und führt über zahllose Serpentinen nach Daman, Hetauda, Amlekhganj (zwischen den beiden letztgenannten Orten ist er deckungsgleich mit dem Mahendra Highway) nach Birganj und schließlich zur 3 km südlich gelegenen Grenze zum indischen Bundesstaat Bihar.

Der **Arniko Rajmarg** (144 km) ist ein Geschenk der chinesischen Regierung. Dieser Highway verläuft von Kathmandu über Dhulikhel, Barabise und Kodari zur Grenze mit Tibet. Der Straßenzustand ist recht gut, der Abschnitt ab Kodari ist in der Regenzeit wegen der Gefahr von Erdrutschen aber oft unbefahrbar.

Außer diesen Highways gibt es noch einige andere relativ gute Straßen. Auffallend gut ist die Strecke **von Dharan Bazar nach Dhankuta** (73 km), die von Engländern gebaut wurde und zu den schönsten Bergstraßen des Landes gehört.

Ebenso gut ist die 18 km lange Straße, die 8 km westlich **von Mugling** vom Prithvi Rajmarg abzweigt und **nach Gorkha** führt, auch sie eine Gabe des großen Nachbarn China.

Auch noch verhältnismäßig gut sind die Straßen, die Kathmandu mit den anderen Orten **im Kathmandu Valley** verbinden. Ausnahmen gibt es dennoch, und so sollten einige Ziele am besten per Jeep angefahren werden: Namobuddha, Nagarjun (Jamacho) und Ichangu Narayan. Die Anfahrt mit einem normalen Pkw ist zwar die meiste Zeit möglich, man wird möglicherweise aber arg durchgeschüttelt.

Highway Permits und Straßengebühren

An einigen Stadtgrenzen oder anderen Kontrollposten muss eine Straßenbenutzungsgebühr **(Road Tax)** entrichtet werden, die in die Kassen des betreffenden Nagar Panchayat, der Stadtverwaltung, fließt. Diese Gebühren belaufen sich jeweils auf ca. 20 bis 50 Rs. Beim Verlassen des Ortes muss die dazu ausgestellte Quittung noch einmal an einem Checkposten vorgezeigt werden. Fährt man mit einem Taxi, sind die Kosten üblicherweise vom Passagier zu tragen. Falls man bei einem Reiseunternehmen eine Tour gebucht hat, sollten die Gebühren von dem Unternehmen bezahlt werden, egal ob man per Auto oder Bus fährt.

Einkaufen und Souvenirs

⊡ Khukri – das Messer der Gurkhas

Nepal generell als ein Einkaufsparadies zu bezeichnen, wäre sicher zu hoch gegriffen; im Bereich des Handwerklichen lässt sich aber so manch nettes Souvenir erstehen.

Aufgrund relativ geringer Einfuhrzölle lohnt eventuell der Kauf von **Kameras, Objektiven, Uhren, Handys** und anderen **technischen Geräten.** Die günstigsten Geschäfte dafür finden sich in der New Road in Kathmandu. Die Waren stammen zumeist aus Singapur oder Hongkong, wo sie zum Großhandelspreis eingekauft wurden. Aufgrund der niedrigeren Mieten und Löhne können sie dann in Nepal billiger als in Singapur verkauft werden (s. auch „Kathmandu/Wichtige Stadtteile/New Road/Sonstiges"). Einfache Handys gibt es in der New Road schon für unter 3000 Rs. zu kaufen. Den landesüblichen Bedingungen angepasst sind selbst billige Handys oft mit besonders **langlebigen Akkus** und eingebauten **Mini-Scheinwerfern** ausgestattet. Nepal ist halt oft elektrizitätslos und dunkel.

Etwas teurer als in Europa sind **Kosmetika.** Falls die auffallend preiswert auftauchen, handelt es sich möglicherweise um Imitationsware.

Nicht gestattet ist die Ausfuhr von **Antiquitäten,** das sind nach dem nepalesischen Gesetz Kunstobjekte, die 100 Jahre oder älter sind. Probleme kann es auch mit solchen Objekten geben, die so aussehen, als hätten sie das erlaubte Alter überschritten. Für solche Gegenstände sollte man sich beim Department of Archaeology eine entsprechende Bescheinigung ausstellen lassen (Ramshahpath, Kathmandu, Tel. 01-4250683, Director General, Tel. 01-425068-5 bis -8, info@doa.gov.np, www.doa.gov.np. Geöffnet Mo–Fr 10–17 Uhr). Ohne diese Bescheinigung kann es bei der Ausreise theoretisch zur Konfiszierung des Artikels kommen. Beim Kauf in einem renommierten Geschäft sollte dieses die Einholung der Genehmigung übernehmen.

Eines der beliebtesten Souvenirs ist sicher das **Khukri,** das legendäre Messer der Gurkha-Soldaten. Khukris werden rings um den Durbar Square in Kathmandu von Straßenhändlern zu Hunderten angeboten, ebenso wie an vielen anderen touristischen Orten. Die Preise liegen zwischen einigen Hundert und einigen Tausend Rupien. Diese Khukris sind alle speziell für Touristen produziert und oft von minderwertiger Qualität. Die vielleicht beste Adresse für Khukris, dazu mit einer überwältigenden Auswahl, ist Khukuri House in Thamel/Chetrapati (am Kreisverkehr Saath Ghumti, Tel. 01-4355032, www.khukuriblades.com).

Dieselben Stände in Kathmandu, die Khukris veräußern, bieten oft auch tibetische Gebetsmühlen und andere **buddhistische Kultgegenstände** an, ebenso preiswerten Schmuck u.Ä.

Sehr populär sind auch die **Thangkas,** tibetische religiöse Stoffgemälde, die es in zahlreichen Geschäften in Kathmandu gibt (z.B. an der Nordseite des Durbar Square in Kathmandu, in Thamel und anderswo). Die Preise können

ktm062 rk

ungeheuer variieren – von Hunderten bis zu Tausenden von Rupien –, und entsprechend besteht auch ein großer Handelsspielraum.

Eine Spezialität Bhaktapurs sind **Masken** aus Papiermaché oder Holz, die alle mehr oder weniger furchterregende Dämonen darstellen. Die Papiermaché-Masken sind zwar meist farbenprächtiger und auf den ersten Blick attraktiver, dafür aber auch weniger haltbar. Zahlreiche Läden in Bhaktapur verlangen stark überzogene Preise; um sich einen Überblick zu verschaffen, sollte man sich vielleicht erst einmal in den folgenden zwei Geschäften umsehen: im staatlichen Handicraft Emporium in der New Road, Kathmandu, und/oder bei Pilgrim's Book House in Thamel. Beide Läden bieten meist gute Ware zu akzeptablen Preisen.

Das Handicraft Emporium hat auch eine Auswahl eines anderen typischen Bhaktapur-Artikels, der holzgeschnitzten **Pfauenfenster,** verkleinerte Nachbildungen des berühmten *Peacock Window* an der Pujari Math in Bhaktapur.

Ebenfalls meist aus Bhaktapur stammen die bunten **Dämonenmarionetten,** die aus Papiermaché und Stoff hergestellt werden. Diese geben eine originelle Dekoration ab. Erhältlich sind sie in zahlreichen Geschäften in den touristischen Bezirken von Kathmandu und Bhaktapur.

Patan ist berühmt für seine **Metall- und Bronzegießereien.** In der Umgebung des dortigen Durbar Square findet sich eine Reihe von Geschäften, die oft sehr filigran hergestellte Götterfiguren anbieten.

Das textile Kennzeichen des nepalesischen Mannes ist die **Topi,** die teils bunte, teils einfarbige „Nepali-Kappe". Eine besondere Anhäufung von Topi-Läden findet sich um Asan Tol und Indra Chowk in Kathmandu. Frauen sollten sich auf keinen Fall die für Männer reservierte Topi aufsetzen.

In der Gasse südlich des Asan Tol und des Annapurna-Tempels finden sich einige kleine Läden, die spottbillige **Haushalts- oder Küchenartikel** aus China verkaufen. Dort kann man sich schon für ca. 150 Rs. einen Heißwasserkocher kaufen (falls man sich im Zimmer selber Tee machen will), und für Minimalbeträge gibt es Essgeschirr, das man vielleicht gut auf einer Wandertour gebrauchen könnte.

Bezüglich Kleidung lohnt sich der Kauf von **Wollpullovern,** die zu Beginn der kühlen Jahreszeit plötzlich an jedem Kleiderständer hängen. Einige Geschäfte in Thamel bieten recht gute und zum Teil sehr preiswerte **Lederjacken** an.

Sehr gefragt sind **tibetische Teppiche,** die von Tibet-Flüchtlingen bzw. deren in Nepal geborenen Nachkommen gefertigt werden. Fabrikationszentren befinden sich u.a. in Jawlakhel (Patan) und in Gokarna. Die Werkstätten in Patan können

▷ Mit Mode nichts zu tun: Ein Großteil der nepalesischen Bevölkerung ist vollauf mit dem täglichen Überlebenskampf beschäftigt

besucht werden. Vorsicht jedoch beim Fotografieren, einige Unternehmen lassen neue Designs nicht ablichten. Das übliche Format der Teppiche ist 90 x 160 cm, die Preise können viele Tausend Rupien erreichen – größere Ausgaben sollte man vielleicht nur tätigen, wenn man etwas von Teppichen versteht. Für die Ausfuhr von Teppichen ist eine Zollgenehmigung einzuholen; der Händler sollte diese Formalität übernehmen. Pro Paket darf nur ein Teppich ausgeführt werden.

Wer nepalesische Radiostationen hört oder nepalesisches TV sieht, entwickelt vielleicht einen Geschmack für die **nepalesische Musik.** CDs (auch mit indischer klassischer Musik oder Hindi-Filmmusik) gibt es in einigen Läden in der New Road in Kathmandu und im Stadtteil Thamel. Die Preise sollten eigentlich bei 100–150 Rs. pro CD liegen, an Touristen werden sie aber oft für das Doppelte oder Dreifache verkauft. In der Geschäftsstraße New Road kommt man eventuell preiswerter davon als in Thamel, wo die Händler an Touristen gewöhnt sind, denen das Geld locker in der Tasche sitzt.

Nepal produziert recht guten **Tee,** der in Ostnepal, nahe dem indischen Darjeeling, angepflanzt wird. Eine gute Auswahl davon gibt es in einigen Geschäften an Patans Durbar Square und am Ganga Path, nahe dem Durbar Square in Kathmandu, sowie auch im Pilgrim's Book House in Thamel und Kathmandu. Die Preise sind meist extrem niedrig, außer bei einigen exotischen Mischungen und „New-Age"-Tees, die Pilgrim's verkauft.

ktm154 rk

Einreisebestimmungen

Hinweis

Da sich die **Einreisebestimmungen kurzfristig ändern** können, ist es ratsam, sich vor Abflug auf den Websites germany.us embassy.gov bzw. www.auswaertiges-amt.de, in Österreich www.bmeia.gv.at oder in der Schweiz www.eda.admin.ch zu informieren.

Visum

Bürger Deutschlands, Österreichs und der Schweiz erhalten bei der Einreise ein **Touristen-Visum,** das wahlweise 15, 30 oder 90 Tage gilt. Ein 15-Tage-Visum kostet 25 US$, ein 30-Tage-Visum 40 US$, ein 90-Tage-Visum 100 US$, alle drei gültig für eine unbeschränkte Anzahl von Einreisen *(multiple entries)* innerhalb der entsprechenden Frist. Die Visumformulare liegen auf den Tischen vor den Einreiseschaltern aus. Der **Reisepass** hat vom Ausstelldatum des Visums mindestens noch sechs Monate gültig zu sein. Bevor man zu den Einreiseschaltern geht, ist links daneben an weiteren Schaltern die Visumsgebühr zu zahlen (in US$ oder entsprechendem Gegenwert in anderen gängigen ausländischen Währungen). Mit der **Quittung,** dem **ausgefüllten Visumsantrag** und **einem Passfoto** geht es zu den Einreiseschaltern. Der gesamte Prozess sollte nicht mehr als 20–30 Min. in Anspruch nehmen. Alternativ ließe sich der Visumsantrag schon vorher online hochladen (www.online.nepalimmigration.gov.np/tourist-visa), einen zeitlichen Vorteil bringt dies bei der Einreise jedoch nicht. Zudem verfallen die Online-Anträge, wenn man später als 15 Tage nach Antragstellung einreist.

Visa sind auch an den **Grenzübergängen** zu Indien und China erhältlich. Die Einreisestellen *(Entry Points)* sind Kathmandu (Flughafen) sowie die indisch-nepalesischen Grenzstationen bei Dhangadhi, Mahendranagar, Jamunaha bei Nepalganj, Bhairawa, Birganj und Kakarbhitta, außerdem Kodari (s. Hinweis S. 246), die Grenze zu Tibet/China. Außer diesen Grenzübergängen existieren noch weitere, sie sind aber bisher nur für Inder und Nepalesen passierbar.

Visa erteilen auch die **nepalesischen Auslandsvertretungen** (s.u.). Man kann sich also sein Visum schon **vor der Reise** ausstellen lassen. Das Visumsformular kann unter **http://nepalimmigration.gov.np/category/downloads.html** heruntergeladen werden, wird aber natürlich auch bei den Auslandsvertretungen ausgehändigt. Falls man nicht am Ort der Botschaft wohnt, lohnt sich der Aufwand aber kaum, zumal die Visumgebühr in Europa eher höher ist als am Flughafen in Kathmandu. Die Gebühren sind je nach Land, in dem das Visum erteilt wird, unterschiedlich hoch. Zu den oben genannten Visumgebühren werden bei postalischer Antragstellung und Postversand des Passes 5 Euro aufgeschlagen. Honorarkonsulate kassieren weitere 5 Euro mehr als die Botschaft. Die Visumgebühr ist bei Beantragung auf das Konto des betreffenden Konsulats einzuzahlen, zwecks Kontonummer siehe unter http://de.nepal embassy.gov.np/visa.

Das nepalesische **Konsulat in Wien** erteilt 15/30/90-Tage-Visa zu 30/45/105 Euro, dazu kommen 5 Euro bei postalischer Versendung des Passes. Kinder bis zu zehn Jahren zahlen keine Visumgebühr. Schweizer können ihre Anträge beim Konsulat in Wien oder in Deutschland einreichen.

Wer vor seiner Nepal-Reise andere Länder in Asien bereist, sollte sein Visum besser dort oder – noch besser – im Flughafen von Kathmandu einholen, zumal man so auch vermeidet, dass – bei sehr langen Reisen – zwischen-durch die Gültigkeitsdauer des Visums abläuft.

Für **Geschäfts-** und **Studenten-Visa** gelten andere Bedingungen als für Touristen-Visa, siehe diesbezüglich ebenfalls die Website www.online.nepalimmigration.gov.np/tourist-visa.

Weitere Informationen erteilen die Botschaft und Konsulate (s.u.).

Visumverlängerung

Das Touristen-Visum kann beim zuständigen Immigration Office in Kathmandu (und Pokhara) jederzeit problemlos bis zu einer Gesamtaufenthaltsdauer von **150 Tagen** verlängert werden. Einzureichen sind dazu ein ausgefülltes **Antragsformular** und ein **Passfoto.** Die **Verlängerungsgebühr** beträgt bis zu 15 Tage Verlängerung 30 US$ (zu bezahlen in nepalesischem Gegenwert), bei über 15 Tagen 2 US$ pro Tag. Nach 150 Tagen Aufenthalt ist eine weitere Verlängerung um 30 Tage möglich, in diesem Falle muss jedoch ein konkreter Grund zu einem weiteren Aufenthalt vorhanden sein. Die Entscheidung liegt im Ermessen der Beamten. Mehr als 150 Tage Aufenthalt pro Kalendarjahr sind Touristen nicht gestattet.

Für Verlängerungen ist in Kathmandu zuständig:

- **Department of Immigration**
Bhrikuti Mandap, Kathmandu,
Tel. 01-4223590, 01-4222453,
01-4224757, 01-4223681,
www.nepalimmigration.gov.np.
Geöffnet So bis Do 10–17 Uhr (Febr. bis Okt.) bzw. 10–16 Uhr (Nov. bis Jan.), Fr 10–15 Uhr, die Anträge sind jeweils von 10–15 Uhr einzureichen.

Botschaft und Konsulate

- **Deutschland: Embassy of Nepal**
Guerickestr. 27, 2. Stock,
10587 **Berlin-Charlottenburg,**
Tel. 030-343599-20/-21/-22,
http://de.nepalembassy.gov.np.
Auf der Website können die Antragsformulare für das Visum heruntergeladen werden.
- **Honorary Consulate General of Nepal**
Robert-Bosch-Straße 32,
63303 Dreieich (bei **Frankfurt a.M.**),
Tel. 06103-7315332,
generalkonsulat.nepal@daw-ev.de.
– Jungfernstieg 44, 20354 **Hamburg,**
Tel. 040-35713340
– Hohenzollernring 26,
Postfach 19 03 39, 50500 **Köln,**
Tel. 0221-2338381,
www.konsulatnepal.de
– Börsenstr. 3, 70174 **Stuttgart,**
Tel. 0711-1812683,
www.hgk-nepal-stuttgart.de
– Residenzstr. 25, 80333 **München,**
Tel. 089-44109259,
www.nepalkonsulat-muenchen.de.

Österreich: Honorary Consulate General of Nepal
Akaziengasse 30, 1230 **Wien,**
Tel.01-6981617,
www.nepal.at
Schweiz: Embassy of Nepal
Rue de la Servette 81, 1202 **Genf,**
Tel. 022-7332600, 022-7332621,
www.nepalmissiongeneva.org.

Weitere nepalesische Auslandsvertretungen

Indien: Embassy of Nepal,
Mandi House, Barakhamba Rd.,
Vakil Lane, New Delhi,
Tel. 011-23476200,
www.in.nepalembassy.gov.np.
– **Royal Nepalese Consulate General,**
1, National Library Ave.,
Alipore, Kolkata,
Tel. 033-24561224, www.ccu.nepalconsulate.gov.np.
Weitere nepalesische Vertretungen findet man über das Ministry of Foreign Affairs unter **www.mofa.gov.np** (Stichwort „Nepalese Missions").

Einfuhrbeschränkungen

Es gelten die international üblichen Begrenzungen: **Erlaubt** ist die Einfuhr von max. 200 Zigaretten oder 20 Zigarren, zwei Flaschen oder zwölf Dosen Bier und 1 l Spirituosen.

Gewisse **Beschränkungen** bestehen beim Import von Fotoapparaten, Film-/Videokameras, elektronischen Geräten etc. Wer jedoch keine Großhandelsmengen mit sich führt, wird keinen Ärger bekommen. Notfalls kann man sich die Artikel im Pass eintragen lassen, wodurch bei der Ausreise festgestellt wird, ob diese das Land auch wieder verlassen.

Filmmaterial unterliegt theoretisch auch Begrenzungen, aber selbst Mengen von mehr als 50 Filmen – falls sie noch jemand benutzt – werden nach eigenen Erfahrungen nicht beanstandet.

Nepalesische **Währung** darf nicht eingeführt werden, ausländische dagegen in jeder beliebigen Menge, außer indischen 500- und 1000-Rupien-Scheinen – diese sind verboten, weil davon viele falsche Scheine in Umlauf sind.

Ausfuhrbeschränkungen

Nicht ausgeführt werden dürfen **Antiquitäten,** d.h. in Nepal Objekte, die 100 Jahre oder älter sind. Es macht also keinen Sinn, sich auf einen scheinbar günstigen Antiquitätenkauf einzulassen, denn man macht sich bei der Ausfuhr strafbar – und eventuell hat einem der Händler ohnehin einen nagelneuen Artikel aufgeschwatzt, der „auf alt" getrimmt wurde.

Um Probleme bei der Ausreise zu vermeiden, sollten solche Stücke, die ein übereifriger Zöllner als Antiquität ansehen könnte, beim **Department of Archeology** geprüft werden (National Archives Building, Ram Shah Path, Kathmandu). Dort kann dann eine Bestätigung ausgestellt werden, dass der Artikel ausführbar ist. Echte Antiquitäten müssen hier vorgelegt werden, und es muss ein entsprechender Antrag zur Ausfuhr gestellt werden.

Nicht ausgeführt werden dürfen **Pretiosen** wie Gold, Silber, Edelsteine, lebende oder tote **wilde Tiere** oder Teile davon (z.B. Felle, Zähne etc.).

Rückeinreise nach Europa

Bei der Rückeinreise gibt es auch auf europäischer Seite Freigrenzen, Verbote und Einschränkungen. Folgende **Freimengen** darf man in die EU und die Schweiz zollfrei einführen:

- **Tabakwaren** (für Personen ab 17 Jahren): 200 Zigaretten oder 100 Zigarillos oder 50 Zigarren oder 250 g Tabak oder eine anteilige Zusammenstellung dieser Waren.
- **Alkohol** (für Personen ab 17 Jahren) **in die EU:** 1 l Spirituosen (über 22 Vol.-%) oder 2 l Spirituosen (unter 22 Vol.-%) oder eine anteilige Zusammenstellung dieser Waren, und 4 l nicht-schäumende Weine, und 16 l Bier; **in die Schweiz:** 2 l bis 15 Vol.-% und 1 l über 15 Vol.-%.
- **Andere Waren** (in die EU): 10 Liter Kraftstoff im Benzinkanister; für See- und Flugreisende bis zu einem Warenwert von insgesamt 430 €, über Land Reisende 300 €, alle Reisende unter 15 Jahren 175 € (bzw. 150 € in Österreich); (in die Schweiz): neuangeschaffte Waren für den Privatgebrauch bis zu einem Gesamtwert von 300 SFr. Bei Nahrungsmitteln gibt es innerhalb dieser Wertfreigrenze auch Mengenbeschränkungen.

Wird die Wertfreigrenze überschritten, sind **Einfuhrabgaben** auf den Gesamtwert der Ware zu zahlen und nicht nur auf den die Freigrenze übersteigenden Anteil. Die Berechnung erfolgt entweder pauschal oder nach dem Tarif jeder einzelnen Ware zuzüglich sonstiger Steuern.

Einfuhrbeschränkungen bestehen u.a. für Tiere, Pflanzen, Arzneimittel, Betäubungsmittel, Feuerwerkskörper, Lebensmittel, Raubkopien, verfassungswidrige Schriften, Pornografie, Waffen und Munition; in Österreich auch für Rohgold und in der Schweiz auch für CB-Funkgeräte.

Nähere Informationen

- **Deutschland:** www.zoll.de oder unter Tel. 0351-44834510
- **Österreich:** www.bmf.gv.at oder unter Tel. 01-51433564053
- **Schweiz:** www.ezv.admin.ch oder unter Tel. 061-2871111.

Essen und Trinken

Speisen

Die ursprüngliche nepalesische Küche spiegelt die einfachen Lebensverhältnisse wider und ist entsprechend schlicht und begrenzt. Das Standardgericht besteht aus **Reis** *(bhat)*, zu dem eine Art herzhafter **Linsenbrei** *(dal)* und/oder **Gemüse-Currys** *(tarkari)* serviert werden. Als Beilage gibt es meist klein geschnittene Zwiebeln *(piyaj)*, ein wenig Pickles *(acar)* – das sind sauer-scharf eingelegte Früchte (z.B. unreife Mangos, Limonen etc.) –, gelegentlich auch eingelegtes Gemüse oder Knoblauch. Hausgemachter Joghurt *(dahi)* rundet die Mahlzeit ab. Die obige Kombination von Dal-Bhat-Tarkari ist so etwas wie Nepals Nationalgericht, kann auf die Dauer aber recht eintönig werden.

Glücklicherweise ist man nicht auf rein nepalesische Kost angewiesen. Zur Abwechslung bieten sich **tibetische** oder – in weit größerem Maße – **indische Gerichte** an. Fast alle halbwegs besseren Restaurants in Kathmandu kochen indisch und nicht nepalesisch. Das ist einerseits auf den großen Zustrom von Indern zurückzuführen, andererseits wohl ebenso auf die Tatsache, dass auch den besser situierten Nepalesen ihre eigene Küche etwas zu monoton geworden ist.

In erster Linie gibt es **nordindische Gerichte,** die zwar nur mäßig gewürzt, aber oft wahre Kalorienbomben sind. Mit Öl, Ghi (geklärte Butter) und Kohlehydraten wird nicht gegeizt. Positiv schlägt dafür zu Buche, dass sie nachhaltig sättigen.

Relativ neu sind einige kleinere Restaurants, die leichtere **südindische Küche** anbieten. Dabei handelt es sich aber eher um Snacks – eine Art südindisches Fastfood –, die nichtsdestoweniger sehr schmackhaft sind.

Daneben gibt es in Kathmandu eine große Auswahl an **West-Speisen.** In den bekannten Travellerzentren muss niemand auf sein Morgen-Müsli, Vollkorn-Käsebrot oder Spinat-Lasagne verzichten. In dieser Beziehung kann der Aufenthalt in Kathmandu zu einem wahren Schlemmertrip werden. Die Qualität ist durchweg gut.

Preiskategorien bei den Restaurantempfehlungen in diesem Buch

Die Preisklassifizierung für Restaurants gewährt einen schnellen Überblick über das Preisgefüge in gastronomischen Betrieben. Die Angaben beziehen sich auf **ein Gericht** für **eine Person** inkl. Getränk (nicht-alkoholisch).

①	bis 5 €
②	5-15 €
③	15-25 €
④	über 25 €

Einige Gerichte

- **Alu Gobhi** – Würziges Gemüsegericht aus Kartoffeln *(alu)* und Blumenkohl *(gobhi)*.
- **Matar Paneer** – Gemüsegericht mit Erbsen *(matar)* und Käsebrocken *(paneer)*.
- **Palak Paneer** – Gemüsegericht aus würzigem Spinat *(palak)* mit Käsebrocken *(paneer)*.
- **Sahi Paneer Korma** – Kaloriengranate aus dicken Käsebrocken in cremiger Soße mit Cashew-Nüssen und Rosinen.
- **Channa Masalla** – Eiweißreiches Gericht aus großen Kichererbsen.
- **Tandoori Chicken** – In einem Tonofen *(tandur)* zubereitetes Huhn, das zuvor mit einer würzigen Joghurt-Soße bestrichen wurde.
- **Momo (Kothe)** – Tibetische Fleisch- oder Gemüseklöße (gedämpft oder gebraten); das Gericht ist heute so weit verbreitet, dass es beinahe als nepalesisches Nationalgericht angesehen wird.
- **Thupka** – Tibetische Fleischsuppe.
- **Mulligatawny Soup** – Indische Linsensuppe.
- **Masala Dosa** – Südindisches knuspriges Teiggericht mit Gemüsefüllung und Chutney.
- **Idli** – Südindischer gedämpfter Reiskuchen, serviert mit Chutney.
- **Paratha** – In Öl gebackener Vollkornfladen, zum Teil mit Füllung aus Kartoffel *(Alu Paratha)* oder Rettich *(Muli Paratha)*.
- **Nan** – Großes, etwa dreieckiges Fladenbrot, manchmal mit Füllung aus Käse *(Paneer/Cheese Nan)*, Zwiebeln *(Onion Nan)* oder gesüßt und mit Früchten *(Kashmiri Nan)*.
- **Puri** – In Fett gesottener Teigfladen, der dabei aufgeht wie ein Ballon.
- **Roti** – Im Ofen gebackenes Fladenbrot.
- **Chapati** – Dünnes Fladenbrot.
- **Biryani** – Reisgericht entweder nur mit Gemüse *(Vegetable Biryani)* oder mit Huhn *(Chicken Biryani)*.
- **Barfi** – Süßigkeit aus Milch, Zucker und je nach Geschmacksrichtung diversen anderen Zutaten.
- **Gulab Jamun** – Süße Teigbälle, eingelegt in Zuckersirup.

ktm175 rk

■ **Jalebi** – Eine Art Brezel aus Weißmehlteig, leicht gesüßt und in Fett gesotten und mit Hilfe von Lebensmittelfarbe rosa oder rot eingefärbt.

Vegetarisch/vegan essen

Vegetarier haben es in den großen Städten des Kathmandu Valley extrem leicht, vor allem natürlich in Kathmandu, gefolgt von Patan und Bhaktapur. Höchstens in kleineren Orten oder Dörfern könnte die Auswahl etwas begrenzt sein. Eine Anzahl Restaurants sind **rein vegetarisch,** und so gut wie alle anderen, die auch Fleisch servieren, bieten auf der Speisekarte auch zahlreiche vegetarische Gerichte an. Im **Touristenviertel Thamel** in Kathmandu könnte ein Vegetarier 365 Tage lang täglich in einem anderen Restaurant essen, ohne in Nöte zu geraten; schlimmstenfalls ist Übergewicht zu erwarten. Neben praktisch allen internationalen Restaurants führen **vor allem indische Restaurants** zahlreiche vegetarische Gerichte (sofern sie nicht sogar gänzlich vegetarisch sind). Eier gelten auf dem indischen Subkontinent übrigens in der Regel nicht als vegetarisch. In den meisten nepalesischen und tibetischen Restaurants sind vegetarische Speisen erhältlich, z.B. vegetarische Momos.

Gastronomische Betriebe, in denen vegetarische Gerichte fester Bestandteil der Speisekarte sind, wurden im Buch mit dem Symbol **V** gekennzeichnet.

Für **Veganer** ist die Auswahl etwas geringer, aber auch in diesem Fall sind keinerlei Probleme zu erwarten – auch wenn Hindus es als etwas absonderlich empfinden, wenn jemand freiwillig auf die Produkte der heiligen Kuh verzichtet. In indischen Restaurants lasse man einfach Gerichte weg, die cremige Soßen, *Ghi* (*ghee:* Butterfett), den indischen Käse *paneer/panir* oder andere

⌃ Die Mango-Saison ist die heiße Jahreszeit vor dem Monsun

ktm155 rk

Milchprodukte enthalten. Indische Süßigkeiten basieren zumeist auf einer Milchpaste (eingedickter Milch), der weitere Zutaten beigefügt werden. Restaurants wie **Places** oder **OR2K** in Kathmandu sind bestens auf Veganer eingestellt. Die Cafe-Kette **Himalayan Java** offeriert unter anderem Kaffee mit Sojamilch. Zwecks vegetarischer oder veganer Produkte siehe auch unter „Farmers' Markets".

Getränke

Das nepalesische Nationalgetränk ist der **Tee (Chiya/Chai),** zu dem, anders als bei uns, Teeblätter, Milch und Zucker zusammen aufgekocht werden. Dazu werden bisweilen Gewürze wie Kardamom *(alaichi)*, Ingwer *(aduwa)* und Zimt *(sinkauli)* gegeben, was einen herrlich erfrischenden Effekt hervorzaubert. Leider wird mit **Zucker** meist sehr großzügig umgegangen, und manche Tasse Tee kann lang vergessene Zahnplomben in zuckende Erinnerung rufen … Es empfiehlt sich deshalb, bei der Bestellung *chin thorai* („wenig Zucker") bzw. *chin bina* („ohne Zucker") hinzuzufügen.

Wasser ist ansonsten natürlich der beste Durstlöscher, vom Trinken des normalen Leitungswassers muss aber abgeraten werden. Man sollte nur zu den in Plastikflaschen abgefüllten Mineralwassern greifen, die in jedem Krämerladen günstig erhältlich sind (20 Rs./Literflasche; siehe auch Kapitel „Gesundheit").

Auf **Alkoholisches** braucht nicht verzichtet zu werden, es gibt eine Reihe von einheimischen und importierten Bieren, dazu importierter Wein und auch Härteres. Zu den landeseigenen Bieren gehören z.B. die Marken Gorkha, Everest, Sherpa und Nepal Ice, die u.a. in den Supermärkten in Thamel und anderswo erhältlich sind. Eine 2/3-Literflasche kostet ca. 200–250 Rs. Viele Tibeter oder Bergvölker brauen sich ihr eigenes **Chang,** eine Art Bier, das auf vergorenem Hopfen basiert. **Raksi** ist ein weit verbreiteter, preiswerter Reisschnaps. **Tongba** ist ein nicht minder beliebtes Gebräu aus vergorener Hirse. Vorsicht beim **Wein,** der in kleinen Supermärkten oft schlecht gelagert ist (keine Klimaanlage). Die professionellste Lagerung und beste Auswahl an Weinen, aber auch anderen Spirituosen, hat **Green Line Center** in Kathmandu, in der Annapurna Arcade am Durbar Marg, ca. 15 Min. Fußweg von Thamel bzw. 20 Min. von der Freak St. entfernt. Tel. 01-4239956/7, www.greenlinecentre.com.np.

Importierte Alkoholika sind wegen relativ niedriger Zölle weit billiger als in den meisten anderen Ländern Süd- oder Südostasiens.

Mit etwas Vorsicht zu genießen ist der **Lassi,** ein süßes bzw. gesalzenes, an sich sehr erfrischendes Joghurtgetränk: Diesem ist immer Wasser oder Eis untergemischt. „Sicher" dürfte er nur in den teuren Luxushotels sein, wo er so viel kostet wie eine ganze Mahlzeit in einem Normalrestaurant. Das Wasser dafür sollte ausreichend lang abgekocht worden sein.

Preise

Was die Preise angeht, so hängen die Ausgaben natürlich in erster Linie vom Geldbeutel und von den **Ansprüchen** ab. Generell sind die **Kosten für Nahrungsmittel** in den letzten Jahren **enorm angestiegen.** Da die Gehälter nicht mitgezogen sind, ist die Nahrungsversorgung vieler Bewohner Nepals ein ernstes Problem. Die Preise in Restaurants liegen heute etwas unter oder auf demselben Level wie in Bangkok – allerdings ist Thailand ein viel wohlhabenderes Land.

Das zuvor erwähnte nepalesische Dal-Bhat-Tarkari kostet in einfachen Restaurants ca. 150–200 Rs., Nachschlag inbegriffen. Eine kleine südindische Mahlzeit, bestehend z.B. aus Idli oder Masala Dosa (s.o.), liegt etwa bei ca. 250 Rs. Ab etwa 400 Rs. lässt sich recht gut nordindisch essen. In den besseren westlichen Restaurants in Thamel kann ein gutes Abendessen durchaus 1000 Rs. oder mehr kosten. Eine gute Pizza kostet schon mindestens 500 Rs. In einem First-Class-Restaurant (z.B. in einem Fünf-Sterne-Hotel) sollte man ab 2000 Rs. pro Person einkalkulieren; ein einzelnes Gericht kostet ab ca. 600–1000 Rs. Falls man Wein oder andere Alkoholika trinken möchte, kann es erheblich teurer werden. Es gibt natürlich auch alle möglichen Zwischenstufen.

Achtung, **Steuern:** In gehobenen Restaurants sowie Restaurants von Hotels wird auf die Speisen eine Steuer von 13 % erhoben. Dazu kommt oft noch eine Bedienungsgebühr von 10 %. Beim Studieren der Speisekarte ist dies zu bedenken, denn die Preise auf den Karten verstehen sich i.d.R. netto. Viele Gäste sind unangenehm überrascht, wenn Sie am Ende die Rechnung inklusive der 23 % Zuschläge präsentiert bekommen.

‹ Gemüse ist auf Märkten sehr günstig. Die Bittermelonen im Vordergrund sind jedoch etwas gewöhnungsbedürftig

Geld und Kosten

Nepalesische Währung

Die nepalesische Währungseinheit ist die **Nepalesische Rupie,** die in **100 Paisa** unterteilt ist. „Rupie" oder auf Nepali **Rupiya** leitet sich vom Sanskrit-Begriff *rupa* für „Silber" ab, womit angedeutet ist, woraus die Münzen ursprünglich geprägt waren. Bei Preisangaben wird „Rupien" meist zu **Rs.** verkürzt (bzw. R. bei nur einer Rupie). Im internationalen Bankgeschäft sind die Abkürzungen NR oder NC *(Nepali Currency)* üblich, um die Währung von der Indischen Rupie zu unterscheiden (IR oder IC). Rupiya steht im heutigen nepalesischen Sprachgebraucht auch allgemein für „Geld".

Münzen gibt es theoretisch zu 50 Paisa und zu 1, 2, 5 und 10 Rupien. Die kleinen Münzen unter 5 Rupien sind jedoch praktisch kaum noch in Gebrauch, da sie bei Nepals hoher Inflation kaum mehr einen Wert besitzen. Selbst ein Bettler wird sich bei einer Gabe von nur ein oder zwei Rupien verhöhnt fühlen.

Banknoten gibt es zu 5, 10, 20, 50, 100, 500 und 1000 Rupien. Seit 2007 werden wegen der Abschaffung der Monarchie keine Banknoten mehr mit dem Bildnis des ehemaligen Königs gedruckt; an seiner Stelle findet man nun den Mount Everest. Die alten Banknoten sind jedoch noch in Umlauf.

Geld wechseln

Im Dez. 2017 galten folgende **Wechselkurse:**

- **1 Euro** = 120,5 Rs., 100 Rs. = 0,81 Euro
- **1 sFr.** = 103,3 Rs., 100 Rs. = 0,94 sFr.
- **1 US$** = 101,7 Rs., 100 Rs. = 0,96 US$
- **1 Ind. Rupie** = 1,58 Rs., 100 Rs. = 61,50 Ind. Rupien

Bitte beachten: Die seit Ende 2016 in Umlauf befindlichen neuen 500- und 2000-Rupien-Scheine – das Resultat einer indischen Währungsreform – wurden 2017 noch nicht von allen nepalesischen Geldwechslern angenommen. Das wird sich aber sicher bald zum Positiven ändern.

Der Wechselkurs für die Indische Rupie ist offiziell festgesetzt, da Indien Nepals übermächtiger Handelspartner ist und Kursschwankungen weitreichende wirtschaftliche Folgen hätten. Alle anderen Währungen unterliegen den üblichen **Schwankungen.** Die Tageskurse werden in den englischsprachigen Tageszeitungen abgedruckt; im Internet kann man alle aktuellen Kurse weltweit unter www.nrb.org.np/fxmexchangerate.php? abrufen.

Beim Geldwechsel sollte man sich nicht zu viele 500- oder 1000-Rupien-Noten geben lassen, die woanders oft nicht gewechselt werden können. Selbst mit 100-Rupien-Noten kann es gelegentlich Probleme geben. Nicht angenommen werden sollten zu arg zerfledderte oder mit Klebeband geflickte Scheine, die niemand akzeptiert. Beim Geldwechsel also den **Zustand der Scheine** überprüfen.

Gewechselt werden kann u.a. in **Banken** (zumeist Mo bis Fr von 9 bis 15.30 Uhr), die Prozedur ist jedoch oft zeitraubender als in den privaten Wechselstuben (s.u.). In Nepal ist nicht der

Sonntag arbeitsfrei, sondern der Samstag. Samstags bleiben alle Regierungsämter, Banken und auch zahlreiche Geschäfte geschlossen.

Auch am Samstag geöffnet sind die zahlreichen privat betriebenen **Wechselstuben,** die sich vor allem in Thamel und anderen Touristenzentren in Kathmandu finden. Die Öffnungszeiten sind unterschiedlich, viele sind bis 21, 22 oder sogar 23 Uhr geöffnet. Die Kurse variieren leicht, und wer größere Summen zu wechseln gedenkt, sollte sich zuvor ein wenig umsehen und die Konditionen vergleichen. Nicht selten lässt sich auch feilschen und ein leicht höherer Kurs herausschlagen als auf den Schautafeln angegeben ist. Die privaten Wechselstuben akzeptieren auch Bargeld in Währungen, die in Banken unter Umständen abgelehnt werden. Wer aus Thailand anreist, kann ohne weiteres thailändische Baht mitbringen, oder aus Singapur Singapur-Dollars. Generell sind die Wechselstuben den Banken vorzuziehen, da viele Banken eine geringe Gebühr beim Wechseln von Bargeld oder Schecks einstreichen (0,5–1,5 %).

Wer aus Indien **Indische Rupien** mitbringt, braucht diese nicht einmal zu wechseln. Indische Rupien werden in Nepal fast überall angenommen, mit möglicher Einschränkung bezüglich der neuen 500- und 2000-Rupien-Scheine (s.o.). Es gilt der offizielle Kurs von 1:1,60. Man kann also durchaus im Hotel oder Restaurants mit Indischen Rupien bezahlen, manchmal bekommt man auch Indische Rupien als Wechselgeld heraus. Diese kann man getrost annehmen.

Geldwechsel ist auch an den Rezeptionen einiger **großer Hotels** möglich, aber in der Regel zu sehr ungünstigen Kursen.

Reiseschecks

Reiseschecks werden von Banken in Deutschland, der Schweiz und Österreich **nicht mehr angeboten.** Auch nepalesische Geldinstitute nehmen Reiseschecks nicht mehr entgegen.

Kredit- und Debitkarten

Kreditkarten der namhaften Kreditinstitute (American Express, VISA, MasterCard etc.) werden in den **gehobenen Hotels** und **einigen Geschäften** akzeptiert. Diese Karten funktionieren auch an Geldautomaten (**ATM** = Automated Teller Machine), ebenso **Maestro-Karten** oder Karten, deren Betreiber mit Banknetzwerken wie **„Plus"** oder **„Cirrus"** verbunden sind. Der Name des betreffenden Netzwerks ist auf der Karte angegeben.

Zahlreiche **Bankautomaten** finden sich in Kathmandu, beispielsweise im Touristenviertel Thamel, im zentralen Stadtbereich um die New Road oder „Freak Street", aber auch in anderen Stadtteilen sind sie mittlerweile zahlreich vorhanden. Oft befinden sie sich gleich an den jeweiligen Bankfilialen. Auch in Patan und Bhaktapur gibt es ausreichend ATMs, weitere z.B. in Nagarkot und Dhulikhel. Beabsichtigt man außerhalb dieser Orte oder gar in dörflicher Umgebung zu wohnen, sollte man vorsichtshalber **ausreichend Bargeld** mitnehmen, um notfalls die Zeit bis zum Auffinden eines ATM überbrücken zu können. Die Lokalisierung von Bankautomaten ist per Internet einfach zu bewerkstelligen: Dazu gebe man die Suchbegriffe „ATM locator Nepal" oder „ATM location Nepal" ein. Über die Homepages der diversen nepalesischen Banken lassen sich ebenfalls deren Bankautomaten ausfindig machen. Auch bei der Ankunft im Flughafen sollte erst einmal ein wenig Bargeld zur Hand sein. Zwar gibt es am Ausgang einen ATM, aber dass er funktioniert, kann nicht garantiert werden. Im Grunde braucht man nur 10 €/10 US$, die man an Schaltern wechseln kann, um dann per Taxi zu seinem Zielort in der Stadt zu gelangen. Dort sind ATMs dann in Reichweite. Wer gleich weiter aus Kathmandu hinaus fahren will, benötigt natürlich etwas mehr.

Die **Höchstsumme,** die bei einer Transaktion aus dem Bankautomaten entnommen werden kann, beträgt je nach Bank 10.000 oder 20.000 Rupien, und ggf. besteht ein Tageslimit von 40.000–50.000 Rs. pro Karte oder Automat. Ob **Kosten für die Barabhebung** entstehen und wie hoch diese letztendlich sind, variiert jedoch sehr je nach kartenaustellender Bank und je nach Bank, bei der die Abhebung erfolgt. Man sollte sich daher vor der Reise bei seiner Hausbank informieren, mit welcher Bank sie vor Ort zusammenarbeitet und auch bei www.geld-abheben-im-ausland.de die Konditionen für die Kreditkarten vergleichen, mit denen man im Ausland gebührenfrei Bargeld abheben kann. Achtung: Hat man bei Barabhebungen am Geldautomaten die Wahl, sollte man den Betrag **immer in der Landeswährung** vom Konto abbuchen lassen und nicht in Euro. Bei einer Abbuchung in Euro wird die Dynamic Currency Conversion zugrunde gelegt, die erhebliche Kosten verursachen kann. Bei Abbuchung in der Landeswährung wird hingegen der offizielle Devisenkurs der eigenen Bank zugrunde gelegt, und dies ist am sichersten. Grundsätzlich vorteilhafter als eine Barabhebung ist das bargeldlose Zahlen im Geschäft mit der Kreditkarte. Allerdings gibt es gelegentlich Kreditkartenbetrug, und die Karte sollte so weit wie möglich nur in seriös wirkenden Unternehmen eingesetzt werden.

Verlust von Geldkarten

Siehe Kapitel „Notfälle".

Überweisungen

Wer dringend eine größere Summe Bargeld im Ausland benötigt, kann dies über **www.westernunion.de** regeln und das Geld bei der entsprechenden Vertretung von Western Union vor Ort auszahlen lassen. Je nach Höhe des Betrags wird eine Gebühr erhoben. Für eine Bargeldauszahlung von z.B. 1000 Euro in Nepal kostet es 26,50 € Gebühr, wenn man das Geld per Sofort-Überweisung von seinem deutschen Konto anweisen lässt. Solche Überweisungen kann man per App von Western Union avisieren, über Online-Banking von seiner eigenen Bank oder durch eine dritte Person von Deutschland aus. Nach ähnlichem Prinzip funktionieren Überweisungen mit **MoneyGram** (www.moneygram.com). Im Kathmandu Valley gibt es auch einige Dutzend MoneyGram-Vertretungen, einige davon in Thamel, Patan und in Bhaktapur.

Überweisungen an nepalesische Banken können einige Tage in Anspruch nehmen, selbst wenn sie mit dem zeitsparenden SWIFT-System getätigt werden. Falls man die Bankkarte nicht verloren hat, sollte man sich lieber das Geld auf sein Heimatkonto überweisen lassen und das Geld dann in Nepal abheben.

Preise/Kosten

Als eines der ärmsten Länder Asiens erwartet man, dass Nepal auch mit die niedrigsten Preise aufweist. Das ist nur noch mit Einschränkungen der Fall. Die **Inflation,** vor allem bei Nahrungsmitteln, hat die Preise stark in die Höhe schießen lassen. Nepal verzeichnet die **höchste Inflationsrate** auf dem indischen Subkontinent (2016: 9,93 %). Auch Hotels haben ihren Preis, wenn man einigermaßen komfortabel wohnen will. Falls man auf einheimischem Niveau isst und übernachtet (was den meisten Touristen nicht zusagen wird), kommt man mit deutlich weniger Geld aus; bewegt man sich aber auf dem „normalen" touristischen Pfad, kostet das tägliche Leben etwa genauso viel wie z.B. im wohlhabenderen Thailand. Lokales Essen ist in Indien preiswerter als in Nepal, und das obwohl es auch Indien wirtschaftlich besser geht als Nepal. Eine Mahlzeit in einem der besseren Touristen-Restaurants kann leicht mit 1000 Rs. oder mehr zu Buche schlagen; komfortable Hotels beginnen etwa bei 30 US$/Tag. Hygieneartikel und manche Nahrungsmittel in Supermärkten sind teurer als in Deutschland. Kurz gesagt: Nepal ist nicht mehr das Super-Low-Budget-Reiseziel, das es einmal war.

Wer das erste Mal nach Nepal fliegt, kennt natürlich das allgemeine **Preisniveau** nicht, und das Wissen darum muss oft erst teuer erkauft werden. Um ein Gefühl für die Preislagen zu bekommen, folgt nachstehend eine Liste mit Preisen für ein paar alltägliche Waren.

Dass **auf Märkten gefeilscht** werden muss, ist sicher bekannt. Wer etwas Nepali (oder auch Hindi) beherrscht, kommt am besten davon. Der **Sprachführer Nepali,** Reise Know-How Verlag, enthält das dazu benötigte Vokabular.

Preisbeispiele

- **Tageszeitung** (The Kathmandu Post): 5 Rs.
- **Glas Tee:** 30–100 Rs. (in Restaurants von Luxushotels teurer)
- **Tasse Kaffee:** 80–150 Rs.
- **Flasche Mineralwasser** (1 l): 20 Rs.
- **Dal-Bhat-Tarkari** (1 Portion): ab ca. 150 Rs. vegetarisch, mit Fleisch ab ca. 200 Rs. im Einfachhotel, in Touristenhotels gut das Doppelte oder Dreifache
- **Äpfel** (1 kg): 150–200 Rs. (je nach Qualität und Jahreszeit)
- **Mangos** (1 kg): 150–250 Rs.
- **Stück Seife:** 40–100 Rs.
- **Große Flasche Shampoo** (650 ml) 400 Rs.
- **Brennen einer Foto-CD:** 100–150 Rs.
- **Leichte Baumwollhose:** ab 300 Rs.
- **Benzin** (1 l): 100 Rs.

Reisekasse

Wie viel Geld man im Land benötigt, hängt natürlich von den eigenen **Ansprüchen** und der jeweiligen **Reisedauer** ab. Im Folgenden eine grobe Übersicht, mit welchen **Ausgaben pro Tag** zu rechnen ist. Zu diesen Summen sind noch die Kosten von Einkäufen, Reisen innerhalb des Landes, Trekking-Touren und ähnlichen Aktivitäten hinzuzuzählen. Wie man aber sieht, ist ein Nepal-Aufenthalt für jeden Geldbeutel erschwinglich.

Unteres Ausgabenniveau (alle Preise in Euro)

- Unterkunft: 5–15
- Essen: 5–10
- Bus/Fahrrad 1–3
- **zusammen: 11–28 Euro**

Mittleres Ausgabenniveau

- Unterkunft: 15–40
- Essen: 15–30
- Taxi: 10–30 (bei längeren Ausflügen ins Kathmandu Valley)
- **zusammen: 40–100 Euro**

Hohes Ausgabenniveau

- Unterkunft: 40–80
- Essen: 25–50
- Taxi: 20–40 (bei Ausflügen ins Kathmandu Valley)
- **zusammen: 85–170 Euro**

Luxusklasse

- Unterkunft: 80–200 oder mehr
- Essen: 50–80
- Mietwagen mit Fahrer: 50–100
- **zusammen: 180–380 Euro** oder mehr

Gesundheit

„Verabredet man sich morgens mit einem gesunden Menschen für den kommenden Abend, und geht man dann zur vereinbarten Zeit zu ihm hin, erfährt man, dass er tot ist und bald kremiert werden wird.“ Mit diesen wenig optimistisch stimmenden Worten beschrieb im Jahr 1883 der französische Archäologe *Gustave Le Bon* die nepalesischen Gesundheitsverhältnisse seiner Zeit. So gefährlich ist das Land natürlich schon lange nicht mehr, doch das Krankheitsrisiko ist immer noch weit höher als in westlichen Ländern. Für Touristen sind schwerwiegende Erkrankungen bei angemessener Hygiene und der strikten Beachtung einiger Grundregeln (s.u.) jedoch recht selten. Wichtig ist sicher auch die psychologische Einstellung, denn wer glaubt, er müsse unbedingt krank werden, der wird es vielleicht auch.

Die nachstehenden Angaben dienen der raschen Orientierung, welche Gesundheitsvorsorgemaßnahmen für eine Reise nach Nepal zu beachten sind. Die Angaben zu Impfungen, Malaria, Darminfektionen und Tollwut wurden uns freundlicherweise vom **Centrum für Reisemedizin (www.crm.de)** zur Verfügung gestellt. Sie ersetzen auf keinen Fall eine individuelle ärztliche Beratung. Eine Gewähr für die Informationen kann nicht gegeben werden.

Wasser

Das Trinken von Wasser, sei es aus der Leitung oder aus dem Brunnen, ist strikt zu unterlassen, da die Gefahr einer Hepatitis oder von Infektions- und Wurmerkrankungen sehr hoch ist. Man sollte ausschließlich **Mineralwasser aus der Flasche** trinken. In sehr guten (teuren) Hotels und Restaurants sollte das Wasser eigentlich abgekocht und gefiltert sein, hundertprozentig darauf verlassen kann man sich allerdings nicht. Das Zähneputzen mit unbehandeltem Wasser ist weniger gefährlich, da man im Idealfall nichts davon schluckt. Wer dennoch ganz sicher gehen will, sollte auch dazu nur Mineralwasser aus Flaschen benutzen.

Allgemeine Hygiene

Armut und mangelnde Schulbildung bilden die Ursachen für schlechte hygienische Verhältnisse. Mehr als die Hälfte aller Infektionskrankheiten werden durch schmutzige Hände übertragen, folglich sollte man sich so oft wie möglich die **Hände waschen.** Das gilt besonders vor den Mahlzeiten und nach dem Stuhlgang. In diesem Zusammenhang wird auch der Sinn des nepalesischen Grußes „Namasté" deutlich, bei dem der Grüßende seine Handflächen aneinanderlegt, anstatt sie – als feucht-warme Bakterienschleudern – seinen Mitmenschen darzureichen.

Der Hygienestandard einfacher nepalesischer **Restaurants** lässt oft zu wünschen übrig. Um sich keinem erhöhten Risiko auszusetzen, sollten die ganz billigen und wenig vertrauenserweckend scheinenden Restaurants gemieden werden, falls eine Ausweichmöglichkeit besteht. In den touristischen Bereichen von Kathmandu gibt es zahllose Restaurants, die sehr professionell geführt und sauber sind. Zur Feststellung der Sauberkeit eines Restaurants empfiehlt sich ein Blick in die Toilette: Falls diese, als üblicherweise vernachlässigter Teil eines Restaurants, sauber ist, kann man auch davon ausgehen, dass das Essen hygienisch zubereitet wird. Allzu häufig glänzt der Speiseraum und der Gang zur Toilette gerät zu einem unappetitlichen Abstieg. Teilweise lässt sich am Zustand des Geschirrs der Sauberkeitsfaktor ablesen: Schmierige Gläser mit zahlreichen Fingerabdrücken und brauner Teekruste sind ein Warnzeichen.

Nahrungsmittel, die man sicherheitshalber meiden sollte, sind **Salate** oder sonstiges **Gemüse** sowie schalenloses, ungewaschenes **Obst.** In den besseren Restaurants in Kathmandus Touristengegenden sollten Salat und Gemüse eigentlich einwandfrei sein – ganz verlassen kann man sich natürlich nicht darauf, das Risiko einer Darmerkrankung besteht immer.

Besondere Vorsicht ist beim Verzehr von **Fleisch** geboten, das im Rohzustand oft von Fliegenschwärmen bedeckt ist – zumindest das, welches der Durchschnittsbürger normalerweise kauft. Auch ist die Lagerung des Fleisches nicht immer optimal. Der Fleischkonsum sollte besser reduziert und/oder auf die gehobenen Restaurants beschränkt werden.

Sonnenschutz

Je nach Jahreszeit und Höhenlage wird die Haut mehr oder weniger durch schädliche UV-Strahlung in Mitleidenschaft gezogen. Unbedingt anzuraten ist somit die Benutzung einer Sonnencreme, die einen **hohen Lichtschutzfaktor** aufweist (siehe auch „Ausrüstung“).

Impfungen

Zwar besteht **für die Einreise** in Nepal **keinerlei Impfpflicht,** dennoch sind einige Impfungen anzuraten, in erster Linie gegen Typhus und Hepatitis B.

Empfohlener Impfschutz

Generell: Standardimpfungen nach dem deutschen Impfkalender, spez. Tetanus, Diphtherie, außerdem Hepatitis A und Polio.

Je nach Reisestil und Aufenthaltsbedingungen im Lande ist außerdem ein Impfschutz zu erwägen gegen **Typhus** (grundsätzlich), gegen **Hepatitis B** (bei Reisen durch das Landesinnere unter einfachen Bedingungen (Rucksack-, Trekking-, Individualreise) mit einfachen Quartieren/Hotels, bei Camping-Reisen, Langzeitaufenthalten, praktischer Tätigkeit im Gesundheits- oder Sozialwesen, bei engem Kontakt zur einheimischen Bevölkerung), gegen **Tollwut** (bei vorhersehbarem Umgang mit Tieren bzw. den oben genannten Reisebedingungen) und gegen **Japanische Enzephalitis** (bei oben genannten Reisebedingungen bzw. bei besonderen Aufenthaltsbedingungen in bestimmten ländlichen Gebieten; Impfstoff in Deutschland nicht zugelassen, Beschaffung über Apotheken mit entsprechenden Erfahrungen).

Wichtiger **Hinweis:** Welche Impfungen letztendlich vorzunehmen sind, ist abhängig vom aktuellen Infektionsrisiko

ktm156 rk

vor Ort, von der Art und Dauer der geplanten Reise, vom Gesundheitszustand sowie dem eventuell noch vorhandenen Impfschutz des Reisenden. Da im Einzelfall unterschiedlichste Aspekte zu berücksichtigen sind, empfiehlt es sich immer, rechtzeitig (etwa vier bis sechs Wochen) vor der Reise eine persönliche Reise-Gesundheits-Beratung bei einem reisemedizinisch erfahrenen Arzt oder Apotheker in Anspruch zu nehmen.

Malaria

Ein **Risiko** besteht **ganzjährig,** Hauptübertragungszeit sind die Monate Mai bis Oktober und hier vor allem Juni, Juli und August. Das Malaria-Risiko variiert je nach Landesregion: mittleres Risiko (höher in der Regenzeit, geringer in der Trockenzeit) im südlichen Tiefland (Terai-Distrikte), besonders im Regenwaldgürtel entlang der indischen Grenze mit den Nationalparks Royal Chitwan und Bardia; geringes Risiko in den nach Norden ansteigenden Tälern des Himalaya. Als **malariafrei** gelten Höhenlagen über 1300 m und **Kathmandu.**

Vorbeugung

Ein konsequenter Mückenschutz in den Abend- und Nachtstunden verringert das Malariarisiko erheblich **(Expositionsprophylaxe).** Die wichtigsten Maßnahmen sind: In der Dämmerung und nachts Aufenthalt in mückengeschützten Räumen (Räume mit Air Condition, Mücken fliegen nicht vom Warmen ins Kalte); beim Aufenthalt im Freien in Malariagebieten abends und nachts weitgehend körperbedeckende Kleidung (lange Ärmel, lange Hosen); Anwendung von Insekten abwehrenden Mitteln an unbedeckten Hautstellen (Wade, Handgelenke, Nacken); im Wohnbereich Anwendung von Insekten abtötenden Mitteln in Form von Aerosolen, Verdampfern, Kerzen, Räucherspiralen; Schlafen unter dem Moskitonetz (v.a. in Hochrisikogebieten).

Ergänzend ist eventuell die Einnahme von Anti-Malaria-Medikamenten **(Chemoprophylaxe)** zu empfehlen. Zu Art und Dauer der Chemoprophylaxe fragen Sie Ihren Arzt oder Apotheker, bzw. informieren Sie sich in einer qualifizierten reisemedizinischen Beratungsstelle. Malariamittel sind generell verschreibungspflichtig.

Darminfektionen

Das Risiko, von einer **Durchfallerkrankung** heimgesucht zu werden, besteht landesweit. Immer wieder werden Ausbrüche wässriger Diarrhoen aus diversen Landesteilen gemeldet. **Cholera** ist möglich, wurde aber in letzter Zeit offiziell nicht bestätigt. **Typhus** kommt im Land verbreitet vor. Seit 2005 wurden jährlich vier bis sechs Erkrankungen an **Polio** durch Wildviren mit Herkunft aus Indien registriert, die meisten aus dem südlichen Grenzgebiet. Hygiene beachten, Polio-, evtl. Typhus-Impfung.

◁ „Da kann ja nichts mehr schiefgehen“: Werbetafel für einen Schönheitssalon in Bhaktapur, mit dem Hinweis in Nepali, dass auch Lehrlinge angenommen werden

Tollwut

Landesweit ist ein **hohes Risiko** gegeben, besonders durch **streunende Hunde.** Nach jedem verdächtigen Kontakt sofort Arzt aufsuchen und auf Verwendung moderner Impfstoffe achten. Im Zweifelsfall Auskunft bei der deutschen diplomatischen Vertretung einholen. Eine vorbeugende Impfung ist zu empfehlen, speziell bei längeren Aufenthalten. Moderne Gewebekultur-Impfstoffe und homologes Immunglobulin sind in Nepal schwer erhältlich.

Reiseapotheke

Vergessen Sie nicht, eine kleinere oder größere Reiseapotheke mitzunehmen, damit Sie **für kleinere Notfälle** gerüstet sind (wenigstens Medikamente gegen Durchfall, Fieber und Schmerzen sowie Verbandstoff, Pflaster und Wunddesinfektion). Vor allem nicht vergessen: Medikamente, die der Reisende ständig einnehmen muss! Die Apotheken in Kathmandu (vor allem in der New Road) sind recht gut bestückt, es besteht aber keine Gewähr, dass alle Medikamente erhältlich sind. Wenn Sie spezielle Fragen zur Reiseapotheke haben, wenden Sie sich am besten an eine Apotheke mit reisemedizinisch qualifizierten Mitarbeitern.

Medizinische Hilfe

Die Deutsche Botschaft hält eine Liste mit empfohlenen Krankenhäusern und Ärzten parat, siehe http://m.kathmandu.diplo.de/Vertretung/kathmandu/de/04konsular/Seite__gesundheitliche__Probleme.html.

Informationen

Nepal unterhält in Deutschland, der Schweiz und Österreich **kein Fremdenverkehrsamt.** Informationen können daher nur bei den diplomatischen Vertretungen Nepals eingeholt werden (Adressen im Kapitel „Einreisebestimmungen“). Siehe auch die Website des **Nepal Tourism Board** (www.welcomenepal.com).

Wer sich besonders intensiv für Nepal interessiert, kann die **Deutsch-Nepalische Gesellschaft e.V.** (DNG) kontaktieren: Postfach 190327, 50500 Köln, www.deutsch-nepal.de, Besucheradresse: Hohenzollernring 26, 50672 Köln, Tel. 0221-2338380 (nur Di und Do 10–12 Uhr).

Internet

In den Touristenzentren findet sich an jeder Ecke ein **Cyber-Café.** Die Preise fürs Surfen sind sehr niedrig (ca. 20–30 Rs./Std. oder 1 Rp./Min.). Die Internet-

> Die meisten Hotels oder Guest Houses bieten kostenloses WiFi

läden bieten das gesamte Internetprogramm, Chatten mit MSN oder Yahoo, oft auch Skype u.a. Die Verbindungen **können sehr langsam sein,** und es dauert manchmal eine Minute, bis eine Seite vollständig aufgebaut ist. Das kann den Nutzer schon mal auf eine Geduldsprobe stellen. Aufgrund Kathmandus regelmäßiger Strom-ausfälle besitzen viele Internetläden Generatoren, sodass auch in der stromlosen Zeit gesurft werden kann.

Die meisten besseren Hotels und Guest Houses sowie einige Restaurants und Cafés sind mit WLAN-Internet ausgerüstet, und wer ein Laptop dabei hat, kann im eigenen Zimmer im Netz surfen.

Zu **Websites,** die für Kathmandu bzw. Nepal von Interesse sind, siehe auch das Kapitel „Websites" **im Anhang.**

Maße und Gewichte

Längenmaße

1 inch	2,54 cm
1 foot	30,48 cm
1 yard	91,44 cm
1 mile	1,609 km

Flächenmaße

1 square inch	6,425 cm^2
1 square foot	929,029 cm^2
1 square yard	0,836126 m^2
1 acre	1½ Morgen

ktm157 rk

- 1 square mile 2,59 km^2
- 1 ropani 510 m^2
- 1 bigha 6770 m^2/0,677 ha

Raummaße

- 1 cubic inch 16,387 cm^3
- 1 cubic foot 0,028332 m^3
- 1 cubic yard 0,7647 m^3

Gewichtsmaße

- 1 ounce 28,35 g
- 1 pound 453,59 g
- 1 hundredweight 50,8 kg
- 1 long ton 1016,05 kg
- 1 pau 199,4 g
- 1 seer (sir) 0,797 kg
- 1 dharni 2,393 kg

Notfälle

Verlust von Geldkarten

Bei Verlust oder Diebstahl der Kredit- oder Debitkarte sollte man diese **umgehend sperren** lassen. Tipp: Die Notrufnummer mit IBAN bzw. Kreditkartennummer im Mobiltelefon speichern.

- **Deutscher Sperr-Notruf für alle Debit- und Kreditkarten:** Tel. 0049 116 116, aus dem Ausland Tel. 0049 30 40 50 40 50. Sperr-Notruf bietet auch eine kostenlose **SperrApp** für iOS und Android an.
- **Österreichischer Sperr-Notruf für Bankomat-Karten:** Tel. 0043 12 04 88 00.
- **Schweizerischer Kartensperrservice des TCS:** Tel. 0041 844 888 111.

Ansonsten gelten für österreichische und schweizerische MasterCard, VISA, American Express und Diners Club, dass man sich vor der Reise die Rufnummer der kartenausstellenden Bank notiert haben sollte.

Ausweisverlust/ Dringender Notfall

Wird der Reisepass oder Personalausweis im Ausland gestohlen, muss dies umgehend bei der örtlichen Polizei gemeldet werden. Darüber hinaus sollte man sich an die nächste **diplomatische Auslandsvertretung** seines Landes wenden, damit man umgehend einen **Ersatz-Reiseausweis** ausgestellt bekommt, um die Rückreise antreten zu können (ohne gültiges Dokument kommt man nicht an Bord eines Flugzeuges!).

Auch in **dringenden Notfällen,** beispielsweise medizinischer oder rechtlicher Art, bei der Suche nach Vermissten, Hilfe bei Todesfällen oder Ähnlichem sind die **Auslandsvertretungen in Kathmandu** bemüht, vermittelnd zu helfen.

- **Deutsche Botschaft**
Gyaneshwor Marga 690, Tel. 01-4217200 und in dringenden Notfällen auch Tel. +977-98 511 -37 943 und -98 511-37 942, www.kathmandu.diplo.de
- **Österreichisches Honorarkonsulat**
22, Manakamana Marg, Nagpokhari, Naxal, Tel. 01-4434515; autconktm@tutamail.com
- **Schweizer Botschaft**
Jawalakhel, Ekanta Kuna, SDC-Compound, Lalitpur, Tel. 01-55249-27, -28, -29, -30 oder 554 92 25, www.eda.admin.ch/kathmandu.

Post und Telefon

Das Zentrum der postalischen Dienstleistungen ist das Hauptpostamt oder **General Post Office** (G.P.O.) am Kantipath in Kathmandu, östlich der Ruine des Bhimsen Tower und nördlich der Civic Mall. Geöffnet So bis Do 10–17 Uhr, Fr 10– 15 Uhr, Tel. 01-4223512, 01-4223521, 01-4223528, enquiry@gpo.gov.np, www.gpo.gov.np. Das etwas südlich davon gelegene **Central Telecommunication Office** (C.T.O.) für Auslandsgespräche ist bis 24 Uhr geöffnet. Allerdings lohnt sich der Weg dorthin kaum, denn in den Touristenbezirken gibt es **an jeder Ecke Läden,** von denen man preiswert telefonieren kann. Dem Hauptpostamt ist das **Nepal Philatelic Bureau** angeschlossen, in dem Sammler nepalesische Briefmarken kaufen können (Tel. 01-4241895, www.philately.gov.np).

Karten, Briefe und Pakete

Postkarten nach Deutschland und in andere mitteleuropäische Länder **kosten** 25 Rs., „Aerogramme“, bei denen die Briefmarke schon aufgedruckt ist und die zu einem Brief zusammengefaltet werden, 25 Rs. Normalbriefe (bis 20 g) kosten 50 Rs. Die **Laufzeit** bis Europa beträgt ab Kathmandu zehn bis 14 Tage, von abgelegenen Orten entsprechend länger. Laufzeiten von ein bis zwei Monaten kommen gelegentlich vor.

Es lohnt jedoch kaum, wegen einer Minimalausgabe wie einer Briefmarke zum G.P.O. zu gehen. **Briefmarken und Aerogramme** können gegen einen kleinen Aufpreis auch in Buch- oder Schreibwarenläden gekauft werden, manchmal erledigen diese auch die Aufgabe bei der Post. Ansonsten kann man Postsendungen an der Rezeption seines Hotels oder z.T. in Internetläden abgeben, im letzten Fall gegen eine kleine Gebühr. Die Sendungen werden dann gesammelt, zur Post gebracht und abgeschickt.

Das Hauptpostamt unterhält einen **Postlagerdienst** *(poste restante),* geöffnet Mo bis Fr 9–14 Uhr. Falls die Beamten die Post nicht gleich finden, sollte man auch unter dem Vornamen nachsehen lassen, denn in Nepal geht es bei ausländischen Vor- und Nachnamen nicht selten durcheinander. Reisende mit **American Express-Kreditkarte** können sich Post auch zur örtlichen American Express-Vertretung schicken lassen:

- **Yeti Travels,** Durbar Marg (nahe Woodland Hotel), Post Box 76, Kathmandu, Tel. 01-4221234, 01-4224740, www.yetitravels.com.

Wichtige **Briefe** oder **Dokumente, Päckchen** oder **Pakete** sollten per **EMS** (Express Mail Service) geschickt werden, einem sehr zuverlässigen Express-Service. Briefe oder Dokumente von bis zu 500 g nach Deutschland kosten 1800 Rs. Jede weitere 500 g kosten 500 Rs. zusätzlich. Bei Warensendungen werden bei Sendungen von bis zu 2 kg 50 Rs. aufgeschlagen; bei Sendungen über 2 kg 150 Rs. Die Laufzeit beträgt jeweils vier bis sechs Tage, Maximalgewicht: 20 kg.

Verboten ist u.a. die Versendung von Antiquitäten, Goldbarren, Bargeld, Pelzen und Fellen. Im Zweifelsfall siehe Details auf der Website der nepalesischen Post, www.gpo.gov.np.

Eilige Pakete oder Dokumente lassen sich über **private Kurierdienste** verschicken, z.B. DHL (www.dhl.com/wrd/sarea/np.html), FedEx (www.ftn.fedex.com) oder UPS (www.ups.com). Die Büros der Kurierdienste sind nicht immer leicht aufzufinden, es reicht aber anzurufen, daraufhin werden die zu versendenden Gegenstände oder Dokumente beim Versender abgeholt. Die Verpackung wird üblicherweise vom Kurierdienst gestellt. Die Preise dieser Dienste sind etwas höher als die bei EMS.

Pakete, darunter auch Seefrachtpakete, lassen sich auch in der **Foreign Post Section** am Kantipath aufgeben (geöffnet Mo bis Fr 9.15–14 Uhr), gleich ums Eck vom G.P.O. Preislich kommt man dabei besser weg als bei den Kurieren (bei der sehr billigen Seefracht ohnehin), es ist aber mehr als fraglich, ob der Zeitaufwand lohnt – es kann einige Stunden dauern, bis man alle bürokratischen Schritte hinter sich hat und das Paket endlich los ist.

Die Pakete können gegen geringe Gebühren versichert werden, wie die Verlustsumme dann von zu Hause aus in Nepal eingeklagt werden soll, ist natürlich eine andere Frage.

Ferngespräche

In den Touristenbezirken wie Thamel oder Freak Street befinden sich **zahlreiche Telekommunikationsläden,** von denen günstig telefoniert werden kann, auch ins Ausland. Die preiswertesten Verbindungen kommen über das Internet zustande: Das Telefonieren nach Europa kostet über Internettelefon je nach Land 10–15 Rs./Min., innerhalb Asiens je nach Land 2–5 Rs./Min. Deutlich teurer wird es, wenn man über das normale Festnetz spricht. Manche Telefonläden erlauben Rückanrufe in ihrem Unternehmen, d.h. man kann im Ausland kurz anrufen und sich dann von dort zurück anrufen lassen (kostenlos für den Empfänger!).

Telefongespräche lassen sich auch **von Hotels** aus führen, wobei aber vorher abzuklären ist, wie hoch die Servicegebühren sind, die das Hotel auf die regulären Telefongebühren aufschlägt – das Telefonieren aus Hotels kann eine sehr teure Angelegenheit sein.

Telefonieren mit dem eigenen Handy

Mit einem in Europa angemeldeten Handy kann man sich in der Regel auch in ein nepalesisches Handynetz einklinken und telefonieren. Allerdings geht die Handynutzung wegen der **internationalen Roaminggebühren** ganz schön ins Geld. Das gilt umso mehr für die Nutzung von **Smartphone-Datapacks.** Rechnungen mit vierstelligen Summen nach 14 Tagen Urlaub und 20 MB pro Tag sind da keine Ausnahme! Solche Kosten kann man am besten umgehen, wenn man sich auf **SMS beschränkt** (der Empfang ist i.d.R. kostenfrei), über eine kostenlose **WLAN**-Verbindung Emails schreibt, **Skype** bzw. **Facetime** zum Telefonieren nutzt oder auch **WhatsApp** und andere kostenlose Bericht-Apps zur Kommunikation bevorzugt.

Falls das Mobiltelefon SIM-lock-frei ist (keine Sperrung anderer Provider vorhanden) und man innerhalb Nepals

ktm250 rk

viele Gespäche führen muss, ist es sinnvoll, sich eine **örtliche Prepaid-SIM-Karte** zu besorgen. In vielen kleinen Läden oder Supermärkten, unter anderem im Touristenbezirk Thamel, gibt es Prepaid-SIM-Karten des Unternehmens NCell zu kaufen sowie die einiger anderer Anbieter. NCell hat wohl das zuverlässigste Netz, zumindest im Kathmandu Valley. Die Starterkarten kosten ab Haus ca. 100 Rs., auf die das verkaufende Geschäft ein paar Rupien aufschlägt. Zur Erteilung der Karte muss ein Formular ausgefüllt sowie ein Passfoto und eine Fotokopie der Seiten mit den Personalangaben im Reisepass vorgelegt werden. Die SIM-Karten können natürlich auch in **NCell-Büros** gekauft werden. Auf ausländische Kunden gut eingestellt ist das Büro neben der Sherpa Mall am Durbar Marg, mobil: 98-05554338, www.ncell.com.np, geöffnet tgl. 9.30–19.30 Uhr.

Auslandsgespräche kosten je nach angerufenem Land 6–15 Rs./Min.

Auch in Nepal wird mit dem Handy nicht nur telefoniert: Autor und Nepalese liefern sich gut gelauntes Fotoduell vor dem Kumari Bahal in Kathmandu

Ortsgespräche

Ortsgespräche lassen sich **von Hotels** und **Guest Houses** oder von **Geschäften** aus führen. Die meisten Geschäftsinhaber gestatten das. Dafür werden lediglich ein paar Rupien verlangt.

Ortsgespräche mit einer **SIM-Karte** von NCell kosten ca. 2–3 Rs./Min. Der exakte Preis ist davon abhängig, ob man ein Telefon an einer Landverbindung anruft oder ein Handy. In letztem Falle unterscheiden sich die Preise noch danach, ob der Empfänger dasselbe Telefonnetz benutzt oder ein Fremdnetzwerk.

Vorwahlen

Internationale Vorwahlnummern

Nepal hat die internationale Vorwahl **00977.** Um einen der unten genannten Orte von außerhalb des Landes anzurufen, wähle man diese Nummer, gefolgt von der betreffenden Ortsvorwahl, jedoch ohne die ihr vorangehende Null; Beispiel: Kathmandu ist unter 00977-1 zu erreichen. Danach ist die Nummer des dort gewünschten Anschlusses zu wählen. Beim Telefonieren mit Handy werden die Ziffern 00 einfach durch ein „+" ersetzt, also +977-1 ist dann die Vorwahl für Kathmandu.

Deutschland hat die Vorwahl 0049, Österreich 0043 und die Schweiz 0041.

Die wichtigsten nepalesischen Vorwahlnummern

Da Nepal über ein dünnes Telefonnetz verfügt, werden die Vorwahlnummern **nicht nach Orten, sondern nach Bezirken** vergeben. Deshalb haben manche Orte die gleiche Vorwahlnummer.

Baglung	068
Baitadi	095
Bandipur	065
Banepa	011
Beni	069
Besi Shahar	066
Bhairawa	071
Bhaktapur	01
Bharatpur	056
Bhimfedi	053
Bidur	010
Biratnagar	021
Birganj	051
Butwal	071
Charikot	049
Dadeldhura	096
Damauli	065
Darchula	093
Dhading	010
Dhangadhi	091
Dhankuta	026
Dharan Bazar	021
Dhulikhel	011
Dipayal	094
Doti	094
Gaur	055
Gorahi	082
Gorkha	064
Hetauda	057
Ilam	027
Itahari	025
Janakpur	041
Kalaiya	053
Kakarbhitta	023
Kathmandu	**01**
Krishnanagar	076
Kusma	067
Lalitpur (Patan)	**01**
Mahendranagar	091

Nepalganj	081
Palpa (Tansen)	075
Patan (Lalitpur)	**01**
Parashi	078
Pokhara	**061**
Rajapur	084
Ramechhap	047
Simra	053
Sindhuli	047
Surkhet	087
Syangja	063
Tansen (Palpa)	075
Taulihawa	076
Tikapur	010
Trisuli Bazar	010
Triveni	078
Tulsipur	082

Internet-Sticks – Surfen mit dem eigenen Laptop

Im Büro der Firma NCell (www.ncell.com) am Durbar Marg gibt es neben Pre-Paid-SIM-Karten auch **USB-Internet-Sticks** zum Surfen mit dem eigenen Laptop zu kaufen. Die Surf-Sticks kosten ca. 2000 Rs., dazu muss die darin befindliche SIM-Karte um einen beliebigen Betrag aufgeladen werden. Die Preise richten sich nach der gewünschten Datenmenge und ihrer Gültigkeitsdauer. Zur Anmeldung sind der Reisepass und ein Passbild mitzubringen. Auf dem Anmeldeformular sind neben der Unterschrift auch Daumen- und Fingerabdrücke abzugeben, dazu wird man nach dem Namen des Vaters als auch Großvaters gefragt! Adresse: NCell, neben Sherpa Mall, Tel. 9805554338, geöffnet tägl. 9.30–19.30 Uhr.

Schwule und Lesben

Nepal ist wahrscheinlich das **schwulenfreundlichste** – bzw. am wenigsten schwulenfeindliche – Land auf dem indischen Subkontinent. Als erstes Land in der Region erwägt Nepal die **Legalisierung von Homosexuellen-Ehen.** Zwar treten Homosexuelle als solche in der Öffentlichkeit selten in Erscheinung, dennoch kann man bei den generell sehr gelassenen Nepalesen größtenteils mit Toleranz rechnen. Seit 2011 findet jedes Jahr im August/September zur Zeit der Gai Jatra das **Gai Jatra LGBT Pride Festival** statt, eine Schwulenparade mit etwa eintausend Teilnehmern. Der Bezug zur traditionellen Gai Jatra besteht darin, dass zu letzterer die Teilnehmer oft „cross-dressing" betreiben, sich also in Gewändern des anderen Geschlechts verkleiden – ähnlich dem uns bekannten Karneval. Die Wortähnlichkeit Gai/Gay ist ein zusätzlicher, passender Bonus. Für die Belange der LGBT-Gemeinde setzt sich die **Blue Diamond Society** ein (www.bds.org.np).

In Hotels oder Restaurants in den einschlägigen Touristenzonen sind für Schwule und Lesben keine Probleme zu erwarten. Allerdings sollte von allzu großer oder gar provokanter Zurschaustellung der sexuellen Orientierung abgesehen werden. **Öffentliche Zärtlichkeiten** gelten selbst bei heterosexuellen Paaren generell als **nicht statthaft.** Kathmandu ist in dieser Beziehung verständlicherweise etwas offener als sehr traditionsgeprägte Städte wie Bhaktapur oder noch kleinere Orte.

Sicherheit und Kriminalität

Das Kathmandu Valley ist generell sehr sicher, Touristen haben nicht viel zu befürchten. Nachts kommt es in abgelegenen Stadtteilen gelegentlich zu Überfällen (fast ausschließlich auf Einheimische) – man sollte nachts nicht wahllos durch dunkle Gegenden spazieren. Selbst die Hauptstadt Kathmandu ist nachts größtenteils sehr dunkel, viel Beleuchtung gibt es außer in Thamel, am Durbar Marg und in der New Road nicht. Zudem muss man bedenken, dass die Jahre des Maoisten-Konflikts negative soziale und ökonomische Spuren im Land hinterlassen haben – viele Menschen leben von der Hand in den Mund. Die Arbeitslosigkeit in Nepal ist hoch. Kathmandus Taxifahrer fahren nachts mit einer Begleitperson, um Überfällen vorzubeugen. Die meisten Überfälle ereignen sich in Stadtteilen, in die sich nachts normalerweise kein Tourist verirrt.

Für die Sicherheit der Touristen, aber auch für Beschwerden, ist die **Tourist Police** zuständig. Deren Hauptbüro befindet sich am Büro des Nepal Tourism Board im Bhrikuti Mandap, Tel. 01-4247041, policetourist@nepalpolice.gov.np. Das Büro sollte Sonntag bis Freitag von 8–18 Uhr und an Feiertagen von 10–17 Uhr besetzt sein. Außerdem gibt es kleine Außenstellen der Tourist Police am Tribhuvan Airport, am Pashupatinath-Tempel sowie am Basantapur Square in Kathmandu.

[>] Nepal ist generell ein sehr sicheres Land, und dieser schlafende Besucher des Garden of Dreams in Kathmandu braucht sich vor Taschendieben o.Ä. keine Sorgen zu machen

Reisehinweise/Sicherheitslage

Aktuelle Reisehinweise zu allen Transitländern neben Hinweisen zur allgemeinen Sicherheitslage erteilen:

- **Deutsches Auswärtiges Amt:** www.auswaertiges-amt.de, Tel. 030-18172000 (auch App „Sicher Reisen" für iOS und Android)
- **Außenministerium Österreich:** www.bmeia.gv.at, für generelle Anfragen Tel. 01-901153775, für „dringende Fälle Tel. 01-901154411 (auch „Auslandsservice-App" für iOS, Android und BlackBerry)
- **Eidgenössisches Departement für auswärtige Angelegenheiten (Schweiz):** www.eda.admin.ch, Tel. 0800-247 365 oder 0584 653 333 (auch „itinerisApp" für iOS und Android)

Aufbewahrung von Wertsachen

Zur Aufbewahrung von Geld und Schecks empfiehlt sich ein **Brustbeutel** oder ein **Geldgürtel.** Letzterer sollte so beschaffen sein, dass man ihm nicht ansieht, welch kostbaren Inhalt er birgt. Deshalb ist ein Gürtel mit innen verlaufendem Reißverschluss besser geeignet als einer, an dem eine wulstige Tasche befestigt ist. Es sollte nicht zu erkennen sein, ob und wo man Geld hat. Zur Sicherheit kann noch irgendwo in einem Kleidungsstück etwas Geld als Reserve eingenäht werden, für den Fall, dass der Geldbeutel oder -gürtel abhanden

ktm251 rk

kommt. Gleiches gilt im Prinzip für Schecks. Zu beachten ist natürlich, dass die Schecks gesondert von den dazugehörigen Quittungen aufbewahrt werden, denn wenn auch diese weg sind, gibt es keinen Ersatz.

Das Verstauen von **Reisepapieren** ist etwas schwieriger, da sie nun einmal sperriger sind. Reisepass und sonstige Papiere passen gut in größere Brustbeutel oder, wenn es nicht anders geht, in eine Umhängetasche. Die entsprechenden Fächer sollten mit einem Reißverschluss versehen sein – den Pass versteckt man am besten unter einem Haufen wertlosen Kram. So wird den (sehr wenigen) Taschendieben ihr Gewerbe zumindest erschwert.

Von allen wichtigen Papieren (besonders von den Seiten mit den Personalangaben und dem Visum mit Einreisestempel, den Scheckquittungen etc.) sollten **Fotokopien, Scans** oder **digitale Fotos** per Handy oder Kamera gemacht werden. Das erleichtert im Notfall vieles. Damit nicht auch die Fotokopien verloren gehen, könnte man sie scannen und in seiner Mailbox im Internet aufbewahren.

Einige Sicherheits-Tipps

Alle wichtigen Mitbringsel gehören ins **abgeschlossene Gepäck** und sollten nicht offen im Hotelzimmer herumliegen. Gelegenheit macht Diebe! Zu den beliebteren „Souvenirs" gehören auch Kugelschreiber, Kosmetika, Kleidung etc. Manches Zimmermädchen „zapft" sich täglich etwas Shampoo oder Kosmetik aus der Flasche, sodass der/die Besitzer/in es gar nicht merkt. Generell aber sei gesagt, dass die allermeisten Hotelangestellten grundehrlich sind und sich auch nicht an Geld vergreifen, das man hat herumliegen lassen. Noch ein Hinweis: Die Wahrscheinlichkeit eines Diebstahls erhöht sich kurz vor der Abreise aus einem Hotel, da der Übeltäter davon ausgeht, der Diebstahl werde erst entdeckt, wenn der Gast schon weit weg ist – aus diesem Grund sollte man dem Zimmerpersonal nicht unnötigerweise den Abreisetag mitteilen (nur der Rezeption, soweit es nötig ist).

Kreditkarten sollten nicht wahllos eingesetzt werden, sondern nur in Etablissements, die einen seriösen Eindruck machen.

In den heißen Monaten April und Mai scheinen einige Gemüter sehr gereizt zu sein (besonders in Kathmandu), und es kommt häufiger als sonst zu **Streitereien auf der Straße,** z.B. zwischen Verkehrsteilnehmern. Wer aggressiv angepöbelt wird – was allerdings sehr selten ist –, sollte eine kühlen Kopf bewahren und den Aggressor ignorieren.

Drogenanbieter sind gelegentlich Spitzel, die mit der Polizei zusammenarbeiten und den Käufer nach getätigtem Handel ausliefern. So verdienen sie doppelt, erst am Verkauf, dann durch die vom Verhafteten erpressten Schmiergelder. Hanfpflanzen wachsen überall wild im Kathmandu Valley, selbst auf Mittelstreifen von belebten Straßen sieht man sie zuweilen; Haschisch-Rauchen ist dennoch nur den Sadhus erlaubt, für die es Teil des religiösen Rituals ist.

☒ Nepalesisches Hotelpersonal ist in der Regel superfreundlich und -hilfsbereit

Frauen sollten nepalesischen Männern gegenüber zurückhaltend auftreten, so wie es die einheimischen Frauen auch tun. Zu große Freundlichkeit oder Offenheit kann als „Einladung“ verstanden werden. Vergewaltigungen von westlichen Frauen sind gelegentlich vorgekommen. Einige solcher Fälle wurden in den letzten Jahren in Patan registriert.

Unterkunft

Derzeit stehen im ganzen Land mindestens 30.000 Hotel- und Guest-House-Zimmer zur Verfügung, die meisten davon in Kathmandu. Zimmer gibt es in allen erdenklichen Preislagen, vom primitiven 2-Euro-Unterschlupf bis hin zur 1000-Euro-Präsidentensuite. Um der Inflation vorzubeugen, geben so gut wie alle Unterkünfte ihre **Preise in US-Dollar** an. Bezahlt wird mit dem Gegenwert in Rupien, wobei die Unternehmen allerdings die höhere **Kaufrate** des Dollars berechnen, nicht die Verkaufsrate. Auf den Nettozimmerpreis wird i.d.R. eine 13 %ige Regierungssteuer aufgeschlagen sowie 10 % Service Charge. Man informiere sich, ob die genannten Preise die Nettopreise sind oder ob die Zuschläge noch dazugerechnet werden.

Guest-House-Zimmer liegen generell in der Preislage von 5–30 US$, wobei in ganz billigen Zimmern natürlich keinerlei Komfort zu erwarten ist. Gelegentlich ist man auf ein Gemeinschaftsbadezimmer angewiesen und es gibt nur kaltes Wasser, was in der kalten Jahreszeit sehr unangenehm sein kann. In der höheren Preislage hat man ein eigenes Badezimmer, mit heißem und kaltem Wasser, dazu evtl. noch ein Fernsehgerät. Bessere Guest Houses verfügen über ein eigenes Restaurant. Diese Guest Houses unterscheiden sich eigentlich nicht von Hotels der unteren Mittelklasse.

Mittelklasse-Hotels finden sich in der Preislage von 40–100 US$. In dieser Klasse wird meist sehr guter Komfort geboten, die Zimmer haben alle ein angeschlossenes Bad (heißes und kaltes Wasser), Telefon und Satelliten-TV. Fernseher gehören in der Klasse ab ca. 25 oder 30 US$ praktisch schon zur Standardeinrichtung. Man kann zahlreiche nepalesische, indische und einige westliche Stationen empfangen (darunter BBC, CNN, Fox News, Discovery Channel, History Channel und möglicherweise das deutsche DW-TV). Einige Hotels in dieser Klasse in Kathmandu bieten zudem WLAN-Internet oder eine andere Möglichkeit des Internetzugangs. Die Zimmer im oberen Bereich dieser Kategorie beinhalten meist auch einen Kühlschrank. Ein Restaurant ist in so gut wie jedem Fall vorhanden. An der Rezeption kann man fragen, ob ein Safe-Service besteht – viele Hotels haben Safes, in denen die Wertsachen ihrer Gäste aufbewahrt werden können. Klimaanlagen dienen in der kalten Jahreszeit als Heizung, wovon in den kalten Monaten Dezember und Januar gerne Gebrauch gemacht wird. In den Wintermonaten kann es an manchen Tagen ohne Heizung unangenehm kalt werden.

Viele Hotels dieser Klasse beziehen einen Teil ihres Stroms aus Solarzellen, was bedeutet, dass man auch während eines **Stromausfalls** nicht auf sein heißes Duschwasser verzichten muss. Zudem werden bei Stromausfall die Dieselgeneratoren angeworfen, über die die meisten besseren Unterkünfte verfügen. In Kathmandu kommt es fast täglich zu mehrstündigen Stromausfällen – der Strom wird von der Regierung ratio-

ktm261 rk

niert, um ihn der Industrie zukommen zu lassen (eine Praxis, die „load shedding" genannt wird).

In **Hotels der Oberklasse** kostet ein Doppelzimmer ca. 100–250 US$. Sie bieten eigentlich die gleichen Annehmlichkeiten wie oben, allerdings sollten die Zimmer noch etwas opulenter eingerichtet sein, zudem gibt es möglicherweise einen Swimmingpool oder andere Sportmöglichkeiten, zum Restaurant auch eine Bar usw.

Die Zimmer der **Luxusklasse** ab etwa 250 US$ haben in der Regel jede erdenkliche Annehmlichkeit: Klimaanlage, Satelliten-TV, Mini-Bar, Telefon, WLAN-Internet, gepflegtes Bad mit Badewanne und Dusche, Zimmer-Safe sowie 24-Std.-Room-Service. Dazu gibt es Swimmingpool, evtl. Jacuzzi und einen Tennisplatz, Spa, Fitness-Raum, Business-Center, Bar und meist gleich mehrere Restaurants mit unterschiedlicher Cuisine. Einige Luxushotels in Kathmandu verfügen über ein eigenes, 24 Std. geöffnetes Spielkasino. Das eine oder andere hat eine hauseigene Disco. Generell sind die Luxushotels zwar preiswerter als ihre Gegenstücke in Europa, am Landesstandard gemessen aber sind sie meist überteuert. Die Mittelklasse-Hotels bieten in der Regel ein besseres Preis-Leistungsverhältnis.

Preiskategorien für Unterkünfte

Beherbergungen aller Art sind in diesem Buch mit **Ziffern klassifiziert,** was aber nicht mit dem offiziellen Sterne-System identisch ist, sondern lediglich die Preisklasse kennzeichnet. Die Angaben beziehen sich dabei (wenn nicht anders angegeben) auf die Unterbringung für **zwei Personen** in der Hauptsaison in einem **Doppelzimmer** inklusive **Frühstück.**

①	bis 15 €
②	15–40 €
③	40–80 €
④	80–150 €
⑤	über 150 €

Zimmersuche – worauf sollte man achten?

Elektrizität

Man sollte nachfragen, ob das Hotel über Solarzellen und/oder Generatoren verfügt, die auch bei Stromausfällen z.B. heißes Duschen und Laptop-Benutzung erlauben. Manche Hotels werfen die Generatoren nur an, wenn der Stromausfall bei Dunkelheit eintritt, nicht aber tagsüber. Wer mit dem Laptop arbeiten muss, ist dann auf den Akku angewiesen.

Heißes Wasser

Die meisten besseren Unterkünfte annoncieren zwar „hot water", ob es dann aber wirklich hot ist, ist die Frage. Beim Ansehen des Zimmers **nachprüfen,** ob heißes Wasser fließt oder nicht! Eine kalte Dusche im winterlichen Nagarkot beispielsweise kann eine echte Mutprobe sein.

Toilette

Toiletten sind i.d.R. entweder „westlich" oder – in sehr einfachen Unterkünften in abgelegenen Gebieten – „Nepali". Die einheimischen Toiletten sind die üblichen **asiatischen Hock-Klos,** die aus hygienischen Gründen den westlichen zwar vorzuziehen sind, nur wird sich nicht jeder darauf einstellen können. In touristischen Gebieten sind diese Toiletten jedoch so gut wie ausgestorben.

Bettwäsche und Handtücher

Es empfiehlt sich, einen Blick auf die Bettwäsche und die Handtücher zu werfen, die bisweilen nicht jedem **Hygieneanspruch** gerecht werden.

Decken- oder Tischventilator

Funktioniert er oder dient er nur als Deko? Antesten!

Moskitonetz/-gitter

Moskitonetze sind besonders nützlich **in ländlichen Gegenden.** Gibt es Netze im Zimmer, so ist das ein Plus. Vor den Fenstern sollten sich nach Möglichkeit Moskitogitter befinden, sodass man diese zur Durchlüftung öffnen kann, ohne dass die Plagegeister dabei Einlass finden.

Tresor-Service

Gleich an der Rezeption fragen, ob ein Tresor vorhanden ist, in dem man seine Wertsachen deponieren kann! In manchen Oberklasse-Hotels findet sich ein elektronischer Safe auf dem Zimmer, was auf jeden Fall die bessere Option ist.

WLAN-Internet

Vorhanden oder nicht? Wichtig für Geschäftsleute oder andere Reisende mit Laptop. Immer mehr Hotels ab der Mittelklasse aufwärts bieten WLAN. Es ist zu klären, ob die Verbindung kostenlos ist oder ob man dafür bezahlen muss (dann muss man sich mit einer Benutzernummer einloggen, die vom Hotel gestellt wird).

Preise

Die meisten Unterkünfte im Kathmandu Valley nennen ihre Preise **in US-Dollar,** einige in **Rupien.** Bei den Unterkunftsempfehlungen in diesem Reiseführer sind die Preise jeweils in der Währung angegeben, die das betreffende Unternehmen nennt. Bei Dollar-Preisen sollte man vorab klarstellen, welcher Rupien-Kurs dafür berechnet wird, denn manche Hotels berechnen dem Gast einen etwas ungünstigen Kurs.

Preisermäßigungen: In der Nebensaison **von April/Mai bis September** sind fast in jedem Hotel oder Guest House Preisnachlässe möglich. Manche Häuser gehen von sich aus mit dem Preis herunter, in anderen muss man handeln. Reduzierungen von 30 bis 50 % sind durchaus üblich, besonders, wenn man länger zu bleiben gedenkt. In der Regenzeit sind die Hotels oft nur zu 10 bis 20 % ausgelastet und jeder Gast zählt.

Steuern und Service Charge: Stellen Sie sicher, ob auf den vom Hotel genannten Zimmerpreis noch Steuer und Service Charge aufgeschlagen werden. Diese können zusammen 23 % betragen, was einen erheblichen Aufpreis bedeutet.

Hauptsaison/Buchungen

In der Hauptsaison **von Oktober bis März** sind viele Unterkünfte schon Wochen im Voraus ausgebucht. Viele sind mit Tourgruppen belegt. Zur Sicherheit sollte man sich ein Zimmer zumindest für den ersten Tag nach der Ankunft reservieren. Danach kann man sich vor Ort immer noch nach einer anderen Bleibe umsehen.

Verhaltenshinweise

Zwar sind die Nepalesen im Allgemeinen ein sehr tolerantes Volk, doch sollte diese Tatsache nicht als Freibrief gewertet werden. Wie in jeder anderen Gesellschaft auch, gibt es spezifische Tabus, derer man sich bewusst sein und die man nicht verletzen sollte.

▷ Dieser Sadhu und seine Begleiterin (die weibliche Form von Sadhu ist Sadhvi) wissen, wie man sich für Touristen fotogen aufstellt

Das **Betreten des Allerheiligsten von Hindu-Tempeln** ist nur Hindus gestattet. Nicht-Hindus sind aber direkt am Tempel, auf dem Innenhof des Tempels, in einigen evtl. umliegenden, dazugehörigen Gebäuden etc. zugelassen – nur eben nicht im zentralen Heiligtum. In der Praxis kann natürlich niemand feststellen, ob der Tourist nun Hindu ist oder nicht, was einzig zählt, ist die Hautfarbe: So wird jeder Weiße automatisch als Nicht-Hindu angesehen, jede Person mit indisch-nepalesischen Gesichtszügen als Hindu, es sei denn, er gibt sich durch Kleidung (z.B. die Moslem-Kappe) o.Ä. als Nicht-Hindu zu erkennen. An vielen größeren Tempeln sind am Zugang zum Hauptheiligtum Verbotsschilder angebracht: „Admission for Hindus only" – Eintritt nur für Hindus!

Beim **Betreten von Wohnhäusern** sind die Schuhe an der Schwelle auszuziehen. Das gilt im Prinzip auch für die heiligen Bezirke der Tempel, nur betrifft dies ja, wie oben dargelegt, nicht den Touristen. **Schuhe gelten als unrein,** da sie den Schmutz der Straße an sich haben und da sie – im Falle von Lederschuhen – von toten Tieren stammen. In der hinduistischen Gesellschaft fällt daher das Bearbeiten von Leder traditionell den Kastenlosen zu, die sich nach orthodoxer Auffassung ohnehin nicht mehr verunreinigen können. Ein Haus mit Schuhen zu betreten entspricht ungefähr dem Affront, in einem westlichen Heim auf den Fußboden zu spucken.

Die **Küche eines Hauses** ist ein abgeschirmter Bereich, den man nicht unaufgefordert betreten sollte. Diese Regel gilt in erhöhtem Maße bei traditionellen Brahmanen-Familien, deren Speisen ansonsten verunreinigt würden. Den alten

Kastenregeln zufolge dürfen Brahmanen nur essen, was von Brahmanenhand gekocht wurde, und die Anwesenheit eines Nicht-Brahmanen in der Küche würde die absolute rituelle Reinheit gefährden. In Anbetracht der wachsenden Zahl von Restaurants in Nepal, in denen vornehmlich Nicht-Brahmanen kochen, und im Zuge der allmählichen Auflösung des Kastendenkens nimmt die Bedeutung dieser Regel zwar ab, dennoch sollte man sich von der Küche fernhalten.

Wenn die Hausfrau das **Essen serviert,** werden die männlichen Familienmitglieder zuerst bedient, erst wenn diese gegessen haben, essen die Frauen. Das mag dem („aufgeklärten") europäischen Gast missfallen, es zu kritisieren ist jedoch fehl am Platze. Weibliche Gäste aus dem Westen werden zumeist mit den Männern gleichgestellt und bekommen das Essen gemeinsam mit ihnen.

Nepalis sind, gemessen an unseren Verhältnissen, zwar meist arm und kleiden sich entsprechend einfach, dennoch wird bei der **Kleidung** auf **Anstand und Sitte** geachtet. Dass Westler – besonders Frauen – gelegentlich „halb nackt" (so sehen es die Nepali) auftreten, ist in den Augen der Einheimischen unverständlich und verwerflich. Frauen sollten keine gewagten Ausschnitte präsentieren, ebenso ist von Shorts und Miniröcken abzuraten. Nepalesische Frauen verhüllen ihren Körper fast gänzlich mit dem Sari, und so kann man sich denken, welchen Effekt nackte Frauenhaut auf nepalesische Männer hat. Viele junge Frauen im Kathmandu Valley tragen heute Jeans und T-Shirt, aber „sexy" Outfits sind tabu. Auch männliche Reisende

ktm188 rk

sollten sich eine gewisse Zurückhaltung auferlegen, ein nackter Oberkörper beispielsweise ist überhaupt nicht gern gesehen. So zeigen sich höchstens Arbeiter auf dem Feld.

Beim Sitzen müssen die Füße so platziert werden, dass die Fußsohlen auf niemanden zeigen, denn das wäre eine Beleidigung.

Öffentliche Zärtlichkeiten unter heterosexuellen Paaren sind verpönt. Unter Nepalis ist selbst das Händchenhalten eine kleine Sensation, von Küssen ganz zu schweigen. Schon Filmküsse bringen das (männliche) Publikum in Wallung – Küssen gilt als hocherotischer Akt.

Anders verhält es sich mit dem **Händchenhalten unter Männern,** das ein Zeichen der Freundschaft ist und i.d.R. nichts mit „Schwulsein" zu tun hat. Manche Nepalis fassen im Gespräch die Hand des Besuchers, wobei sie natürlich nicht ahnen, dass es demjenigen peinlich sein könnte. Geht es tatsächlich um Homosexualität, so ist Nepal auf dem indischen Subkontinent in der Beziehung wohl das toleranteste Land. Die Legalisierung gleichgeschlechtlicher Eheschließungen wurde bereits von der Regierung erwogen, bisher jedoch noch nicht realisiert. Dafür finden sich auf dem nepalesischen Einreiseformular, das dem Fluggast im Flugzeug ausgehändigt wird, unter der Rubrik „Geschlecht" die drei Optionen „männlich", „weiblich" und „anderes".

Die **linke Hand** wird bei traditionellen nepalesischen Toiletten zum Reinigen nach dem Stuhlgang benutzt und gilt daher als **unrein.** Deshalb sollten damit keine Lebensmittel angefasst und auch keine Personen berührt werden. Diese Regel wird allerdings auch von Einheimischen verletzt, so z.B. von Kellnern, die das Chapati achtlos mit der Linken reichen. Dieses Fehlverhalten sollte jedoch kein Maßstab sein.

Westliche Touristinnen fordern mit ihrer offenen, forschen Art oft Missverständnisse bei einheimischen Männern heraus. Allzu lockere Gespräche, ein kumpelhaft-freundliches Verhalten und auch nur die Erwiderung von Blickkontakt erzeugen bei vielen nepalesischen Männern den Eindruck von sexueller Zugänglichkeit. Um das zu vermeiden, ist eine „traditionell weibliche" Zurückhaltung angebracht, wie sie die Nepalesinnen instinktiv betreiben: Gespräche sollten mit einer gewissen Distanziertheit geführt werden, erotische Themen sind unter allen Umständen zu meiden. Blicke von Fremden sollten nicht erwidert werden, eine nepalesische Frau, die das täte, würde als sehr dubios angesehen.

Das **Feuer** ist heilig, besonders das Küchenfeuer, in dem niemals Abfall verbrannt werden darf. Falls beim Trekking oder Wandern Abfall verbrannt werden muss, so sollte dies kurz vor Aufbruch vom Lager geschehen und nicht, bevor das Essen darauf gekocht wird.

Im Allgemeinen lassen sich die Nepalis sehr gerne **fotografieren,** jedoch nicht alle. Vor dem Fotografieren von Personen sollte immer um Erlaubnis gebeten werden. In vielen Fällen wird der/die Betreffende ein wenig Kleingeld verlangen, es empfiehlt sich also, immer einen Vorrat an kleinen Münzen und Scheinen dabeizuhaben. 50 Rs. für ein paar Fotos sollten ausreichen. Nicht unterstützen sollte man allerdings das Verhalten einiger Einwohner, besonders von Kindern, die sich scheinbar freundlich für Fotos anbieten, nur um danach Geld fordern zu können. Zu den geldgierigsten „Fotomodellen" gehören viele Sadhus, heilige Männer (bzw. „heilige" Männer), die mehr für Fotos posieren als sich ihrer Religion zu widmen. Diese sieht man vor allem am Durbar Square in Kathmandu und am Pashupatinath-Tempel. Viele dieser Sadhus putzen sich bewusst fotogen heraus, um so Touristen anzulocken und dann hohe Fotogebühren von ihnen abzukassieren. 20 bis 30 Rs. sollten auch hier reichen. Jeder Tourist, der 100 oder 200 Rs. zahlt, macht nachfolgenden Touristen das Leben umso schwerer. Zum Vergleich: Das offizielle **nepalesische Mindesteinkommen** liegt je nach Berufssparte bei ca. 250–400 Rs./Tag.

Das **Betteln** ist eines der unangenehmsten Probleme, mit denen der Tourist konfrontiert wird. Grundsätzlich sollte man nur solchen Personen etwas geben, die sich offensichtlich nicht selbst ernähren können, also Kranken, Krüppeln, Alten etc. Nichts geben sollte man dagegen den zahlreichen bettelnden Kindern, die sonst womöglich auf die Idee kommen, Bettelei sei einträglicher als Arbeit. Wer Gutes tun will, wende sich an eine der vielen Hilfsorganisationen, die die Spenden nutzbringend einzusetzen wissen.

Auf dem Boden liegende Speisen sind zu umgehen, das Darübersteigen würde sie rituell verunreinigen.

Kühe sind den Hindus heilig und werden oft sogar als die „Mutter" des Menschen bezeichnet. Dementsprechend groß ist der Freiraum, den sie genießen. Kühe liegen ungestört mitten auf der Fahrbahn, wandeln geruhsam durch Märkte, ganz wie es ihnen behagt. Viele Nepalesen lassen sich im Vorbeigehen von den Kühen „segnen", indem sie ihre rechte Hand zunächst zu deren Stirn, dann an die eigene führen. Das Schlachten von Kühen ist gesetzlich verboten, und ebenso wenig sollte man nach ihnen treten, Steine werfen o.Ä.

Nepal ist eines der ärmsten Länder der Welt, und es gehört für den Touristen zum guten Ton, **nicht mit seinem westlichen Reichtum** zu **protzen.** Die Nepalesen sind sich ihrer Abhängigkeit von ausländischer Hilfe durchaus bewusst und haben diesbezüglich einen gewissen kollektiven Minderwertigkeitskomplex entwickelt, den man nicht noch steigern sollte. Die Höhe des Einkommens, der Preis der Fotoausrüstung, die Ausgaben für das letzte Essen im Luxusrestaurant oder ähnliche Themen sollten umgangen werden. Es macht einem Nepalesen keine Freude, wenn er erfährt, dass der Tourist für eine Mahlzeit so viel ausgibt wie er selber in einer Woche verdient.

Die nepalesische **Form der Bejahung oder Zustimmung** ist dieselbe wie in Indien: Der Kopf wird mehrere Male seitlich von links nach rechts und umgekehrt gerollt, etwa so wie bei unserer Geste fürs „Nein". Je nach Intensität der Bewegung kann sie verschiedene Nuancen der Zustimmung ausdrücken: heftig – „Ja, auf jeden Fall", mittel – „Ja, wahrscheinlich", zögernd – „Ja, ich glaube", vielleicht auch: „Ich weiß eigentlich nicht". Darüber hinaus gibt es natürlich noch alle möglichen Zwischennuancen.

Das **„Nein"** wird durch ein kurzes seitliches Zucken des Kopfes ausgedrückt, möglicherweise unterstützt durch ein abfälliges Schnalzen.

Das Händeschütteln ist in Nepal generell nicht üblich, man **begrüßt oder verabschiedet** sich, indem man die Handflächen wie zum Gebet vor der Brust zusammenlegt und „Namasté" sagt. **„Namasté"** stammt aus dem Sanskrit und bedeutet frei übersetzt: „Ich grüße den Gott in dir". Gebraucht werden kann es zu jeder Tageszeit; solche Grußformeln wie „Guten Morgen", „Guten Tag" etc. werden in der Regel nicht benutzt. Nicht anwenden sollte man das Namasté jedoch gegenüber eindeutig Niedriggestellten wie Bettlern, Schuhputzern usw., die sich durch die unangemessen respektvolle Begrüßung verhöhnt fühlen könnten. In diesem Falle sollte man nicht grüßen. Gelegentlich begrüßt man sich formlos mit dem patriotisch-forschen **„Jay Nepal!"** („Heil Nepal!"), das aus dem Mund eines Ausländers aber sicher für Heiterkeit sorgen wird.

Verkehrsmittel

Das Reisen innerhalb Nepals wird oft zu einem **unverhofften Abenteuer,** denn die öffentlichen Verkehrsmittel sind nicht immer zuverlässig, dafür umso langsamer und überfüllter. Viele Straßen sind lediglich rustikale Holperwege, die Vehikel und Fahrgäste auf eine harte Belastungsprobe stellen.

Die Nepalesen selber können gelassen darüber hinwegsehen, da die vorhandenen Verkehrsmittel immer noch bequemer sind als der **Fußmarsch,** der für viele Einwohner bis heute die einzige Methode ist, von einem Ort zum anderen zu gelangen. In den meisten Berggebieten gibt es nur Fußpfade, und feiertägliche „Spaziergänge" von vier oder fünf Stunden, um die Verwandten zu besuchen, werden leichten Fußes absolviert. Zu vielen Festen an verehrten Tempeln wandern die Gläubigen gar einige Tage lang zu Fuß, selbst wenn Straßen dorthin vorhanden sein sollten. Eine ganze Woche Marschzeit hin und zurück ist dabei eher die Regel als die Ausnahme. So betrachtet ist der Tourist auch mit den relativ bescheidenen Verkehrsmitteln des Landes noch gut bedient.

Staatliche Fluggesellschaft

Die staatliche Fluggesellschaft Nepal Airlines, Airline-Code RA, unterhält ein dichtes **Inlandsflugnetz** zu insgesamt 40 Flugplätzen. Von diesen können einige nur zu bestimmten Jahreszeiten angeflogen werden, die meisten aber verfügen über Allwetterbahnen, die – von extremen Wetterlagen abgesehen – das ganze Jahr hindurch benutzt werden können. In den meisten Fällen ist das Wort Flughafen etwas zu hoch gegriffen, da es sich nur um eine kurze Rollpiste und ein winziges Abfertigungsgebäude handelt.

Der Flugzeugpark besteht hauptsächlich aus sogenannten **STOL-Flugzeugen,** die mit extrem kurzer Rollbahn auskommen können (STOL = *short take-off and landing*). In den Bergtälern ist für lange Start- und Landepisten eben kein Platz. Die Maschinen sind in erster Linie 19-sitzige DHC-6 Twin Otter und – seltener – die 44-sitzige HS 748 Avro, die nur die größeren Flughäfen ansteuern kann, z.B. Kathmandu und Pokhara.

[>] In dieser Art „Sardinenbüchse", genannt „Tempo", bewegen sich viele Einwohner Kathmandus fort

Beim Einholen von Flugpreisen ist zu berücksichtigen, dass Nepalesen und Inder häfig zu sehr viel günstigeren **Tarifen** fliegen können, als Ausländern (d.h. alle sonstigen Nationalitäten), z.T. zahlen Ausländern drei- bis viermal so hohe Preise.

Die **Tickets** können in Rupien oder mit ausländischen Devisen (US$, Euro, SFr. etc.) bezahlt werden. Der Restbetrag wird in Rupien herausgegeben. Einzuchecken ist mindestens eine Stunde vor Abflug.

- **Flughafen Kathmandu, Auskunft:** Tel. 01-01-4113299 (Inlandsflüge), 01-4113163 (Auslandsflüge).
- **Büro der Nepal Airlines in Kathmandu: Head Office,** NAC Building, Ecke New Rd./Kantipath, Tel. 01-4220757, 01-4248614, 01-4244055, 01-4248617, info@nac.com.np, www.nepalairlines.com.np. Die Gesellschaft hieß früher *Royal Nepal Airlines,* nach dem Ende der Monarchie 2008 wurde das „Royal" aus dem Namen entfernt.

Private Fluggesellschaften

1992 wurde das staatliche Flugmonopol aufgehoben, woraus die Gründung einiger privater Fluggesellschaften resultierte. **Auf den wichtigsten Strecken,** beispielsweise von Kathmandu nach Pokhara, hat man heute die Auswahl unter mehreren Gesellschaften. Die Tickets der privaten Airlines können ohne Aufpreis in so gut wie allen Reisebüros im Land gekauft werden, oder – sofern man den oft längeren Weg auf sich nehmen mag – auch in den Stadtbüros der Airlines selber.

Leider ist es um die **Flugsicherheit** in Nepal nicht allzu gut bestellt. Das Land hat eine der höchsten Absturzraten der

ktm208 rk

Welt. 2013 gab es innerhalb von nur 2 Wochen drei Flugzeugabstürze. Insgesamt ist es seit 1990 zu ca. 50 Abstürzen gekommen. Nach Meinung von Experten sind 95 % davon auf menschliches Versagen zurückzuführen. Deutlich erschwert wird das Fliegen durch das bergige Terrain und plötzliche Wetterumschwünge.

Leider besteht zu vielen abgelegenen Ort kaum eine nennenswerte Alternative zum Flugzeug – im Falle von Strecken, die gut per Auto oder Bus befahrbar sind, sollte man vielleicht auf der Erde bleiben. Die Entscheidung muss jeder für sich selbst treffen.

Die Hauptbüros der wichtigsten privaten Fluggesellschaften

Ein Besuch bei den Airlines ist nur in Sonderfällen vonnöten, die **Tickets** werden ohne Aufpreis – oft sogar billiger als bei der Airline – von Reisebüros in Kathmandu verkauft. In den letzten Jahren hat sich die Zahl der Fluggesellschaften etwas ausgedünnt, übrig sind diese:

- **Air Dynasty Heli Services,** www.airdynastyheli.com (Helikopter-Charter)
- **Buddha Air,** www.buddhaair.com
- **Fishtail Air** (Hubschrauber-Charter), www.fishtailair.com
- **Gorkha Airlines,** www.gorkhaairlines.com
- **Shree Airlines** (Hubschrauber-Charter), www.shreeair.com
- **Simrik Air** (Hubschrauber-Charter), www.simrikair.com
- **Sita Air,** www.sitaair.com.np
- **Tara Air,** www.taraair.com
- **Yeti Airlines,** www.yetiairlines.com

Everest-Rundflug

Siehe Kapitel „Den Bergriesen zum Greifen nahe – per Everest-Flug“, S. 113.

Fahrten mit dem Heißluftballon

Das Unternehmen **Balloon Sunrise Nepal** hat Rundfahrten mit dem Heißluftballon von Kathmandu aus im Programm, Beginn ist kurz nach Sonnenaufgang. Es geht über das Kathmandu Valley in einer Höhe von 1200 bis 1500 m über dem Tal, was fast 3000 m ü.N.N. entspricht. Die Tour dauert ca. 1 Std. und kostet 195 US$ pro Person, inklusive Hoteltransfer, Frühstück und „Ballon-Zertifikat“. Anfragen unter Tel. 01-4424 131, www.catmando.com/balloon. Das Paket kann zum selben Preis auch von zahlreichen Reisebüros in Kathmandu arrangiert werden.

Hubschrauber

Hubschrauber können über jedes bessere **Reisebüro in Kathmandu** gechartert werden. So kann man sich z.B. den langen Trekk nach Muktinath ersparen. Tatsächlich werden die Hubschrauber oft von wohlhabenden Pilgern zu Orten wie Muktinath gechartert, ebenso von Bergsteigern. Hubschrauber werden aber auch zum Krankentransport aus abgelegenen Gebieten eingesetzt. Leider ist auch bei den Hubschraubern die Absturzrate relativ besorgniserregend.

Je nach Typ, Passagierkapazität und Strecke belaufen sich die Kosten auf

1500 bis 5000 US$. Es gibt mehrere Unternehmen in Kathmandu, bei denen Hubschrauber gechartert werden können, die Namen entnehme man oben bei den Fluggesellschaften.

Überlandbusse

Die **unangenehmsten Verkehrsmittel** Nepals sind wohl die Überlandbusse, die oft völlig überfüllt, extrem langsam und unbequem sind. Zum Glück sind die Strecken innerhalb des Kathmandu Valley, die man mit demselben Bus fahren wird, kaum jemals länger als 30 oder 35 km. Selbst dafür benötigen die Busse meist 1½ bis 2 Std. Der Vorteil sind die extrem niedrigen Preise; es gibt im Kathmandu Valley Busfahrten mit normalem Bus, die nicht einmal einen Euro kosten. Zu beliebten Touristenorten wie Dhulikhel und Nagarkot fahren ab Thamel auch **bequeme Touristenbusse.** Diese sind zwar wesentlich teurer, für europäische Verhältnisse aber immer sehr preiswert.

Taxis, Mietwagen und Jeeps

Eine sehr gute Alternative zu den Bussen sind Taxis oder Mietwagen, die man günstig mieten kann. Besonders wenn sich mehrere Leute zusammentun, lässt sich hiermit sehr **preiswert** und vor allem **bequem** reisen.

Taxis können in Kathmandu oder Patan leicht zu Tagesausflügen oder auch für mehrere Tage dauernde Touren anheuern. Bei längeren Touren in vielleicht sogar abgelegene und bergige Orte lassen die Fahrer sich nicht auf den Taxameterpreis ein – es muss ein Preis ausgehandelt werden. Die Kalkulation sollte wie folgt aussehen: 45–50 Rs. pro gefahrenem Kilometer. 150–200 Rs. für jede Stunde, die der Taxifahrer an irgendeiner Sehenswürdigkeit warten muss. Zur Preisberechnung sollte man sich kundig machen, wie weit das Ziel entfernt ist, und dann mit einer festen Preisvorstellung um den Fahrpreis handeln. Wenn man sich per Taxi an einem weiter entfernten Ort absetzten lässt, muss dem Fahrer auch die Rückfahrt bezahlt werden, da er sicher keinen Rückpassagier findet. Eine Ausnahme ist vielleicht Bhaktapur, wo meist Passagiere nach Kathmandu zu finden sind.

Die Taxipreise sind natürlich von den jeweils aktuellen **Spritpreisen** abhängig. Mitte 2017 kostete ein Liter Benzin ca. 100 Rs. (viel für ein armes Land wie Nepal!), ein Liter Diesel ca. 75 Rs. Bei Dieselfahrzeugen könnte man also einen besseren Preis aushandeln, die Taxis fahren in der Regel aber mit Benzin. Einige private Kleinbusse, die auch angemietet werden können, fahren mit Diesel.

Für **Rundfahrten,** die mehrere Tage dauern sollen, bietet sich ansonsten der **Mietwagen-Service eines renommierten Reiseunternehmens** an. Diese haben gegenüber den Taxifahrern einen Vorteil: Die Taxifahrer sind nicht immer sehr zuverlässig, und es könnte passieren, dass ein Chauffeur seine Passagiere sitzen lässt und nach Hause fährt, da gerade wieder eines der zahllosen nepalesischen Feste vor der Tür steht oder er nun genug verdient und keine Lust mehr zum Arbeiten hat – so etwas kommt tatsächlich vor. Dieses Phänomen des spurlosen Verschwindens von Angestellten

ktm121 rk

kennt jeder Arbeitgeber in Nepal – es beschränkt sich nicht auf Taxifahrer. Auch viele Restaurant- oder Hotelbesitzer können ein Lied davon singen.

Disziplinierter als die Taxifahrer sind die Mietwagenfahrer, die bei den Reiseunternehmen arbeiten. Bei diesen Unternehmen lassen sich Mietwagen mit Fahrer anheuern, wobei die **Preise** je nach Wagentyp und Firma variieren: ca. 3000–5000 Rs./Tag plus die Kosten für den Sprit. Man kläre ab, ob bei dem Preis ein Kilometerlimit besteht (z.B. 100 km/Tag), und ggf., welche Extrakosten über dem Limit anfallen.

Leer fährt sich's leichter: eine der zahlreichen Fahrrad-Rikshas in Kathmandu

Ein sehr **zuverlässiges Unternehmen,** das zahlreiche Wagentypen zur Verfügung hat, ist das schon erwähnte **Yeti Travels,** Durbar Marg, Post Box 76, Kathmandu, Tel. 01-4221234, 01-4224 740, www.yetitravels.com.

Versicherungen

Egal, welche Versicherungen man abschließt, hier ein Tipp: Für alle abgeschlossenen Versicherungen sollte man die **Notfallnummern notieren** und mit der Policenummer gut aufheben!

Bei Eintreten eines Notfalles sollte die Versicherungsgesellschaft **sofort verständigt** werden! Dies gilt auch bei einem Schadensfall im Urlaub, der durch die reguläre Haftpflicht- sowie Unfallversicherung daheim abgedeckt wird, wenn man den Schaden direkt vom Urlaubsort meldet. Grundsätzlich gilt, dass

Versicherungspakete oft teuer sind und Versicherungen enthalten, die man nicht benötigt. Man sollte aber existenzielle Risiken absichern, und dazu gehört an erster Stelle die Auslandskrankenversicherung.

Auslandskrankenversicherung

Die Kosten für eine notwendige ärztliche Behandlung in Nepal werden von den gesetzlichen Krankenversicherungen in Deutschland und Österreich nicht übernommen, daher ist der Abschluss einer **privaten Auslandskrankenversicherung** unverzichtbar. Privatversicherte (u.a. Schweizer) sollten prüfen, ob ihre private Krankenversicherungsgesellschaft die vollständige Auslandsdeckung auch in Nepal garantiert. Man sollte eine private Auslandskrankenversicherung abschließen, die Folgendes leistet:

- Vergütung der **Arzt-, Zahnarzt- und Krankenhauskosten** ohne Summenbeschränkung.
- Deckung bei **Krankheit und Unfall.**
- Vergütung von **Krankentransporten, Rettungungskosten** und **Krankenrücktransport** ohne Einschränkungen und nicht nur, wenn es medizinisch notwendig ist oder der Krankenhausaufenthalt länger als 14 Tage dauert (werden nie von gesetzlichen Krankenkassen übernommen und es gibt viel Kleingedrucktes).
- Abdeckung der **gesamten Aufenthaltsdauer** mit automatischer Verlängerung über die festgelegte Zeit hinaus, wenn die Rückreise nicht möglich ist (durch Krankheit oder Unfall).
- Eventuell auch **Abdeckung der Reise- und Unterkunftskosten von Familienangehörigen,** wenn diese zur Betreuung anreisen.
- Bei Jahresverträgen sollte man darauf achten, dass der Versicherungsschutz meist für eine **bestimmte Anzahl von Tagen pro Reise** gilt.
- Eine **„Familienversicherung“** ist in der Regel günstiger als sich als Einzelpersonen zu versichern, hierbei sollte man aber die Definition von „Familie“ genau prüfen.

Zur Erstattung der Kosten benötigt man ausführliche **Quittungen** (mit Datum, Namen, Bericht über Art und Umfang der Behandlung, Kosten der Behandlung und Medikamente).

Zeitverschiebung

Die **Nepal Standard Time** ist der mitteleuropäischen Zeit (MEZ) zur Sommerzeit (Ende März bis Ende Oktober) um 3 Std. 45 Min. voraus, zur Winterzeit 4 Std. 45 Min. – um 12 Uhr in Deutschland ist es also 15.45 Uhr bzw. 16.45 Uhr in Nepal. Der Indian Standard Time ist sie um 15 Min. voraus, d.h. 12 Uhr in Indien ist 12.15 Uhr in Nepal. Mit dieser merkwürdigen Zeitrechnung möchte sich Nepal bewusst vom großen Nachbarn Indien absetzen – einen „logischen“ Grund für die Zeitverschiebung im Verhältnis zu Indien gibt es nicht.

Nepal in der Zeit voraus sind unter anderem Bangladesh (15 Min.), Thailand (1 Std. 15 Min.), Malaysia und Singapur (2 Std. 15 Min.).

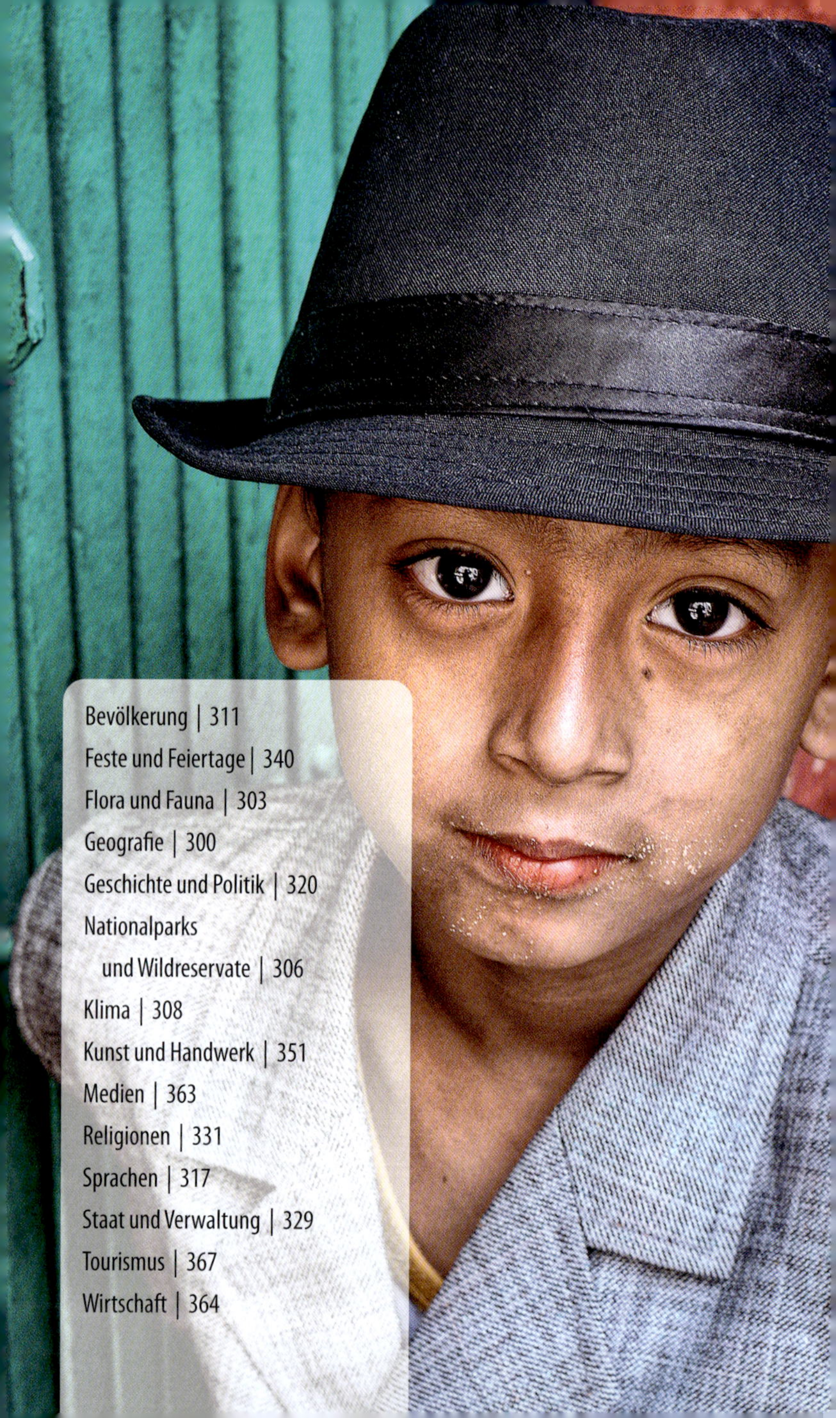

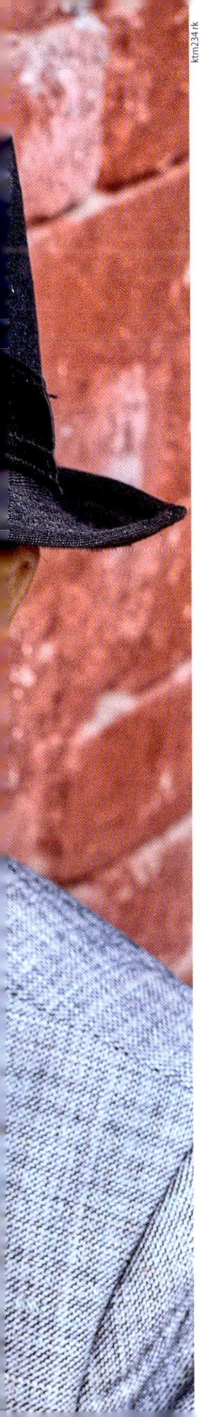

ktm234 rk

6 Land und Leute

Mode kennt kein Mindestalter: ein junger Gentleman in Kathmandu

Geografie

Nepal befindet sich, eingeschlossen von den beiden bevölkerungsreichsten Ländern der Erde, Indien und China, zwischen dem 26. und 30. nördlichen Breitengrad und zwischen dem 80. und 88. östlichen Längengrad. Damit liegt es etwa auf der Höhe von Libyen oder dem nördlichen Saudi-Arabien.

Hauptstadt und Kommunikationszentrum des Landes ist **Kathmandu** (ca. 1,8 Mio. Einwohner), das in einer Talsenke – dem Kathmandu Valley – auf etwa 1300 m ü.N.N. liegt. Nepal gehört zu den wenigen Ländern **ohne direkten Zugang zum Meer,** woraus sich einschneidende wirtschaftliche Abhängigkeiten vom Transitland Indien ergeben. Der nächste Seehafen befindet sich in Kolkata (Kalkutta), fast 1000 km Landweg von Kathmandu entfernt.

Die Gesamtfläche des Landes beträgt **147.181 Quadratkilometer,** was etwa der gemeinsamen Landmasse der Schweiz und Österreichs entspricht. Der südliche Nachbar Indien, der aufgrund seiner Kulturverwandtschaft als eine Art Bruderland betrachtet wird, ist etwa 22 Mal so groß. Die größte Ost-West-Ausdehnung Nepals beträgt 885 km, die größte Nord-Süd-Ausdehnung liegt zwischen 145 und 241 km.

Trotz seiner kleinen Fläche umfasst Nepal geografische Zonen, wie sie unterschiedlicher nicht sein könnten. Sie reichen von den nur 60 m ü.N.N. gelegenen Tiefebenen im Süden bis zu den Bergriesen des Himalaya. Generell ist Nepal – ganz seinem Klischee entsprechend – ein **extrem gebirgiges Land.** 64 % der Fläche liegen über 1000 m hoch, 28 % über 3000 m und 10 % über 5000 m. Alle Regionen, die über 5000 m hoch liegen, sind von permanentem Schnee bedeckt.

Das Land unterteilt sich in insgesamt **vier geografische Zonen:** die Tiefebene, genannt Terai, die sich nördlich anschließenden Shiwaliks (auch: Churia-Hügelkette), die Mahabharat-Kette und das Bergland (Nepali: Pahar), aus dem sich auch die Himalaya-Kette erhebt.

Das **Terai,** das unmittelbar an Indien grenzt, war bis in die jüngere Vergangenheit von dichtem Dschungel bedeckt, nur wenig besiedelt und galt aufgrund der weit verbreiteten Malaria als die „Fieberhölle" Nepals. Dieser schwer durchdringbare Wall aus Urwald und Krankheit isolierte Nepal lange gegen Süden, im Norden war das Land ohnehin durch das Hochgebirge abgeschnitten. Mit der Zurückdrängung der Malaria seit den 1960er Jahren wuchs im Terai die Bevölkerung, weite Waldflächen wurden gerodet und zu Ackerland gemacht. Betriebe nahmen ihre Arbeit auf. Heute versorgt das Terai weite Teile Nepals mit Nahrungsmitteln und erzeugt sogar Exportüberschüsse. Zahlreiche der größten Städte Nepals befinden sich im Terai und florieren zum großen Teil durch den Handel mit Indien. Die wichtigsten dieser Orte sind Biratnagar (170.000 Einw.), Birganj (120.000 Einw.), Bhairawa (75.000 Einw.) und Nepalganj (65.000 Einw.). Das Terai wird an einigen Stellen von niedrigen Höhenzügen durchschnitten, die teilweise die Grenze nach Indien bilden oder nach Süden hin kleine Ebenen umschließen, die Inneres Terai genannt werden.

Den nördlichen Abschluss des Terai bilden die **Shiwaliks** oder **Churia-Ber-**

ge, die sich quer durch das ganze Land erstrecken. Vom Terai aus steigen diese – zum Erschrecken vieler Buspassagiere – enorm steil an und erreichen Höhen bis zu 1500 m. Dieser Streifen ist aufgrund seiner Bodenbeschaffenheit landwirtschaftlich nicht nutzbar, und das Gebiet ist entsprechend nur dünn besiedelt. Unkontrollierte Abholzungen haben zudem zu starker Bodenerosion geführt – die im Monsun ins Terai abfließenden, stetig zunehmenden Wassermassen haben deshalb schon manche Überschwemmungskatastrophe ausgelöst.

Nördlich der Shiwaliks erstreckt sich die **Mahabharat-Kette** mit Gipfelhöhen von 2000 bis 3000 m. Dieser Höhenzug stellt altes nepalesisches Siedlungsgebiet dar, das von den Fiebersümpfen im Süden und dem Himalaya im Norden umschlossen und für Feinde fast unerreichbar war. Da die vorhandenen Flusstäler sehr eng und zum Siedeln ungeeignet sind, ließ sich die Bevölkerung an den Talhängen nieder und schuf terrassenförmiges Ackerland. Die wichtigsten Städte dieser Region sind Dharan Bazar (120.000 Einw.), Hetauda (80.000 Einw.) und Butwal (80.000 Einw.).

Nördlich der Mahabharat-Kette folgt das **Bergland,** das die Täler von Kathmandu und Pokhara umschließt und sich in einer Breite von 50 bis 100 km quer durch das Land erstreckt. Üppige Niederschläge und das gemäßigte Klima machten diese Region zum Hauptsiedlungsgebiet: In der Vergangenheit beherbergte sie gut zwei Drittel der nepalesischen Bevölkerung. Mittlerweile leidet die Region unter Überbevölkerung, Bodenerosion und Bodenauszehrung. Die Folge davon ist ein stetig fallender Flächenertrag. Das veranlasst viele Bewohner zur Flucht in die größeren Städte, in denen sie sich ein sichereres Auskommen erhoffen. Der Ackerbau erfolgt auf unzähligen Terrassenfluchten, die den Bergen mühsam abgerungen wurden. Nassreis wird bis in Höhen von 2000 m angebaut, Mais bis zu 2500 m, Weizen bis 2800 m.

Aus dem Bergland erhebt sich das legendäre **Himalaya-Massiv,** dessen Gipfel sich unter ewigem Schnee befindet. Der Name Himalaya (Betonung auf dem ersten a) entstammt dem Sanskrit und bedeutet „Ort des Schnees“. Hier erhebt sich auch der **Mt. Everest** (8848 m), der höchste Berg der Welt. In der Landessprache nennt er sich *Sagarmatha* oder „Kopf des Meeres“ – ein treffender Hinweis darauf, dass sich hier vor Millionen von Jahren ein Meer befand. Der Himalaya bildete sich vor 140 Mio. Jahren, als sich die sogenannte Indische Platte aus dem Südkontinent (Godwanaland) löste und gen Norden auf die Eurasische Platte zutrieb. Durch den beim Aufeinandertreffen entstehenden Druck wurde der Himalaya aufgewölbt. Da die Landbewegung immer noch im Gange ist, erhöht sich der Himalaya jedes Jahr noch um einen Millimeter, der allerdings durch natürliche Erosion wieder abgetragen wird. Trotzdem ist der Mt. Everest nach neuesten Messungen eines ausländischen Forscherteams auf 8850 m angewachsen, die nepalesische Regierung beharrt jedoch bisher auf der althergebrachten Zahl.

Als Siedlungsgebiet spielt das Gebirge verständlicherweise eine untergeordnete Rolle, an seinen Südhängen liegt die **Siedlungsgrenze bei ca. 2500 m.** Einige Sommersiedlungen werden gelegentlich in Höhen bis 4400 m angelegt.

In der **Mythologie** der Nepalesen sind zahlreiche Berge des Himalaya mit ihren Göttern verknüpft und gelten als heilig. So z.B. der Machhapuchre (6993 m) im Annapurna-Massiv, der 1957 gegen den Willen weiter Teile der Bevölkerung von einer Bergexpedition in Angriff genommen wurde. Die Besteigung scheiterte jedoch – ein untrügerisches Zeichen der Macht der Götter –, und weitere Versuche wurden nicht mehr gestattet. Ohnehin hegen die Nepalesen wenig Verständnis für die Besteigung von Bergen aus abenteuerlichen Gründen.

An Teilen der Grenze zu Tibet erstreckt sich über 400 km – vom Ganesh Himal bis in den Nordwesten des Landes – die **nordhimalayische Trockenzone,** deren zerklüftete Öde an die Hochebenen von Tibet erinnert. Wegen ihrer lebensfeindlichen Bedingungen ist die Region nur spärlich besiedelt, nur in den Flussniederungen wird Ackerbau betrieben.

Aus den Gebirgsregionen ergießen sich zahlreiche **Flüsse** in Richtung Süden, die alle direkt oder indirekt in die heilige „Mutter Ganges" einfließen. Wie die Inder, so betrachten auch die Nepalesen viele ihrer Flüsse als Manifestationen der Götter, in die man die Asche der Toten streut, die dann zum Ganges und damit zur Erlösung treibt. Nepals wichtigste Flüsse sind der Karnali im Westen, der Gandaki in der Zentralregion und der Koshi im Osten. Sie entwässern gemeinsam etwa drei Viertel der Landesfläche.

Der **Wasserstand** der Flüsse ist stark von der Jahreszeit abhängig, und manch traurig dahinplätscherndes Rinnsal schwillt in der Regenzeit zu einem flutgewaltigen, reißenden Strom an. Zu dieser Jahreszeit führen viele Flüsse das 30-fache ihrer normalen Wassermenge, was sich im Zuge der zunehmenden Bodenerosion in Zukunft auch noch steigern kann: Das Abholzen der Bergwälder, die zuvor große Teile des Regenwassers speicherten, lässt die Wassermassen der Flüsse und damit auch deren zerstörerische Kraft anschwellen und hat oft Überschwemmungen zur Folge. Andererseits bergen die Flüsse ein ungeheures **Potenzial an Energie:** Berechnungen zufolge verfügt Nepal, bei einem Flächenanteil von nur 0,94 % der Erde, theoretisch über 2,27 % des weltweiten hydro-elektrischen Potenzials. Bis dieses jedoch voll genutzt werden kann, wird noch so manches Wasser ungenutzt in den Ganges fließen.

Die höchsten Gipfel sind:

Mt. Everest	8848 m
Kanchenjunga	8586 m
Lhotse	8516 m
Mt. Makalu	8463 m
Cho-Oyu	8201 m
Dhaulagiri	8172 m
Manaslu	8163 m
Annapurna I	8091 m
Shisha Pangma	8013 m
Annapurna II	7937 m
Himal Chuli	7893 m
Annapurna III	7755 m

Flora und Fauna

Flora

Entsprechend der geografischen Zonen kann man Nepal auch in **fünf größere Vegetationszonen** unterteilen: die tropische Zone im extremen Süden, die sich anschließende subtropische, die gemäßigte, die subalpine und schließlich die alpine Zone.

Die **tropische Zone** umfasst das Terai und das Innere Terai und ist die Heimat eines artenreichen Monsunwaldes. Der verbreitetste Baum ist der Sal-Baum *(Shorea robusta),* dazu kommen Orchideenbäume, Dillenien, Katechu-Akazien, Wollbaum u.v.a. Das Terai ist Nepals fruchtbarste Region und bietet gute Voraussetzungen für den Reisanbau, der die Region zur Kornkammer des Landes gemacht hat. Weite Landstriche sind mit Zuckerrohr bepflanzt, das hier ebenfalls am besten gedeiht.

Die **subtropische Zone** befindet sich in Höhenlagen zwischen 1000 und 2100 m. Im westlichen Nepal finden sich darin Nadelwälder, die von der Emodikiefer *(Pinus ruxburghii)* dominiert werden; im Osten und in der Zentralregion herrschen Chilaunen- und Scheinkastanienwälder vor, durchsetzt mit Eichen, Erlen, Korallen- und Walnussbäumen. Vor allem im Osten wachsen diverse Rhododendron-Arten, die im März und April zu voller Pracht erblühen.

Die **gemäßigte Zone** erstreckt sich bis in Höhen von 3100 m und unterliegt einem feuchten, kühlen Klima. In den unteren Lagen finden sich u.a. Pinienwälder, Birken, Ahornbäume und Scheinkastanien, in den oberen Lagen Pappeln, Haselnuss-, Spindel- und Ahornbäume sowie Birken. In dieser Zone gedeihen auch zahlreiche Kräuter, die in der traditionellen Heilmedizin Verwendung finden.

Die **subalpine Zone** beginnt bei 3100 m und reicht bis zur Baumgrenze, die in den verschiedenen Landesteilen auf unterschiedlichem Höhenniveau liegt: im Westen bei 3650 m, in der Zentralregion bei 3800 m und im Osten bei 4100 m. Durch das ungastliche kalte Klima und Wassermangel ist die Vegetation hier sehr spärlich, es wachsen Hemlock- und Himalayatannen, Birken und Rho-

ktm077 rk

Hanf *(Cannabis sativa)* wächst in Nepal vielerorts wild, der Genuss ist allerdings nur Sadhus erlaubt

dodendronwälder und vor allem verschiedene Kräuterarten. Darunter sind Steinquitte, Waldrebe, Seidelbast und Primeln.

Die **alpine Zone** beherbergt karge Trockensteppen, die zum Teil über 4500 m hoch liegen und nur wenige, anspruchslose Sträucher aufweisen. Bis 5000 m Höhe wachsen Blumen, von denen Nepal um die 6500 Arten aufweist. Dazu kommen insgesamt 375 Farnarten.

Die ungeheure Artenvielfalt, die den verschiedenen Klimazonen entspringt, ist natürlich nicht ungefährdet. 87 % des Energiebedarfs wird aus Brennholz gedeckt, und die daraus resultierende **Abholzung der Wälder** löst eine Kette von ökologischen Katastrophen aus: Erdrutsche, Überschwemmungen, vielen Tier- und Pflanzenarten wird die Lebensgrundlage entzogen. Waren 1990 noch knapp 40 % der Landesfläche mit Wald bedeckt, dürften es heute kaum noch 25 % sein. Holz ist ein wichtiges Exportgut und bringt dem Land jährliche Einnahmen von 50 bis 100 Mio. Rupien. Am meisten betroffen von der Abholzung sind die mittleren Höhenzüge bis 2750 m, wo anstelle von Wäldern vielerorts nur noch ödes Strauchland zu finden ist.

Fauna

Insgesamt beheimatet Nepal über 800 Vogel-, 590 verschiedene Schmetterlings- und 120 Fischarten. In den Niederungen tummeln sich Gekkos und Warane, aber auch zahlreiche Schlangenarten. Letztere halten die Ratten- und Mäusepopulation in Grenzen (insgesamt 22 Arten), die Schätzungen gemäß ohnehin schon 15 bis 20 % einer jeden Ernte vernichten. Ohne die Mäuse ja-

⌄ Dieses Nebengebäude des Swayambhu-Tempelkomplexes zieht unter anderem auch Affen an – einige nutzen es für romantische Eskapaden (was sich aber nur bei genauem Hinsehen erschließt)

ktm078 rk

Yarshagumba, der Fitmacher aus den Bergen

Jedes Jahr im Mai und Juni sind in zwanzig Distrikten im Nordwesten Nepals Tausende von Menschen auf der Suche nach Yarshagumba (auch: *Yarchagumba*), das in der chinesischen und tibetischen Medizin hochgeschätzt ist. Es gilt als allgemeines **Tonikum,** soll den Altersprozess verlangsamen, Krebs bekämpfen und – nicht zuletzt – **die Potenz fördern.** Aus letzterem Grunde wird es oft auch „das Viagra des Himalaya" genannt.

Yarshagumba ist ein sogenannter „Raupenpilz"; er entsteht durch einen Schmarotzerpilz, der sich in den Larven einer bestimmten Raupenart (Großer Hopfenzapfenbohrer) einnistet, sie abtötet und mumifiziert. Der Schmarotzerpilz entwickelt sich jedoch prächtig weiter. Mit der Zeit entsteht ein Gebilde, das aussieht wie eine längliche, schmale, braune Schote – Yarshagumba oder mit medizinischem Namen *Cordyceps sinensis.* Yarshagumba gedeiht nur in Höhen zwischen 3500 und 5000 m, und das beste soll in der **Region Dolpa** zu finden sein. Jährlich werden nur ca. 250 bis 300 Kilo des begehrten Schmarotzerpilzes aufgestöbert, wobei etwa die Hälfte der „Ernte" aus dem Distrikt Dolpa stammt. Vor Ort liegt der Kilopreis je nach Ernte bei 10.000–15.000 €, gelegentlich auch höher. In China kostet Yarshagumba im Großhandel dann das Doppelte.

Für die verarmte Landbevölkerung der Region ist das Sammeln des Elixiers eine willkommene Möglichkeit, das magere Jahresbudget aufzubessern. Im Mai, wenn Yarshagumba auf Wiesen und Weiden zu sprießen beginnt, werden Jung und Alt von Goldgräberstimmung erfasst, und viele Schulen schließen, da sämtliche Schüler – und wohl auch der eine oder andere Lehrer – auf Yarshagumba-Suche sind. Allerdings riskieren die Sammler oft ihr Leben: Jedes Jahr kommt es zu zahlreichen **Todesfällen** durch Höhenkrankheit, Erschöpfung oder Abstürze. Zudem lauert die Gefahr, dass Räuber den Sammlern das Yarshagumba gewaltsam abnehmen.

Wer Yarshagumba ausprobieren will: Eventuell wird man bei einigen Tee- und Kräuterhändlern fündig, ansonsten führen manche Supermärkte in Kathmandu eine Variante des Mittels in Kapselform namens „Sanjiwani" (z.B. die Kette Bluebird, www.bluebirdmart.com.np).

genden Schlangen wäre der Schaden noch höher.

Unter den **Schlangenarten,** die vor allem im Terai vorkommen, kaum in den Höhenlagen, sind Kobras, Königskobras, Pythons, Kraits und Vipern. Schlangenbisse werden hauptsächlich unter der Dorfbevölkerung des Terai registriert, die bei der Feldarbeit einem erhöhten Risiko ausgesetzt ist. Die Chance, bei einer Trekking-Tour eine Schlange zu Gesicht zu bekommen, ist sehr gering: Erstens werden die Schlangen mit zunehmender Höhe seltener, und zweitens flieht jede Schlange beim Gedröhn von einem Dutzend Trekker-Stiefeln. Schlangen haben zwar kein Gehör, nehmen durch ihren Körper aber die vom Boden ausgehenden Vibrationen auf.

In einigen Flüssen und Teichen leben **Wasserschlangen,** in den unteren Läufen der Flüsse Koshi, Mahakali und Narayani tummeln sich noch einige **Krokodile** und **Alligatoren.**

Wie nicht anders zu erwarten, beherbergt jede der so unterschiedlichen Kli-

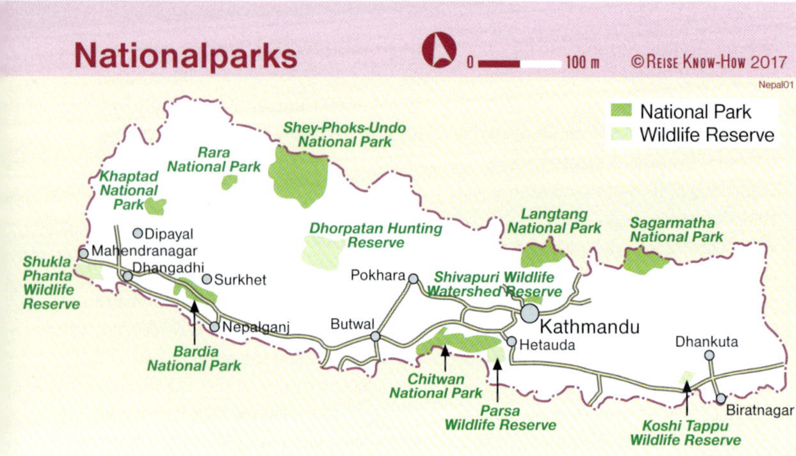

ma- und Höhenzonen ihre eigenen **Tiergattungen.** So findet man im heißen Terai Affenarten wie Makaken und Languren, verschiedene Wildkatzen, Hyänen, Füchse, Mungos, Otter, Maulwürfe, Einhörnchen, Karnickel, Wildschweine, Schwarzbären und etliche Hirscharten. Dazu gesellen sich einige **vom Aussterben bedrohte Arten:** Im Jahr 2000 wurde die Zahl der Tiger auf insgesamt 360 bis 370 geschätzt, heute sind es aufgrund von Wilderei unter 150. Gesunken ist in den letzten Jahren auch die Zahl der Nashörner, deren Bestand derzeit auf insgesamt ca. 400 geschätzt wird (die meisten davon im Chitwan-Park). Dazu kommen wilde Wasserbüffel (unter 100), wilde Elefanten (ca. 100 bis 170), Bisons (100 bis 200), Schwarzhirsche (ca. 100) und Flussdelfine (unter 100).

Die Mittelgebirge **bis 3000 m** werden bevölkert von Makaken, Languren, Wölfen, Füchsen, verschiedenen Bärenarten, Wildschweinen, Dschungelkatzen, diversem Rotwild, Leoparden und Schakalen.

In Höhen **bis zu 4000 m** leben die allgegenwärtigen Languren, verschiedene Schaf- und Rotwildarten, Bären, Rote Pandas, Wölfe, Bergfüchse, Braun- und Himalaya-Bären und Schneeleoparden.

Nationalparks und Wildreservate

Seit der Gründung des ersten Nationalparks in Nepal im Jahre 1973, dem Royal Chitwan National Park, wurden bisher elf weitere Nationalparks oder Wildreservate geschaffen. Diese umfassen insgesamt eine Fläche von ca. **13.000 Quadratkilometern,** was etwa 9 % der Landesfläche entspricht – eine beachtliche Zahl, die wohl von nicht vielen Ländern erreicht wird.

Informationen zu den Schutzgebieten werden erteilt vom **Department of National Parks and Wildlife Conservation,** Barbar Mahal, Kathmandu, Tel. 01-4227 926, 01-4220850, www.dnpwc.gov.np.

Chitwan National Park

- **Gegründet:** 1973
- **Fläche:** 932 Quadratkilometer
- **Region:** Terai, bei Tadi Bazar/Bharatpur/Meghauli
- **Tiere:** Hirsche, Wildschweine, Krokodile, Alligatoren, Flussdelfine, Tiger, Leoparden, Rhinozerosse

Sagarmatha National Park

- **Gegründet:** 1976
- **Fläche:** 1148 Quadratkilometer
- **Region:** Khumbu, Ostnepal
- **Tiere:** Languren, Hirsche, Rote Pandas, Schwarzbären, Leoparden, Wölfe

Langtang National Park

- **Gegründet:** 1976
- **Fläche:** 1710 Quadratkilometer
- **Region:** Langtang Valley, Gosainkund
- **Tiere:** Hirsche, Yaks, Schneeleoparden, Rote Pandas, Wildschafe

Rara National Park

- **Gegründet:** 1976
- **Fläche:** 106 Quadratkilometer
- **Region:** Rara Lake, Karnali, Nordwest-Nepal
- **Tiere:** Moschushirsche, Schwarzbären

Shey-Phoks-Undo National Park

- **Gegründet:** 1984
- **Fläche:** 3555 Quadratkilometer
- **Region:** Ostnepal
- **Tiere:** Moschushirsche, Schneeleoparden, Wildschafe

Khaptad National Park

- **Gegründet:** 1984
- **Fläche:** 225 Quadratkilometer
- **Region:** Westnepal
- **Tiere:** Rote Pandas, Schwarzbären, Wildhunde, Fasane, Leoparden, Rhesus Affen

Bardia National Park

- **Gegründet:** 1988
- **Fläche:** 986 Quadratkilometer
- **Region:** Bardia District
- **Tiere:** Tiger, Leoparden, wilde Elefanten, Hirsche, Rhinozerosse

Shukla Phanta Wildlife Reserve

- **Gegründet:** 1986
- **Fläche:** 155 Quadratkilometer
- **Region:** Kanchanpur District
- **Tiere:** wilde Elefanten, Tiger, Leoparden, Wildschweine, Hirsche

Koshi Tappu Wildlife Reserve

- **Gegründet:** 1976
- **Fläche:** 175 Quadratkilometer
- **Region:** Südost-Nepal, nahe Biratnagar
- **Tiere:** Tiger, wilde Büffel, Wildschweine, Hirsche

Parsa Wildlife Reserve

- **Gegründet:** 1984
- **Fläche:** 50 Quadratkilometer
- **Region:** Zentral-Nepal
- **Tiere:** Chital, Tiger, wilde Elefanten

Dhorpatan Hunting Reserve

- **Gegründet:** 1987
- **Fläche:** 1325 Quadratkilometer
- **Region:** Dhaulagiri Himal, Westnepal
- **Tiere:** Bären, Fasane, Truthähne

Shivapuri Wildlife Watershed Reserve

- **Gegründet:** 1976
- **Fläche:** 145 Quadratkilometer
- **Region:** nördlich von Budhanilakantha, Kathmandu Valley
- **Tiere:** Leoparden, Hasen, Hirsche, Vögel

Klima

Aufgrund der extremen Höhenunterschiede innerhalb des Landes gibt es logischerweise eine **Vielzahl von klimatischen Zonen,** und die Frage: „Wie ist das Wetter in Nepal im Oktober?" kann allgemeingültig nicht beantwortet werden. Wo in Nepal – das ist der springende Punkt. Denn während der Farmer im Terai unter herbstlicher Brutsonne schwitzt, riskiert der Everest-Bezwinger Erfrierungen; während es im Terai im Monsun Kübel schüttet, glitzert im Hochgebirge der ewige Schnee.

Grundsätzlich kann man das Jahr in **drei Haupt- und zwei Nebenjahreszeiten** unterteilen. Von Mitte Juni bis Anfang Oktober herrscht der bei Touristen so unbeliebte **Monsun,** den die Nepalesen *Ritu Hawa* nennen, die „Jahreszeit der Winde". Dies ist die ungünstigste Jahreszeit für Reisen, es gibt oft lange anhaltenden Regen, und die sonst so weithin sichtbaren Berge sind dicht von Wolken verhüllt. Im Kathmandu Valley aber fallen die Regenfälle nicht so stark aus wie z.B. im Terai, und man kann durchaus einige Tage hintereinander erleben, an denen die Sonne scheint und es keinen Regen gibt. Der Vorteil der Regenzeit ist, dass sich die Natur in ihrem besten Gewand präsentiert, das ganze Tal ist in ein sattes Grün getaucht.

Das Ende des Monsuns leitet in die schönste Jahreszeit über, eine Art kurzen **Herbst,** der etwa von Mitte Oktober bis Mitte November dauert. Auf Nepali heißt er *Sharad Ritu,* die „Kühle Jahreszeit". Das Wetter ist klar, die Sicht gut, die Landschaft erscheint nach den vorangegangenen Regengüssen erneut grün und fruchtbar.

Es folgt der **Winter** (*Hiuñdo* oder *Jarobela*), der etwa bis Ende Februar oder Anfang März dauert. Es kann empfindlich kühl werden, in Kathmandu werden manchmal Nachttemperaturen von knapp unter 0 Grad gemessen. Das Ende der kalten Jahreszeit wird durch das hinduistische Frühlingsfest Holi markiert, nach dem es oft schlagartig heiß wird.

Dieser **Frühling** oder *Basanta Ritu* geht schon bald in eine Art Vormonsun über (ca. Ende April), dessen gelegentliche Stürme den nahenden Regen ankünden.

Klima

Mittlere tägliche Maximum- und Minimumtemperaturen in °C

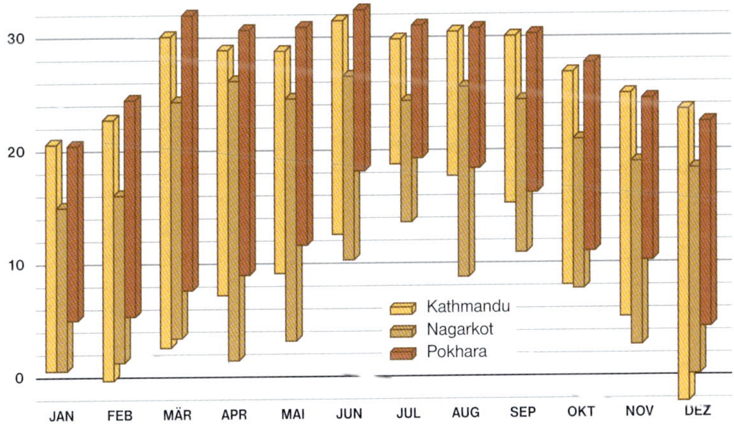

Durchschnittliche Regentage im Monat

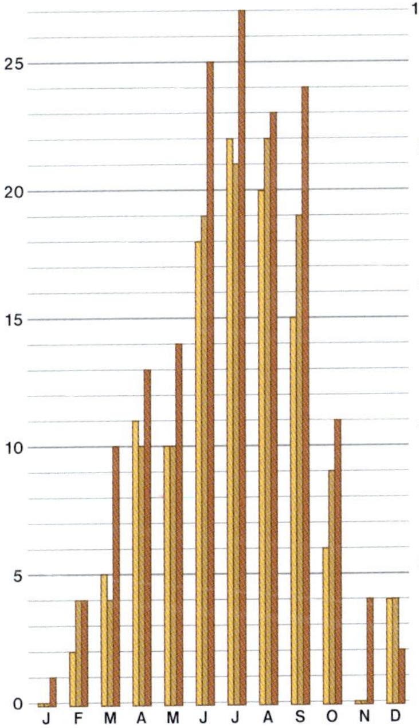

Durchschnittliche Niederschläge in mm

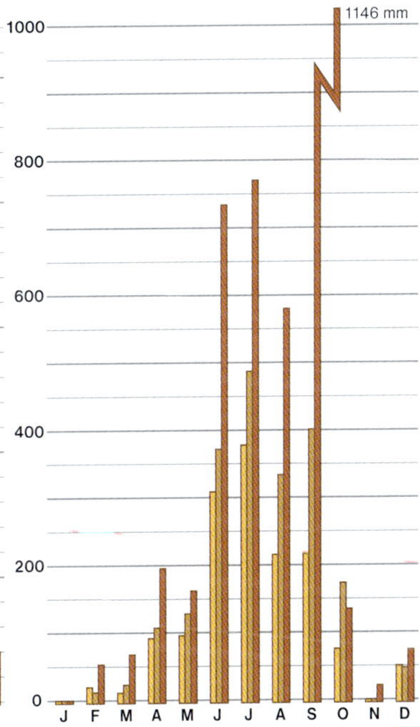

Im Folgenden eine Übersicht, welches **Wetter** wann **im Kathmandu Valley** zu erwarten ist:

Januar – Kalte Nächte mit gelegentlich nur um 0 Grad, Tagestemperaturen um 21 Grad; nachts und morgens neblig, sonst sehr klar.

Februar – Tagestemperaturen um 24 Grad; in der zweiten Monatshälfte kein Morgennebel mehr, tagsüber aber gelegentlich geringe Wolkenbildung; ansonsten sehr klar. Immer noch sehr kalte Nächte, 1 oder 2 Grad über dem Gefrierpunkt.

März – Nachttemperaturen kaum unter 10 Grad, am Tage bei knapp 30 Grad; steigende Luftfeuchtigkeit und häufigere Wolkenbildung; gelegentlich dunstig.

April – Nachttemperaturen kaum unter 13 Grad, tagsüber bis 32 Grad; verstärkte Dunstbildung und nachmittags gelegentlich Stürme, allerdings ohne Regen.

Mai – Der heißeste Monat mit Nachttemperaturen selten unter 16 Grad, tagsüber 32 bis 33 Grad, manchmal auch noch etwas darüber; mittlerweile starke Wolkenbildung und gelegentliche Schauer, die mit starker Abkühlung einhergehen; ab der zweiten Monatshälfte zunehmende Trockenheit und starke Staubbildung, schwül.

Juni – Etwas höhere Nacht-, aber geringere Tagestemperaturen; erst zögerlich Schauer, die ab Monatsmitte kräftiger und ausdauernder werden.

Juli – Fast täglich Regen und relativ feucht; Tagestemperaturen, falls kein Regen um 30 Grad, bei Regen weniger. Nachts bei Regen 16 bis 20 Grad.

August – Immer noch etwa die gleichen relativ hohen Temperaturen und noch mehr Regen als im Vormonat.

September – Leicht absinkende Temperaturen, nachts 18 bis 22 Grad, tagsüber 30 bis 32 Grad; schon weniger Regen, besonders ab der zweiten Monatshälfte.

Oktober – Angenehme Temperaturen von nachts mind. 14 bis 16 Grad, am Tag max. 30 bis 32 Grad; in der ersten Monatshälfte eventuell noch ein gelegentlicher Schauer; alles ist herrlich ergrünt, das Wetter ist klar, nur wenig Wolkenbildung.

November – Es wird kühler, die Nachttemperaturen sinken bis auf 7 Grad, Tagestemperaturen max. 26 Grad; abends und nachts Nebel, ansonsten klarer, blauer Himmel.

Dezember – Kalt! Nachts manchmal unter 5 Grad, tagsüber höchstens 12 Grad; nachts und morgens Nebel, ansonsten klar und trocken.

Weitere Angaben, auch zu anderen Orten, entnehme man den folgenden Tabellen. Passionierte Wintersportler seien noch davor gewarnt, ihre Skiausrüstung nach Kathmandu zu schleppen: Den einzigen dort registrierten Schneefall gab es 1945!

☒ Newar-Mädchen in Bungamati

Bevölkerung

Statistik

2017 hatte Nepal ca. **29 Mio. Einwohner,** was eine durchschnittliche Besiedlung von ca. 198 Einwohnern pro Quadratkilometer bedeutet (zum Vergleich: Deutschland 231 Einw./Quadratkilometer). Zu bedenken ist aber, dass weite Teile des Landes unbewohnbar sind und in den Hauptballungsgebieten eine viel höhere Bevölkerungsdichte herrscht – wie jedermann selber merken wird, der sich durch Kathmandus Altstadtgassen zwängen muss.

Kathmandu ist die dichtbesiedeltste Stadt mit rd. 5000 Einwohnern pro Quadratkilometer, jährlich verzeichnet sie einen Zuwachs von ca. 15 %. An zweiter Stelle folgt Bhaktapur mit über 2500 Einwohnern pro Quadratkilometer. Wie überall in der „Dritten Welt" wird eine **Abwanderung der Landbevölkerung** in die Städte registriert: Lebten dort 1971 nur 4 % der Bevölkerung, so waren es beim letzten Zensus 2011 19 %; inoffiziell wird die Zahl aufgrund von Migration aber mindestens doppelt so hoch geschätzt. Außerdem ist eine Abwanderung in die fruchtbaren Regionen des Terai zu beobachten, da die Landwirtschaft in den Bergregionen mit sinkenden Flächenerträgen zu kämpfen hat. Heute leben 7 % der Gesamtbevölkerung in den Hochgebirgen, 42 % in den Hügelregionen und etwas über 50 % im Terai (Zensus 2011).

ktm082 rk

Zwar scheint die Bevölkerungszahl relativ niedrig, der **jährliche Zuwachs** aber war viele Jahre enorm. So hatte Nepal noch 1971 nur fast ein Drittel seiner heutigen Einwohner, nämlich 11,5 Mio. Im Jahre 2011 – innerhalb von drei Jahrzehnten – hat sich Nepals Bevölkerung fast verdreifacht und das dramatisch klingende Wort „Bevölkerungsexplosion" ist keineswegs hoch gegriffen. Zum Vergleich: Indien, das Mutterland bevölkerungspolitischer Fehlschläge, benötigte 30 Jahre, um seine Bevölkerung von 350 auf 700 Mio. zu verdoppeln (1951 bis 1980). Mittlerweile ist Nepals Bevölkerungzuwachs abgeflaut, derzeit beträgt der jährliche Zuwachs lediglich 1,2 %.

Im Durchschnitt bekommt eine nepalesische Frau 2,18 Kinder (offizielle Schätzung 2016). Von 1000 Kindern sterben bis zum Alter von 5 Jahren 54 (in Deutschland sind es 3,7 von 1000).

Ein nepalesisches Kind, das heute geboren wird, hat eine durchschnittliche **Lebenserwartung** von 69,2 Jahren (Frauen 70,8 Jahre, Männer 67,7 Jahre). Ab dem Alter von 70 Jahren erhalten Nepalesen eine **staatliche Unterstützung** (Briddha Bhatta = etwa „Seniorenzuteilung") von monatlich 2000 Rs., also ca. 18 €.

Die Volksgruppen

Nepals Bevölkerung bildet keine homogene ethnische Gruppe, im Gegenteil: Es gibt **mindestens 36 verschiedene Volksgruppen,** die zum großen Teil ihre eigene Sprache sprechen und eigene Traditionen pflegen. Das Spektrum reicht von den Bhote-Völkern des Himalaya, die den Tibetern verwandt sind (Nepali *bhote* = „Tibet"; Vorsicht, das Wort gilt bei vielen Nepalesen heute als Schimpfwort im Sinne von „Hinterwäldler"!), bis zu den indo-arischen Gruppen des Terai. Der Begriff „Nepalese" ist – falls die Person nicht genauer definiert wird – etwa genauso vage wie das Wort „Europäer".

Die verschiedenen Volksgruppen leben, falls sie nicht von der großen Wanderungswelle erfasst wurden, in den ihnen angestammten **Regionen:** Die Täler und Mittelgebirge sind die Heimat der Newar, Tamang, Magar, Limbu, Rai, Sunwar, Jirel, Kiranti, Thakali, Gurung, Magar, Chepang, Panchgaunle. Im Terai leben die Tharu, Satar, Rajbansi, Dhimal, Bodo, Dhangar, Majhi und Darai, und im Himalaya die bekannten Sherpa, dazu Lhomi, Thudam, Topke Gola, Lopa, Manangba, Baragaunle und Olangchung Gola.

Zu all den in Nepal ansässigen Volksgruppen gesellen sich zunehmend **Inder,** die aufgrund eines entsprechenden indo-nepalesischen Abkommens Wohn- und Arbeitsrecht in Nepal in Anspruch nehmen können. Das begünstigt einen starken Zustrom vornehmlich aus den verarmten Unterschichten der angrenzenden indischen Bundesstaaten Uttar Pradesh und Bihar, aber auch aus den wohlhabenden Händlerkasten der Sindhi und Marwari. Mittlerweile leben einige Millionen Inder in Nepal, dessen Bevölkerung den Zuzug mit nur wenig Wohlwollen beobachtet. In der Umgangssprache werden die Inder „Dhoti" genannt – eine Anspielung auf das gleichnamige Wickelgewand, das die meisten von ihnen tragen.

Die **wichtigsten nepalesischen Volksgruppen** im Einzelnen sind:

Newar

Die Newar werden als die **„Ureinwohner" des Kathmandu Valley** betrachtet, die allerdings selbst keine homogene ethnische Gruppe darstellen. Die Newar-Gesellschaft entstand um das 6. Jh., als sich Kirata, Kollya, Salmaliya, Shakya, Licchavi und Shreshta im Kathmandu-Tal ansiedelten, und vermischte sich später mit weiteren Gruppen und Einflüssen. Der Begriff Newar umfasst deshalb sowohl Gruppen indo-arischer als auch tibeto-burmesischer Herkunft, und diese komplexe Zusammensetzung hat Ethnologen schon zu den unterschiedlichsten Herkunftstheorien verleitet.

Die Newar sprechen ihre eigene **Sprache, Newari,** die der tibeto-burmesischen Sprachenfamilie zuzuordnen ist, aber auch einige Sanskrit-Einflüsse aufweist. Geschrieben wird im **Devanagiri-Alphabet,** das auch für Nepali, Hindi, Marathi und Sanskrit verwendet wird. Die einst gebräuchliche eigene Newari-Schrift wird heute kaum noch benutzt.

Die Newar umfassen heute rd. **1,4 Mio. Personen**, von denen mehr als die Hälfte im Kathmandu Valley wohnen, der Rest in und um Pokhara, Tansen, Butwal und im äußersten Westen des Landes. Die meisten arbeiten als Handwerker, Geschäftsleute oder in der Landwirtschaft.

Gurung

Die Gurung sind ein **Bergvolk,** das die Gebiete von Gorkha bis Lamjung, Kaski und Syangja im Westen bewohnt und sich vor allem in den berühmten **Gurkha-Regimentern** einen Namen gemacht hat. Es gibt wohl kein Gurung-Dorf, in dem nicht ein paar Gurkha-Veteranen zu finden wären, die nun ihre Pension aufzehren. Abgesehen davon wird der Lebensunterhalt in erster Linie durch den Anbau von Reis, Weizen, Mais, Kartoffeln sowie mit der Schafzucht verdient.

Die Gurung-Gesellschaft ist in **zwei Hauptkasten** unterteilt, die **Char Jat** („Vier Stände") und **Sora Jat** („Sechzehn Stände"). Die Mitglieder der Char Jat haben den höheren Status, Ehen zwischen den Kasten sind nicht üblich. Die Char Jat unterscheiden sich weiterhin, wie der Name schon andeutet, in vier Unterklassen. Die Sora Jat bestanden ursprünglich einmal aus 16 Unterklassen, inzwischen sind es jedoch mehr. Untereinander erkennt man die Gruppenzugehörigkeit und damit den Status am Clansnamen. Heute leben ca. 520.000 Gurung in Nepal.

Magar

Wie die Gurung, so zog es auch die Magar traditionell in die **Gurkha-Regimenter,** was den bescheidenen Einnahmen aus der Landwirtschaft eine Menge Pound Sterling zufließen ließ. Angebaut werden Reis, Hirse, Weizen, Buchweizen, Mais, Obst und Gemüse. Einige Bauern betreiben Ziegen- oder Schafzucht.

Die Magar gehören zu den tibeto-burmesischen Völkern und sprechen demnach eine dem Tibetischen verwandte Sprache. Diese ist jedoch in drei so unterschiedliche **Dialekte** gespalten, dass deren Sprecher untereinander kaum kommunizieren können.

Die Magar-Gesellschaft unterteilt sich in eine Reihe von **Thar** oder **„Clans"**, die

ktm083 rk

sich untereinander weiter in Unterclans gliedern. Grundsätzlich wird den Clans keine spezielle Rangordnung zugeschrieben, in einigen Dörfern kann dies aber gelegentlich der Fall sein. Die meisten Magar heiraten strikt innerhalb ihres Clans, wobei Ehen zwischen Cousin und Cousine auffallend häufig sind. Die meisten Ehen sind von den Eltern arrangiert, einige Magar-Herren „rauben" sich aber lieber eine Frau und heiraten ihre „Beute" dann in einer Nacht- und Nebel-Aktion! Die meisten Magar leben über Westnepal verstreut, insgesamt ca. **1,5 Mio. Menschen.**

Thakali

Ihrer geringen Anzahl zum Trotz sind die Thakali **im Geschäftsleben** und besonders in der Gastronomie enorm **einflussreich.** Ursprünglich stammen sie aus dem Gebiet des Thak Khola (*khola* = „Fluss") zwischen Annapurna und Dhaulagiri, breiteten sich aber schon Ende des 19. Jh. entlang des gesamten Kali-Gandaki-Tals aus; heute sind sie fast im ganzen Land anzutreffen. Ihr traditionelles Handelszentrum ist Tukche, dessen Name an den tibetischen Begriff für „Salzmarkt" angelehnt ist. Tatsächlich hielten sie seit Mitte des 19. Jh. das Monopol für den Salzhandel mit Tibet in ihren Händen. Als einige ihrer Kaufleute die darauf erhobenen Steuern nicht mehr zahlen konnten, wandten sie sich anderen Handelszweigen zu.

Heute unterhalten viele von ihnen die Bhatti oder **Herbergen,** die an den Trekking-Routen liegen. Landwirtschaft ist in ihrem Wohngebiet aufgrund der dort vorherrschenden Trockenheit nicht stark verbreitet, bestenfalls in der Region südlich von Tukche, wo etwas mehr Regen fällt. Dort wird Malz, Mais, Weizen und Buchweizen angebaut, dazu Kartoffeln und Rettiche.

Auch die Thakali-Gesellschaft ist in **Clans** oder Sippen unterteilt, die jeweils ihrem eigenen Clansgott huldigen. Die **Religion** der Thakali ist eine esoterische Mixtur aus Buddhismus, Hinduismus, Shamanenkult und diversen anderen, tibetischen Kulten. **Thakali-Hochzeiten** sind traditionell „Raubhochzeiten": Dazu versammeln sich Anverwandte und Freunde des hoffnungsvollen Bräutigams und entführen die Auserwählte, sobald sie ihr Haus verlässt. Dann wird sie so lange in der Verwandtschaft des Mannes festgehalten, bis ihre Eltern in die Heirat einwilligen. Einigen Männern bekommt das Ritual so gut, dass sie es gleich mehrmals im Leben absolvieren: Polygamie wird geduldet, ist aber nicht die Regel.

Die Bevölkerungzahl der Thakalis beträgt ca. 30.000 Menschen.

Rai

Die Rai sind ein Zweig der Kiranti-Volksgruppe, der noch die Limbu und einige kleinere Völker angehören. Als bevölkerungsreichster Kiranti-Zweig umfassen die Rai ca. **620.000 Menschen.** Sie werden als tapfere Krieger angesehen. Im 2. Jh. soll das Kathmandu Valley

◁ Gut behütet: Dieser Newar trägt eine Kappe, auf der das *swastika,* das hinduistische Glückssymbol („Hakenkreuz") eingearbeitet ist

ktm279 rk

von Kiranti-Königen beherrscht worden sein. Die Bezeichnung Rai bedeutet so viel wie „Häuptling". Noch heute zieht es die Männer in die Polizei oder Armee bzw. die Gurkha-Regimenter. Ansonsten bauen sie Reis, Hirse, Mais und Weizen sowie Orangen, Bananen, Guaven, Jackfruit und einige Gemüsesorten an. Sie gelten als harte und **ausdauernde Arbeiter,** die ihre wohlverdiente Freizeit aber zu genießen wissen mit selbst gebrannten Spirituosen, die sie aus überschüssigem Getreide gewinnen.

Die Rai-Gesellschaft ist in **Clans** unterteilt, die aus verschiedenen Orten oder Gebieten stammen. Am Clansnamen lässt sich erkennen, wo genau eine Sippe ursprünglich angesiedelt war. Die Hauptsiedlungsgebiete der Rai sind heute die Täler des Dudh Koshi und Arun River in Ostnepal, in den Distrikten Solu-Khumbu, Sagarmatha, Okhaldunga und Khotang Bhojpur. Die meisten Dörfer befinden sich in Höhen zwischen 1000 und 2000 m.

Tamang

Mit einer Bevölkerungszahl von ca. **1,3 Mio.** sind die Tamang eine der größten Volksgruppen Nepals. Ihre Wohngebiete befinden sich in Höhenlagen zwischen 1600 und 2300 m, gelegentlich aber auch darüber, rings um das **Kathmandu Valley.** In Kathmandu kann man tagtäglich beobachten, wie Tamang mit Lasten auf dem Rücken, die ihr Körpergewicht überschreiten, durch die Straßen ziehen.

In erster Linie leben sie von der Landwirtschaft, sie gelten aber auch als **gute Handwerker.** Die Männer arbeiten oft als Zimmerleute, Maurer oder Pflugmacher, die Frauen weben wollene Winterjacken oder flechten Bambuskörbe und Schirme aus Blattwerk. Einige Priester der Tamang, die durchweg **Buddhisten** sind, malen Thangkas, die tibetischen religiösen Stoffgemälde. Ursprünglich waren die Tamang Pferdehändler, wie ihr Name auch andeutet: *ta* ist tibetisch für „Pferd", *mang* bedeutet „Händler". Sie gehören der tibeto-burmesischen Völkerfamilie an und sind laut Überlieferung in grauer Vorzeit aus Tibet eingewandert.

Die Gesellschaft ist in **Clans** oder Sippen unterteilt, die jeweils von einem gemeinsamen Ahnen abstammen sollen.

Sherpa

Wer hat nicht schon von den Sherpa gehört? Aufgrund ihrer Leistungen bei zahlreichen Hochgebirgs-Expeditionen ist ihr Name zum Synonym für einen „Lastenträger“ geworden – doch in Wirklichkeit bedeutet der Name des stolzen Volkes **„Bewohner des Ostens“**. Tatsächlich bewohnen sie in erster Linie Ostnepal; ihre Heimat ist der Distrikt Solu-Khumbu, wo sich ihre Dörfer in Höhen zwischen 3300 und 4600 m befinden. Sie leben von Landwirtschaft, Viehzucht und Handel, und erst seit der jüngeren Vergangenheit verdingt man sich als Bergführer oder **Träger.** Die Lage ihrer Heimat an der Handelsroute zwischen Nepal und Tibet begünstigte von jeher den Handel; die wichtigsten Handelsgüter waren Salz, Schafswolle, Yaks und Fleisch. Die Sherpa sind ein tibeto-burmesisches Volk, dessen Sprache eng mit dem Tibetischen verwandt ist. Ihre Zahl beträgt gegenwärtig ca. **120.000 Personen.**

Sprachen

Nepali

Die **offizielle Landessprache** ist seit der Einigung Nepals im 18. Jh. Nepali, das gelegentlich auch *Pahari* („Bergsprache“) genannt wird. Das Nepali stammt vom altindischen Sanskrit ab, der sogenannten „Sprache der Götter“, in der alle wichtigen Hindu-Schriften verfasst wurden. Damit ist das Nepali ein enger Verwandter der nordindischen Sprachen (Hindi, Bengali, Marathi, Gujerati u.v.m.), die ebenfalls vom Sanskrit herrühren. Hindi und Nepali stehen sich etwa so nahe wie Deutsch und Holländisch. Mit anderen Worten: Wer eine der beiden Sprachen beherrscht, versteht auch schon zum großen Teil die andere!

Als Abkömmling des Sanskrit gehört Nepali zur **indo-germanischen Sprachenfamilie,** der außer Baskisch, Finnisch, Ungarisch, Estnisch und Türkisch auch alle europäischen Sprachen angehören. Somit ist Nepali tatsächlich auch über viele Ecken mit dem Deutschen verwandt – was beim Erlernen der Sprache jedoch rein gar nichts nützt. Die Gemeinsamkeiten sind nur noch für Sprachwissenschaftler erkennbar (siehe auch „Sprachhilfe Nepali“ im Anhang).

Nepali wird im **Devanagari-Alphabet** geschrieben, das auch für Sanskrit, Hindi und Marathi benutzt wird. Das Alphabet besteht aus 36 Konsonanten, zwölf Vokalen und zwei Nasalzeichen. Dazu kommt noch eine theoretisch unbegrenzte Zahl von kombinierten Konsonanten, die sogenannten Ligaturen. Einige dieser Ligaturen sind sehr ungebräuchlich und finden sich nur noch bei Sanskrit-Vokabeln. In der Praxis werden ungefähr 30 bis 40 Ligaturen benutzt.

Weitere Sprachen

Außer Nepali werden in Nepal **noch 122 weitere Sprachen und Dialekte** gesprochen, die **verschiedenen Sprachfamilien** angehören, hauptsächlich der indogermanischen und der tibeto-burmesischen. Nepal ist sprachlich somit enorm zersplittert, und gäbe es nicht das Nepali, könnten sich viele Nepalesen gar nicht untereinander verständigen.

Die **wichtigsten Sprachen** sind die Folgenden (die Zahlen stehen für den prozentualen Anteil der Sprecher an der Gesamtbevölkerung; Zahlen von 2011):

Nepali	44,6
Maithili	11,7
Bhojpuri	6,0
Tharu	5,8
Tamang	5,1
Newari	3,2
Magar	3,0
Bajikka	3,0
Doteli	3,0
Urdu	2,6
Avadhi	2,5
Limbu	1,3
Gurung	1,2
Baitadeli	1,0

Maithili, Bhojpuri und Avadhi sind derbe Ableger des Hindi, die auch in verschiedenen Teilen Nordindiens sehr verbreitet sind. Das **Newari,** eine Sprache der tibeto-burmesischen Sprachfamilie, ist die Sprache der Newar, der „Ureinwohner" des Kathmandu-Tales. Das Newari hatte ursprünglich seine eigene Schrift (Ranjana-Alphabet), wird heute jedoch – wie das Nepali – im Devanagari-Alphabet geschrieben. Bei all dem Sprachgewirr ist tröstlich, dass **Englisch** fast überall mehr oder weniger verstanden wird. In Kathmandu wird es mit

Vokale im Nepali

अ	आ	इ	ई	उ	ऊ	अं
a	aa	i	ii	u	uu	an
ऋ	ऌ	ए	ऐ	ओ	औ	अः
ri	lri	e	ai	o	au	ah

Vokalendungen im Nepali

ा	ि	ी	ु	ौ	ँ
(a)	(i)	(ii)	(u)	(au)	(an)
ू	े	ै	ो	ः	
(uu)	(e)	(ai)	(o)	(ah)	

Konsonanten im Nepali

क	ख	ग	घ		ङ
Ka	Kha	Ga	Gha		Na
च	छ	ज	झ		ञ
Cha	Chha	Ja	Jha		Yna
ट	ठ	ड	ढ		ण
Ta	Tha	Da	Dha		Na
त	थ	द	ध		न
Ta	Tha	Da	Dha		Na
प	फ	ब	भ		म
Pa	Pha	Ba	Bha		Ma
य	र	ल	व		श
Ya	Ra	La	Wa		Sha
ष	स	ह	क्ष	त्र	ज्ञ
Sha	Sa	Ha	Ksha	Tra	Jna

Englisch kaum Verständigungsprobleme geben, eher schon an den abgelegenen Trekking-Pfaden.

Wer sich einige Grundbegriffe in Nepali aneignen möchte, dem empfiehlt sich das im Reise Know-How Verlag erschienene **„Nepali – Wort für Wort"** von *Hans G. Voßmann,* Reihe Kauderwelsch; dazu gibt es auch einen digitalen AusspracheTrainer.

Geschichte und Politik

Nepals frühe Geschichte ist von **Myriaden von Legenden** durchwoben, die von Göttern, Heiligen und wundersamen Ereignissen berichten. **Wahrheit und Mythos** vermischen sich zu einem unerschöpflichen Fundus von Überlieferungen, deren Mystik einen wesentlichen Anteil zum Reiz des Landes beitragen. Wahr oder nicht, sind die Legenden doch oft interessanterer Lesestoff als die Geschichte.

Mythische Vorzeit

Nur wenig gesicherte Erkenntnisse gibt es über die Zeit vor dem 5. Jh. n.Chr. Ab ca. dem 8. Jh. v.Chr. waren möglicherweise die Könige der **Gopala- oder Ahir-Dynastie** die ersten Herrscher des Tales von Kathmandu. Diese waren angeblich von einem Kuhhirten (= *Gopala/Ahir*) begründet worden, der vom legendären Weisen *Ne* zum König erhoben worden war. Der **Weise Ne,** in der Landessprache *Ne Muni,* ist der Namensgeber und Schutzpatron des heutigen Nepal. „Nepal" bedeutet frei übersetzt „Land des Ne".

Die Gopala-Dynastie wählte einen heiligen Ort bei Thankot zu ihrem Sitz, an dem sich heute Mata Tirtha oder das „Mutter-Heiligtum" befindet. Einer Überlieferung nach überdauerte die Dynastie 521 Jahre und wurde dann von den **Kiranti** aus dem heutigen Ostnepal verdrängt. Diese verlegten ihren Sitz nach Gokarna, wenige Kilometer nordöstlich des heutigen Kathmandu. Zur Regierungszeit des siebten Kiranti-Königs, *Jitedasti,* soll *Arjuna,* der Held des Hindu-Epos Mahabharata, dem Land einen Besuch abgestattet haben. Dabei beeindruckte er den Gott Shiva, der sich als Kiranti verkleidet hatte, mit seinen Künsten als Bogenschütze. Zusätzlich überredete er *Jitedasti,* ihm ein Heer nach Kurukshetra in Nordindien zu entsenden, um gegen seine Feinde, die Gaurava, zu kämpfen. Die Schlacht von Kurukshetra bildet den Hintergrund der wichtigsten hinduistischen Schrift, der Bhagavad Gita, die zugleich ein Teil der Mahabharata ist.

Um 200 n.Chr.

Die Kiranti-Dynastie endet, als **Somabansi** aus Nordindien ins Land einfallen. Von nun an herrschen Somabansi-Könige, die am Fuße des Pulchowki-Berges am Südrand des Kathmandu Valley residieren. Sie verankern in der Gesellschaft

› Inschrift am Annapurna-Tempel in Kathmandu

das **hinduistische Kastensystem,** das bis heute ungebrochen fortbesteht.

Um 300 n.Chr.

Die nordindischen **Licchavi** dringen in das Tal ein und lösen bald die Somabansi-Dynastie ab. Ab hier etwa lüftet sich der Schleier dunkler Vorzeiten, und wir kommen zu ersten historisch gesicherten Fakten.

464–897 n.Chr.

Die Licchavi herrschen über das Kathmandu Valley, Architektur und Kunsthandwerk erleben eine Blütezeit, aus der heute noch zahlreiche Tempel und Kunstschätze erhalten sind. Verbesserte Handelswege zwischen Tibet, dem Kathmandu-Tal und Indien fördern den **kulturellen Austausch.** Die Verbindung nach Tibet wird durch die Heirat des tibetischen Königs *Songsten Gampo* mit einer nepalesischen Prinzessin, *Bhrikuti,* gefestigt. *Bhrikuti* wird nach ihrem Tode geheiligt und geht als Hari Tara oder „Grüne Tara" in den buddhistischen Götter-Pantheon ein.

Mit dem Tod des Licchavi-Königs *Jayadeva II.* im Jahr 733 geht die Licchavi-Periode zu Ende, und es beginnt eine **Ära verschiedener Dynastien,** die sich gegenseitig bekämpfen und über die wenig gesicherte Kenntnisse vorliegen.

897–1182

In der sogenannten **Thakuri-Periode,** begründet von König *Ragavadeva Lakshmi,* herrscht eine Folge von indischen Fürstenhäusern, vornehmlich aus der Kriegerkaste der Rajputen. „Thakur" bedeutet etwa „Landedelmann" oder „Hoher Herr".

949 besteigt **Gunakamadeva I.,** der spätere Gründer Kathmandus, den Thron.

Um 1200

Nach der Thakuri-Herrschaft folgt die **Malla-Dynastie,** die bis 1768 über das Land herrschen sollte. „Malla" bedeutet „Ringer", und einer Legende zufolge wurde dem ersten König der Dynastie, **Arideva,** während eines Ringkampfes die Nachricht von der Geburt eines Sohnes überbracht – worauf er seinem Königshaus den Namen Malla gab.

ktm085 rk

1244–1311

Eindringlinge vom Volk der **Maithila** aus dem heutigen Nordindien überfallen die Städte des Kathmandu-Tales mindestens fünf Mal, plündern und zerstören Tempel und Häuser.

Während eines heftigen **Erdbebens** im Jahr 1255 kommt ein Drittel der nepalesischen Bevölkerung um.

1349

Die **moslemischen Moguln,** die schon ab dem frühen 13. Jh. in Indien eingefallen waren, erobern unter der Führung von *Shamsuddin Ilyas* für einen kurzen Zeitraum das Kathmandu-Tal. Dabei zerstören sie zahllose Tempel und andere Heiligtümer.

1382

Mit der Krönung **Jayasthitis** beginnt die **dritte Generation der Malla-Dynastie,** die als die wichtigste angesehen wird. Der König zerschlägt die Banden, die seit Mitte des Jahrhunderts das Tal unsicher gemacht hatten und baut einen wohlgeordneten Staat auf. Die Pflichten der verschiedenen Kasten wie auch deren Unterscheidung nach Kleidung, Wohngebiet etc. werden in einer Art Kodex festgelegt.

1428

Yakshya Malla wird König und dehnt den Einflussbereich der Mallas über die Grenzen des Tales hinaus aus. Er erweist sich als generöser Kunstmäzen und Religionsförderer und setzt diesbezüglich ein Beispiel, dem spätere Malla-Herrscher folgen sollten.

1482

Yakshya stirbt, sein Reich wird unter seinen vier Kindern – drei Söhne und eine Tochter – aufgeteilt. Diese herrschen von nun an getrennt über **Kathmandu, Bhaktapur, Patan und Banepa** und bilden die erste Generation von **separaten Dynastien.** In der Folgezeit befinden sich diese Dynastien fast im permanenten Kriegszustand gegeneinander. Die Rivalität zwischen den vier Reichen wird auch auf künstlerischem Gebiet ausgetragen – die Herrscher wetteifern untereinander um die Errichtung der prächtigsten säkulären Bauten oder Tempel. Als Folge erblühen Kunsthandwerk und Architektur.

1559

Nachdem die Auseinandersetzungen die Königreiche zu schwächen beginnen, gelüstet es einige der Herrscher aus dem Hinterland nach der Macht. Einer von ihnen, **Dravya Shah,** erobert die Festung von Gorkha, von der zwei Jahrhunderte später die Einigung Nepals ausgehen sollte.

1618–1658

Siddhi Narasinha Malla regiert in Patan und erweist sich als unermüdlicher Bauherr von Tempelanlagen.

1641–1674

Pratap Malla herrscht über Kathmandu und führt es zu seiner Blütezeit. Unter seiner Führung entstehen zahllose Baudenkmäler, die bis heute das Stadtbild des alten Kathmandu prägen.

1685

Zum ersten Male greift das **Herrscherhaus von Gorkha** in das Geschehen im Kathmandu Valley ein und unterzeichnet mit Kathmandu und Bhaktapur einen Pakt gegen Patan.

1719

Die **Pest** geht im Kathmandu-Tal um und rafft über 20.000 der Bewohner dahin.

1734

Jaya Prakash Malla besteigt den Thron von Kathmandu, in seligem Unwissen, dass er der letzte Herrscher der Dynastie sein wird. Aufgrund der endlosen Querelen mit Bhaktapur und Patan wird der Gegner, der sich am Horizont abzeichnet, nicht rechtzeitig beachtet: der Gorkha-Prinz *Prithvi Narayan Shah,* der ein begierliches Auge auf das Tal geworfen hat.

1768–1774

Prithvi Narayan Shahs Truppen marschieren in Kathmandu ein, günstigerweise am Tag des Indrajatra-Festes, als die Bevölkerung zu betrunken ist, sich den Eindringlingen zu widersetzen. König *Jaya Prakash* flieht zuerst nach Patan, das sich aber bald den Gorkhali ergibt, dann nach Bhaktapur.

1769 greift *Prithvi Narayan Shah* Bhaktapur an, das sich heftig zur Wehr setzt, schließlich aber geschlagen wird. Dem König von Bhaktapur, *Ranjit Malla,* wird die Ausreise ins Exil nach Benares gewährt. *Prithvi Narayan Shah* ist nun der uneingeschränkte Herrscher über das gesamte Tal. Er macht Kathmandu zu seiner Hauptstadt und begründet die **Shah-Dynastie,** die bis heute fortbesteht.

1774 stirbt *Prithvi Narayan Shah,* der nun als „Vater der Nation" gilt.

1787–1795

Die Gorkha-Armeen fallen im Zuge einer angestrebten territorialen Ausdehnung in Sikkim und Tibet ein und provozieren damit einen **Krieg mit China.** Die Gorkhali unterliegen und werden zu fünfjährlichen Abgaben an China gezwungen. Ihre Expansionsgelüste Richtung Norden sind damit ein für alle Mal begraben.

1791: Aufgrund seiner Niederlage gegen China wendet sich Nepal der **British East India Company** zu und unterzeichnet mit ihr ein Handelsabkommen.

1795 überfallen nepalesische Truppen **Kumaon** und **Garhwal** im westlichen Himalaya und annektieren sie.

1814–1816

Übergriffe der nepalesischen Armeen auf britisches Gebiet in Nordindien führen zum **Krieg mit der englischen Kolonialmacht.** Die Briten siegen, Nepal muss ihnen Garhwal, Kumaon, Darjeeling und seine im Terai besetzten Gebiete abtreten. Die Briten sind jedoch von der Kampfkraft der Nepalesen dermaßen beeindruckt, dass sie von nun an Rekrutierungen in ihre Armee vornehmen – die legendären **Gurkha-Regimenter,** auf denen zahlreiche spätere Schlachtsiege der Briten beruhen sollten, sind geboren.

1846

Lang andauernde Zwiste am Königshof führen zu einem Mord, den ein Offizier namens **Jung Bahadur Kanwar** zum Anlass nimmt, eine Krisensitzung einzuberufen. Bei dieser Sitzung sind Hunderte seiner politischen Gegner anwesend, die er kaltblütig ermorden lässt. Bei dem Gemetzel, das als **Kot-(„Festungs"-) Massaker** in die nepalesische Geschichte eingeht, kommt außer dem König fast jede bedeutende Persönlichkeit des Landes um. Dem König wird nahegelegt, ins Exil nach Benares zu gehen, und *Jung Bahadur* setzt den jungen Kronprinzen *Surendra Vikram Shah* auf den Thron. Alle weiteren wichtigen Posten lässt er von seinen Familienangehörigen besetzen und ernennt sich selber zum **Maharaja** oder „Großen König". Die Shah-Königsfamilie wird praktisch zu einem Schattendasein verdammt, die tatsächliche Macht liegt in Händen der Sippe *Jung Bahadurs,* die sich nun Rana nennt (= „Herrscher", „König"). Damit ist der Grundstein der **Rana-Dynastie** gelegt, die Nepal über ein Jahrhundert beherrschen sollte.

1852

Nach einem Staatsbesuch *Jung Bahadur Ranas* in England führt er eine **Gesetzgebung nach englischem Vorbild** und eine europäische Kleiderordnung bei Hofe ein. Palastbauten, die in jener Zeit entstehen, bekommen deutlich europäische Züge.

1857/1858

Aus Anlass des **indischen Aufstandes gegen die Engländer** entsendet *Jung Bahadur* Hilfstruppen zur Unterstützung der Kolonialmacht und erntet so deren Dank: Die Briten überlassen Nepal einen Teil des **westlichen Terai,** womit das Land seine heutige Ausdehnung erreicht.

1877

Jung Bahadur Rana stirbt. Sein Nachfolger, **Uddip Rana,** kann einen Versuch der *Shahs,* die Macht wieder an sich zu reißen, niederschlagen.

1885

Bir Shamsher Rana ermordet *Uddip,* schwingt sich zum allgewaltigen Premierminister auf und schließt *Jung Bahadurs* Zweig der Familie von der Macht aus.

1914–1918

Chandra Shamsher Rana, der wichtigste Herrscher der Rana-Folge, der in seinen 29 Regierungsjahren unermessliche Reichtümer anhäuft, entsendet Gurkhas, die an der Seite der Briten im **1. Weltkrieg** kämpfen.

1923

Großbritannien erkennt Nepal als **unabhängigen Staat** an.

1934

Ein **Erdbeben** gewaltiger Stärke ebnet die meisten Bauten des Kathmandu Valley ein und tötet Tausende von Bewohnern.

1939–1945

Mehr als 250.000 Gurkhas kämpfen im **Zweiten Weltkrieg,** entweder unter britischer Fahne oder in der nepalesischen Armee, einige von ihnen zeichneten sich im Krieg durch besondere Heldenhaftigkeit aus und verdienten sich dadurch das Victoria Cross, die höchste militärische Auszeichnung, die Großbritannien zu vergeben hat.

1947

Indiens Unabhängigkeit weckt in Nepal das Verlangen nach einem Ende des repressiven Rana-Regimes. In den folgenden **Jahren des Widerstandes** schlägt sich der de facto zwar machtlose, aber in der Bevölkerung hochverehrte König *Tribhuvan* auf die Seite seines Volkes.

1951

Nachdem **König Tribhuvan** aus seinem Exil in Indien zurückgekehrt ist, stimmen die Ranas unter indischem Druck einer **Koalitionsregierung** zu, an der Vertreter der Königsfamilie, Mitglieder der Nepali Congress Party und der *Ranas* teilhaben. Nepal, das lange für Ausländer verschlossen war, öffnet sich der Außenwelt.

1953

Der Neuseeländer **Edmund Hillary** und der Sherpa **Tensing Norgay** bezwingen als erste den **Mt. Everest** und sind somit die Vorhut von Hunderten von Bergsteigern, die in der Folgezeit ihrem Beispiel nacheifern.

1962

Der 1955 gekrönte **König Mahendra** verbietet kurzerhand alle politischen Parteien und führt landesweit das **Panchayat-System** ein, das bis dahin schon in einigen Landesteilen bestanden hatte. Panchayats, wörtlich „Fünferräte", waren üblicherweise Dorfräte, die vor allem für lokale Belange zuständig waren. Das neue Panchayat-System gliedert sich in verschiedene Ebenen: Auf niedrigster Stufe der Hierarchie steht der Dorf-Panchayat; aus diesem geht der Distrikt-Panchayat hervor, über dem wiederum der National-Panchayat steht. Dessen 140 Mitglieder werden zu einem Großteil vom König selber ernannt, sodass ihm stets der direkte Machtzugriff garantiert ist.

1972

König *Mahendra* stirbt, in seine Fußstapfen tritt sein Sohn, **Birendra Bikram Bir Shah.** Die offizielle Thronbesteigung findet jedoch erst drei Jahre später statt.

1980

In einem **Volksentscheid** stimmen 55 % der Wähler für die Beibehaltung des Panchayat-Systems anstelle eines Wechsels zu einer demokratischen Regierungsform. Der Volksabstimmung waren blutige Unruhen vorausgegangen, in denen prodemokratische Demonstranten gegen die starren Machtverhältnisse protestierten.

1981

Zum ersten Male findet eine **Wahl** statt, bei der die Wähler **verschiedene Kandidaten** zur Auswahl haben. Als Kandidat ist jedoch nur zugelassen, wer sich zum Panchayat-System bekennt.

1986

Aus den Wahlen geht **Man Singh Shreshta** als Regierungschef hervor, alle wesentliche Macht liegt jedoch noch immer beim König, der sich in seiner beinahe uneingeschränkten Rolle zunehmend Kritik zuzieht.

1989

Nach der Kündigung von Handels- und Transitverträgen mit Indien, das aufgrund eines nepalesischen Waffengeschäftes mit China verärgert ist, kommt es zu **Lebensmittel- und Benzinknappheit** und auch zu erheblichen **Preissteigerungen.** Aus dieser Notsituation heraus schließt sich die Opposition zusammen und fordert eine Abkehr vom Panchayat- zugunsten eines demokratischen Mehrparteiensystems. Darüber hinaus werden massive **Vorwürfe der Korruption** gegen die herrschenden Panchayat-Mitglieder erhoben, aber auch gegen die Königsfamilie selber, die sich auf Kosten des Volkes bereichert haben soll. Besonders heftige Anschuldigungen dieser Art richten sich gegen König *Birendras* Frau, Königin *Aishwarya Rajya Lakshmi Devi.*

1990

Die ungeheuren Umwälzungen in Osteuropa gehen auch an Nepal nicht spurlos vorüber; eine starke Demonstrations- und Streikwelle fegt über das Land. Blutiger Höhepunkt ist ein **Massaker** an einigen hundert Demonstranten, die auf den Königspalast zustürmen und den Kugeln der dort postierten Soldaten zum Opfer fallen. Unter dem immer stärker werdenden Druck seines Volkes und mit der weisen Einsicht, dass es sich nicht mit halbherzigen Versprechungen zufrieden geben würde, stimmt König *Birendra* schließlich einem **Mehrparteiensystem** zu und begnügt sich mit einer Rolle als konstitutioneller Monarch. Er beauftragt den angesehenen langjährigen Oppositionspolitiker **Ganesh Man Singh** mit der Bildung einer Übergangsregierung, die Wahlen vorbereiten soll.

1991

Aus den **ersten Wahlen** in einem demokratischen Mehrparteiensystem geht nach einem hitzigen Wahlkampf der **Nepali Congress (NC)** mit 213 Parlamentssitzen als Sieger hervor und stellt den Premierminister, **Girija Prasad Koirala.** Mehr als nur einen Achtungserfolg verbuchen die Kommunisten, die sich für die Wahl zu einer Allianz zusammengeschlossen haben: Landesweit erhalten sie 69 Sitze, in Kathmandu gar vier von fünf Sitzen insgesamt. Kommunistische Parolen, woanders längst zum Alteisen geworfen, haben durchaus Zugkraft in einem Land, in dem viele Bewohner rein gar nichts zu verlieren haben.

1993

Im Mai verunglücken der Vorsitzende der Kommunistischen Partei, **Madan Bhandari,** und ein weiteres Parteimitglied tödlich: Ihr Jeep kommt vom Prithvi Highway zwischen Kathmandu und Pokhara ab und stürzt 45 m in die Tiefe – ein Unfall, der auf Nepals Serpentinenstraßen eigentlich nichts Ungewöhnliches ist. Die Anhänger der Partei sind allerdings von einem Komplott überzeugt und fordern massiv eine gründliche Untersuchung des Falles. Darüber hinaus verlangen sie den sofortigen Rücktritt von Premierminister *Koirala,* dem Vetternwirtschaft und Korruption vorgeworfen werden. Es kommt zu **gewalttätigen Demonstrationen und Streiks,** bei denen etwa 30 Menschen umkommen, die meisten durch Polizeikugeln.

1994/1995

Premierminister *Koirala* widersetzt sich den permanenten Rücktrittsforderungen seitens der Opposition, doch seine Regierung kann sich auf Dauer dem Druck nicht erwehren, sie fällt schließlich, und bei Neuwahlen Anfang 1995 gehen die Kommunisten als Sieger hervor. Premierminister wird **Manmohan Adhikary.** Im September 1995 wendet sich das Blatt jedoch schon wieder. Eine Koalition aus Nepali Congress, Rashtriya Prajatantra Party (RPP) und Nepal Sadbhavana Party (NSP) stürzt die Regierung durch ein Misstrauensvotum und übernimmt die Staatsgeschäfte. Premierminister wird **Sher Bahadur Deuba** vom Nepali Congress.

1997/1998

Andauernde Regierungswechsel machen dem Land wirtschaftlich schwer zu schaffen, die Regierungen wechseln schneller, als man die Zeitung durchblättern kann. Nach einem etwas merkwürdigen „Machtteilungs-Abkommen" zwischen der Rashtriya Prajatantra Party und dem Nepali Congress wird Ende 1997 **Surya Bahadur Thapa** (RPP) Premierminister, im April 1998 wird dann zum zweiten Mal *Girija Prasad Koirala* in das Amt gewählt – dieser ist damit der fünfte Premierminister in nur vier Jahren.

Die Bevölkerung hat inzwischen jegliches Vertrauen in die Regierenden verloren, denen sie nachsagt, sich nur bereichern zu wollen. Parallel zu der chaotischen Regierungslage wächst in den abgelegenen Bergregionen Westnepals eine

kommunistische Rebellion heran: 1996 erklären hartgesottene **„Maoisten"** (*Maovadi* auf Nepali) der „korrupten Regierung" den „Krieg"; es folgen Attacken auf Regierungsgebäude sowie auf Polizei und Armee. Bis April 1998 fordert die Rebellion 150 Opfer. Die Maoisten finden Zuspruch unter vielen ärmeren Nepalesen, die alle Hoffnung auf eine Besserung ihrer Lage aufgegeben haben.

2001

Am 1. Juni kommt es zu einem Vorfall, wie ihn kaum ein Land je erlebt hat: Der angetrunkene und möglicherweise unter Drogen stehende **Prinz Dipendra** erschießt im Palast seinen Vater, König *Birendra,* seine Mutter und acht weitere Personen, zumeist Mitglieder seiner Familie. Zuletzt gibt er sich selbst eine Kugel, überlebt aber schwer verletzt. Es entsteht die absurde Situation, dass *Dipendra,* während er im Koma liegt, zum neuen König erklärt wird – schließlich ist er der rechtmäßige Nachfolger seines Vaters, auch als Vatermörder. *Dipendra* stirbt alsbald, was die Situation aber nur wenig entwirrt. Der Bruder des toten Königs, **Gyanendra,** wird nun zum neuen König gekrönt. Weite Teile des Volkes sehen in dem königlichen Massaker ein von *Gyanendra* inszeniertes Komplott – er ist ein größtenteils ungeliebter, teilweise sogar verhasster Monarch.

2001–2008

Die **Maoisten intensivieren ihren Kampf,** und bald stehen weite Teile des Landes unter ihrer Kontrolle. Selbst das Kathmandu Valley und die Hauptstadt bleiben nicht verschont, es kommt zu Feuergefechten mit der Armee, zu Bombenanschlägen und Straßenblockaden und zu erzwungenen Streiks. Der Beinahe-Bürgerkrieg zehrt das Land wirtschaftlich aus, zudem kommen insgesamt 15.000 Menschen in den Kämpfen um. Der Druck der Maoisten wird immer stärker, bis 2006 schließlich ein Friedensabkommen ausgehandelt wird. Darin wird unter anderem festgelegt, dass die königlichen Besitztümer unter Regierungsverwaltung gestellt bzw. verstaatlicht werden – die Maoisten sind damit auf dem besten Weg, eines ihrer wichtigsten Ziele zu erreichen: die Abschaffung der Monarchie. Nach nicht enden wollendem politischem Hickhack, in schneller Folge wechselnden Premierministern und letztlich politischem Stillstand kommt es **2008** zu **Wahlen,** aus denen die **Maoisten-Kommunisten** als **Sieger** hervorgehen. Der Anführer der Maoisten, der sich nur mit seinem Kampfnamen **Prachanda** ansprechen lässt, wird Premierminister. Im Mai 2008 wird durch Parlamentsbeschluss die **Abschaffung der Monarchie** beschlossen – Nepal wird Republik. Nach 239 Jahren Herrschaft über Nepal ist die Shah-Dynastie an ihrem Ende angelangt und König *Gyanendra* muss seinen Palast verlassen. Erstaunlicherweise bewahrheite sich damit eine Prophezeiung, die der Heilige *Gorakhnath* im 18. Jh. *Prithvi Narayan Shah,* dem Gründer der Shah-Dynastie, gemacht hatte: *Gorakhnath* hatte prophezeit, dass die Shah-Dynastie nach zwölf Generationen ihr Ende finden würde. Und genau so war es.

2009–2013

Der Sieg der Kommunisten bringt nicht die lang ersehnte Stabilität. Das Land hangelt sich weiter von einer politischen Krise zur anderen. Der geplante **Entwurf einer neuen Verfassung** im Jahre 2012 scheitert wiederholt an der Zersplitterung des Parlaments und allgemeiner Uneinigkeit, und niemand weiß genau, wie Nepal weiter regiert werden soll. Wahlen, die 2012 stattfinden sollten, lassen immer noch auf sich warten. Einige Parteien scheinen ganz gegen Wahlen zu sein. Die Dauer der Legislaturperiode des Parlaments wird mehrfach verlängert, der gegenwärtige kommunistische Premierminister *Bhattarai* gilt nur als „Interims-Premier", aber das schon seit geraumer Zeit. Nepal scheint wie ein Schiff ohne Ruder – von einem Steuermann ganz zu schweigen. Mittlerweile sehnen sich zunehmende Teile der Bevölkerung bereits nach den „guten alten Zeiten" der Monarchie zurück ...

November 2014–2017

Nepal durchlebt weiterhin eine politisch instabile Phase und schlittert von einer Regierungskrise in die nächste. Nachdem das Land lange Zeit ohne eine Verfassung war, wird **2015 endlich eine neue Verfassung** beschlossen. Eine Beruhigung der politischen Lage tritt jedoch nicht ein. Die Premierminister wechseln so häufig, dass man es kaum mitverfolgen kann. In den Jahren 2000–2017 wechselte das Land 17 mal den Premierminister. Einige Politiker erklimmen mehrmals den Posten, wie in einem fröhlichen Politik-Karussell geht es hin und her. Seit dem 7.6.2017 ist *Sher Bahadur Deuba* von der Nepali Congress-Partei der Premier.

Am 25.4.2015 erschüttert ein **Erdbeben der Stärke 7,9** auf der Richterskala weite Teile des Landes. Das Epizentrum liegt bei Gorkha. 9000 Menschen kommen ums Leben, zahlreiche Ortschaften liegen in Trümmern, und auch etliche historische Gebäude des Kathmandu Valley sind betroffen. 2017 sind an einigen historischen Gebäuden Wiederaufbauarbeiten im Gange.

Staat und Verwaltung

Staat

Seit 2008 ist Nepal durch Parlamentsbeschluss eine Republik mit einem **demokratischen Mehrparteiensystem.** Bis 2006 war Nepal das einzige Land der Welt, in dessen Verfassung der Hinduismus als Staatsreligion verankert war. Nepal nannte sich stolz „Das einzige Hindu-Königreich der Welt". Mit der schwindenden Macht der Monarchie, die traditionell eng mit dem Hinduismus verknüpft war, wurde 2006 die Konstitution geändert und Nepal wurde zu einem säkularen Staat.

Nationale Symbole

Knapp 81 % der Nepalesen sind Hindus, und so ist nicht verwunderlich, wenn als Nationaltier immer noch die altbekannte *bos indicus* herhalten muss – mit anderen Worten, die **Indische Kuh.** Kühe gelten den Hindus als heilig, was höchstwahrscheinlich auf die vielseitige Verwendbarkeit der Kuh und ihrer Produkte zurückzuführen ist. Noch heute wird bisweilen zu religiösen oder gesundheitlichen Zwecken das Panchagavya eingenommen, eine Mixtur aus Milch, Joghurt, Ghi (geklärte Butter), Kuhdung und -urin!

Wie der Hinduismus selber, so steht auch die Kuh unter **besonderem gesetzlichen Schutz,** und das Töten einer solchen kann mit einer Gefängnisstrafe von bis zu 15 Jahren bestraft werden. Das gilt auch für Unglücksfälle mit dem Auto – kein Wunder, dass Kühe ein absolutes Vorfahrtsrecht in Anspruch nehmen, irgendwie scheinen sie nach Jahrhunderten der Privilegierung ihre besondere Stellung zu spüren! Trotzdem verzeichnet die nepalesische Kriminalstatistik jährlich einige Fälle von illegalem „Kuh-Schlachten", Tendenz steigend. Meist handelt es sich wohl um alte, nutzlos gewordene Tiere, die klammheimlich „beseitigt" werden.

Nepals **Nationalblume** ist die rote oder rosafarbene **Lali Gurans** *(Rhododendron arboreum),* eine Rhododendron-Art, die im März oder April erblüht. Gelegentlich kommt es zu weißen oder gefleckten Blüten.

Sehr außergewöhnlich ist die **Nationalflagge,** die aus zwei gleich großen übereinandergestellten Dreiecken besteht. Mit dieser Dreiecksform erinnert sie an die orangen, allerdings einfachen Dreiecksfahnen, die den Hinduismus symbolisieren. Die nepalesische Flagge ist tiefrot, mit einem dunkelblauen Rand. Im oberen Dreieck befindet sich ein auf dem Rücken liegender Halbmond, von dem acht Strahlen ausgehen. Das untere Dreieck zeigt eine Sonne mit zwölf Strahlen. Für diese Symbole gibt es eine Reihe von Deutungen, am naheliegendsten ist wohl der Bezug zum hinduistischen Sonnengott Surya und zum Mondgott Chandra.

Neben diesen Staatssymbolen gibt es noch einige andere, die aber den Eindruck erwecken, als suche man ein wenig verkrampft nach einer nationalen Identität: So gibt es einen Nationalvogel (*Danfay,* eine seltene Fasanen-Spezies), ein Nationalmesser (das *Khukri*), eine Nationalfarbe (Purpurrot, etwa wie in der Flagge) und ein (männliches) Nationalkostüm. Letzteres besteht aus einem fast knielangen Hemd, dem *Labeda,* und einer hautengen, leichten Hose, der *Suruwal.* Dazu kommt noch die *Topi,* die bunte Nepali-Kappe.

Schließlich gibt es noch die **Nationalhymne.** Diese war bis 2006 eine wortgewaltige Huldigung des Königs und lautete frei übersetzt: „Ihr edler, besonnener Nepalese, über allem erhabener König, möge Eurer fünffach ruhmreichen Majestät allzeit Glück beschieden sein. Mögen Eure Untertanen sich mehren und Euren Ruhm verkünden, das ist der Nepalesen innerstes Gebet." Nachdem die Maoisten seiner Majestät zumehmend an den königlichen Kragen gingen, musste eine neue Nationalhymne her. Sie heißt **„Sayaun Phuul Ka Hami"** und darin heißt es: „Wir sind Hunderte von Blumen, und gemeinsam sind wir der Blumenstrauß von Nepal …" Die Hymne ist ein Lobgesang auf das nepalesische Volk, auf dessen Freiheit und Brüderlichkeit sowie auf die Naturschönheit des Landes.

Verwaltung

Verwaltungstechnisch ist Nepal in fünf sogenannte **Development Regions** oder „Entwicklungsgebiete" unterteilt: Eastern Development Region, Central Development Region, Western Development Region, Mid-Western Development Region und Far-Western Development Region. Diese gliedern sich in insgesamt 14 Zonen **(Zones):** Mechi, Koshi, Sagarmatha, Janakpur, Bagmati, Narayani, Gandaki, Dhaulagiri, Lumbini, Rapti, Bheri, Karnali, Seti und Mahakali. Die Zonen wiederum bestehen aus insgesamt 75 Distrikten **(Districts),** die sich ihrerseits aus Städten und Dörfern zusammensetzen.

Religionen

Nepal weist den prozentual höchsten Hindu-Anteil an der Gesamtbevölkerung auf, einen noch höheren als im benachbarten Indien. So sind offiziell **81,3 % Hindus,** 9 % Buddhisten und 4,4 % Moslems. Inoffiziell aber ist der Anteil der Moslems durch unkontrollierten Zuzug aus Indien, besonders ins Terai, noch höher. Der Rest setzt sich aus Jains, Christen, Animisten u.a. zusammen. Der Anteil der Christen beträgt nur ca. 1,4 %, steigt jedoch stetig. Christliche Missionare waren früher in Nepal nie gut gelitten, und mancher von ihnen kam auf tragische Weise ums Leben; in jüngerer Vergangenheit, in der im Lande weitgehend politische und ideologische Hoffnungslosigkeit herrschte, fanden sie vermehrt Zuspruch: Die Monarchie hatte den Menschen nicht den erhofften Fortschritt gebracht, mit dem Marxismus hatte man auch auf das falsche Pferd gesetzt, also konnte man sein Glück nun auch mal mit dem Christentum versuchen.

Aufgrund der Umtriebe christlicher Missionare, als auch der Tatsache, dass sich immer mehr indische Muslime im Grenzgebiet zu Indien angesiedelt hatten, verabschiedete die nepalesische Regierung im August 2017 ein Gesetz, das **Konversionen unter Strafe stellt.** Wer einen Nepalesen zu konvertieren versucht, kann nun mit einer Haftstrafe von bis zu 5 Jahren bestraft werden.

Was übrigens die Zählung von Hindus und Buddhisten erschwert, ist die Tatsache, dass sich viele Nepalesen als beides gleichzeitig verstehen. **Hinduismus und Buddhismus** haben sich im Laufe der Zeit eng verwoben, was sich auch in zahlreichen Tempeln ausdrückt, die von Anhängern beider Religionsgemeinschaften gleichermaßen besucht werden. Einige Götter und Göttinnen tauchen sowohl in hinduistischer als auch in buddhistischer Ausprägung auf.

Hinduismus

Der Hinduismus entstand im ersten Jahrtausend vor unserer Zeitrechnung aus der **vedischen Religion der Arier,** die seit ca. 2000 v.Chr. aus Zentralasien in Indien eingedrungen waren, durch Vermischung mit den dravidischen Kulten der alteingesessenen Bewohner Indiens. Die vedische Religion beruhte auf den vier Veden, heiligen Schriften aus der Zeit vor 1000 v.Chr., die magische Rituale und Opfergesänge enthielten.

„Veda" ist Sanskrit für „Wissenschaft", und die beiden Begriffe sind etymologisch sogar miteinander verwandt, so wie sich noch viele deutsche Vokabeln mit Sanskrit-Herkunft finden lassen.

Mit der Entwicklung des Hinduismus kamen weitere **religiöse** bzw. philosophische **Schriften** hinzu, so die Upanishaden, Puranas, die Epen Ramayana und Mahabharata. Das Kernstück der Mahabharata ist die **Bhagavad Gita** („Das Göttliche Lied"), die wichtigste Schrift des Hinduismus, in der Krishna während der Schlacht von Kurukshetra den Krieger *Arjuna* in die göttlichen Mysterien einweiht.

Viele Episoden aus **Ramayana** und **Mahabharata** sind so bekannt, dass sie von den Müttern an die Kinder weitergegeben werden, etwa wie bei uns einst die Märchen. Sie scheinen – obwohl millionenfach wiedererzählt – niemals ihre Attraktion zu verlieren. Als das indische Fernsehen in den 1980er Jahren beide Epen als Serie ausstrahlte, waren Indiens Straßen zur Sendezeit leergefegt, und in Nepal boomte der Verkauf von Hochleistungsantennen, mit denen die indischen Programme empfangen werden können. Ramayana und Mahabharata sind auf der Volksebene die **wichtigsten hinduistischen Kulturgüter** und wirken sich auch da aus, wo man es am wenigsten vermutet: So sind die episch langen indischen Spielfilme mit ihren mehrschichtigen, sich überkreuzenden und irgendwann zusammenlaufenden Handlungsfäden nichts als moderne Nachkommen der alten Epen. Auch die Politik auf dem indischen Subkontinent mit ihren zahllosen wechselnden Allianzen und ebenso vielen Intrigen wirkt wie ein Abklatsch der Mahabharata!

Die Vielzahl der Schriften macht die Antwort auf die Frage, was der Hinduismus denn lehrt, nicht gerade leichter. Viele Hindus selber sagen, dass er weniger eine Religion als ein „way of life" sei, eine spezielle Lebensart. Tatsächlich bedeutet das **Wort Hindu** lediglich „Inder": Für die Perser begann Indien am Fluss Sindhu, dem Indus, den sie aber nur wie „Hindu" aussprechen konnten. Das Wort Hindu wurde zur Bezeichnung für die Bewohner des Indus-Landes, also Indiens.

Die **hinduistische Lebensart,** die sich herausbildete, war von fast grenzenloser **religiöser Toleranz** geprägt, sodass ein jeder geduldet war, der zu einer der zahlreichen Formen Gottes betete. Schließlich hatte der Hinduismus selber Tausende von Göttern, die alle friedlich koexistierten. Im Gegensatz zu den meisten anderen Weltreligionen hegte der Hinduismus nie einen Alleinanspruch auf die Wahrheit, sondern sah alle Religionen als verschiedene Wege zum selben Ziel an. Bezeichnend für diese Toleranz war bis in die jüngste Vergangenheit die Tatsache, dass Hindu-Familien im indischen Bundesstaat Panjab ihren erstgeborenen Sohn traditionell zum Sikh weihen ließen. Eine großmütigere Geste der Religionsbrüderschaft ist wohl kaum vorstellbar. Dass es heute auf dem indischen Subkontinent, vor allem in Indien, weit schlechter um die Toleranz bestellt ist, darf größtenteils Politikern angelastet werden, die soziale Spannungen religiös „übersetzen" und machtpolitisch instrumentalisieren.

☒ Gebete vor der Hanuman-Statue am Eingang zum alten Königspalast auf dem Durbar Square

Doch warum genau glaubt der Hindu? Der Grundpfeiler des Hinduismus ist die Vorstellung der **Reinkarnation,** d.h. der Wiedergeburt der unsterblichen Seele in einem neuen Körper. Jede Seele hat Hunderttausende von Wiedergeburten zu durchleben, ehe sie **Moksha,** die Erlösung aus dem Geburtenkreislauf, erreichen kann. Jedes einzelne Leben wird dabei vom **Karma** bestimmt, d.h. der Summe der vorangegangenen guten oder schlechten Taten. Karma bedeutet schlicht „das Getane". Ein günstiges Schicksal ist ein Hinweis auf gute Taten in den vorangegangenen Leben, ein schlechtes ist die Strafe für Missetaten.

Zur Erreichung der Erlösung steht dem Hindu eine Reihe von Methoden zur Verfügung: Es gibt Dutzende von Arten der **Meditation** *(Dhyan),* aber auch Systeme der vollkommenen **Hingabe an einen Gott** *(Bhakti)* oder des selbstlosen Verrichtens **guter Taten** *(Karma Yoga).*

Bei der Gotteshingabe oder beim Gebet hat der Hindu die Wahl zwischen **Tausenden von Göttern,** die jeweils alle mit einer oder mehreren göttlichen Eigenschaften ausgestattet sind. Diese Eigenschaften werden auch in Notlagen angerufen. So ist beispielsweise der dickbäuchige Elefantengott Ganesh der Beseitiger von Hindernissen und ganz allgemein ein Glücksbringer; für das materielle Glück ist die Göttin Lakshmi zuständig, und demzufolge ist „Lakshmi" auch eine umgangssprachliche Bezeichnung für Geld, also im Sinne von „Zaster". Saraswati ist die Göttin des Lernens und die Schutzpatronin der Sprache und Künste, Indra ist der Gott des Regens und der Fülle etc. – es gibt wohl ebenso viele Götter wie Eigenschaften.

Die herausragenden Götter des Hindu-Pantheons sind jedoch die „Dreifaltigkeit" oder Trimurti des **Brahma, Vishnu und Shiva:** Brahma ist der Schöpfer des Universums, Vishnu der

ktm147 rk

Erhalter, Shiva der Zerstörer und Erneuerer. Diese drei erscheinen auch vereint als Dattatreya („Dreiergott"), diese Form ist jedoch recht selten. Von den dreien werden in der Praxis nur Vishnu und Shiva verehrt, Brahma geweiht sind auf dem ganzen indischen Subkontinent bestenfalls ein halbes Dutzend Tempel. Als Grund wird häufig angegeben, dass Brahma seine eigene Tochter Saraswati geheiratet und sich dadurch des Inzests schuldig gemacht habe.

An der Straße nach Sundarijal passiert man so manchen Hindu-Schrein, so wie diesen mit einem gut erhaltenen Relief des Gottes Vishnu

Verwirrenderweise kommen zu all der Göttervielfalt noch etliche **Manifestationen,** in denen die Götter erschei-

ktm142 rk

nen können. Vishnu beispielsweise kann als Krishna, Narayan und in Hunderten anderer Varianten verehrt werden; Shiva als Mahadev, Mahakal, Bhairav und ebenso zahlreichen anderen. Die Göttin Kali kann ebensogut als Durga, Telaju oder Bhawani auftauchen. Das Gleiche gilt auch für alle anderen Götter, was dem Laien die Identifizierung nicht gerade erleichtert.

All die Götter können aber auch – und das wäre vielleicht der Idealfall – als **verschiedene Aspekte des einen Gottes** betrachtet werden, der sich in vielen Formen auszudrücken vermag.

Die Götter und Göttinnen haben übrigens auch himmlische Ehepartner, sodass ganze **Götterfamilien** entstehen. Krishnas Frau ist Radha, Shiva ehelichte Parvati und Rama die getreue Sita, die als Symbol einer perfekten, ihrem Gatten ganz ergebenen Ehefrau gilt.

Ein weiterer und enorm wichtiger Bestandteil des Hinduismus ist das **Kastensystem.** Die Hindu-Gesellschaft unterteilt sich traditionell in vier Hauptkasten, die sich in 2000 bis 3000 Unterkasten aufgliedern. Die oberste Kaste ist die der **Brahmanen** (Priester oder Schriftgelehrte), die in einer Hindu-Analogie als der „Kopf" der Gesellschaft bezeichnet wird. Es folgen die **Kshatriya** (Krieger, Soldaten), in Nepal *Chhetri* genannt, dann die **Vaishya** (Kaufleute, Bauern) und als unterste die **Shudra** (Arbeiter).

Unter diesen Hauptkasten rangieren die sogenannten **Kastenlosen oder „Unberührbaren"**, die ursprünglich zu einem Schattendasein ohne jegliche Rechte verdammt waren. Ihnen kamen nur „unreine" Arbeiten zu, da sie ohnehin nicht mehr verunreinigt werden können. Zu diesen Verrichtungen gehörte das Bearbeiten von Tierfellen, die Verbrennung von Leichen, die Straßen- und Toilettenreinigung etc. Das Leben eines Kastenlosen war ursprünglich weit weniger wert als etwa das einer heiligen Kuh, und selbst der Schatten eines Kastenlosen konnte einen Höherkastigen dermaßen verunreinigen, dass dieser sich komplizierten Reinigungsritualen zu unterziehen hatte – nicht zu reden von den Strafen, die den „Frevler“ erwarteten.

Dem Kastenwesen liegt die Vorstellung zugrunde, dass jedem Wesen der **durch sein Karma vorbestimmte Platz** zugedacht ist. Dieser Platz ist unveränderlich und durch Geburt vorbestimmt. Ein Auf- oder Absteigen in eine andere Kaste ist unmöglich, selbst geheiratet werden kann nur innerhalb der eigenen Kaste. In den gebildeten Schichten zeigt sich allerdings eine allmähliche Auflösung des Kastendenkens, und Ehen zwischen Mitgliedern verschiedener Kasten kommen vor.

Die **Kastenzugehörigkeit** ist heute äußerlich praktisch nicht mehr zu erkennen, es sei denn bei den männlichen Brahmanen, die eine heilige Brahmanenschnur, das *Yagnopavit,* um die Schulter tragen. Meistens gibt aber der **Nachname** eindeutig Auskunft über die Kaste, in einigen Fällen gibt es Überschneidungen und der Namensträger kann theoretisch zu verschiedenen Kasten gehören. Die Kastennamen variieren regional, die Bewohner eines Gebietes kennen sich aber bestens mit den lokalen Namen aus und die Kastenidentifizierung fällt ihnen leicht.

Ein weiterer wichtiger Bestandteil der Hindu-Lebensart sind die zahlreichen **Hindu-Feste** oder **-Pilgerfahrten,** die nach dem hinduistischen Mondkalender ausgerichtet sind. Den teilnehmenden Dorfgemeinschaften sollen sie kollektives Wohlergehen, eine gute Ernte und Schutz vor bösen Mächten garantieren, auf individueller Ebene persönliches Glück und das Näherkommen an Moksha, die so ferne, aber nicht aus den Augen zu verlierende Erlösung.

Buddhismus

Wenn der Buddhismus heute in Nepal und Indien eine **untergeordnete Rolle** spielt, so ist dies in erster Linie dem psychologischen Geschick des hinduistischen Klerus zuzuschreiben: Als die Hindu-Priester ihre Religion durch den sich ausbreitenden Buddhismus in Bedrängnis wähnten, nahmen sie Buddha kurzerhand als eine Inkarnation Vishnus in ihr Götter-Pantheon auf. Damit war der Buddhismus vom Hinduismus praktisch aufgesogen und verlor seine Daseinsberechtigung.

Der Buddhismus beruht auf den Lehren des **Buddha** oder „Erleuchteten“, der 543 v.Chr. als *Siddharta Gautama* in Lumbini nahe der indischen Grenze zur Welt kam. Schon kurz nach seiner Geburt soll sich Wunderbares an ihm vollzogen haben. Kaum hatte ihm seine Mutter, die Königin *Maya Devi,* das Leben geschenkt, stapfte er einige Schritte in jede der vier Himmelsrichtungen, wobei aus seinen Fußabdrücken Lotusblumen sprossen – ein Symbol seiner göttlichen Geburt.

Siddharta Gautama wurde in eine Königsfamilie hineingeboren und genoss seine ersten Lebensjahre in der sorgenfreien Abgeschiedenheit des Palastes. Angeblich wollte sein Vater, König *Suddhodhana* von Kapilavastu, ihn von den Leiden der Welt abschirmen, um ihn nicht die vergängliche Natur alles Materiellen erkennen zu lassen. Doch die Vorsehung wollte es anders. *Siddharta* unternahm einige heimliche Ausflüge in die Stadt, wo er mit den dunklen Aspekten des Lebens konfrontiert wurde, die bisher von ihm ferngehalten worden waren: Armut, Krankheit, Elend und

Tod, menschliches Leid in all seinen Ausprägungen. Überwältigt von diesen Eindrücken beschloss er, nach den **Ursachen des Leids** zu forschen, das das menschliche Leben wie ein Schatten zu begleiten schien. Eines Tages – er muss etwa Ende zwanzig gewesen sein – machte sich *Siddharta* auf, seinen Palast für immer zu verlassen, um in **Meditation und Askese** die Antworten auf seine Fragen zu suchen. Zurück ließ er seine Frau und seinen gerade geborenen Sohn – ein untrügerisches Zeichen, wie ernst ihm sein Anliegen war.

Nach langen Jahren, in denen er sich verschiedenen Formen der Askese unterworfen hatte, wurde ihm unter einem Pipal-Baum meditierend die **Erleuchtung** zuteil. So geschehen in einem Ort in Nordindien (Bundesstaat Bihar), der fortan den Namen Bodh Gaya tragen sollte, wörtlich „Wurde erleuchtet". Der Pipal-Baum wurde von nun an Bodhi-Baum genannt, „Baum der Erleuchtung".

Siddharta Gautama war nun ein Buddha oder „Erleuchteter" und fasste seine Erkenntnisse in den **„Vier Edlen Wahrheiten"** zusammen:

1. Alles Leben ist Leiden *(Dukkha).*
2. Alles Leiden wird durch Begierden hervorgerufen *(Samudaya).*
3. Das Leid kann durch die Auslöschung der Begierden an seinen Wurzeln ausgemerzt werden *(Nirodha).*
4. Die Begierden können durch einen „Achtfachen Pfad" zerstört werden und damit auch das Leid *(Magga).*

Der **„Achtfache Pfad"** ist ein von Buddha entwickeltes, von strenger Selbstdisziplin geprägtes System aus rechtem Handeln, das niemanden verletzt, und Meditation. Das Endziel dieses Weges sollte das **Nirvana** sein, ein reiner, körperloser Zustand, der auch das Ende der Kette der Wiedergeburten bedeutet.

Einer der einflussreichsten Anhänger der neuen Religion wurde der indische König **Ashoka Maurya,** der 249 v.Chr. Buddhas Geburtsort besuchte und ihm zu Ehren dort eine Gedenksäule errichten ließ, die noch heute steht. *Ashoka* beließ es jedoch nicht bei Pilgerreisen, sondern sandte Missionare in alle Himmelsrichtungen aus, die die Lehre Buddhas verbreiten sollten. Bald gelangten Sri Lanka und weite Teile Südostasiens unter buddhistischen Einfluss.

Im 1. Jh. n.Chr. spaltete sich der Buddhismus jedoch in zwei Zweige, den **Hinayana** („Kleines Fahrzeug") und den **Mahayana** („Großes Fahrzeug"). Der Hinayana war die ursprüngliche Form, deren Ziel die Erlangung des persönlichen Nirvana war, wogegen der neue Mahayana das liebende Mitgefühl mit allen Kreaturen hervorhob. Das Idealbild des personifizierten Mitgefühls wurden die **Boddhisattvas,** erleuchtete Wesen, die noch nicht ins endgültige Nirvana einziehen, um anderen auf ihrem Weg dorthin behilflich zu sein. In Nepal, dessen Buddhisten überwiegend dem Mahayana anhängen, werden zahllose Boddhisattvas wie Götter verehrt, und vielen davon sind eigene Tempel geweiht. Der bekannteste ist Avalokiteshvara, dessen Name etwa „Gott, der herniederblickt" bedeutet – herniederblickt mit Mitgefühl auf eine Welt voller Leid. Avalokiteshvara gilt somit auch als der „Gnadenvolle", auf Sanskrit heißt er Karunamaya.

Der in Nepal praktizierte Buddhismus ist jedoch von vielseitigen Einflüssen ge-

ktm087 rk

prägt. Im 7. Jh. hatte der Buddhismus **Tibet** erreicht und vermischte sich mit dem dort verbreiteten Kult des Bon, der schamanistische Rituale um Naturgötter, Dämonen und Geister beinhaltete. Die daraus entstandene Fusion, der tibetische Buddhismus, beeinflusste stark den nepalesischen Buddhismus. Das spirituelle Oberhaupt des tibetischen Buddhismus ist der **Dalai Lama,** der 1959 den Repressalien der Chinesen entfloh und sich in Indien ansiedelte. Heute lebt er mit etlichen Tausend seiner Landsleute in Dharamshala in Nordindien.

Einfluss auf den nepalesischen Buddhismus nahm auch der aus hinduistischer Tradition stammende Kult des **Tantra.** Dieser ist eine esoterische Mischung aus Yoga, Meditation und magischen Formeln und Ritualen. Eine spezielle Schule des Tantra widmet sich interessanterweise genau den Praktiken, die im orthodoxen Hinduismus geächtet sind, den sogenannten **„fünf M's".** Dazu gehört der Genuss von Wein *(Madya),* Fleisch *(Mañsa)* und Fisch *(Matsya),* der Geschlechtsverkehr *(Maithuna)* und ein System von magischen Körpergesten *(Mudra).* All diese Praktiken sollten auf

Schrein am buddhistischen Swayambhunath-Tempel

eine Art „umgekehrtem Weg" eigentlich zum selben Ziel führen wie der traditionelle Hinduismus, wurden aber meist mit der Absicht praktiziert, sich geheimer Mächte zu bedienen. Unter dem Deckmantel des Tantra wurden recht befremdliche Riten vollführt, wovon das Verzehren von Leichen noch eine der harmloseren war.

Ein Beispiel für tantrischen Einfluss ist in Nepal das **Opfern von Tieren,** deren Blut der (Hindu-)Göttin Kali oder einer ihrer zahlreichen Formen dargebracht wird. Auch einige tantrische Göttinnen werden verehrt, z.B. Vajra Yogini.

Islam

Mitte des 14. Jh. hatten moslemische Eindringlinge, die **Moguln,** zeitweise das Kathmandu-Tal erobert und zahlreiche Heiligtümer zerstört, zogen sich jedoch bald wieder zurück. Die ersten Moslems, die sich dauerhaft niederließen, waren kashmirische Teppich- und Wollhändler, die über Tibet ins Kathmandu-Tal gekommen waren, einige davon auf den ausdrücklichen Wunsch König *Ratna Mallas* hin. Mancher von ihnen war zuvor die Handelspfade zwischen Kashmir, Ladakh und Tibet entlanggezogen und sah in der Ausweitung nach Kathmandu günstige Geschäftsmöglichkeiten.

Im 17. und 18. Jh. stellten die lokalen Herrscher in Westnepal einige **indische Moslems** an, die ihre Soldaten in der Benutzung von Feuerwaffen unterrichteten. Die größte Einwanderungswelle indischer Moslems fand jedoch in der zweiten Hälfte des 19. Jh. statt, als sich zahlreiche Feldarbeiter im Terai ansiedelten, aber auch Händler von Leder, Armreifen, Halsketten oder anderen einfachen Schmuckstücken in den Hügelregionen.

Der Islam (wörtl. „Unterwerfung") wurde zwischen 610 und 632 vom **Propheten Mohammed** gestiftet und verehrt nur einen Gott. Dieser einzige Gott ist **Allah,** der nach dem jüngsten Gericht die guten oder bösen Taten mit Paradies oder Hölle belohnt bzw. bestraft.

Den Anhängern des Glaubens wird die Einhaltung von fünf Geboten abverlangt, den sogenannten **„Fünf Säulen"** des Islam:

1. Das Bekenntnis zur Einheit Gottes und der Prophetenschaft Mohammeds;
2. das fünfmalige tägliche Gebet;
3. das Geben von Almosen;
4. das Fasten im Fastenmonat Ramadan und
5. die Pilgerreise nach Mekka, dem heiligen Ort des Glaubens.

Der heilige Tag der Moslems ist der Freitag, an dem sich besonders viele Gläubige zum Gebet in den Moscheen einfinden. Zu diesem Anlass finden Lesungen aus dem **Koran,** der heiligen Schrift des Islam, statt, die auf der göttlichen Eingebung von Mohammed beruht.

Mit 4,4 % Anteil an der Bevölkerung sind die Moslems eine relativ kleine Minderheit, Konflikte mit Moslems und Anhängern anderer Religionen gibt es in der Regel nicht. Als jedoch 2004 zwölf Nepalesen im Irak entführt und von ihren Kidnappern enthauptet worden waren, stürmte ein aufgebrachter Mob die Jama Masjid in Kathmandu, die wichtigste Moschee der Stadt, und es kam zu Racheakten an Moslems.

Feste und Feiertage

Es vergeht kaum ein Tag, an dem nicht irgendwo in Nepal ein Fest gefeiert würde. Die weitaus meisten davon sind **religiöser Natur,** denn schließlich kennt der Hinduismus nach kühnsten Schätzungen etwa 300 Millionen Götter, von denen zumindest die wichtigsten gefeiert werden wollen. Die Feste sind oft eine komplizierte Mischung aus religiösem Ritual und jahrmarkthafter Ausgelassenheit, und gerade diese Kombination macht sie so farbig und sehenswert.

Da die Daten der Feste auf dem hinduistischen **Vikrama-Kalender,** einem Mondkalender, beruhen, sind sie variabel und können sich von Jahr zu Jahr verschieben. Gemäß diesem Kalender ist der erste Tag des Jahres der 13./14. April, und unser Jahr 2009 ist das Vikrama-Jahr 2066. Die Newar im Kathmandu Valley haben dazu noch einen eigenen Kalender, dessen Jahr 1129 unserem 2009 entspricht.

Die **Mondmonate** werden in zwei Hälften unterteilt, eine „helle", in der der Mond zunimmt, und eine „dunkle", in der er abnimmt. Die Feste fallen zumeist auf einen oder mehrere bestimmte Tage in diesen Hälften oder aber auf Vollmond bzw. Neumond. Einige häufig wiederkehrende Begriffe in den Namen der Feste deuten auf deren Lage im Mondkalender hin, so wie Sankranti (der erste Tag eines Monats) oder Purne/Purnima (Vollmond). Weitere geläufige Bestandteile der Festbezeichnungen sind Mela („Jahrmarkt", „Fest"), Jayanti („Geburtstag") und Jatra („Prozession", „Fest").

Die nepalesischen Monate

- **Magh** Jan./Feb.
- **Phalgun** Feb./März
- **Chaitra** März/April
- **Baisakh** April/Mai
- **Jeshtha** Mai/Juni
- **Ashadh** Juni/Juli
- **Shrawan** Juli/Aug.
- **Bhadra** Aug./Sept.
- **Ashwin** Sept./Okt.
- **Kartik** Okt./Nov.
- **Marga/Mangsir** Nov./Dez.
- **Paush** Dez./Jan.

Wichtige Feste und Feiertage

Januar/Februar

Am ersten Tag des Monats Magh, der ausnahmsweise nicht vom Mondkalender, sondern vom Überwechseln der Sonne in die nördliche Hemisphäre bestimmt wird, wird **Magh Sankranti** begangen. Dieses Fest markiert das Ende der kältesten Jahreszeit, es werden Reinigungsrituale an den Flussufern abgehalten und geheiligte Speisen verzehrt – darunter ist häufig auch selbst gebrautes Bier, das dem Fest die nötige Heiterkeit verleiht.

[>] Das Entzünden kleiner Öllampen ist Bestandteil zahlreicher Feste

In Devighat bei Trishuli Bazar findet – beginnend einige Tage vor Vollmond – die **Devighat Mela** statt, ebenfalls ein rituelles Badefest, das mit dem Vollmond zu Ende geht.

Zur gleichen Zeit wird am Narayani-Fluss bei Devighat (nahe Narayanghat im Terai) ein ähnliches Fest vollzogen, die **Tribeni Mela.**

Am fünften Tag des abnehmenden Mondes des Monats Magh (Ende Januar, gelegentlich auch Anfang Februar) wird der Göttin Saraswati gehuldigt, die hier ihren Geburtstag feiert und zu diesem Anlass angeblich auch Kathmandu besucht. Gleichzeitig gilt der Tag als Beginn des Frühlings und heißt deshalb **Basant Panchami** (*basant* = „Frühling", *panchami* = „fünfter Tag des abnehmenden Mondes"). Besonders viele Gläubige finden sich alljährlich an einem Saraswati-Schrein unterhalb der Plattform am Pashupatinath-Hügel ein. Darunter sind zahlreiche Schüler, Studenten, Künstler, Gelehrte oder solche, die es einmal werden wollen – schließlich ist Saraswati die Göttin der Weisheit, des Lernens und der Musen, und ein kurzes Gebet hilft hier möglicherweise mehr als jede anstrengende Büffelei!

ktm174 rk

iktm173 rk

Februar/März

Der siebte Tag des Monats Phalgun ist König *Tribhuvan,* dem verehrten Vater des modernen Nepal, geweiht. Zu diesem **Tribhuvan Jayanti** oder **National Democracy Day** werden Paraden und Prozessionen abgehalten.

Am Neumondtag folgt eines der wichtigsten Hindu-Feste, **Shivaratri,** die

„Nacht des Shiva". Dies ist der Geburtstag des Gottes, zu dem sich an seinem Hauptheiligtum in Pashupatinath Abertausende von Gläubigen zum rituellen Bad einfinden. Darunter sind zahlreiche Pilger aus Indien sowie verwegen dreinblickende Sadhus, die hier sichtlich ihren Ruhm genießen, lebende Manifestationen des Gottes zu sein. Im Verlauf des Festes, das nach Einbruch der Dunkelheit seine volle Intensität erreicht, erschien früher auch der König, um vor dem Lingam von Pashupatinath göttlichen Schutz für sein Land zu erbitten.

Am Vollmondtag findet **Phagu** oder **Holi** statt, das den Beginn der heißen Jahreszeit markiert. In einem ausgelassenen Fest wird symbolisch der Sieg Narasinhas über den Dämonen Hiranyakashipu gefeiert. Es werden Beutel mit allerlei Farbpulvern geworfen, und der Tourist tut gut daran, nicht in bester Kleidung umherzulaufen! Am Basantapur Tower in Kathmandu wird ein Pfahl aufgestellt, an dessen oberen Ende bunte Stoffe hängen; diese symbolisieren die Saris, die Krishna – schelmischer Gott, der er nun einmal war – seinen Gopis oder Kuhhirtinnen gestohlen haben soll.

März/April

Am Tag vor Neumond im Monat Chaitra erfreut man sich am **Ghora Jatra,** dem „Pferdefest". Auf dem Tundikhel in Kathmandu finden Pferderennen statt, die an den Sieg über den Dämonen Tundi erinnern sollen, der einst von einer Horde Reiter überrannt und vernichtet worden sein soll. Den trinkfreudigeren Einwohnern der Stadt ist das Fest ein willkommener Anlass, sich voll und ganz einem Dämonen namens Alkohol hinzugeben!

Mit dem **Ram Navami** huldigen die Einwohner von Janakpur dem Gott Rama, der im Ort die Göttin Sita geehelicht haben soll.

Zum **Chaitra Dasain,** auch „Kleines Dasain" genannt (das „große" findet sechs Monate später statt), wird die Figur des Weißen Matsyendranath drei Tage in Prozessionen durch Kathmandu gezogen. In einigen Tempeln werden der blutrünstigen Durga Tieropfer dargebracht, so im Guhyshvari-Tempel, Pashupatinath.

Am Vollmondtag trifft man sich im Mahendra Park von Balaju zur **Balaju Jatra** und nimmt rituelle Bäder.

Am letzten Tag des Monats Chaitra und dem ersten Tag von Baisakh ist nepalesisches **Neujahr** oder **Bisket.** Der Name stammt vom Newari-Begriff für „Zwei Schlangen" *(bi syako),* denn das Fest gedenkt des Sieges über zwei Schlangendämonen in der Mahabharata. Der beste Ort, die Feiern zu erleben, ist Bhaktapur, wo diese Figuren von Bhairav und Kali in einer triumphalen Prozession durch die engen Straßen gezogen werden. Einer der Höhepunkte ist das mühselige Aufstellen eines gut 25 m hohen, hölzernen Lingam (phallisches Symbol für Shiva), bei dem die Zuschauer mitfiebern wie bei der Cricket-WM. Nicht immer gelingt das Unterfangen, was dann als böses Omen für das kom-

◁ Ein Festwagen – die Feste sind oft mit dem Wechsel der Jahreszeiten, der Erntezeit und Ähnlichem verbunden

mende Jahr gilt. Ist der Lingam errichtet, machen sich zwei gegnerische Mannschaften daran, ihn vor Tausenden von Zuschauern mit Seilen in jeweils ihre Richtung zu ziehen. Wenn der Lingam bedrohlich schwankt und zu fallen droht, heißt es die Beine in die Hände zu nehmen und zu rennen – tödliche Unfälle durch das tonnenschwere Monstrum sind keine Seltenheit.

In Thimi, einem kleinen Nachbarort von Bhaktapur, wird zur gleichen Zeit die **Balkumari Jatra** begangen, eine andere Version des Neujahrsfestes. Die Gläubigen versammeln sich am Balkumari-Tempel und entzünden kleine Öllampen, die einige von ihnen sich sogar auf den Körper stellen und stundenlang darauf balancieren. Am nächsten Tag findet der Teil der Feierlichkeiten statt, dem die meisten Teilnehmer schon ent-

Bei der Bisket Jatra in Bhaktapur mischen sich Zuschauer aus aller Welt unter die feiernde Lokalbevölkerung

ktm215 rk

gegenfiebern: Eine hochverehrte Ganesh-Figur wird auf einer *Khat* oder Sänfte aus dem Nachbardorf Nagadish zum Balkumari-Tempel getragen, wo sie auf 32 weitere Götterfiguren trifft, die gleichfalls auf Sänften sitzen. Unter lautstarker Musikbegleitung werden die Figuren nun durch die Straßen Thimis getragen, wobei die 32 Götter bald dem Glücksbringer Ganesh hinterherjagen, um seine Rückkehr nach Nagadish zu verhindern. Das Ganze verläuft karnevalsartig heiter, und alle haben ihren Spaß. Etwas sorgenvoller sieht die Ziegen- und Hühnerpopulation dem Ereignis entgegen, da im weiteren Verlauf zahlreiche ihrer Angehörigen der Balkumari geopfert werden, wobei sich Ströme von Blut über die Statue ergießen.

April/Mai

Das wohl wichtigste Fest des Kathmandu Valley ist die **Rato Machhendranath Jatra** in Patan. Der Rote *(rato)* Machhendranath ist eine Art Gegenspieler zum Weißen *(sweta)* Machhendranath, die beide oft aber auch als ein und derselbe Gott angesprochen werden. Machhendranath gilt als der Schutzpatron des Kathmandu Valley – und besonders der Bauern –, da er einst eine zwölfjährige Dürre beenden half. Das Fest um diesen Gott ist somit auch eine Bitte um Regen und findet rechtzeitig vor Beginn des Monsuns statt.

Die **Vorbereitungen** sind aufwendig und beginnen schon zwei Wochen vor dem eigentlichen Fest. In einer Prozession wird die Figur des Rato Machhendranath zu einem Feld in Lagankhel, Patan, gebracht, wo jener angeblich auch Rast gemacht hatte, als er ursprünglich ins Kathmandu-Tal kam. Bei der Prozession dabei ist ein altes Schwert des Königs von Bhaktapur, der dem Fest beizuwohnen pflegte, und eine symbolische Einladung geht an den König von Kirtipur, der durch dessen Ortsvorsteher repräsentiert wird. Die Figur des Gottes wird nun rituell gewaschen und bald darauf neu mit Farbe bemalt. Die Maler kommen dabei immer aus einer bestimmten Familie. Am Abend kehrt die Figur in ihren Tempel zurück.

Am Tag des Festes wird die Figur auf einem **prunkvollen Gefährt,** einem **Rath,** durch die Straßen Patans gezogen. Am Vorderteil befindet sich eine Art hoch gewundener Bug, der den Kopf des Schlangengottes Karkot darstellt, der mitgeholfen haben soll, den Machhendranath aus Assam (Indien) herbeizuholen. Auf dem Gefährt ist ein etwa 15 m hoher, recht unsolide wirkender Turm aus Bambus- und Holzstangen aufgebaut, der bedrohlich schwankt. Die Räder des Rath sind aus massivem Holz und haben einen Durchmesser von ca. 1,50 m – wehe dem, der darunter geraten sollte!

Das Gefährt wird unter den Anfeuerungsrufen der Zuschauer von Hunderten von Männern an Seilen durch die Straßen gezogen – eine Mühe, die göttlichen Segen garantiert. Hinter dem Wagen mit dem Machhendranath folgt ein kleineres Gefährt mit einer Figur des Gottes Minanath, der gelegentlich als der Sohn Machhendranaths, aber auch als dessen Tochter bezeichnet wird. Alle zwölf Jahre ist das Fest besonders aufwendig, und der Machhendranath wird bis in den Ort Bungamati gezogen, wo er eine Art „zweiten Wohnsitz“ hat – das nächste Mal erst wieder im Jahr 2015!

Mai/Juni

An einem Wassertank nahe Thankot, dem Mata Tirtha oder „Mutter-Heiligtum“, wird eine Art „Muttertag“ begangen, an dem die verstorbenen Mütter geehrt werden. Das Fest heißt **Mata Tirtha Snan** (wörtl. „das Bad im Mutter-Heiligtum“) und gelegentlich soll es vorkommen, dass jemand dabei das Gesicht seiner verstorbenen Mutter auf der Wasseroberfläche sieht!

Auf den Vollmondtag im Monat Baisakh fällt einer der heiligsten Tage der Buddhisten, **Buddha Jayanti,** Buddhas Geburtstag. Am interessantesten sind die Festlichkeiten an der Stupa von Swayambhunath, wo sich den ganzen Tag über Tausende von Pilgern einfinden und Lamas in prachtvollen Roben um die Stupas tanzen, untermalt von tibetischer Musik. Ähnliche Festlichkeiten finden auch an der Stupa von Bodhnath statt.

Am sechsten Tag des zunehmenden Mondes begehen die Newar **Sithinakha** oder **Kumar Shasthi,** den Geburtstag des Kriegergottes Kumar, des Sohnes Shivas und Bruders von Ganesh. Dazu wird der Boden vor den Haustüren rituell gereinigt und ein roter Kreis mit einem Lotus darin aufgemalt, der den Gott repräsentiert. Das Fest markiert den Beginn der Regenzeit und somit der Reispflanzsaison.

Juni/Juli

Auf Ende Juni oder Anfang Juli fällt das **Harishayani Ekadasi,** zu dem in Budhanilakantha der Figur des liegenden Vishnu Tribut gezollt wird. An diesem Tag sind Tieropfer wie auch der Verkauf von Fleisch offiziell verboten.

☒ Kleinere, lokale Feste, bei denen Götterfiguren auf Sänften getragen werden, finden über das gesamte Jahr verteilt statt

Juli/August

Ende Juli oder Anfang August wird **Ghanta Karna** gefeiert, der Sieg über den gleichnamigen Dämonen. Dazu errichten Kinder an Straßenkreuzungen Torbögen aus Blättern und Zweigen, die die bösen Geister fernhalten sollen. Dafür verlangen sie von den Passanten eine Art Wegezoll in Form von Kleingeld. Höhepunkt ist die Versenkung einer Ghanta-Karna-Puppe im Fluss; damit ist der Dämon für das kommende Jahr unschädlich gemacht.

Zu Neumond im Monat Shrawan beginnt **Gunla,** der heilige Monat der Buddhisten. In diesem Monat unterwirft man sich Fastenübungen, Pilgerreisen oder heiligen Ritualen, um am Ende eine gesellige, ausgelassene Feier samt Festschmaus abzuhalten. Zahlreiche Gläubige finden sich zu Gebeten in Swayambhunath ein.

Am fünften Tag des zunehmenden Mondes begehen die Nepalesen **Nag Panchami,** das Fest, das den Schlangengöttern geweiht ist (*nag* = „Schlange“), die angeblich Einfluss auf den Regen haben. Über den Haustüren werden Bilder der Schlangengötter angebracht, die zur Segnung ein wenig rote Tika-Paste auf die Stirn bekommen. Zudem begibt man sich auf Feld und Flur, um dort Schlangen Opfergaben darzubringen – gekochten Reis, Milch, Joghurt und Honig. Angeblich sind die Schlangen an diesem Tag absolut handzahm, und garantiert niemand wird gebissen!

Am Vollmondtag von Shrawan wechseln die Brahmanen die Yagnopavit, ihre heilige Brahmanenschnur. Das Ereignis heißt **Janai Purne,** „Vollmond der heiligen Schnur“.

Am gleichen Tag binden Mädchen und Frauen dem anderen Geschlecht bunte Zwirnsfäden um das Handgelenk

ktm149 rk

und erklären sie so symbolisch zu ihren „Brüdern", die sie von nun an beschützen sollen. Dieses **Raksha Bandhan** oder „Anlegen des Schutzbandes" ist eine geniale Methode, einen unliebsamen Freier flugs zum „Bruder" zu transformieren, womit jeglichen amourösen Absichten entgegengewirkt wird! Es zeugt aber auch von Respekt dem „Bruder" gegenüber, da man ihm Sicherheit und Wohlergehen anvertraut.

August/September

Der Tag nach dem Janai Purne/ Raksha Bandhan ist den hochverehrten heiligen Kühen geweiht: Zur **Gal Jatra,** der „Kuhprozession", verkleiden sich zahlreiche Bewohner als Kuh, während die Originale festlich herausgeputzt und mit schmackhaftem Futter verwöhnt werden. Dem Glauben nach hängen sich die Seelen der Verstorbenen an die Schwänze von Kühen, die sie sicher zur Pforte des Totengottes Yama führen und diese mit ihren Hörnern aufstoßen. Hinter der Pforte werden die Toten dann für ihre Taten von Yama gerichtet.

Am Rande der Prozession kommt es zu allerlei **Clownereien und Schabernack,** man kleidet sich in abstruse Masken, trinkt Alkohol in rauen Mengen und haut einmal voll auf die Pauke. Die Zeitungen tragen ihren Teil zu dem Irrwitz bei und veröffentlichen absurde Nonsens-Nachrichten – Karneval und 1. April vereint! Dieser neckische Aspekt des Festes geht angeblich auf das 18. Jh. zurück, als die Frau König *Pratap Mallas* sich ob des Todes ihres Sohnes grämte und das Lachen verlernt zu haben schien. Nach einer langen Zeit der Trauer schrieb der König eine Belohnung aus für denjenigen, der sie wieder zum Lachen brächte. Bald erschien eine ganze Abordnung von Witzbolden am Palast, gekleidet in lächerlichste Kostüme und Grimassen schneidend, und kurz darauf schallte das Lachen der Königin durch das Gemäuer.

Der achte Tag des abnehmenden Mondes ist **Krishna Ashtami** oder **Krishna Jayanti,** der Geburtstag Krishnas. Bilder und Figuren des geliebten Gottes werden mit Blumen geschmückt, und an mancher Straßenecke bringt ein Geschichtenerzähler Episoden aus Krishnas Leben zu Gehör, die oft ganz ungöttlich schelmisch sind – sicher einer der Gründe für die Popularität Krishnas, der gerne als herumtollendes, verspieltes Kind dargestellt wird.

Zu **Gokarna Aunshi** am Neumondtag, dem nepalesischen Vatertag, werden den verstorbenen Vätern in Gokarna Opfergaben dargebracht.

Am dritten Tag des zunehmenden Mondes beginnt das dreitägige **Tij,** ein reines Frauenfest, zu dem sich die Teilnehmerinnen am Pashupatinath-Tempel zu allerlei Frohsinn und rituellen Bädern einfinden.

In Kathmandu wird acht Tage lang die **Indra Jatra** gefeiert, die dem Regengott Indra, auch Akash Bhairav genannt, gewidmet ist. Der Legende nach war der Gott vor langer Zeit von den Bewohnern des Kathmandu Valley beim Stehlen von Blumen ertappt und – nicht ahnend, wen sie vor sich hatten – bei lebendigem Leib begraben worden. Bald suchte Indras Mutter Dagini nach ihm, und als sich der Irrtum aufgeklärt hatte, beschloss der König, Indra zu Ehren ein jährliches Fest zu veranstalten. Dieses beginnt heutzutage am zwölften Tag des zunehmenden Mondes.

Zunächst wählen Priester der Manandhar-Kaste, die von der Regierung bestimmt werden, einen riesigen **Sal-Baum** *(Shorea robusta)* aus. Dieser wird durch tantrische Riten und Blutopfer geheiligt, anschließend gefällt und entlaubt, und schließlich wird der Stamm für vier Tage auf dem Tundikhel in Kathmandu aufgestellt. Die folgenden vier Tage steht er am Hanuman Dhoka, wohin auch die Figur des Indra getragen wird. Der Stamm gilt als Symbol der Einheit Nepals, das nun geschlossen Indra huldigt. Seine Figur ist dabei in Ketten gebunden, als Erinnerung an die Gefangenschaft, die er in Kathmandu erleiden musste. Bestandteil des Festes sind einige traditionelle Maskentänze, so der Lakhe-Tanz, benannt nach einem Dämonen, und der Elefanten-Tanz zu Ehren von Indras Reittier.

Der Höhepunkt ist jedoch die am Tag vor Vollmond stattfindende **Kumari Jatra,** eine Prozession, in der die Kumari oder „Lebende Göttin" in prachtvollem Schmuck durch die Straßen getragen wird. Die Kumari („Jungfrau") ist jeweils ein junges Mädchen, das nur so lange als göttliche Inkarnation gilt, bis es einen Tropfen Blut verliert – sei es durch Missgeschick oder Menstruation.

September/Oktober

Der Beginn des zunehmenden Mondes kündigt das **Dasain** oder **Durga Puja** an, das wichtigste Fest Nepals. Die Feierlichkeiten erstrecken sich über einen Zeitraum von gut zehn Tagen, und so mancher Arbeiter oder Angestellter genehmigt sich einen inoffiziellen Urlaub, taucht im Trubel des Festes unter, um dann irgendwann danach wieder aufzutauchen, als wäre nichts geschehen. Für Touristen in Kathmandu sind die Dasain-Tage angenehm; die Stadt ist relativ leer, und es gibt nur wenig Verkehr.

Das Dasain ist der Göttin Durga gewidmet und symbolisiert den **Sieg des Guten über das Böse.** Die Häuser werden rituell gereinigt, ausgebessert und geschmückt, da der Besuch der Göttin erwartet wird oder – falls diese anderweitig verhindert sein sollte – zumindest Besuch der Verwandten.

Im Verlauf der Feierlichkeiten an den Durga-, Kali- oder Tajelu-Tempeln werden zahlreiche männliche unkastrierte Tiere geopfert – vor allem Wasserbüffel, die symbolisch einen Büffeldämon darstellen, den die Göttin einst getötet haben soll. Dem Glauben nach werden die zu Dasain geopferten Tiere im nächsten Leben als Menschen wiedergeboren, wobei unter Büffeln umstritten sein soll, ob dies nun als Belohnung oder Strafe aufzufassen ist … Auch auf den Straßen gibt es zahllose **Tieropfer,** vielerorts werden Hühner, Enten, Ziegen oder andere Tiere geschlachtet. Auto- und Motorradbesitzer segnen ihre Fahrzeuge, indem sie davor ein Tier schlachten und das Blut dann auf das Fahrzeug fließen lassen. Zartbesaitete Gemüter bleiben besser im Hotelzimmer, denn das Ganze ist kein schöner Anblick, auch wenn inzwischen weniger geschlachtet wird als noch vor einigen Jahren. Die Vegetarier unter den Gläubigen, wie auch viele jüngere, modernere Menschen, opfern anstelle von Tieren eine bestimmte Art von **Kürbis,** der vor der Statue der Göttin entzweigeschlagen wird.

ktm150 rk

Oktober/November

Fünf Tage dauert das wirklich schöne Fest **Tihar** oder **Diwali,** übersetzt „Lichterreihen“ bzw. „Lichterfest“, das in die Erntezeit fällt. An den Tempeln werden Hunderte von kleinen Senföllampen aufgestellt, die dem Fest seinen Namen geben. Geweiht ist es Lakshmi, der Göttin des Wohlstands, und so ist es nicht verwunderlich, wenn um Geldtruhen und Geschäftsbücher aufwendige Pujas zelebriert werden, die den Beistand Lakshmis für das kommende Jahr garantieren sollen. Nebenbei kommen Haushunde, Straßenköter und die ebenso ungeliebten Krähen zu Ehren und werden großzügig gefüttert. Die Hunde gelten als die Bewacher der Pforte des Totengottes Yama, die Krähen als dessen Boten, die durch ihr Gekrähe den Tod ankündigen. Besondere Aufmerksamkeit wird den ohnehin schon erlauchten Kühen entgegengebracht, man schmückt sie mit Blumengirlanden, gibt ihnen das rote Tika-Zeichen auf die Stirn und kriecht unter ihrem Bauch durch – eine Art Glücksritual.

Zu **Haribodhini Ekadasi** wird Vishnus Wiederkehr zu den Menschen gefeiert, der die vier Monate davor schlafend am Meeresgrund verbracht hat. Pilger ziehen zu allen Vishnu- oder Narayan-Tempeln, um dem Gott dort Opfer zu bringen, insbesondere zum „schlafenden Vishnu“ von Budhanilakantha. Die Riten auszulassen scheint nicht sehr ratsam, denn der Überlieferung nach wird derjenige, der sich dessen erdreisten sollte, im nächsten Leben als Gockel wiedergeboren!

⌃ Blaskapellen kommen oft bei Hochzeitsfeiern zum Einsatz, aber nicht immer gibt es etwas zu tun

November/Dezember

Das **Sita Panchami** oder **Sita Bibaha Panchami** in Janakpur gedenkt der Heirat der Göttin Sita mit Rama, dem Helden des Epos Ramayana. Ähnlich einer regulären Hindu-Hochzeit wird die Figur des „Bräutigams" vom Rama-Tempel zu seiner Zukünftigen im Janaki-(= Sita-)Tempel getragen. Zu dem Fest strömen Tausende von Pilgern – darunter zahlreiche aus Indien –, denen Sita als das Sinnbild der idealen Ehefrau gilt.

Yomarhi Punhi zu Vollmond ist eine Art Erntedankfest der Bauern des Kathmandu Valley, bei dem Reiskuchen (in Newari *yomarhi*) gebacken und an die Nachbarn verschenkt werden. Kinder ziehen von Haus zu Haus und fordern ebenfalls ihren Tribut in Form der Kuchen, zum Teil unter Zuhilfenahme eines traditionellen kessen Liedes. Dessen letzter Vers lautet unmissverständlich: „Wenn ihr euch nicht sputet und uns Yomarhi schenkt, kacken wir in eure Reismühle!"

Dezember/Januar

Der erste Tag des Monats Paush ist **Mahendra Jayanti** oder **Constitution Day,** an dem mit Paraden und Prozessionen an den Verfassungsentwurf von 1962 erinnert wird.

Ab dem achten Tag des zunehmenden Mondes wird das viertägige **Seto Machhendranath Snan** zelebriert, das rituelle Reinigen des Weißen Machhendranath (*snan* = „Bad"). Das Waschen der Statue obliegt vornehmlich Priestern aus der Banra-Kaste. Am Tempel des als barmherzig geltenden Machhendranath in Kathmandu, des Machhendranath Bahal, wird der sogenannte „Badethron" errichtet, eine Art Plattform. Auf ihm wird die Machhendranath-Statue rituell gebadet und in neue Kleider gehüllt, sie bekommt eine neue Krone aufgesetzt und wird mit frischen Blumengirlanden behängt – alles vor den Augen der Kumari, die dazu in einer feierlichen Prozession herbeigetragen wird.

Kunst und Handwerk

Geschichte

Wie bei Nepals geografischer Lage nicht anders zu erwarten, verbinden sich in der Kunst des Landes **indische sowie tibetische Elemente.** Der indische Einfluss ist bis in das 6. Jh. zurückverfolgbar, um das 12. Jh. kam er aufgrund der Moslem-Invasionen jedoch zum Erliegen. Von Tibet gelangten tantrische und lamaistische Impulse herüber, und all die Einflüsse wurden schon zwischen dem 4. und 7. Jh. von den Nepalesen zu einem eigenen Stil weiterentwickelt.

Besonders taten sich dabei die **Newar** im Kathmandu Valley hervor, die bis heute als hochbegabte Künstler und Handwerker gelten. Der herausragende Vertreter dieser künstlerischen Tradition war ein gewisser **Arniko,** der 1246 von *Kublai Khan* nach Tibet berufen wurde, um dort eine goldene Stupa zu errichten. *Arniko,* genialer Steinmetz, Maler, Kunstschmied und Architekt, wählte 80

ktm151 rk

Handwerker aus, die ihn bei der Arbeit unterstützen sollten, und innerhalb eines Jahres war das Werk vollendet. In der Folgezeit wurde ihm die Arbeit an weiteren Sakralbauten anvertraut; in Beijing errichtete er die Weiße Pagode, die bis heute erhalten ist.

Unter der Herrschaft der **Malla-Könige vom 13. bis 18. Jh.** wurden Kunst und Architektur zu ihrer Blüte geführt, die jedoch 1769 mit der Eroberung des Kathmandu Valley durch die Gorkha-Truppen des *Prithvi Narayan Shah* jäh endete. Die meisten architektonischen oder künstlerischen Sehenswürdigkeiten im Kathmandu Valley stammen aus diesen Jahrhunderten, in denen sich die Könige als begeisterte Bauherren und Kunstmäzene erwiesen. Die Herrscher von Kathmandu, Patan und Bhaktapur wetteiferten quasi miteinander um die prachtvollsten sakralen, aber auch profanen Bauten. Von diesem „Krieg" der Baumeister profitiert heute der Tourist, der ob der Vielzahl an Sehenswürdigkeiten nicht selten in sprachloses Staunen gerät.

Nicht minder entwickelt war die **Handwerkskunst der Newar,** die mit dem ihnen scheinbar angeborenen Sinn für Ästhetik Holz, Ton, Stein und Metall bearbeiteten. Schon um das Jahr 400 berichtete der chinesische Reisende *Fa-Hsien* vom „beachtlichen Geschick" der Newar in Handwerk und Kunst – obwohl er sie andererseits als „harte und wilde Naturen" charakterisierte. Schon zu jener Zeit beherrschten sie das Metallgießen und Legieren von Kupfer, Messing und Bronze.

Als begabt erwiesen sich auch die **Holzschnitzer** der Newar, die Häuser und Tempel mit filigranen Schnitzereien verzierten. Weitere Handwerkskünste waren die **Baumwollweberei,** die schon im 4. Jh. v.Chr. von *Kautilya* (ein anderer Name ist *Chanakya*) in seiner „Artha Shastra", einem Lehrbuch der Staatsführung, erwähnt wurde, oder die **Arbeit mit Ton,** der schon vor mindestens 2300 Jahren zu kleinen Menschen- oder Tierfiguren geformt wurde.

Einige Jahrhunderte alt ist die Herstellung eines speziellen **„Nepali-Papiers"** aus dem in 2700 bis 3300 m Höhe wach-

Trommelbegleitung bildet den musikalischen Hintergrund zu so manch festlichem Anlass

senden Seidelbast *(Daphne ssp.).* Dieses Handwerk stammte wahrscheinlich aus China und wurde über Tibet in Nepal verbreitet. Ebenfalls aus Tibet rührt die **Teppichknüpferei** her, die heute von zahlreichen tibetischen Flüchtlingen betrieben wird.

Eine tragende Rolle bei der Erhaltung der Handwerkskünste fallen heute dem Tourismus und dem Export zu, denn der Binnenmarkt für handwerkliche Produkte ist klein und beschränkt sich auf praktische Artikel. So lebt heute manch Handwerkstalent ausschließlich von den Dollars, Euros oder Yens, die ihm der Verkauf von Souvenirs einträgt.

Musik

Gemäß der hinduistischen Mythologie ist Shiva in seiner Form als Nataraja („König des Tanzes") der Herr über Musik und Tanz. Sein weibliches Gegenstück ist Nateshvari, die „Göttin des Tanzes". Während Shiva tanzt, wird er von einem **Götter-Orchester** begleitet: Brahma schlägt die Cymbeln, Vishnu die Trommel, Saraswati spielt die Vina, ein Saiteninstrument, Indra Flöte, und Lakshmi singt dazu. Auf diese Weise entsteht – so eine Hindu-Schrift – „Musik der Sphären."

Historische Erwähnungen nepalesischer Musik reichen nur bis ins 13. Jh. zurück. Allem Anschein nach entwickelte sie sich aus alter **buddhistischer Musik,** die auf einem Konzept von 16 Musikgottheiten beruhte. Jede dieser Gottheiten wurde mit einem Musikinstrument in Verbindung gebracht.

Ab dem 10. Jh. dominierte **indischer Einfluss,** und die **Ragas** wurden verbreitet, instrumentale oder gesungene Musikstücke, die auf festgelegten Tonfolgen basierten und bestimmte Stimmungen ausdrücken sollten. Den Ragas wird eine solche spirituelle Klangkraft nachgesagt, dass ein Meister des Metiers damit wahre Wunder vollbringen kann. Alten Aufzeichnungen zufolge verursachte *Naik Gopal,* ein begnadeter Sänger des 17. Jh., bei einer Aufführung der Dipika Raga, der „Raga des heißen Sommers", eine verheerende Feuersbrunst. Daraufhin blieb sogar der Monsun aus, bis der Sänger *Tan Sen* die Megha Raga, die „Wolken-Raga", anstimmte, während der sich Regenwolken zusammenballten und bald das ausgedörrte Land begossen. Als ein Nachfahre *Tan Sens* später die Dipika Raga auf der Vina spielte, fing das Instrument Feuer. Danach wurde es in einem Tempel in Bodh Gaya (Nordindien) als Reliquie aufbewahrt.

Neben den Ragas bildeten sich die **Raginis** heraus, eine Art weibliches Gegenstück, bestehend aus „weiblichen" Tonfolgen. Nepalesische Musiker übernahmen die meisten Ragas und Raginis aus Indien, entwickelten aber auch einige eigene. In der Praxis dienen sie heute nicht mehr zu metaphysischen Wundertaten – vielleicht nur aus Mangel an genialen Interpreten –, sondern rein dem Ausdruck von Stimmungen und Gefühlen. So gibt es Morgen-Ragas, Abend-Ragas, Monsun-Ragas etc., die jeweils die Atmosphäre der betreffenden Tages- oder Jahreszeit einfangen und an den Hörer weitervermitteln.

Neben dem reichhaltigen Repertoire komplizierter klassischer Musik besteht aber ein reicher Fundus an **Volksmusik,** die romantische, heroische, religiöse oder jahreszeitliche Themen zum Inhalt hat. Noch heute trifft man gelegentlich auf den **Gaine** („Sänger"), eine Art Moritatensänger, der die Heldentaten tapferer Krieger besingt.

Die populärste Musikform ist heute aber zweifellos der **Hindi-Filmschlager,** der einer der tragenden Elemente des Hindi-sprachigen Spielfilms ist. Ein Film ohne mindestens fünf bis sechs Gesangseinlagen – das wissen Mumbais Filmproduzenten sehr wohl – ist von vornherein zum Flop verdammt. In Nepal hört man diese teilweise schwülstigen, oft wunderbar melodiösen und aufwendig orchestrierten Songs auf Schritt und Tritt, und damit sind sie wahrscheinlich so etwas wie neuzeitliche Volksmusik. Die neuere Hindi-Filmmusik orientiert sich sehr an westlicher Popmusik und es kommt zu merkwürdigen bzw. interessanten Stilfusionen. Die jüngeren Nepalesen sprechen naturgemäß eher dieser neuen Richtung zu.

Die traditionelle nepalesische Musik wird auf einem Sortiment von über 100 **Instrumenten** gespielt, dazu zählen vor allem Saiten-, Blas- und Schlaginstrumente. Es gibt etwa 40 Arten von Schlaginstrumenten, 24 Blas-, sieben Streich- und sechs Zupfinstrumente sowie 27 verschiedene Cymbeln oder ähnliche kleine Schelleninstrumente.

In der Volksmusik eingesetzt werden unter anderem die Sarangi („die Hundertfarbige"), eine traurig klingende kleine Fiedel, die Dudra und Tunga, vier- bzw. sechssaitige Zupfinstrumente, die Murali, eine Bambusflöte, auf der Krishna einst gespielt haben soll, und die Dholaki, eine kleine Handtrommel.

Die klassische Musik verwendet die **Sitar,** ein Saiteninstrument, das durch den indischen Musiker *Ravi Shankar* (1920–2012) zu Weltruhm gelangte, ferner die mit ihr verwandte Vina, das Shruti-Peti oder Harmonium, die Tablas, auf eine bestimmte Tonhöhe gestimmte kleine Trommeln, u.v.m.

Tanz

Eine der häufigsten Götterfiguren, die man in nepalesischen Souvenirläden kaufen kann, zeigt Shiva in seiner Form als **Nataraja – Gott des Tanzes.** Dabei verharrt er in einem solchen Tanzschritt, dass die Figur wie das alte Hindu-Zeichen für OM wirkt, der kosmische Urlaut, der das ganze Universum durchdringt. Shivas Tanz und das Universum sind eng miteinander verknüpft, und am Ende des Weltenzyklus tanzt der Gott den Tandava, den Tanz der Zerstörung, der die Welten vernichtet.

Der nepalesische Tanz ist heute weniger spirituell inspirierte Kunst denn ein **folkloristisches Ereignis.** Getanzt wird zu allen Festen, von Einzelpersonen oder in Gruppen. Gemeinsam ist allen Tänzen die Zuhilfenahme von festlichen bunten Kostümen, Schmuck und Schminke, die den dramatischen Effekt erhöhen.

Die wichtigsten Tänze

- **Maskentanz** – Aufgeführt in Kathmandu, Patan und Bhaktapur zu religiösen Feiertagen; getanzt werden Legenden und Mythen, wobei die Tänzer überdimensionale, bizarre Masken tragen.
- **Regentanz** – Paartanz, in dem Mann und Frau Shiva und seine Gemahlin Parvati symbolisieren.
- **Jhankri-Tanz** – Von einem Jhankri, einem Schamanen, getanzt, soll dieser die bösen Geister vertreiben.

- **Damfu-Tanz** – Ein Gruppentanz der Tamang mit Tambourins *(Damfu)*, der von Liebe und Liebeswerben handelt.
- **Jhijhiya-Tanz** – Ein Tanz aus dem Terai, der der Göttin Durga geweiht ist; Gruppen von Mädchen balancieren dabei Wasserkrüge auf dem Kopf, denen Öllampen aufgesetzt sind.
- **Dhunnasa-Tanz** – Ein Gruppentanz, bei dem Bambusstöcke geschwungen werden, aufgeführt zumeist bei Melas (Volksfesten) oder anderen größeren Ereignissen.
- **Ya-Lang-Tanz** – Eigentlich ein Tanz der Limbu, der in verschiedenen Variationen und auch bei anderen Volksgruppen anzutreffen ist; eine Art im Kreis aufgeführter Gruppentanz zur Erntezeit.
- **Jhyaure-Tanz** – Äußerst lebhafter, fast wilder Tanz der Gurung und Magar, mit Verrenkungen, Luftsprüngen und Fußstampfen.
- **Jhumara-Tanz** – Beheimatet im Terai, wird dieser Tanz nur von Männern präsentiert, die die Gopis darstellen, die Milchmädchen Krishnas.

Literatur/ Volkserzählungen

In einem Land mit einer traditionell **niedrigen Alphabetisierung** wie Nepal kann Literatur nur eine untergeordnete Rolle spielen. Noch Anfang der 1950er Jahre hatte die Alphabetisierungsrate nur etwa 5 % betragen, was bei einer Einwohnerzahl von damals 8 Mio. gerade mal 400.000 Personen bedeutete, die des Lesens mächtig waren (heute ca. 64 %). Man kann nur mutmaßen, wie gering der Prozentsatz ein Jahrhundert vorher gewesen sein mag. Nur eine winzige Elite war des Lesens und Schreibens mächtig. Heute dürften immer noch die Hälfte der Nepalesen weder schreiben noch lesen können.

Die traditionelle Literatur umfasst alte **religiöse, astrologische oder medizinische Texte,** die – gedruckt oder als Kalligrafie – noch in manchen Tempel- oder Klosterbibliotheken zu finden sind. Die bedeutendste Sammlung von Schriftstücken sind die alten **Vamshavali** („Annalen“), Geschichtschroniken, die jedoch oft ins Reich der Legende und Fantasie abgleiten. Historische Fakten werden nahtlos mit Mythen verwoben, und die Zeitangaben sind größtenteils vage oder schlichtweg unglaubwürdig. Beispiel: „Die Kiranti kamen im 15.000. Jahr des Dwipar Yuga (*yuga* = „Zeitalter“) nach Nepal und beherrschten das Land 10.000 Jahre lang. Die Götter kamen nach den Kiranti. König *Dharmadatta* herrschte 1000 Jahre …“

In geringem Maße spielte noch die **Poesie** eine Rolle, da die Könige ihre Edikte gerne in Versform herausgaben.

Bedeutender als die geschriebene Literatur ist der reiche Fundus an **Volkserzählungen,** die über die Jahrhunderte von Mund zu Mund weitergegeben wurden. In diesen vermengen sich Mythen, Legenden, heroische oder religiöse Geschichten zu fabulösen Gespinnsten. Oft haben sie einen belehrenden, moralisierenden Charakter, wie z.B. die Erzählung „Rajkumari“ („Die Prinzessin“), in der die Eitelkeit aufs Korn genommen wird. In „Dadi Saniamma“ („Die Stiefmutter“) geht es um Neid und Missgunst, in „Lobhi Purohita“ („Der gierige Priester“) um den trügerischen Schein des Geldes. Ähnlich wie bei den Märchen des Abendlandes siegen auch in den nepalesischen Erzählungen immer das Gute und die Vernunft.

Gelegentlich sieht man noch professionelle **Geschichtenerzähler,** die an irgendeiner Straßenecke die uralten Geschichten weitererzählen und damit das Publikum in ihren Bann schlagen – wie vor Hunderten von Jahren.

Metallarbeiten

Die Metallgießerei in Nepal geht bis auf das 4. Jh. zurück. Verschiedene Legierungen – anfänglich aber auch Silber und Gold – wurden zu sehr plastischen **Götterfiguren** geformt, die ihren Platz in den zahllosen Tempeln und Schreinen fanden. Eine der geläufigsten Legierungen war das aus acht Metallen gemischte Ashtadhatu, Sanskrit für „Acht Metalle".

Geformt wurden die Figuren durch die **Technik des Cire Perdue oder „verlorenen Wachses":** Dazu wurde die gewünschte Figur zunächst in Ton modelliert und dann getrocknet. Die entstandene Form wurde mit einer Schicht Bienenwachs bedeckt, worüber wieder eine Schicht Ton folgte, die ebenfalls getrocknet wurde. Das Ganze wurde dann erhitzt, wobei das Wachs aus einer dafür vorgesehenen Öffnung abfloss. Damit war eine Gussform geschaffen, und anstelle des Wachses wurde flüssiges Metall in den entstandenen Hohlraum gegossen und dann – nach seiner Erkaltung – aus der umgebenden Tonschicht geschält. Noch heute benutzen die Newar diese Methode, wobei dem Bienenwachs Harze und Senföl beigemischt werden.

Flache Metallobjekte – wie z.B. die über Tempeleingängen angebrachten Torana – wurden allerdings nicht gegossen, sondern in der **Repoussée-Technik** gehämmert oder geschlagen. Dazu wurde das Metall von der Rückseite so bearbeitet, dass sich auf der Vorderseite Wölbungen bildeten, die die gewünschten Formen oder Figuren darstellten. Diese Methode ermöglichte besonders feine, detaillierte Metallarbeiten.

Holzschnitzerei

Holzschnitzereien gehören seit dem 12. Jh. zum festen Bestandteil von Tempeln oder Häusern; während der Malla-Herrschaft erlebte das Handwerk seine Blütezeit. **Türen, Fenster, Balken und Streben** wurden mit aufwendigem Schnitzwerk versehen, wobei an Tempeln religiöse Motive zum Tragen kamen, an den Profanbauten eher Ornamente, die aber ebenso prachtvoll waren. Am meisten benutzt wurden Hölzer der Sisu-, Champa-, Deodar-, Saaj-, Haldu-, Teak- und Sal-Bäume. Letzteres ist Nepals härtestes Holz und überdauert angeblich tausend Jahre, egal ob an der Luft oder im Wasser. Aus diesem Grunde wurde es zum meistbenutzten Holz bei Tempelbauten.

Wie entwickelt die Holzschnitzerei war, zeigt das **umfangreiche Fachvokabular,** das in der Zunft verbreitet ist. Jedes winzige Teil eines traditionellen Ornamentes, jeder technische Handgriff hat einen eigenen oder gar mehrere Namen.

Eine sehr augenfällige Variante von Holzschnitzereien sind die **erotischen Figuren** an Tempelpfeilern oder -streben, von denen westliche Besucher früherer Jahrhunderte zutiefst verstört berichteten. Auf sie wirkten diese Illustrationen – mit ihren oft abstrusen Kopulationsvarianten – wie ein Lehrbuch der Perversion. Die **Schnitzereien von Maithuna,** die den sexuellen Verkehr in allen seinen Formen zeigen, basieren auf dem Tantrakult und sind eine lebensbejahende Darstellung sexueller und schöpferischer Energie und nicht, wie die früheren Reisenden angenommen hatten, eine Aufforderung zur Nachahmung!

Bildhauerei

In grauer Vorzeit schon verehrten die Bewohner Nepals **Steine oder Felsen als Erscheinungsform der Götter.** Noch heute gibt es an einigen Tempeln solche Steine, die zumeist als Repräsentation des glückbringenden Elefantengottes Ganesh gelten.

Von der Verehrung naturgegebener Steine war es nur ein kleiner, wenn auch fundamentaler Schritt, ihnen Formen und Gesichter nach eigenen Vorstellungen zu geben. In der zweiten Hälfte des 5. Jh. war aus der Bildhauerei eine ernst zu nehmende Kunst geworden, die im 9. Jh. ihren Höhepunkt fand. Diese sogenannte **klassische Periode** war stark vom indischen Gupta-Stil beeinflusst und ließ eine Vielzahl von Meisterwerken entstehen, von denen noch zahlreiche erhalten sind. Ein hervorragendes Beispiel ist die Figur des liegenden Vishnu in Budhanilakantha, die wohl bekannteste Steinskulptur Nepals.

Malerei

Ebenfalls in der klassischen Periode nahm die Malerei ihren Anfang, deren älteste übrig gebliebene Beispiele aus dem frühen 11. Jh. stammen. Es sind Illustrationen zu Palmblatt-Manuskripten, die von Indien beeinflusst waren. Die Themen der Malerei waren meist **religiöser Natur,** die Hindu-Epen Mahabharata und Ramayana sowie die buddhistischen und hinduistischen Legenden boten einen unendlichen Fundus an Motiven. Etwa in der Mitte der Malla-Periode (15./16. Jh.) wurden besonders **tantrische Motive** populär.

Eine spezielle Form des religiösen Gemäldes waren die **Mandalas,** mystische Bilder aus zahllosen ineinander verschachtelten Kreisen und Quadraten, die sowohl auf hinduistischer als auch auf buddhistischer Tradition beruhen.

Die bei Touristen begehrtesten Gemälde sind jedoch die **Thangkas** (Tibet), auch **Paubha** (Nepal) genannt. Das sind Rollbilder, ähnlich altertümlichen Schriftrollen, die aus einem feinen Baumwoll- oder Seidenstoff hergestellt werden. Der Stoff wird in einen Rahmen gespannt, dann werden mehrere Schichten einer Mischung aus Kalk, Leim und Indigo aufgetragen und getrocknet. Um der Oberfläche Glanz zu verleihen, wird noch eine Schicht aus dem Eiweiß von Enteneiern und Wasser aufgetragen, und diese wird dann mit einem glatten Gegenstand poliert. Die Umrisse der Figuren werden mit Ruß eingezeichnet, später kommen die Farben, vermischt mit erhitztem, dünnflüssigem Leim, dazu. Die Thangkas stellen hauptsächlich buddhistische Gottheiten oder Bodhisattvas dar, die möglicherweise von Gruppen von Halbgöttern umgeben sind, häufig aber auch Mandalas.

Eine Sonderform der Thangkas sind die **Patas** („Banner"), oft meterlange Rollen, die Legenden in einer Art Bildergeschichte erzählen.

Professionelle Maler stammen vornehmlich aus der Kaste der Chitrakar oder „Bildermacher", ansonsten aus dem Shakya, Vajracharya und einigen anderen.

Terracotta-Arbeiten

Funde bei Lumbini und Kapilavastu weisen darauf hin, dass **schon im 3. Jh. v.Chr.** Ton zu Götter-, Menschen- und Tierfiguren, zu Spielzeug, Haushaltsgegenständen und Wasserrinnen verarbeitet wurde. Das Handwerk erblühte besonders zwischen dem 16. und 18. Jh., und Ausgrabungen am Dhum-Varahi-Tempel im südlichen Kathmandu Valley brachten sogar Handpressen aus jener Zeit zum Vorschein, mit denen eine fast fabrikmäßige Produktion möglich war.

Heute ist vor allem noch die **Töpferei** von Bedeutung, die auf eine etwa tausendjährige Geschichte zurückblicken kann. Ihr Zentrum ist der kleine Ort Thimi, westlich von Bhaktapur, in dem man die Herstellung der Gefäße z.T. noch auf offener Straße verfolgen kann.

ktm152 rk

Teppichknüpferei

Die Herstellung von Teppichen, die in Europa (besonders Deutschland) gute Exportumsätze erzielen, liegt fast ausschließlich in den Händen von **tibetischen Flüchtlingen.** Als sie in den 1950er und -60er Jahren ihre Heimat verlassen mussten, hatten sie in den meisten Fällen keinerlei finanzielle Mittel, lediglich ihr handwerkliches Geschick. Mit Unterstützung ausländischer Hilfsprojekte und der nepalesischen Regierung wurde das Jawlakhel Handicrafts Centre in Patan gegründet – dies war der Anfang der Renaissance der Teppichknüpferei, die in ihrem Heimatland mittlerweile fast ausgestorben ist.

Ein traditioneller tibetischer Teppich ist 90 x 160 cm groß, 1 bis 1½ cm dick und hat 40 bis 100 Knoten pro Quadrat-Inch, d.h. etwa sechs bis 15 Knoten pro Quadratzentimeter. Die **Wolle** stammt von tibetischen Schafen der Himalaya-Region, die eine besonders glänzende Oberfläche aufweist und besonders widerstandsfähig ist.

Zur **Einfärbung** werden heute meist Anilin-Farben verwendet, ursprünglich waren es Naturfarben. Aus Walnüssen wurde das Beige gewonnen, aus Rhabarber das Gelb und aus speziellen Wurzeln das Rotbraun. Zur Herstellung von Blauviolett wurde Indigo 30 Tage lang in einem Topf mit Urin aufbewahrt.

[<] Die in Bhaktapur hergestellten Töpferwaren werden zum Trocknen erst einmal in die Sonne gelegt

Die **Motive** der Teppiche stammen aus Tibet, China, Indien und Turkmenistan, einige davon sind inzwischen zu neuen, originellen Mustern weiterentwickelt worden. Dazu kommen oft hochmoderne, computergenerierte Designs, die von ausländischen Importeuren in Auftrag gegeben werden.

Architektur

Nepalesische Architektur ist in erster Linie die Architektur des **Kathmandu Valley,** die von den kunstbegabten Newar geschaffen wurde. Ein typisches **Newar-Haus** ist aus Ziegeln gebaut und mit holzgeschnitzten, glaslosen Fenstern versehen. Die Häuser sind in der Regel 4 bis 8 m lang, 6 m breit und haben zwei, drei oder manchmal sogar vier Stockwerke, die jedoch oft so niedrig gebaut sind, dass ein Erwachsener darin kaum aufrecht gehen kann. Meistens gruppieren sich die Häuser um einen **Chowk (Innenhof),** in dessen Zentrum sich ein kleiner Tempel, ein Schrein oder auch nur eine Anzahl Götterfiguren befindet. Mehrere solcher Chowks bilden einen **Tol,** eine Art Wohnblock oder Stadtbezirk.

Tempelbau

Ihren perfektesten Ausdruck findet die nepalesische Architektur in den zahllosen, teilweise spektakulären Tempelbauten, für die die Baumeister weder Zeit noch Mühen oder Kosten scheuten – für die Götter war nur das Beste gut genug.

Die Grundlage des Tempels bildet das **Fundament,** das bei größeren Anlagen 3 bis 4 m tief ist. Über die genaue Beschaffenheit dieses Fundaments, genannt Jag („Erwachen"), ist wenig bekannt, da bisher keine Ausgrabungen gestattet wurden. Wahrscheinlich ist es keine kompakte Masse, sondern weist Hohlräume auf. Lediglich die Stelle, über der das Allerheiligste errichtet ist, hat massiv und fest zu sein.

Über dem Fundament erhebt sich oft eine steinerne **Plattform,** auf die der eigentliche Tempel gebaut ist. Dieser ist quadratisch oder rechteckig, hat einen kleinen Eingang zum Allerheiligsten mit der Götterfigur darin sowie echte oder „falsche" Fenster aus Holzschnitzereien. Bei den älteren Tempeln wurde der Boden unter diesem Allerheiligsten oft aus Ziegeln gemauert, in die Mandalas eingebrannt waren.

Oben abgeschlossen wird der Bau durch ein sanft abfallendes **Dach,** das weit über ihn herausragt – damit soll der abfließende Regen von den hölzernen Teilen des Baus ferngehalten werden. Das Dach ist mit rechteckigen Ziegeln gedeckt, manchmal auch mit Messingplatten. Da es sehr schwer ist, müssen sowohl sein Gerüst als auch die Streben und Stützbalken aus robustem Material

▷ Mit seinem fünfstöckigen Dach ist der Nyatapola-Tempel in Bhaktapur ein besonders augenfälliges Beispiel der Newar-Architektur

ktm146 rk

bestehen. Am besten eignet sich das Holz des robusten Sal-Baumes, das für Bauzwecke unübertroffene Eigenschaften besitzen soll. Neben ihrem funktionalen Nutzen bieten die Balken noch eine weite künstlerische Bearbeitungsfläche, und so sind sie meist mit geschnitzten Götterfiguren verziert – eine gelungene Form, das Nützliche mit dem (optisch) Angenehmen zu verbinden. Gelegentlich werden mehrere Dächer übereinandergebaut, wobei sie nach oben hin kleiner werden. Das beste Beispiel dafür ist der Nyatapola-Tempel in Bhaktapur, dessen fünfgeschossiges Dach majestätisch und weithin sichtbar ist. Die Dachspitzen sind oft mit Messing, gelegentlich sogar Gold beschlagen. An die Dachränder werden oft Reihen kleiner Glocken gehängt, deren Klang die Götter erfreuen und die Gläubigen zum Tempel rufen soll.

Einige Begriffe der Tempel-Architektur

- **Chaitya** – Kleiner überdachter Schrein mit gewölbtem, leicht zugespitztem Dach.
- **Dhvaja** – Wörtl. „Fahne", eine Art Metallstreifen, der von der Dachspitze herabhängt und auf dem die Götter angeblich zur Erde gelangen können.
- **Gajur** – die goldene Tempelspitze auf dem Dach des Tempels.
- **Garbhagriha** – Wörtl. „Mutterleib", das Allerheiligste des Tempels, in dem die Götterstatue aufbewahrt wird.
- **Garuda** – Mystischer Vogel, halb Mensch, halb Tier, das „Vehikel" *(Vahan)* oder Reittier Vishnus; steht vor Vishnu-Tempeln und blickt in Richtung Allerheiligstes.
- **Jag** – Wörtl. „Erwachen", das Tempel-Fundament.
- **Kalasha** – Wörtl. „Krug", eine Art Gefäß, das an das Tempeldach gehängt wird und den Segen der Götter symbolisiert.
- **Kalpalata** – Verschlungenes Ornament, das eine Kletterpflanze *(Lata)* symbolisiert, die alle Wünsche *(Kalpa)* erfüllt.
- **Kinkinamala** – Kette *(Mala)* aus kleinen Glocken *(Kinkina)*, die am Dachrand angebracht wird.
- **Kirtimukha** – Wörtl. „Gesicht des Ruhmes", Abbildung eines Wesens, das in seinem Rachen zwei Schlangendämonen zermalmt; gewöhnlich auf der Torana (s.u.) angebracht.
- **Linga/Lingam** – Das phallische Symbol Shivas, das meistens aus einer Yoni (s.u.) herausragt.
- **Mandala** – Mystisches, meditatives Bild aus ineinander verschachtelten Kreisen und Quadraten.
- **Murti** – Statue eines Gottes bzw. einer Göttin.
- **Nag/Naga** – Schlangengott oder -dämon.
- **Nandi** – Shivas Reittier; der Bulle, dessen Figur jeweils vor Shiva-Tempeln kniet und in Richtung Shiva-Statue blickt.
- **Pataka** – Siehe Dhvaja.
- **Pokhri** – Kleiner Teich, oft neben Tempeln gelegen.
- **Pradakshina** – Wandelgang um das Allerheiligste.
- **Rupa** – Wörtl. „Form", nach oben geschwungenes Metallobjekt an den Dachecken.
- **Sardul** – Löwenähnliches Fabelwesen, das den Tempeleingang bewacht.
- **Shikara** – Turm oder turmartiger Aufbau indischen Ursprungs.

[>] Besonders in Kathmandu gibt es viele passionierte Zeitungsleser

Shivalingam – Siehe Linga/Lingam.

Stupa – ein halbkugel- oder glockenförmiger Bau (in religiöser Fachsprache *anda* = „Ei"), in dem Reliquien des Buddhas oder buddhistischer Heiliger aufbewahrt werden; ursprünglich waren es nur primitive Grabhügel – oder Aufschüttungen (Sanskrit *stupa* = „Haufen").

Swastika – Hinduistisches „Hakenkreuz", ein Sonnen- und Glückssymbol; der Name beruht auf Sanskrit *su-asti* = „wohl-sein" (in der Aussprache zu *swasti* zusammengezogen) und ist das Symbol des Wohlseins, Heils, Segens oder Glücks; auch verwandt mit Sanskrit *swasthya* = „Gesundheit"; *suasti/swasti* ist auch der Ursprung des thailändischen Grußes *sawadi*.

Torana – Halbkreisförmige Messingplatte mit Ornamenten oder anderen Abbildungen; jeweils über Tempeleingängen angebracht.

Trishul – Der Dreizack Shivas, oft an Shiva-Tempeln aufgestellt.

Yoni – Symbol des weiblichen Geschlechtsteiles, immer zusammen mit einem Linga (s.o.) dargestellt.

Medien

Zeitungen/Magazine

Die Geschichte der nepalesischen Presse begann 1901 mit der Gründung der regierungseigenen **Gorkhapatra** („Gurkha-Zeitung"), heute das meistgelesene nepalisprachige Blatt (Aufl. ca. 75.000). Dazu zirkulieren etwa 250 weitere Tageszeitungen, in Englisch, Nepali und zahlreichen Lokalsprachen, sowie an die 300 Magazine.

Die wichtigsten englischsprachigen Tageszeitungen sind die regierungstreue **Rising Nepal** (www.therisingnepal.org.np) und die informativeren **República** (www.myrepublica.com), **Kathmandu Post** (www.kathmandupost.ekantipur.com) und **The Himalayan** (www.thehimalayantimes.com).

ktm164 rk

Einige englischsprachige Magazine sind ebenfalls auf dem Markt, so wie das zweiwöchentlich erscheinende **New Spotlight** (www.spotlightnepal.com).

Internationale Magazine sind in Touristenvierteln wie Thamel in Buchläden erhältlich, so Der Spiegel, Stern, Focus, Time, The Economist, Far Eastern Economic Review u.a. Aufgrund der Konkurrenz durch das Internet findet man diese jedoch immer seltener.

Fernsehen

Erst Ende 1985 nahm die **Nepalese Television Corporation** den Betrieb auf. Gemäß dem letzten Zensus von 2011 besaßen zu der Zeit ca. 36 % aller nepalesischen Haushalte ein Fernsehgerät. Die TV-Landschaft hat sich in den letzten Jahren erheblich verändert: Statt nur eines regierungseigenen Langweilersenders wie noch in den 1990er Jahren, senden derzeit 41 TV-Stationen, darunter staatliche aber noch mehr private. Die präsentieren Programme auf Nepali, teilweise auch auf Englisch. Zu sehen gibt es Nachrichten, Musikprogramme und nepalesische Seifenopern. Über das Portal www.wwitv.com (Ländersuche Nepal) lassen sich einige nepalesische TV-Sender mit Live-Internet-Streaming auffinden, z.Zt. jedoch nur Nepalesischsprachige.

[>] Manuell ist Trumpf: Der Scherenschleifer in Kathmandu beschäftigt einen Angestellten, der eine Kette hin- und herzieht und so den Schleifstein antreibt

Viele wohlhabendere Haushalte – und auch bessere Hotels – haben **Satelliten-Fernsehen,** mit dem sich zahlreiche westliche und indische Sender empfangen lassen. Unter diesen Programmen ist oft auch das Fernsehen der Deutschen Welle, DW-TV (Deutsche Welle TV). DW-TV sendet Nachrichten und Unterhaltungsprogramme, abwechselnd in Deutsch und Englisch.

Wirtschaft

Mit einem durchschnittlichen Bruttonationaleinkommen (BNE) von 682 US$ pro Kopf und Jahr ist Nepal das **zweitärmste Land Asiens** (knapp vor Afghanistan mit 590 US$) und eines der zehn ärmsten Länder der Welt. Je nachdem, welches Kriterium man anlegt, leben heute 24,8 % bzw. 57,3 % der nepalesischen Bevölkerung **unter der Armutsgrenze** (d.h. bei einem Einkommen von 1,25 US$/Tag, das in Nepal bis vor Kurzem als Grenzwert galt, bzw. dem neuerdings üblicheren Grenzwert von 2 US$). Zum Vergleich: Das durchschnittliche Bruttonationaleinkommen pro Einwohner und Jahr in Deutschland liegt bei 45.550 US$.

Die ökonomischen Aussichten in Nepal sind permanent schlecht, und so zieht es **viele Nepalesen ins Ausland,** in erster Linie nach Malaysia, Südkorea und in die Golfstaaten. Gemäß aktueller Schätzungen sind 25–30 % des nepalesischen Bruttonationaleinkommens den Überweisungen der im Auslands lebenden Nepalesen zu verdanken. Kein Wunder, dass aus jedem vierten Haushalt ein Einwohner das Glück in der Ferne sucht.

Eine moderne Wirtschaft in all ihrer Komplexität gibt es in Nepal noch nicht lange. Bis 1951 war das Land von der Außenwelt abgeschnitten; Außenhandel fand nur in Form von Tauschgeschäften mit Indien und Tibet statt. **Indien** versorgte Nepal mit einem weiten Sortiment an Gebrauchsgütern und Nahrungsmitteln und bekam dafür medizinische Heilkräuter und Handwerksartikel. **Tibet** lieferte Holz und Salz und nahm dafür Getreide. Von Industrie konnte damals noch keine Rede sein. Nach der Öffnung des Landes wuchs das Handelsvolumen rapide; um auf dem Weltmarkt mitspielen zu können, waren aber nun Devisen nötig. Aufgrund seiner sehr begrenzten natürlichen Ressourcen – es gibt kleinere Eisen-, Kupfer-, Blei- und Zinkvorkommen und wahrscheinlich sehr begrenzte Erdgasvorräte – und seiner wenig entwickelten Landwirtschaft, deren Erträge in den letzten Jahren zum Teil sogar rückläufig waren, verzeichnet Nepal ein gigantisches **Außenhandelsdefizit:** Im Durchschnitt muss sechsmal so viel importiert werden wie exportiert werden kann. 2016 lag das Außenhandelsdefizit bei ca. 750 Mio. US$.

Das Wissen um Nepals Position unter den ökonomischen Schlusslichtern der Welt hat bei vielen Nepalesen eine Art **Minderwertigkeitsgefühl** erzeugt. Die Achtung, die „Westmenschen" im Lande genießen, beruht zu einem Teil auf einer kollektiven Dankbarkeit dafür, dass deren Regierungen Nepal durch regelmäßige Geldinfusionen und Hilfsprojekte am Leben erhalten – man ist von Hilfe

ktm270 rk

abhängig geworden, und das ist für die im Grunde stolzen und patriotischen Nepalesen kein gutes Gefühl.

Nicht weniger **abhängig** aber ist das Land **von Indien,** über das alle lebenswichtigen Güter transportiert werden müssen. Wie tragisch sich diese Abhängigkeit auswirken kann, erlebten die Nepalesen, als Indien sich 1989 aufgrund politischer Querelen weigerte, den auslaufenden Transitvertrag zu erneuern: Nepal war monatelang vom normalen Güterverkehr abgeschnitten. Warenknappheit und eine galoppierende Inflation waren die Folge. Nach Beilegung der Auseinandersetzung – es ging um einen Waffenkauf Nepals in China – wurde der Transitvertrag verlängert, und der Handel konnte wieder florieren.

Um in absehbarer Zukunft auf wirtschaftlich sicherem Fuß zu stehen, will die Regierung die **Industrialisierung** des Landes vorantreiben. Die meisten Industriebetriebe werden im Terai angesiedelt, das durch ein relativ gutes Straßennetz mit Indien und Kathmandu verbunden ist. Vorerst sind von der Industrie – zaghaft wie sie sich entwickelt – noch keine allzu dynamischen Impulse zu erwarten. Derzeit sind nur etwa 7 %

der arbeitsfähigen Bevölkerung in der Industrie beschäftigt, dagegen arbeiten 75 % in der Land-, Forst- und Fischereiwirtschaft. 18 % verdingen sich im Dienstleistungsgewerbe.

Für 2017 wurde für die Wirtschaft ein **Wachstum** von ca. 7,5 % erwartet, das beste Ergebnis seit 1994. Die Inflation erreichte in 2016 einen Wert von 9,93 %. Angetrieben wird die Inflation durch den verhältnismäßig hohen Preis für Benzin, das über Indien eingeführt werden muss, und für das in Zeiten des Engpasses horrende Schwarzmarktpreise bezahlt werden müssen.

ktm271 rk

Tourismus

Im Jahr **1949** landete **zum ersten Mal ein Flugzeug** in Nepal, eine zweimotorige DC-3 Dakota, die nach dreistündiger Reise aus Kalkutta eingetroffen war. Östlich von Kathmandu befand sich die Gauchar-Flugpiste, die soeben angelegt worden war, und deren Name darauf hindeutet, was sich dort zuvor befunden hatte: Gauchar bedeutet schlichtweg „Kuhweide".

1952 trafen die **ersten westlichen Touristen** ein, ebenfalls mit der Dakota, die zum „Arbeitspferd" der frühen nepalesischen Luftfahrt wurde. Das einzige Hotel, das den Besuchern zur Verfügung stand, war das Royal Hotel des legendären *Boris Lissanewitsch*, von dem im weiteren Verlauf des Buches noch zu lesen sein wird. 1962 besuchten schon 6179 Touristen das Land, eine Zahl, die sich innerhalb der folgenden Dekade verzehnfachte.

2012 verzeichnete Nepal den Besuch von **803.000 ausländischen Touristen** und erreichte damit seinen vorläufigen touristischen Zenit. Das Erdbeben von 2015 sorgte für einen erheblichen Einbruch bei den Touristenzahlen, doch mittlerweile strömen wieder erstaunlich viele Touristen ins Land: **2016** waren es wieder knapp **730.000.** Insgesamt beschäftigt der Tourismus – inklusive inländischem Tourismus – direkt oder indirekt 427.000 Personen.

◁ Die Bambusflöten-Verkäufer, die sich an zahlreichen Sehenswürdigkeiten einfinden, haben ausschließlich Touristen als Kundschaft

ktm183 rk

7 Anhang

< Die Geste des „Namaste“ kann sowohl als Willkommensgruß als auch zum Abschied verwendet werden

Glossar

Acharya – Sanskrit für „Lehrmeister" oder „Professor"; häufig ein Ehrentitel, der dem Namen von Gelehrten beigefügt wird.

Adi Buddha – Der „Urbuddha", der sich selbst geschaffen und auch die fünf Dhyani Buddhas(siehe dort) hervorgebracht hat.

Akshobhya – Der Dhyani Buddha (siehe dort), der die Himmelsrichtung Osten repräsentiert und dessen Reittier ein Elefant ist.

Amitabha – Der Dhyani Buddha (s. dort), der die Himmelsrichtung Westen repräsentiert, oft zusammen mit seinem Reittier, einem Pfau, dargestellt.

Annapurna – Sanskrit für „die Essensreiche"; gemeint ist die hinduistische Göttin des Überflusses und Wohlstandes, eine Verkörperung der Glücksgöttin Lakshmi; Annapurna ist gleichzeitig der Name eines der höchsten Berge (8091 m) des Himalaya und gilt vielen Nepalesen als heilig.

Asarh/Asadh – Der dritte Monat des nepalesischen Jahres (Juni/Juli).

Ashoka – Indischer Herrscher (269 bis 233 v.Chr.) der Maurya-Dynastie und unermüdlicher Verfechter des Buddhismus; er sandte Missionare aus, die die Religion über den indischen Subkontinent und auch darüber hinaus verbreiteten, und pilgerte selbst im Jahre 249 v.Chr. nach Lumbini, dem Geburtsort Buddhas. Umstritten ist, ob er tatsächlich auch das Kathmandu Valley besuchte und dort – wie überliefert – zahlreiche religiöse Bauten stiftete.

Ashta Matrika – Die „Acht Muttergottheiten".

Ashta Nag – Die „Acht Schlangengötter", die die Elemente beherrschen.

Aushadheshwara – Der „Gott der Heilkräuter", eine Bezeichnung für Shiva in seiner Eigenschaft als Schutzpatron der traditionellen Medizin.

Avalokiteshvara/Awalokiteshwara – Der Bodhisattva (siehe dort) des gegenwärtigen Zeitalters und im Mahayana-Buddhismus (siehe dort) der Gott der Barmherzigkeit; in Nepal wird er oft unter dem Namen Machhendranath verehrt.

Avatar – Die auf der Erde lebende Inkarnation einer Gottheit.

Ayurveda, ayurvedisch – Sanskrit für „Wissenschaft vom langen Leben"; traditionelle indische Heilkunde, in der nur pflanzliche und mineralische Mittel verwendet werden. Ayurvedische Präparate sind heute noch überall auf dem indischen Subkontinent erhältlich; Nepal exportiert große Mengen ayurvedischer Heilkräuter.

Baba – Nepali/Hindi für „Vater", „Väterchen"; häufig die Bezeichnung für Einsiedler, Yogis u.Ä.

Bahal – Buddhistische, meist zweistöckige Klosteranlage, die um einen Innenhof herum gebaut ist.

Bahil – Eine einfachere und kleinere Version des Bahal.

Bajra/Vajra – Sanksrit für „Donnerkeil" oder „Blitz", ein an buddhistischen Tempeln angebrachter symbolischer Donnerkeil, ein Sinnbild für Macht.

Balkumari – Eine der Gemahlinnen des Bhairav (siehe dort)

Betel – Gemisch aus klein gehackten Areca-Nüssen *(Areca catechu)*, Kalk und verschiedenen Gewürzen, die in ein Blatt des Betel *(Piper betle)*, einer Kletterpflanze, gerollt und gekaut werden. Je nach Mischung entsteht eine leicht berauschende, belebende oder verdauungsfördernde Wirkung; regelmäßiger Gebrauch führt zur Zerstörung des Gebisses, in Einzelfällen auch zu Lippen- oder Gaumenkrebs.

Bhaat/Bhat – Nepali für „gekochter Reis"; das Standard-Gericht Nepals; die Bedeutung dieses Grundnahrungsmittels zeigt sich u.a. im Vorhandensein verschiedener Vokabeln für Reis, je nachdem ob es sich um Reis handelt, der auf dem Feld steht *(Dhan)*, rohe Reiskörner *(Chawal)* oder gekochten Reis.

Bhadgaon – Ein anderer Name für Bhaktapur, eine der wichtigsten Städte des Kathmandu Valley. Der Name wird in westlichen Reiseführern nicht selten falsch mit „Dorf des Reis" übersetzt, in Wirklichkeit bedeutet er jedoch „Dorf der Bhadra Kali" (s. dort)

Bhadra Kali – Eine tantrische Göttin, die als Gemahlin von Shiva angesehen wird.

Bhagavad Gita – Sanskrit für „Das göttliche Lied", der zentrale Teil der Mahabharata (siehe dort), in dem Krishna seinen Kampfgefährten und Schüler Arjuna unterweist.

Bhagwan – Sanskrit für „Gott"; in seine Bestandteile zerlegt, bedeutet es exakt: „Der, der am Segen teilhat" *(bhaga-van)*, und der gleichzeitig auch Segen weitergibt.

Bhairav/Bhairab – Die furchterregende Form von Shiva, in der er in Nepal häufig verehrt wird.

Bhang – Stark berauschendes Getränk aus der Cannabis-Pflanze (*Cannabis sativa;* Hanf, Marihuana) und einigen anderen Zutaten; wird besonders zu Holi getrunken, dem hinduistischen Frühlingsfest.

Bhatti/Bhati – Einfache Herberge oder Teehaus, vornehmlich in Westnepal.

Bhimsen – Eine Gottheit und Verkörperung von Kraft und Mut.

Bhot – Die kargen Hochsteppen nahe der Grenze zu Tibet.

Bhote – Nepalesische, oft herablassende Bezeichnung für Bergbewohner oder Tibeter.

Bodhi, Bo – Der Pipal-Baum *(Ficus religiosus)*, unter dem Buddha angeblich seine Erleuchtung erlangte, und in dem nach hinduistischer Auffassung die Trimurti, die hinduistische Dreifaltigkeit aus Brahma, Vishnu und Shiva, wohnt.

Bodhisativa – Begriff aus dem Mahayana-Buddhismus (siehe dort); er bezeichnet ein erleuchtetes Wesen, das, statt endgültig ins Nirvana (siehe dort) überzugehen, auf der Erde bleibt, um anderen zur Erlösung zu verhelfen.

Bon – Eine vorbuddhistische tibetische Religion mit starken animistischen und magischen Elementen.

Bonpo – Anhänger des Bon-Glaubens.

Brahma – Der Schöpfergott der Hindus, dem im Gegensatz zu allen anderen Gottheiten aber kaum ein Tempel geweiht ist; als Grund dafür gilt die Heirat Brahmas mit seiner Tochter Saraswati(siehe dort), durch die er sich versündigt habe. Das Reittier Brahmas ist ein Schwan, mit dem er oft zusammen dargestellt wird.

Brahmanen – Die oberste Kaste(siehe dort) des Hinduismus, deren Mitglieder in der Vergangenheit zahlreiche Privilegien genossen, da sie als der „Kopf" der Gesellschaft angesehen wurden. Sie umfasste die Priester und Gelehrten, sozusagen die intellektuelle Elite der Gesellschaft.

Brahmanismus – Der Vorläufer des Hinduismus; von zahlreichen magischen Riten durchsetzte Religion.

Buddha – Sanskrit für „der Erleuchtete"; Ehrentitel des Gautama Siddharta. Dieser wurde 543 v.Chr. oder früher (das Datum ist umstritten) als Sohn des Königs von Kapilavastu in Lumbini geboren; nach einem Leben der Entsagung und Meditation wurde ihm, unter einem Pipal-Baum sitzend, die Erleuchtung zuteil.

Chaitra – Der zwölfte und letzte Monat des nepalesischen Kalenders (März/April).

Chaitya – Eine kleine Stupa, in deren Innerem sich ein Götterbildnis oder eine buddhistische Reliquie befindet.

Chakra – Eine Art Scheibe oder Diskus, einer der vier Gegenstände, die Vishnu(siehe dort) in den Händen hält.

Chang – Tibetisches Reisbier aus fermentiertem Hopfen, Roggen, Mais oder Hirse.

Chapati – Rundes, dünnes Fladenbrot.

Charas – Nepali/Hindi für „Haschisch"; Nepal gilt als der Produzent einer der potentesten Sorten dieses (auch in Nepal verbotenen) Rauschmittels.

Chaturmukha – Sanskrit für „der Viergesichtige", ein Shiva Lingam(siehe dort) mit vier daran angebrachten Gesichtern Shivas.

Chautara – Steinplattform, die um den Stamm schattiger Bäume angelegt ist und Ruhezwecken dient.

Chetri/Chhetri – Die zweithochste Kaste (siehe dort) des Hinduismus (die der Krieger). Die Sanskritbezeichnung und die heute in den meisten Teilen des indischen Subkontinents verbreitete lautet Kshatriya.

Chhura – Zerstampfter Reis.

Chirag – Öllampe, die zu zeremoniellen Zwecken benutzt wird.

Chitrakar – Sanskrit für „Bildermacher"; Bezeichnung einer Künstler– und Handwerkerkaste im Kathmandu Valley.

Chitwan National Park – Mit einer Fläche von 932 km^2 eines der größten Dschungelgebiete des Landes. So wie in diesem Nationalpark hatte es vor den Massenrodungen in den 1960er Jahren in den meisten Teilen des Terai ausgesehen. 1973 wurde das Gebiet von Chitwan unter Naturschutz gestellt. Nach dem Kathmandu Valley und Pokhara ist der Chitwan-Park die drittwichtigste Touristenattraktion des Landes. Die Besucher finden Grasland, Sümpfe und dichten Dschungel vor. Letzterer wird häufig von den imposanten, 30 bis 40 m hohen Sal-Bäumen dominiert. Gelegentlich werden Tiger oder Leoparden gesichtet; der Höhepunkt für die meisten Besucher ist aber eine Elefanten-Safari, bei der man mit Nashörnern konfrontiert wird. Angeboten werden auch Kanufahrten. Die meisten preiswerten Unterkünfte finden sich im Dorf Sauraha am Rande des Parks; einige sehr teure Unterkünfte, die zumeist von Package-Touristen angesteuert werden, liegen mitten im Park. Anreise nach Sauraha über den Ort Tadi Bazar am Mahendra Rajmarg nahe der Stadt Narayanghat (13 km). Der nächstgelegene Flughafen befindet sich in der Zwillingsstadt Bharatpur-Narayanghat.

Chiya – Nepali für „Tee".

Chorten – In den Hochlagen die Bezeichnung für einen kleinen buddhistischen Schrein.

Chowk – Die englische Schreibweise für Chauk, das Nepali-Wort für einen „Platz" oder „Hof".

Chura – Farbiger Armreif, der nur von verheirateten Hindu-Frauen getragen und im Falle des Todes des Mannes zerschlagen wird.

Churante – Verkäufer(in) von Chura (siehe dort).

Dahi – Nepali für „Joghurt".

Dal – Linsenbrei, bestehend aus gelben oder schwarzen Linsen, eines der nepalesischen Standardgerichte.

Dalai Lama – spirituelles Oberhaupt des tibetischen Buddhismus, aufgrund religiöser Verfolgung in Tibet heute ansässig in Dharamshala, Nordindien.

Darbar – Siehe Durbar.

Dattatraya/Dattatreya – Relativ wenig verehrte Göttergestalt, eine gemeinsame Inkarnation von Brahma, Vishnu und Shiva.

Deva/Dev – Sanskrit für „Gott", abgeleitet von *div*, „leuchten".

Deval – Nepali für „Tempel".

Devanagari – Schrift, in der Sanskrit, Nepali, Hindi und Marathi (Lokalsprache des indischen Bundesstaates Maharashtra) geschrieben werden. Zahlreiche andere Alphabete sind vom Devanagari abgeleitet, so z.B. das Thai-Alphabet, das kambodschanische und das laotische.

Devghat – Heiliger Ort 8 km nördlich von Narayanghat am Zusammenfluss zweier Flüsse in wunderschöner und waldreicher Landschaft. Der Ort zieht zahlreiche Pilger an, und am Flussufer lebt der eine oder andere verehrte Sadhu oder Einsiedler. Zu Magh Sankranti (14. Jan.) findet die Devghat Mela statt, das wichtigste hinduistische Badefest Nepals.

Devi – Sanskrit für „Göttin"; in Nepal ist es oft die Kurzbezeichnung für Mahadevi, das weibliche Pendant zu Shiva.

Dharamshala – Eine Pilgerherberge an religiösen Stätten, die zur kostenlosen Übernachtung zur Verfügung steht.

Dharma – Nicht leicht übertragbarer Sanskrit-Begriff, der etwa „religiöses Gesetz" bedeutet, im weiteren Sinne aber auch „Religion"; Buddhisten verwenden oft die Pali-Version des Begriffs, Dhamma.

Dhoka – Nepali für „Tor", „Pforte".

Dhoti – Von Männern getragenes indisches Wickelgewand; in Nepal ist „Dhoti" auch die abfällige Bezeichnung für einen Nordinder.

Dhvaja/Dhwaja – Bedeutet im Sanskrit „Fahne"; ein Metallstreifen, der von Tempelspitzen herabhängt und über den die Götter zwischen Himmel und Erde hin- und herwandern können.

Dhyana – Sanskrit für „Meditation".

Dhyani Buddhas – Die vom Adi Buddha (siehe dort) geschaffenen fünf Dhyani Buddhas sind die Schöpfer des Universums in verschiedenen Zeitaltern; der Erschaffer der gegenwärtigen Epoche ist der Amitabha Buddha.

Diwali – Das hinduistische „Fest der Lichter", im Kathmandu Valley auch Tihar genannt.

Doko – Von Lastenträgern oder Bauern getragener Korb, der oft mit einem Stirnband an den Kopf gebunden wird.

Dorje – Siehe Bajra/Vajra.

Durbar – Englische Schreibweise von Darbar, „Königshof", „Palast".

Durga – Ein anderer Name für Kali (siehe dort), die Göttin der Zerstörung; Shivas Gemahlin.

Dvarapala/Dwarapala – Sanskrit für „Türwächter"; Figuren, die Tempeleingänge bewachen.

Dzopkyo – Kreuzung zwischen einem Yak und einer Kuh.

Dzu-Tch – In der Sherpa-Mythologie ein Yetiähnliches Wesen von riesenhafter Gestalt, das sich an Viehherden schadlos hält.

Ekamukha – Sanskrit für „der Eingesichtige"; Bezeichnung für einen Shiva Lingam (s. dort), an dem ein (statt mehrerer) Gesicht Shivas angebracht ist.

Ek – Nepali für „Eins" und ein Symbol für die Einheit aller Lebensformen.

Everest – Der Everest oder Mount („Berg") Everest ist mit 8848 m der höchste Berg der Welt und wurde nach einem gewissen George Everest benannt, seines Zeichens Generalkartograf von Indien. Die Nepalesen bezeichnen den Berg jedoch als Sagarmatha, „Der Kopf des Meeres".

Falgun/Phalgun – Der elfte Monat des nepalesischen Kalenders (Februar/März).

Gaine – Traditioneller Straßenmusikant oder -sänger.

Ganesh – Der elefantenköpfige Sohn von Shiva und Parvati, der als Beseitiger von Hindernissen und Garant für Glück verehrt wird.

Ganja – Die Stängel und Blätter der Cannabis-Pflanze *(Cannabis sativa)*, die geraucht, gegessen oder in Getränken genossen Rauschzustände erzeugen; Marihuana.

Garuda – Mystisches Fabelwesen, halb Mensch, halb Adler, das Reittier Vishnus; knieende Figuren von Garudas finden sich vor allen Vishnu-Tempeln.

Gautama Siddharta – Der Geburtsname des Buddha (siehe dort).

Gelugpa – Die sogenannte „Gelbmützen"-Sekte des Buddhismus.

Ghanta – Symbolische Glocke an Tempeln, die als das weibliche Gegenstück zum Bajra/ Vajra bzw. Dorje (siehe dort) gilt.

Ghat – Nepali für „Ufer" oder auch „ Ufertreppen".

Ghazal – Lied, inbrünstig vorgetragen.

Ghi – Geklärte Butter, der besondere Reinheit zugesprochen wird; englisch: ghee.

Go-Mata – Sanskrit für „Mutter Kuh", eine respektvolle Anrede für dieses so nützliche Tier.

Gompa/Gumba – Kloster des tibetischen Buddhismus.

Gopal/Gopala – Sanskrit für „Kuhhirte", ein anderer Name für Krishna.

Gopis – „Kuhhirtinnen" oder „Milchmädchen", gleichzeitig die Gespielinnen Krishnas, mit denen sich der Gott vergnügt haben soll – mit bis zu 16.000 zur gleichen Zeit!

Gorakhnath – Yogi des 11. Jh., der den Kult der Kanphata-Yogis (siehe dort) gründete und als Schutzpatron Nepals angesehen wird.

Gorkhali – Die Bewohner der Stadt Gorkha.

Gos – Alte indische Längeneinheit, die angeblich die Hörweite des Blökens einer Kuh umfasst; verschiedenen vagen Quellen gemäß zwischen 3,3 und 10 Meilen.

Gurkhas – Nepalesische Soldaten, benannt nach der Stadt Gorkha, deren Truppen 1768 Nepal vereinten. Die meisten Gorkhas verdingen sich als Söldner hauptsächlich in der indischen und der britischen Armee; Letztere baut ihre Gurkha-Regimenter derzeit jedoch drastisch ab. Entgegen einem weit verbreiteten Irrtum gehören die Gurkhas nicht einer homogenen Volksgruppe an, sondern setzen sich aus Mitgliedern der verschiedensten Bergvölker zusammen.

Guru – Sanskrit für einen „Lehrmeister", womit meistens ein spiritueller Lehrer gemeint ist, oft aber auch ein Lehrer in künstlerischen Sparten wie Musik, Tanz, Malerei oder Ähnliches. Verschiedenen Interpretationen nach bedeutet der Begriff „Der, der von Dunkelheit zum Licht führt" oder aber „Der Gewichtige".

Gurung – Bergvolk aus der Region um Gorkha und Pokhara, das einen hohen Anteil der Gurkhas (siehe dort) stellt.

Hanuman – Der Affengott und Held des Epos Ramayana (siehe dort), der als Sinnbild von Kraft und Ausdauer gilt; aus diesem Grunde ist er ein beliebter Gott der Soldaten, und Hanuman-Schreine oder -Figuren waren stets fester Bestandteil von Forts oder anderen militärischen Anlagen.

Harmika – Das Augenpaar, das an Stupas angebracht ist und den allsehenden Buddha repräsentiert.

Himal – Von Sanskrit hima, „Schnee", ein schneebedecktes Bergmassiv.

Hinayana – Das „Kleine Fahrzeug", ein Zweig des Buddhismus, dessen Ideal die persönliche Erleuchtung und Erlösung von Leiden ist. Siehe auch unter Mahayana.

Hiti – Wassertank, der aus (oft kunstvoll gefertigten) Wasserhähnen gespeist wird.

Holi – Hinduistisches Frühlingsfest.

Hookah – Englische Schreibweise für die Huka, eine Wasserpfeife zum Rauchen von Tabak oder berauschenderen Substanzen.

Indra – Die Hauptgottheit des vorhinduistischen Brahmanismus und Gott des Regens.

Inkarnation – „Verkörperung" oder „Fleischwerdung"; nach hinduistischer und buddhistischer Auffassung werden alle Wesen, die noch nicht die Vollkommenheit erlangt haben, nach ihrem Tod in einem neuen Körper wiedergeboren. Die Art und Weise dieser Inkarnation hängt vom individuellen Karma (siehe dort) ab.

ISKCON – „International Society for Krishna Consciousness", von *A. C. Bhaktivedanta Swami Prabhupada* 1965 gegründete hinduistische Bewegung, deren Mitglieder „Krishna-Bewusstsein" oder „göttliches Bewusstsein" durch kontinuierliches Singen des Mahamantra („Großes Mantra", volkstümlich auch „Hare-Krishna-Mantra" genannt) zu erlangen suchen. ISKCON, mit Hauptquartier in Mayapur, Indien, betreibt global zahlreiche Tempel.

Jag – Bezeichnung für die Fundamente von Tempeln, wörtlich etwa „Erwachen".

Jagannath – Vishnu in seiner Form als „Herr der Welt" (Jagannath) und die Grundlage der englischen Vokabel Juggernaut („Moloch", „Götze").

Jahnkrismus – Trad. Kult mit ausgeprägten animistischen und okkulten Elementen.

Janakpur – Stadt mit ca. 90.000 Einw. im Terai nahe der indischen Grenze. Der Legende nach ist Janakpur der Geburtsort der Göttin Sita, einer der wichtigsten Figuren des Hindu-Epos Ramayana, und somit ist die Stadt eines des prominentesten Pilgerziele Nepals. Sie beherbergt zahlreiche heilige Badetanks und Tempel. Allen voran steht der überwältigende, im Mogul-Stil errichtete Janaki-Tempel, erbaut 1911 von der Maharani von Tikamagarh (Indien). Der Tempel soll an der Stelle stehen, an der die Göttin Sita in einer Erdscholle „geboren" wurde (Janaki = Sita). Eine weitere Besonderheit Janakpurs ist die Janakpur Railway, die einzige Bahnlinie Nepals, die hier ihren Ausgang nimmt. Die Bahnstrecke ist nur 51 km lang und führt zum indischen Ort Jaynagar. Touristen dürfen die Grenze allerdings nicht überqueren. Janakpur ist die interessanteste Stadt des Terai und sollte bei einem längeren Aufenthalt in Nepal nicht ausgelassen werden. Anreise ab Kathmandu per Flugzeug oder Bus.

Jatra – Religiöses Fest.

Jeshth – Der zweite Monat des nepalesischen Kalenders (Mai/Juni).

Jhankri – Schamane oder Zauberer

Kailash Parbat/Mount Kailash – Heiliger Berg in Tibet, nahe der nepalesischen Grenze, der als Wohnsitz Shivas betrachtet wird und so ein wichtiges Pilgerziel darstellt.

Kalasha – Wassergefäß, das häufig an Tempeln angebracht ist.

Kali – Die Göttin der Zerstörung, eine andere Form von Durga (siehe dort); Kali wird jeweils schwarz dargestellt, mit einer Vielzahl von Armen, in denen sie bedrohliche Waffen schwingt. In früheren Jahrhunderten wurden Kali oder einer ihrer Manifestationen häufig Menschenopfer dargebracht – heute nur noch in (illegalen) Ausnahmefällen. Im Normalfall begnügt man sich mit Tieropfern.

Kanphata-Yogis – Wörtlich „Spaltohr-Yogis", da diese mit einem großen Ohrring ausgestattet waren, der ihre Ohren fast auseinanderriss. Die Kanphatas folgten oft bizarren tantrischen (siehe dort) Ritualen, die ihnen ermöglichen sollten, Herrschaft über die Elemente zu erlangen.

Karma – Sanskrit für „das Getane"; der Begriff bezeichnet den Verdienst bzw. die Schuld, die Lebewesen in ihren vergangenen Inkarnationen (s.dort) angehäuft haben und die ihre zukünftigen Existenzen bestimmen. In der Philosophie des Karma werden gute Taten durch ein gutes Schicksal vergolten, schlechte hingegen durch ein schlechtes.

Kartik – Der siebente Monat des nepalesischen Kalenders (Oktober/November).

Kaste, Kastensystem – Das Wort Kaste stammt vom portugiesischen casta und bedeutet „Gruppe", „Familie" oder „Clan". Die hinduistische Gesellschaft ist traditionell in eine Vielzahl unterschiedlicher Kasten oder sozialer Gruppen unterteilt, deren Rechtfertigung aus dem Gesetz des Karma (siehe dort) bezogen wird: Jemand, der sich ein gutes Karma geschaffen hat, wird demzufolge in einer höheren, privilegierteren Kaste wiedergeboren, jemand mit schlechtem Karma in einer niederen Kaste oder als „Kastenloser" (siehe dort). Wie in der Rig Veda (ca. 1500 v.Chr.) angedeutet, war das Kastensystem von seinem Ursprung her ein System der Arbeitsteilung; es verfestigte sich im Laufe der Zeit zu einem erblichen Klassensystem, in dem niemand die Grenze der Kaste, in die er hineingeboren war, überschreiten konnte. Ehen wurden und werden zum größten Teil nur innerhalb der eigenen Kaste geschlossen. Die vier Hauptkasten sind die Brahmanen (Priester, Gelehrte), die Kshatriya, in Nepal Chetri genannt (Krieger, Soldaten), die Vaishya (Händler, Kaufleute, Bauern) und die Shudra (Arbeiter); diese unterteilen sich noch in ein unüberschaubares System von Unterkasten, deren Zahl und Art regional variiert. Erkennbar ist die Kastenzugehörigkeit in vielen Fällen am Namen, meist jedoch nur innerhalb eines regionalen Kulturkreises: Ein Nepalese könnte am Namen eines Tamilen kaum dessen Kastenzugehörigkeit identifizieren und umgekehrt.

Kastenlose – Außerhalb des hinduistischen Kastensystems (siehe dort) angesiedelte gesellschaftliche Gruppe, die in früheren Jahrhunderten mit dem unschönen Namen Acchut, „Unberührbare", bezeichnet wurden. Den Kastenlosen fielen traditionell nur niedere, „unreine" Arbeiten zu (z.B. die Verarbeitung toter Tiere, Reinigungsaufgaben etc.), und sie waren von der besseren Gesellschaft dermaßen gemieden, dass selbst der auf einen Brahmanen (siehe dort) fallende Schatten eines Unberührbaren jenen spirituell „verunreinigte". Die Stellung der Kastenlosen hat sich sehr verbessert, in Indien werden aber gelegentlich noch Kastenlose, die ihre Grenzen unstatthaft überschreiten (z.B. durch Heiraten oder Affären mit Höherkastigen), Opfer von Lynchjustiz.

Khat – Eine Art zeremonielle Sänfte, auf der Götterfiguren während Prozessionen getragen werden.

Khola – Nepali für „Fluss".

Khukri – Das legendäre Messer der Gurkhas (siehe dort) ist lang, leicht geschwungen und gelegentlich mit Götterbildnissen verziert. Ursprünglich war es eine Art Sichel, mit der Unterholz und Sträucher geschnitten wurden. Heute gilt es als die „Nationalwaffe" Nepals.

Kinkinimala – Reihen von kleinen Glocken an Tempeldächern.

Kot – Nepali für „Fort"; häufiger Bestandteil von Ortsnamen, siehe Nagarkot, Thankot, Tiraulakot u.v.a.
Krishna – Die zentrale Gottheit der Bhagavad Gita (siehe dort) und die achte Inkarnation Vishnus; in der Ikonografie wird Krishna gern als tollendes, verspieltes Kind oder flötenspielender Kuhhirte dargestellt.
Kshatriya – Siehe Chetri.
Kubera – Der Gott des Reichtums.
Kumari – Sanskrit für „Jungfrau"; im Kathmandu Valley wird jeweils ein durch esoterische Methoden ausgewähltes Mädchen, die Kumari, als Inkarnation der Göttin Kali betrachtet. Ihr gottgleicher Status gilt aber nur solange, bis sie den ersten Blutstropfen verloren hat (sei es durch Menstruation oder aus anderen Gründen), danach wird eine Nachfolgerin erkoren.
Kund/Kunda – Nepali/Sanskrit für einen größeren Badebereich, oft an religiösen Bauten angelegt.

La – Ein (Berg-)Pass.
Lakshmi – Die Göttin für Glück und Wohlstand, meist in einer Lotusblume stehend dargestellt, mit zwei Elefanten an den Seiten, die sie mit Wasser besprühen.
Lali Gurans/Laligurans – Rhododendronart, Nepals „Nationalblume".
Lama – Priester oder Mönch des tibetischen Buddhismus.
Ling/Linga/Lingam – Das phallische Symbol Shivas, das in einer Yoni (siehe dort) stehend dargestellt wird, dem sinnbildlichen weiblichen Geschlechtsteil und Symbol weiblicher Energie. Nepals bekanntester Lingam ist der von Pashupatinath.
Lokeshwara/Lokeshvara – Der „Gott der Welt", in hinduistischer Auffassung eine Inkarnation Shivas, für Buddhisten eine Verkörperung Awalokiteshwaras (siehe dort).
Lumbini – Der Geburtsort Buddhas, er liegt ca. 20 km westlich der Stadt Bhairawa im Terai. Das spirituelle Zentrum des Ortes ist die Ashoka-Säule, die im Jahr 249 v.Chr. von König Ashoka errichtet wurde und die Stelle markiert, an der Buddha („Der Erleuchtete") – mit richtigem Namen Siddhartha Gautama – geboren wurde. Daneben befindet sich der Maya-Devi-Tempel, der der Mutter Buddhas geweiht ist. Dazu finden sich einige Ruinen auf dem umliegenden parkähnlichen Gelände sowie neuere Klosterbauten. Lumbini ist der Zielort zahlreicher Pilger aus buddhistischen Ländern. Anreise von Kathmandu mit dem Bus oder Flugzeug. Der nächstgelegene Flughafen befindet sich in Bhairawa.

Machhendranath – Schutzpatron des Kathmandu Valley und Herr über Regen und Wohlstand.
Magh – Der zehnte Monat des nepalesischen Kalenders (Januar/Februar).
Mahabharata – Wichtiges Hindu-Epos, das auch die Bhagavad Gita (siehe dort) umfasst.
Mahadev – Wörtlich „Der große Gott", ein anderer Name für Shiva.
Mahakal/Mahakala – Shiva in seiner Form als der Gott des Todes.
Maharaja – Sanskrit für „Großer König", zusammengesetzt aus Maha („groß") und Raja („König"), letzteres abgeleitet von Sanskrit raj, „glänzen".
Maharishi – Populäre, aber grammatisch falsche Sanskritbezeichnung für einen „großen Weisen"; die nach den Sanskrit-Regeln korrekte Form lautet Maharshi.
Mahayana – Das „Große Fahrzeug", Zweig des Buddhismus, der sein Ziel im Lindern des Leids aller Kreaturen sieht, nicht wie der Hinayana („Kleines Fahrzeug") in der Erlangung der eigenen Erlösung.
Maithuna – Darstellung eines Geschlechtsaktes, zu sehen an zahlreichen Tempeln.
Maitreya – Ein Buddha, der in Zukunft das Licht der Welt erblicken wird.
Makara – Mystisches Krokodil, das oft auf Toranas (siehe dort) abgebildet ist.
Malla-Dynastie – Dynastie der Malla-Könige des Kathmandu Valley (13. bis 18. Jh.), unter denen eine Vielzahl von religiösen als auch säkulären Bauten entstand.

Mandala – Mystisches Diagramm aus hinduistischer oder buddhistischer Tradition, das der Meditation dient.
Mandap – Schrein oder Plattform an Tempeln, meistens ohne Dach.
Mandir – Nepali für „Tempel".
Manjushri – Göttergestalt, die mit ihrem Schwert einen Einschnitt in die Berge um das Kathmandu Valley schlug und so den dort einst vorhandenen See abfließen ließ; wird oft auch als Gott des Lernens dargestellt.
Mantra – Mit spiritueller Energie behaftete mystische Silben, Worte oder Formeln, die zu Gebets- oder Meditationszwecken rezitiert werden.
Marga – Der achte Monat des nepalesischen Kalenders (November/Dezember).
Marwari – Händler-Kaste aus der Gegend von Marwar, Rajasthan (Indien), die auch in Nepal zunehmend an Einfluss gewinnt. Zahlreiche Mitglieder der Kaste haben sich in Kathmandu niedergelassen, wo sie diverse Geschäfte betreiben. Aufgrund der ihnen unterstellten Verschlagenheit in Geschäftsangelegenheiten und ihres angeblich sprichwörtlichen Geizes sind sie nicht überall gut angesehen. Im Volksmund ist der Begriff Marwari daher gleichbedeutend mit „Geizhals"!
Math – Das Wohnhaus eines Priesters.
Maya – Begriff aus der Hindu-Philosophie, der die sichtbare Welt bezeichnet, die vom spirituellen Blickwinkel aus aber als „Illusion" oder „Täuschung" angesehen wird. Das Wort stammt von der Sanskrit-Wurzel ma, „messen", und umfasst somit die gesamte messbare und erfassbare Welt, im Gegensatz zur spirituellen.
Mela – Jahrmarkt, oft in Verbindung mit religiösen Feierlichkeiten.
Moksha – Das hinduistische Pendant zum buddhistischen Nirvana (siehe dort), die Erlösung aus der Welt des Leidens.
Momos – Gedämpfte Klöße aus Weizenmehl mit Fleisch- oder Gemüsefüllung; ursprünglich aus Tibet, aber heute beinahe ein nepalesisches Nationalgericht.
Mount Kailash – siehe Kailash Parbat.
Mudra – Symbolische Handgeste oder Körperstellung, die oft an Götterdarstellungen zu sehen ist.

Nag/Naga – Einer der acht Schlangengötter, die das Element Wasser beherrschen.
Nagin/Nagini – Schlangengattin.
Namaskar – Gleichbedeutend mit Namasté (siehe dort); wörtlich übersetzt: „Ich grüße den Gott in dir".
Namasté – Die nepalesische (und indische) Allzweck-Begrüßungs- und Abschiedsformel; frei zu übersetzen mit „Guten Tag", „Seien Sie mir gegrüßt" etc., aber auch „Auf Wiedersehen" u.Ä.
Nandi – Ein Bulle, das Reittier Shivas; als solcher wird er an Shiva-Tempeln in demütig knieender Stellung dargestellt, wobei er immer in Richtung des Allerheiligsten blickt.
Narasinha/Narsingh – In seiner korrekten Sanskritform Narasinha geschrieben, ist dies Vishnus Inkarnation als zur einen Hälfte Mensch (Nara = „Mann", „Mensch") und zur anderen Löwe (Sinha).
Narayan – Die in Nepal meist verehrte Form von Vishnu (siehe dort); der Name bedeutet verschiedenen Interpretationen zufolge „Der, der auf dem Wasser schwimmt" (eine Anspielung auf Vishnus schlafenden Zustand am Grunde des Ur-Ozeans), bzw. „Sohn des Nara, erster der Menschen".
Newar – Im Kathmandu beheimatete Volksgruppe, die als die „Urbevölkerung" des Kathmandu Valley betrachtet wird.
Newari – Die Sprache der Newar (siehe dort), die etwa von 3% der nepalesischen Bevölkerung gesprochen wird.
Nirvana – Sanskrit für „Nichts weht mehr", ein Zustand „positiver Leere" und die Auflösung des Ichs; das höchste spirituelle Ziel der Buddhisten, das durch einen rechten Lebensweg und Meditation erreicht werden kann.
Nriteshwar – Shiva als „Gott des Tanzes".

Padma – Die Lotusblume.
Panchayat – Wörtlich „Fünferrat", ehemals ein Verwaltungssystem mit auf lokaler, regionaler und

nationaler Ebene gewählten Mitgliedern; nachdem den Panchayats Korruption vorgeworfen und sie als ein Werkzeug einer undemokratischen Monarchie betrachtet wurden, gelang es der Demokratie-Bewegung von 1990, das Ende des Panchayat-Systems zu erzwingen.

Pandit – Ein hinduistischer Schriftgelehrter.

Parvati – Hinduistische Göttin und Gemahlin Shivas.

Pashupati – Wörtlich „Der Herr der Tiere", Shiva in seiner Form als Beherrscher aller Kreaturen. Der ihm geweihte Tempel Pashupatinath ist Nepals wichtigstes Pilgerziel.

Pataka – Siehe Dhvaja/Dhwaja.

Pipal-Baum – Lat. *Ficus religiosa;* als heilig verehrter Baum, unter dem Buddha seine Erleuchtung erlangt haben soll; auch Bodhi oder Bo genannt.

Pokhri/Pokhari – Ein Badeteich.

Prasad – Rituelle Nahrung, die Götterfiguren dargeboten wird und von der die Gottheit symbolisch isst; danach wird sie unter den Gläubigen verteilt und gegessen.

Puja – Hinduistische Gebetszeremonie.

Pujari – Ein Hindupriester.

Raja – Sanskrit für „König"; siehe auch unter Maharaja.

Raksi – Weit verbreiteter Reisschnaps.

Ramayana – Diese „Romanze des Rama" ist das verbreitetste Hindu-Epos, das in leicht abgewandelten Versionen auch in Thailand, Laos, Malaysia und Indonesien weitererzählt wurde und wird. Die Ramayana erzählt vom Gottkönig Rama und seiner getreuen Ehefrau Sita, die vom Dämon Rawana nach Lanka (Sri Lanka) entführt, mit Hilfe des Affengottes Hanuman (siehe dort) und des Garuda (siehe dort) aber auch wieder befreit wird.

Rana-Dynastie – Erbfolge von sogenannten „Premierministern", die von 1841 bis 1951 über Nepal herrschten.

Rath – Zeremonieller Prozessionswagen, jeweils mit einer Götterfigur darauf.

Riksha/Rikshaw – Meist von einem Fahrrad gezogenes Vehikel zur Personenbeförderung, daher auch „Fahrrad-Riksha" genannt; durch laufende Menschen gezogene Rikshas gibt es auf dem indischen Subkontinent nur noch in Kalkutta.

Rimpoche – Abt in tibetischem Kloster.

Rudra – Der vedische Gott des Blitzes und eine Art Vorläufer Shivas.

Rudraksha – Samenkern eines Baumes der Gattung *Elaeocarpus,* dem spirituelle Eigenschaften sowie eine Beziehung zu Shiva nachgesagt wird. Das Wort bedeutet soviel wie „Auge des Rudra", wobei Rudra eine andere Form von Shiva ist. Die Rudraksha-Samen weisen Furchen, die sogenannten Mukh oder „Gesichter", auf, und je weniger Furchen, desto seltener und teurer ist das betreffende Exemplar.

Sagarmatha – Siehe Everest.

Sal-Baum – Lat. *Shorea robusta;* stark vertreten in den niederen Hügelgebieten und dem Terai; das Holz des Baumes ist extrem robust (vgl. lateinischen Namen!) und findet zu Bauzwecken Verwendung.

Sangam – Der Zusammenfluss zweier oder mehrerer heiliger Flüsse, dem eine besondere Verehrung dargebracht wird.

Sankha – Die Muschel, die Vishnu in der Hand hält; eines seiner vier Symbole.

Sanskrit – Heute „tote" Sprache, die sowohl die Grundlage aller nordindischen Sprachen (inkl. Nepali) als auch der meisten europäischen Sprachen (außer Baskisch, Finnisch, Ungarisch, Estnisch, Türkisch) darstellt. Seine Blütezeit erlebte das Sanskrit um 400 v.Chr. Alle wichtigen Hindu-Schriften sind in Sanskrit verfasst. Sanskrit bedeutet übersetzt etwa „perfektioniert", und tatsächlich ist die Sprache extrem ausgefeilt und exakt, zur gleichen Zeit aber auch doppeldeutig, vielschichtig und interpretationsabhängig. Um zu überleben, war sie damit aber wohl zu kompliziert und wird heute bestenfalls noch von einigen Priestern oder Universitätskoryphäen beherrscht. Sanskrit-Elemente finden sich noch im Latein, Altgriechischen, Thai, Kambodschanischen, Malaiischen sowie einer Reihe anderer Sprachen.

Sanyasin – Hindu-Asket, jemand, der sich von der Welt ab- und dem religiösen Leben zugewandt hat; der Sanskritbegriff bedeutet, in seine Einzelteile (san-ny-asin) zerlegt, etwa „Jemand, der nieder- und zusammengeworfen hat", womit alle weltlichen Werte gemeint sind.

Sarangi – Wörtlich „Die Hundertfarbige", eine kleine viersaitige Fiedel, häufig von den Gaine (siehe dort) gespielt.

Saraswati – Die hinduistische Göttin des Lernens und Schutzpatronin von Kunst, Musik und Sprache; wird mit einer Vina (einem Saiteninstrument) und einem Buch in der Hand dargestellt, begleitet von einem Schwan.

Satal – Eine Pilgerunterkunft.

Sati – Die unglückselige Sitte der Witwenverbrennung, die vor allem durch Bemühungen der englischen Kolonialmacht in Indien eingedämmt wurde; nach dem Tod ihres Mannes hatte die Hindu-Witwe die Wahl zwischen einem Leben als sozial Ausgestoßene und dem Freitod auf dem Scheiterhaufen ihres Mannes. Frauen, die sich auf diese Art verbrennen ließen, galten posthum als Inkarnation der Göttin Sati-Savitri. In Nepal werden derartige Fälle heute nicht mehr registriert, in Indien kommen sie jedoch bisweilen noch vor.

Shakti – Sanskrit für „spirituelle Kraft" oder „Energie", aber auch Bezeichnung für den weiblichen Aspekt von göttlicher Allmacht, oft dargestellt als Shivas weibliches Gegenstück.

Shakya-Dynastie – Herrschergeschlecht eines kleineren Königreiches um Kapilavastu, dem heutigen Tiraulakot (nahe Bhairawa), das ca. vom 8. Jh. v.Chr. bis zum 2. Jh. n.Chr. existierte und dem auch Buddha (siehe dort) angehörte.

Shalagrama – In Flüssen gefundener Ammonit oder auch Basaltsteine, die vom Wasser in eine ovale oder runde Form geschliffen wurden und als eine Repräsentation Vishnus gelten. Besonders auffällige Shalagrama konnten in früheren Jahrhunderten astronomische Preise erzielen, und gelegentlich wurden Shalagrama in kostspieligen Zeremonien mit Tulsi-Pflanzen *(Ocimum sanctum)* „verheiratet", die als Manifestation von Lakshmi, Vishnus Frau, angesehen werden.

Shikhara – Quadratischer Steintempel mit hohem, schlankem Turm darauf.

Shiva – Der hinduistische Gott der Zerstörung und der Erneuerung; wird mit aufgetürmtem Haarknoten dargestellt, aus dem der Ganges entspringt; um seinen Hals rankt sich eine Kobra, in der Hand hält er einen Dreizack, den Trishul. Wie alle Götter taucht auch Shiva (wörtl. „Der Gesegnete") unter zahllosen anderen Namen auf, so Mahadeva und Maheshvara (jeweils „Großer Gott"), Pashupati („Herr der Tiere"), Nilakantha („Blaukehle"), Nataraja („König des Tanzes"). In der Form des Nataraja tanzt Shiva am Ende des Weltenzyklus den Tandava, den Tanz der Vernichtung. In der Mahabharata werden 1000 verschiedene Namen Shivas erwähnt.

Shrawan – Der vierte Monat des nepalesischen Kalenders (Juli/August).

Shreshta – Wörtlich „Der Beste", Kastenbezeichnung und Nachname der Newar (siehe dort).

Shudra – Die unterste Kaste (siehe dort) der hinduistischen Gesellschaft.

Sita – Hinduistische Göttin und Gemahlin Ramas; der Überlieferung nach ist sie die Tochter der Erde und wurde in einer Ackerfurche im heutigen Janakpur geboren. Aufgrund ihrer ehelichen Treue zu Rama gilt sie als Idealbild der Hindu-Frau.

Stupa – Glockenförmige Kuppel, die meist über geheiligte, buddhistische Reliquien gebaut wurde.

Surya – Der hinduistische Sonnengott.

Tabla – Kleine traditionelle Handtrommel.

Taleju/Taleju Bhavani – Ursprünglich südindische Göttin, eine Inkarnation von Durga oder Kali (siehe dort); die Hausgöttin der Malla-Dynastie von Kathmandu.

Tantra, tantrisch – Esoterische Form von Buddhismus oder Hinduismus mit zahlreichen magischen Elementen.

Thakali – Volksgruppe aus dem Gebiet des Kali-Gandaki-Tales, die sich größtenteils dem Gastronomie-Gewerbe (kleine Guest Houses, Restaurants) verschrieben hat.

Thangka – Tibetisches Stoffgemälde, hauptsächlich mit Motiven von Mandalas (siehe dort) und tantrischen (siehe dort) Gottheiten.

Tihar – Im Kathmandu Valley Bezeichnung für das hinduistische „Fest der Lichter".

Tika – Rote Sandelholz- oder andere Paste, die von Hindus auf die Stirn aufgetragen wird, etwas über der Nasenwurzel, wo das mystische „Dritte Auge" vermutet wird; dient als Symbol des Göttlichen.

Tilak – Streifen aus einer roten Paste, die sich die Anhänger bestimmter Gottheiten auf die Stirn malen; die Anhänger Shivas, die Shivaiten, tragen drei waagerechte Streifen, die Anhänger Vishnus, die Vaishnaviten, drei senkrechte Streifen.

Tola – Gewichtseinheit, ca. 11,664 g.

Tol/Tole – Straße, Straßenblock oder Platz.

Topi – Der Nepali-Begriff für „Kappe" oder „Mütze", einer bunten oder einfarbigen Kappe der nepalesischen Männer.

Torana – Halbkreisförmiger, metallener Portalaufsatz an Tempeln, der zumeist mit filigran gearbeiteten Figuren oder auch Mustern versehen ist.

Trishul – Der Dreizack Shivas.

Tsampa – Getreidebrei mit Milch, Tee oder Wasser, Standardgericht der Bergbewohner.

Uma – „Göttin der Morgenröte", Form von Parvati, der Gemahlin Shivas.

Unberührbare – Siehe Kastenlose.

Vahana – Sanskrit für „Fahrzeug", „Vehikel"; bezeichnet die Reittiere der Gottheiten, z.B. Shivas Nandi-Bullen, Vishnus Garuda, Ganeshs Ratte etc.

Vaishya – Die dritthöchste Kaste (siehe dort) der hinduistischen Gesellschaft.

Vaitarani – Mystischer Fluss, angefüllt mit Schmutz und Fäkalien, den es nach dem Tod auf der Reise in das Totenreich des Gottes Yama zu überqueren gilt.

Vajra – Siehe Bajra.

Vajra Yogini – Tantrische Göttin.

Vamana – Auch Vikranta genannt; Vishnus Inkarnation als Zwerg, der später aber so groß wurde, dass er das Universum in drei Schritten abschreiten konnte.

Varahi – Vishnu in seiner Inkarnation als Wildschwein.

Veden – Von Sanskrit Veda, „die Erteilung des Wissens"; die frühesten hinduistischen Texte, verfasst im 2. Jahrtausend v.Chr. Das deutsche Wort „Wissenschaft" ist ethymologisch mit dem Begriff Veda verwandt.

Vihara – Buddhistische Klosteranlage, die auch einen Bahal oder Bahil (siehe dort) umfasst.

Vikrantha – Siehe Vamana.

Vishnu – Einer der drei Hauptgötter des Hinduismus und Erhalter des Universums; in Nepal hauptsächlich als Narayan (siehe dort) verehrt, in Indien als Krishna oder Rama, die beide Inkarnationen Vishnus darstellen.

Yak – Last- und Nutztier aus der Büffel-Familie, dessen optimaler Lebensraum Höhen von 3000 bis 7000 m sind. Sehr begehrt bei Bergvölkern ist die Yak-Milch, die einen doppelt so hohen Fettgehalt aufweist wie Milch von Tieren aus dem Flachland. Der wilde Vorfahre des Yaks, der tibetische Drong, ist fast ausgestorben.

Yama – Der hinduistische Totengott.

Yeh-Tch – Die Sherpa-Bezeichnung für einen Yeti (siehe dort), übersetzt etwa „der Mann aus den felsigen Gebieten".

Yeti – Der mystische „Schneemensch", der durch Bergsteigergeschichten und die nepalesische Folklore geistert, für dessen Existenz es jedoch keine Beweise gibt.

Yoga – Ein System von Körper- und Meditationsübungen, die das Göttliche im Praktizierenden wecken sollen. Es gibt allerdings eine Reihe verschiedener Yoga-Zweige, die zwar das gleiche Ziel verfolgen, sich aber unterschiedlicher Methoden bedienen. Das Wort Yoga ist ethymologisch mit dem deutschen „Joch" verwandt und deutet darauf hin, dass Körper und Geist „unterjocht" oder diszipliniert werden sollen.

Yogi – Jemand, der Yoga (siehe dort) praktiziert.

Yogini – Das weibliche Pendant zum Yogi.

Yoni – Symbol des weiblichen Geschlechtsteils und weiblicher Energie; wird meist mit einem Lingam (siehe dort) darin dargestellt.

Sprachhilfe Nepali

Aussprache

Das Nepali benutzt bekanntlich nicht die lateinische Schrift, sondern das Devanagari. Die Buchstaben in der üblichen lateinischen Umschrift, die auch in diesem Buch verwendet wird, spricht man im großen und ganzen wie im Deutschen aus, auch die Doppelbuchstaben. Man beachte jedoch folgende Besonderheiten:

aa wie das lang gezogene deutsche a in Nase; z.B.: *aamaa* = Mutter

a wie das kurze, dumpfe o in Ross; z.B.: *kalam* = Bleistift, Kugelschreiber

o lang gezogen, wie in Oma, Motor

oi deutsches „eu"; z.B.: *hoina* = nein

kh beide Laute sind hörbar, werden aber als einer gesprochen; an ein k wird ein weiches h angehängt; z.B.: *khaanaa* = Essen

ch wie tsch in „Matsch"; z.B.: *chaang* = Nepal-Bier

chh tsch und h (zwei Silben); z.B.: *maachhaa* = Fisch

y wie j in Jäger, z.B.: *yo* = dies

j wie dsch in Dschungel; z.B.: *raajaa* = König

kk kurzes k, wie in Jacke; z.B.: *chakku* = Messer

ph wie f; z.B.: *phuul* = Blume

s immer „scharf" (stimmlos); z.B.: *sisi* = Flasche

sh scharfes s und deutliches h; z.B.: *aashaa* = Hoffnung

Wichtige Begriffe und Redewendungen

Guten Morgen/Tag/Abend! Seien Sie gegrüßt! Auf Wiedersehen!	**Namasté**
Okay! Alles klar!	**Thiik tscho!**
Was gibt's Neues?	**Ke khabar tscho?**
Entschuldigen Sie!	**Maaph garnus!**
Mein Name ist	**Mero naam ho**
Wie heißen Sie?	**Aaphuko naam ke ho?**
Wo befindet sich?	**kaahaa chhaa?**
Wie heißt das?	**Naam ke ho?**

groß	**thulo, baraa**
klein	**tschhoto**
schön	**sundar**
hässlich	**kurupii**
gut	**raamro**
schlecht	**buro**

Buchtipp

Wer sich intensiver und praxisnah mit Nepali beschäftigen möchte, der sei auf den bewährten Kauderwelsch-Sprachführer **Nepali – Wort für Wort** aus dem Reise Know-How Verlag verwiesen. Ein separater AusspracheTrainer ist auf Audio-CD und zum mp3-Download erhältlich.

teuer	**mahango**
billig	**sasto**
Hotel	**hotel**
Zimmer	**kothaa**
Schlüssel	**tschaabii**
Geld	**rupiyaa**
Preis	**mol, daam**
Rechnung	**hisaap**
essen	**khaanu**
trinken	**piunu**
hungrig	**bhoko**
durstig	**piyaaso**
links	**bauñ**
rechts	**daahiino**
geradeaus	**siidhaa**
Ja!	**An! Jyu! Ho!**
Nein!	**Na! Nahiiñ!**
Mann	**maantschhe, maanis, purusch**
Frau	**naarii, strii**
Kind	**baalakha, naanii**
Haus	**ghar, grihe**
Straße	**sadak**

Zahlen

0	**sunne**	8	**aath**
1	**ek**	9	**nau**
2	**dui**	10	**das**
3	**tiin**	100	**sai/sahe**
4	**tschhaar**	1.000	**hajaar**
5	**paañtschh**	10.000	**das hajaar**
6	**tschha**	100.000	**laakh**
7	**saat**		

Literaturtipps

- *Amatya, Saphalya:* **Art and Culture of Nepal,** Nirala Publications, Jaipur/New Delhi. Ein guter allgemeiner Überblick über die nepalesische Kultur, insbesondere Architektur, Kunsthandwerk, Tanz u.a.
- *Anderson, Mary M.:* **The Festivals of Nepal,** Rupa & Co., Calcutta/Allahabad/Bombay/Delhi. Eine sehr ausführliche Zusammenstellung aller nepalesischen Feste, samt ihren Ursprüngen und der Beschreibung, wie sie gefeiert werden. Da in Nepal fast immer gerade ein Fest ansteht, ein sehr nützliches Buch.
- *Bell, Thomas:* **Kathmandu,** Random House, India. Eine Aufarbeitung der nepalesischen Geschichte sowie der komplexen, problembelasteten Gegenwart Kathmandus, verpackt in eine fesselnde Reiseerzählung (englischsprachig).
- *Bernier, Ronald M.:* **The Temples of Nepal,** S. Chand & Company, New Delhi. Für diejenigen, die sich genauer mit der nepalesischen Tempelarchitektur befassen wollen. Detaillierte Erklärungen zu den wichtigsten religiösen Bauten des Kathmandu Valley sowie eine allgemeine Einführung in die nepalesische Architektur.
- *Bista, Dor Bahadur:* **People of Nepal;** Ratna Pustak Bhandar. Eine Beschreibung der wichtigsten nepalesischen Volksgruppen, ihrer Lebensweisen, Riten etc. Sehr empfehlenswert zum Beispiel auch für Trekker, die mehr über die von ihnen durchkreuzten Gebiete und deren Bewohner erfahren wollen.
- *Choegyal, Lisa & Potton, Craig & Rana, Gautam SJB:* **Kathmandu Valley Style;** Serindia Publications, Chicago. Großartiger Fotoband, in dem die Innenarchitektur vieler bekannter und unbekannter Gebäude präsentiert wird (mit erläuternden Texten).
- *Donner, Wolf:* **Nepal;** Beck'sche Reihe, Verlag C.H. Beck, München. Landeskundlicher, informativer kleiner Band, gut geeignet als Einstiegshilfe in

die nepalesische Kultur, Geschichte, Wirtschaft u.v.m.

Drüke, Milda: **Rot: Menschen in Nepal,** Hoffmann und Campe. Ein fünfmonatiger Aufenthalt bei einer nepalesischen Familie in Kathmandu lässt die Autorin kopfüber in die örtliche Kultur eintauchen, zeigt ihr die Paradoxe und Konflikte auf – vor allem bei den jüngeren, vordergründig verwestlichten Mitgliedern – und schlägt nebenbei mit ihrer fesselnden Darstellung des oft so chaotischen Kathmandu in den Bann. Eine ausgezeichnete Lektüre für Leute, die sich einen tieferen Einblick wünschen als dem „normalen" Touristen gewährt wird.

Dubois, Abbé J.A.: **Leben und Riten der Inder** (im Original: Hindu Manners, Customs and Ceremonies); Reise Know-How Verlag. Die erstmals auf Deutsch erschienenen Aufzeichnungen eines französischen Priesters, der 1792–1831 in Indien lebte. Das Buch gibt einen unübertroffenen Einblick in das Leben, die Denkweise und Rituale der Hindus, die sich zum Teil bis heute nicht verändert haben. Ein absoluter Klassiker.

Egerton, Wilbrahim: **An Illustrated Handbook of Indian Arms and those of Nepal, Burma, Thailand and Malaysia;** White Orchid Press, Bangkok. Die Neuauflage eines Buches von 1880, das sich in erster Linie mit den Waffen des indischen Subkontinents und Südostasiens befasst, aber gleichzeitig auch einen Einblick in die militärische Geschichte des Subkontinents verschafft.

Enslin, Elizabeth: **While the Gods Were Sleeping: A Journey Through Love and Rebellion in Nepal,** Seal Press, Berkeley, California. Durch die Heirat mit einem nepalesischen Anthropologen gewinnt die Autorin, selber Anthropologin, einen fesselnden Einblick in die nepalesische Kultur, das Familienleben, Leben und Stellung der Frau sowie ihren eigenen Kulturschock und vermittelt das ganze in einer spannenden Handlung.

Harrer, Heinrich: **Die Götter sollen siegen – Wiedersehen mit Nepal;** Ullstein Verlag, Berlin.

Hillary, Sir Edmund: **Ich stand auf dem Everest – Meine Erstbesteigung mit Sherpa Tensing;** Verlag F. A. Brockhaus, Wiesbaden. Die Geschichte der historischen Everest-Erstbesteigung.

Jha, P.K.: **Environment & Man,** Know Nepal. Series No. 5; erschienen bei Craftsman Press in Bangkok, erhältlich in Buchgeschäften in Kathmandu und Bangkok.

Kirkpatrick, William: **An Account of the Kingdom of Nepaul;** Asian Educational Services, New Delhi. Eine der ersten europäischen Reisebeschreibungen von Nepal, aufgezeichnet von einem britischen Colonel im Jahr 1792.

Le Bon, Gustave: **Voyage to Nepal;** White Orchid Press, Bangkok. Die Neuauflage eines Nepal-Klassikers aus dem Jahr 1883; der Autor, ein französischer Archäologe, beschreibt in kurzen, prägnanten Kapiteln das Nepal seiner Zeit, unterlegt mit vielen interessanten Zeichnungen.

Majupuria, Trilok Chandra and Indra: **Erotic Themes of Nepal;** S. Devi, Lashkar (Gwalior), Indien. Die Autoren, ein nepalesisches Dozentenpaar der Universität von Kirtipur, haben einen großen Fundus von Literatur über ihr Land veröffentlicht. Dieses Buch durchleuchtet die erotische Kunst Nepals und deren religiöse Hintergründe.

Majupuria Trilok Chandra and Indra: **Glimpses of Nepal;** S. Devi, Lashkar (Gwalior), Indien. Recht ausführliche Beschreibungen der wichtigsten Sehenswürdigkeiten Nepals, mit Schwerpunkt auf dem Kathmandu Valley.

Majupuria Trilok Chandra and Indra: **The Complete Guide to Nepal;** M.D. Gupta, Lashkar (Gwalior), Indien. Eine Menge allgemeine Informationen zu Nepal und insofern ein brauchbares Nachschlagewerk, aber kein Reiseführer im praktischen Sinne, wie der Titel glauben machen könnte.

Mishra, Hemanta and Jeffries, Margaret: **Royal Chitwan National Park – Wildlife Heritage of Nepal;** The Mountaineers, Seattle. Ein gutes Handbuch für Besucher des Chitwan-Parks, mit vielen Informationen zu Flora und Fauna, sowie zu der am Rande des Parks lebenden Volksgruppe der Tharu.

Rana, Sagar S.J.B.: **Singha Durbar: Rise and Fall of the Rana Regime of Nepal,** Rupa Publications India. In diesem Buch rechnet ein Nachkomme des Rana-Klans mit der Rana-Dynastie ab, die Nepal über ein Jahrhundert unterdrückte, erhellt die inneren Machtkämpfe und benennt Fakten, die niemandem außer einem Insider wie ihm hätten zugänglich sein können.

- *Ray, Prakash A.:* **Kay Gardeko? The Royal Massacre in Nepal;** Rupa & Co., New Delhi. „Kay Gardeko?" ist Nepalesisch für „Was hast Du getan?" – dies sollen die letzten Worte König Birendras gewesen sein, nachdem er von seinem Sohn, Prinz Dipendra, niedergeschossen worden war. Das Buch erläutert die Hintergründe des Massakers am nepalesischen Königshof und deutet einen möglichen Komplott an, was der offiziellen Erklärung der Ereignisse zuwiderläuft.
- *Shreshta, Aditya Man:* **Bleeding Mountains of Nepal;** Ekta Press, Kathmandu. Ein schonungsloser Blick hinter die Kulissen der nepalesischen Politik und vor allem der allgegenwärtigen Korruption. Eine sehr deprimierende Lektüre, aber ein Muss für jeden, der sich näher mit dem Land beschäftigen will.
- *Stevenson, Sinclair:* **The Rites of the Twice Born;** Oxford University Press. Eine hochinteressante Zusammenstellung der Riten der Brahmanen, deren Lektüre aber auch einen vertieften Einblick in den Hinduismus im Allgemeinen gibt.
- *Versch. Autoren:* **Nepal;** Nelles Verlag, München. Erschienen in der Serie Nelles Guides.
- *Voßmann, Hans G.:* **Nepali – Wort für Wort;** Kauderwelsch Band 9, Reise Know-How Verlag, Bielefeld. Ein leicht verständlicher, alltagsnaher und tatsächlich sofort anwendbarer „Sprechführer", mit separat erhältlichem CD-AusspracheTrainer.
- *Werner, David:* **Wo es keinen Arzt gibt;** Reise Know-How Verlag, Bielefeld. Altbewährtes Reise-Gesundheitslexikon, das hoffentlich nie gebraucht werden wird – falls doch, ist es ein wertvoller Ratgeber, mit dem im Notfall eine Selbstbehandlung möglich ist.

Magazine

- **Himal:** Hochinteressantes, zweimonatlich erscheinendes Magazin in englischer Sprache, das ökologische, tourismusbezogene, soziologische oder sonstige Probleme Nepals anpackt. Sehr lesenswert! Erhältlich in vielen Buchhandlungen in Kathmandu und Pokhara oder online unter www.himalmag.com.
- **Nepal Traveller:** Kostenloses, informatives Magazin mit tourismusbezogenen oder landeskundlichen Themen. Das Heft liegt in nepalesischen Hotels und Geschäften aus und wird am Flughafen verteilt. Online unter www.nepaltraveller.com.

Websites

- **www.asien-feste.de/index.html**
Schön gestaltete Website mit einer Übersicht über Feste in Nepal, Indien und anderen asiatischen Ländern, mit aktueller Terminangabe.
- **www.auswaertiges-amt.de/DE/Laender informationen/00-SiHi/NepalSicherheit.html?nn=555292?nnm=555292**
Reise- und Sicherheitshinweise des deutschen Auswärtigen Amtes.
- **www.dach-der-welt.de**
Deutschsprachiges Nepal-Forum, Landesinformationen und Berichte.
- **http://dsal.uchicago.edu/dictionaries/schmidt/**
Online-Wörterbuch Englisch-Nepalesisch; die nepalesischen Vokabeln sind in Devanagari, aber auch in lateinischer Umschrift wiedergegeben.
- **www.deutsch-nepal.de**
Die Homepage der Deutsch-Nepalische Gesellschaft e.V. (DNG), siehe Praktische Tipps, Informationen.
- **www.expat.com/forum/viewforum.php?id=198**
Forum, in dem sich Expats über Nepal austauschen.

www.flightradar24.com/27.7,85.36/8
Kommt das Flugzeug pünktlich? Verfolgen Sie in Echtzeit die Flugzeuge, die in Kathmandu ein- oder ausfliegen bzw. alle Flüge weltweit.

www.freunde-nepals.de
Homepage der Freunde Nepals e.V., einer Vereinigung zur Förderung der deutsch-nepalesischen Beziehungen, die u.a. karitative Projekte initiiert.

www.kathmandu.diplo.de
Homepage der deutschen Botschaft in Kathmandu.

www.kathmandu.gov.np
Informationen über Kathmandu von der Stadtverwaltung.

www.nepalboard.de
Deutschsprachiges Internetforum zu Nepal.

www.nepalforum.de
Nepal- und Trekking-Forum (deutsch).

www.nepalhomepage.com/dictionary/
Online-Wörterbuch Englisch-Nepali; die nepalesischen Vokabeln sind allerdings im Devanagari-Alphabet geschrieben.

www.nepalresearch.org
Interessante Artikelsammlung zu verschiedenen Themen, von der Lage der Menschenrechte in Nepal bis zu Medien, Natur und Gesundheitswesen.

www.timeanddate.com/worldclock/city.html?n=117
Wetterbericht und Wettervorhersage zu Kathmandu und die lokale Uhrzeit.

www.tourism.gov.np/
Die Homepage des Ministeriums für Tourismus und Luftfahrt, mit Landesinformationen, Adressen und sogar einer Sektion über Flugzeugunfälle in Nepal.

www.travelblog.org/Asia/Nepal/Kathmandu
Reise-Blogs über Kathmandu und Nepal-Forum.

www.un.org.np
Seite der UN zu Nepal mit Nachrichten, Pressemitteilungen, Studien, Berichten (u.a. zur Sicherheitslage), thematischen Karten usw.

www.who.int/countries/npl/en/
Informationen der Weltgesundheitsbehörde über Nepal.

ktm284 rk

Festbesucher in Bhaktapur: Sich einen guten Aussichtspunkt zu sichern, ist bei jedem Fest essentiell

Register

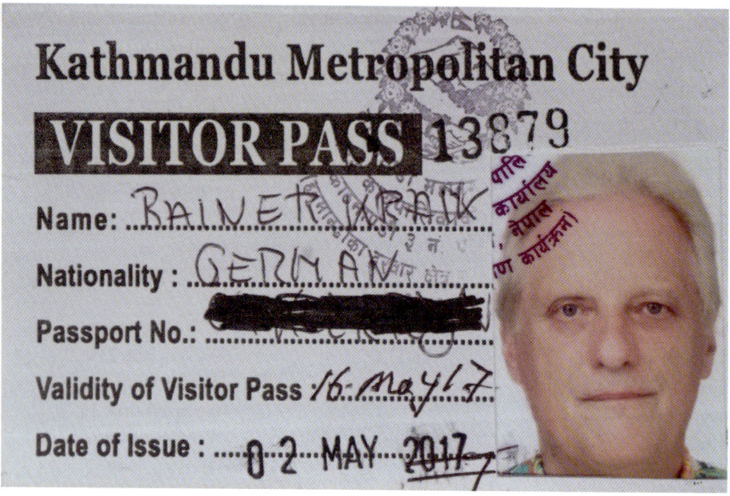

Autor

Der Autor

Rainer Krack, geb. 1952, lebt seit 1987 als freier Journalist und Reiseschriftsteller in Bangkok, von wo aus er ständig Süd- und Südostasien bereist. Zu seinem Spezialgebiet gehört der indische Subkontinent, auf dem er bisher mindestens 12 Jahre verbracht hat – zumindest wenn man alle 150 Aufenthalte in Indien, Nepal, Sri Lanka, Pakistan und Bangladesch zusammenrechnet. Mindestens fünf Jahre war er bisher in Singapur zu Gast, das für ihn ein perfekter Gegenpol zu den etwas weniger geordneten Ländern wie Indien und Nepal darstellt. Rainer Krack hat bisher über 20 Bücher geschrieben. Er spricht zahlreiche Sprachen wie Hindi, Bengali, Thai sowie diverse Dialekte oder Sonderformen derselben – Mumbai-Gangster-Hindi ebenso wie das in Südthailand verbreitete Süd-Thai. Dazu kommt „Singlish", das in Singapur übliche, stark von Lokalsprachen beeinflusste Englisch. Im Reise-Know-How Verlag sind von Rainer Krack zahlreiche Sprach-, Kultur- und Reiseführer erschienen.